성 히에로니무스의 가호 아래

**SOUS L'INVOCATION DE SAINT JEROME**

by Valery Larbaud

Copyright © EDITIONS GALLIMARD (Paris), 1946
Korean Translation Copyright © KOREA RESEARCH FOUNDATION., 2012
All rights reserved.

This Korean edition was published by arrangement with
LES EDITIONS GALLIMARD (Paris)
through Bestun Korea Agency Co., Seoul.

이 책의 한국어판 저작권은 베스툰 코리아 에이전시를 통해
저작권자와 맺은 독점계약으로 (재)한국연구재단에 있습니다.
저작권법에 의해 한국 내에서 보호를 받는 저작물이므로 무단 전재와 무단 복제를 금합니다.

한국연구재단총서 학술명저번역 527

# 성 히에로니무스의 가호 아래

Sous l'invocation de Saint Jérôme

발레리 라르보 지음 | 정혜용 옮김

아카넷

## 차례

제1부 번역가들의 수호성인 | 7

제2부 예술과 직능 | 71

    번역에 대하여
      I. 소명 | 73
      II. 번역가의 권리와 의무 | 77
      III. 번역가의 기쁨과 이익 | 93
      IV. 번역가의 저울 | 102
      V. 번역의 집정관 | 106
      VI. 사랑과 번역 | 115
      VII. 끝나지 않을 이야기(*El cuenta de nunca acabar*) | 120
      VIII. A. 프레이저 타이틀러 | 124
      IX. 뾰족한 연필심 | 129
      X. 성마른 족속 | 131
      XI. 성마름 치료법 | 136
      XII. 인간의 영예 | 141

    고찰
      I. 군 복무를 하는 사람은 아무도……(*Nemo militans Deo*……) | 151
      II. 제 손가락으로 제 눈 찌르기 | 158
      III. 미치광이(*Il Mattoide*) | 162
      IV. L. Q. | 165
      V. 에스러운 표현들 | 169
      VI. 서술의 부정법 | 173
      VII. 세계문학을 향하여 | 176

VIII. "캐나다로 가다(Aller en Canada)" | 185
IX. 오래된 요리법 | 191
X. 모국어 | 197
XI. "돼지 잡다" | 199
XII. 속돌과 천연금괴 | 201
XIII. 우리의 엔니우스가 노래하듯이(*Ennius ut noster*)······ | 205
XIV. 과학의 진보······ | 207
XV. 낯섦의 분위기 | 210
XVI. "나에겐 애인이 둘 있네" | 217

## 제3부 기법 혹은 영감에서부터 인쇄술까지 | 221

군주의 실력 행사 | 223
"그 나머지는 모두 문학" | 231
맥스 비어봄, 스탕달 그리고 마시용 | 235
스탕달의 연옥 | 238
불타는 오열(L'ardent sanglot) – 통계 에세이 | 240
조화의 딸들 | 242
역겨운 인간들 | 245
선집 | 247
태만 | 258
인용 | 262
투사 쟌(Jhon-le-Toréador) | 269
성년(Coming of age) | 273
생존경쟁 | 274
탄도학 | 278

정관사의 부침(浮沈) | 286
자료: 몇 가지 지명들 | 290
이구아수(Iguazú) | 295
문학적 구두법 | 297
새 노선의 창시를 위하여 | 302
르낭, 역사, 그리고 문학비평 | 320
에밀리오 베르타나와 비토리오 알피에리 | 333
아름다운 세 거지 소녀 | 344
그라나다의 카르투하 수도원 | 367
인쇄업자들에게 부치는 편지 | 381
색인 | 394

부록 | 399

    I. 월터 새비지 랜더: 『이탈리아의 높고 낮은 계층』(일부) | 401
    II. 영문학: 영어식 표현의 문제 | 406
    III. 발레리 라르보가 루아예르에게 보내는 서한 | 423
    IV. 프랑스 문학과 외국 문학 사이의 상호영향 | 427
    V. 앵글로색슨 문학 | 432

옮긴이 해제 | 451
찾아보기 | 459

# 제1부

## 번역가들의 수호성인

이 위대한 인물들의 초상화를 간직하지 않을 이유가 어디 있으며,
그들이 태어난 날을 축하하지 않을 이유가 어디 있겠는가?

— 세네카, 「루실리우스에게 보내는 서한 64」
(A. 팽트렐 번역, J. 드 라퐁텐 수정)

- 표지: 얀 반 에이크, 〈서재의 성 예로니모〉, 1442, 디트로이트 미술관 소장

I

설핏 드는 생각으로는, 『문예 공화국에서 번역가들이 누리는 지극히 높은 지위에 관하여』라는 제목의 에세이가 매력적일 것 같다. 우선, 글을 제법 능란하게 풀어나간다면, 사람들은 『교회에서 가난한 사람들이 누리는 지극히 높은 지위』라는 보쉬에[1]의 설교에 빗댄 것을 알아채고 이 에세이의 전개 방식을 짐작하게 된다.

즉, 번역가는 무시당하고, 맨 끝자리에 앉는다. 말하자면 적선으로만 살아간다. 번역가는 가장 밑바닥 일을, 가장 눈에 띄지 않는 역할을 맡기로 한다. 그러니까, "봉사하다"가 그의 신조이고, 본인을 위해서는 아무것도 바라지 않으며, 스스로 선택한 주인들을 충실히, 자신의 지적 개성을 철저히 지워나갈 정도로 충실히 섬기는 것에 오롯이 자신의 영광을 건다. 그를 무시하고, 조금치의 경의도 보이지 않고, 그가 번역하려고 했던 사람을 배반했다고 비난할 때에만 ─그것도 대부분의 경우 증거도

∴
1) 자크-베니뉴 보쉬에(Jacques-Bénigne Bossuet, 1627~1704)는 17세기 프랑스의 신학자이자 설교가, 역사가로서 왕권신수설을 발표하여 '갈리아의 교황'이라는 별칭을 얻기도 하였다. 낭트칙령 폐지에 관여하여 가톨릭과 프로테스탄트의 교회일치를 위해 노력했다. 루이 14세 시대의 대표적 문인이다.

제1부 번역가들의 수호성인

제시하지 않고서 ―그의 이름을 입에 올리는 것, 그것은 더할 나위 없이 소중한 자질들과 더할 나위 없이 진귀한 덕목들을 깔보는 것이다. 가장 뛰어난 지성들조차도 헌신, 인내, 순정적 애덕, 엄격한 성실성, 지성, 명석함, 해박한 지식, 풍부하며 명민한 기억력이라는 자질과 덕목들을 모두 갖춘 것은 아니며, 하물며 그러한 자질과 덕목을 범상한 인물에게서는 절대로 찾아볼 수 없다.

그러니 우리는 능란하고 양심적인 번역가라는 존재에게서 보이는, 가장 드높은 것 중에서도 우리가 사랑하는 그 완벽함의 흔적들을 존중하고, 그뿐 아니라 드러내놓고 찬양해야 한다. 그러므로 우리는 그의 이름과 미덕들을 찬양하는 동시에, 그를 통해서 찬란하며 겸허하게 감각계에서 드러난 가지계(可知界)의 힘들을 찬양해야 한다…….

아마도 그런 것들이 이 문학적 설교의, 플라톤 사상이 퍼덕이며 날아오르는 찬사의 내용과 뼈대가 될 수도 있겠지만, 그만 너무 높이 날아오르려다가 설교 주제의 기본적인 측면을, 그리고 설교에 담긴 주장을 뒷받침할 아주 탄탄한 논리 전개를 놓쳐버릴지도 모른다. 그래서 우리는 지성사에서 번역가들이 담당한 역할의 중요성, 혹은 이런 표현을 더 좋아한다면, 그들의 유용성에 대해 말하려고 한다.

II

바로 위와 같은 생각 끝에, 우리의 상상력이 보쉬에가 주교로 있었던 모(Meaux) 쪽으로 슬쩍 여행을 떠났다가 들고 온 제목을, 자신의 발견에 대해 아주 자랑스러워하며 제안해온 제목을 물리치게 되었고, 오래전에 결심했듯이, 번역가와 번역이라는 학예 및 그 학예와 결부된 문학적, 윤리적, 문헌학적 온갖 문제들에 대한 우리의 성찰 전부를, 라틴어 성서의 아버지이자 『불가타』 성서[2]의 대부분을 번역했으며, 바로 그런 이유로 번역가들의 수호성인(이 말이 갖는 온갖 의미로)으로 간주되는, 즉 이승에서는 번역가들의 본보기이고 하늘에서는 번역가들의 수호자로 간주되는 『성 히에로니무스의 가호 아래』에 두기로 했다.

이 제목은 독자의 호기심에 호소한다는 측면에서 보자면, 유명한 설교 제목을 떠올리게 하면서 그 제목의 패러디로 보이는 표현보다 효과가 덜하지 않은 것 같다. 게다가, 가난이라는 것만큼이나 심각한 주제에 대하여, 그리고 번역처럼 생생한 관심을 불러일으키는 주제에 대하여, 살짝이라고는 하지만 그처럼 비꼬는 양상을 띠게 된다는 점 때문에라도 옛 제목보다는 새 제목이 낫다고 판단한다.

## III

이렇게 설명을 하고 났으니, 라틴 교회가 배출한 유명 교부들 가운데 한 명이자—"박사 중의 박사(Doctor Doctorum, Doctor Maximus)"—가장 위대한 기독교 성인들 가운데 한 명의 가호 아래에 이 글을 두는 행위에 조금이라도 불경스러운 의도가 없다는 점을 덧붙일 필요가 거의 없을 듯

---

[2] 382년, 히에로니무스가 교황 다마수스 1세(다마소 1세)의 명을 받들어 라틴어역 성서를 만드는 작업에 착수하게 되고, 그의 노고 덕분에 서양 기독교 문명의 근저에 자리 잡을 라틴어역 성서가 탄생하게 된다. 불가타(Vulgate)라는 이름은 '공동번역'이라는 뜻의 라틴어 *editio vulgata*에서 유래했다.

하다. 그리고 이 글을 읽으면서 그 누구도, 아니 히에로니무스의 영광을 기원하는 가장 헌신적인 사람들일지라도, 산토노프리오의 은자들[3]일지라도, 우리에게 "바보들을 조롱하되 성인들은 가만 내버려두지"[4]라는 격언을 들려줄 생각을 하지는 않을 것이다.

사실, 몇몇 작가들이 기독교 고전문학을 대표하는 위인들의 작품, 인격, 사상에 대해 말하면서 조롱기와 거만함을 뒤섞어 너그럽게 봐준다는 태도를 보이며, 감정적이고 빈정거리는 말투를 사용하는 것보다 더 무례하고 야만스러운 일은 없는 듯하다. 만약 어떤 그리스·라틴 문명의 이교도 작가가 이집트에서 베스파시아누스[5]가 일으킨 기적들이나 제국을 뒤흔든 격동과 동시에 발생했던 초자연적 현상들에 대한 이야기를 들려주면, 기독교 문학을 비웃었던 그 몇몇 작가들은 그 시대의 무지와 민족적 편견을 들어 너무나 쉽게 넘어가준다. 하지만 기독교 작가인 경우, 그러한 맹신의 표식들은 용서할 수 없는 잘못이 되어, 작가로서의 자질이 문제가 되고 그의 작품에 들어 있는 보다 중요하고 보다 강력한 그 모든 것의 가치마저 손상된다. 그들이 작품 속에서 보는 것은 오로지 실수, 깜짝 놀랄 어리석음, 요정 이야기를 믿는 어른 아이의 횡설수설일 뿐이다. 그런데 소위 현대적이라는 그들 자신은 지금으로부터 수 세기가 흐른 뒤

---

3) 성 히에로니무스 수도회 소속의 사제 니콜라스 데 포르사가 1434년에 로마의 야니쿨룸 언덕에 오노프리오 성인을 기리기 위하여 성당 건립을 명령한다. 이 성당이 산토노프리오 성당으로, 그 입구 오른쪽 회랑에서는 성 히에로니무스의 일생을 묘사한 도메니코의 프레스코화를 찾아볼 수 있다.
4) 푸치니의 오페라 〈토스카〉 1막에 나오는 성당지기의 대사이다.
5) 티투스 플라비우스 베스파시아누스(Titus Flavius Vespasianus, 9?~79)는 로마의 황제(재위 69~79)로, 정복한 지방의 로마화를 추진하여 제국의 재건에 성공한다. 베스파시아누스는 또한 기적을 행한 것으로도 유명한데, 그가 장님과 앉은뱅이를 고쳤다는 이야기가 이집트 전역에 퍼져나갔고 팔레스타인과 시리아의 안티오키아에서도 화제가 되었다.

에, 그들의 "현대적 사상들", 그들의 "지식", 그들이 당대의 편견, 유행, 그들의 국가 및 계급 정신과 타협했던 것들이 어떻게 보일지 스스로에게 물어보기는 했을까? 예를 들자면, 성 히에로니무스의 기독교적 자비심에 견주어서 부르주아 계급의 박애주의는 어떤 모습으로 비칠까? 만약 그들이 그러한 질문을 스스로에게 던졌더라면 로마의 정복 이전에 활약했던 최고의 그리스·라틴 문명의 이교도 작가들에게 보이는 바로 그 정중한 관심을 성 히에로니무스에게도 보였을 것이다.

## IV

그들처럼, 더도 덜도 말고 꼭 그들처럼, 성 히에로니무스 역시 가장 내밀한 우리 삶의, 성찰과 직접 맞닿아 있는 우리 삶의 동반자이자 지도자들 가운데 한 명이 될 수 있을 것이다. 지적 후원자, 귀감이자 격려, 우리 빈곤의 넉넉한 보호자. 우리에게 그의 광범위하고 다양한 저서는, 우리가 끊임없이 그곳으로 회귀하며 지치지도 않고 다시 찾는 그 어떤 유럽의 오래된 대도시가 공간 속에서 의미하는 것을 시간 속에서 구현하고 있는 것이리라. "히에로니모폴리스", 히에로니무스의 도시. 왜냐하면 그의 작품들은 역사적, 정신적 혹은 미적 예술품들이 아니기 때문이다. 그의 글들을 펼쳐들자마자 우리는 그것이 살아 있고, 인간적 온기로 따뜻하다는 것을 느낀다. 그의 글에서 뿜어져 나오는 에너지가 우리의 핏줄기를 타고 흐르며, 우연히 눈에 띈 『불가타』 성서에 붙인 역자 서문 몇 가지, 그가 보낸 서한 몇 가지만 읽어보아도 그 글을 쓴 사람에게서 사상과 언어의 스승, 예술가를 즉각 알아보기에 충분하다.

우리는 기독교 라틴 문학사에서 성 히에로니무스와 비슷한 시기에 활동했던 유명한 작가들, 특히 성 아우구스티누스의 글을, 뿐만 아니라 락탄티우스[6]와 성 키프리아누스[7]의 글도 기꺼이 읽고 있고, 하물며 도서관에서는 신청한 책이 도착하기를 기다리면서 테르툴리아누스,[8] 아르노비우스,[9] 그리고 성 암브로시우스[10]의 글을 모아놓은 서가까지도 어슬렁거리면서, 대체 왜 성 히에로니무스의 글은 그보다 더 자주 읽지 않는 것인가? 성 히에로니무스라는 이름과 인물을 둘러싸고 너무 많은 홍보가 이루어져서, 때로는 그 홍보가 서투르고 노골적이어서(온갖 조야한 중세의 전설들이 동원됐는데, 정작 그의 글은 매 순간 그러한 전설과 어긋나고 있다), 가장 섬세한 독자들이 요란스럽게 홍보하는 책들을 경계하고 그런 작가

---

[6] 루시우스 카이킬리우스 피르미아누스 락탄티우스(Lucius Caecilius Firmianus Lactantius, 240?~320?)는 초기 기독교의 신학자이자 저술가이다. 그리스 이교(異敎) 철학자들의 논리에 대항하여, 교육받은 이교도들을 대상으로 기독교의 교리를 묵시론적으로 설명하는 글을 주로 썼다. 그의 『신의 교훈(Divinae Institutiones)』은 초기 기독교 사상의 체계화된 저작의 대표적인 사례로 꼽힌다.

[7] 타스키우스 카이킬리우스 키프리아누스(Thascius Caecilius Cyprianus, 200?~258)는 가톨릭의 성인으로, 카르타고에서 태어나 웅변술의 스승으로 유명했다. 246년 그리스도교로 개종하고 주교가 되었으며 로마 황제 발레리아누스의 박해로 순교하였다. 교회론과 관련한 저작 『가톨릭교회의 통일』을 남겼으며, 테르툴리아누스의 지적 후계자이다.

[8] 쿠인투스 셉티미우스 플로렌스 테르툴리아누스(Quintus Septimius Florens Tertullianus, 160~220)는 기독교 신자들의 순교에 감동하여 개종한 인물로서, 신학에 관한 많은 저서를 남겼다.

[9] 아르노비우스(Arnobius, ?~327?)는 아프리카의 로마 식민지 시카 베네리아에서 활약한 변론가로, 처음에는 기독교를 반대했으나 뒤에 기독교로 개종한 다음에는 그 변호에 노력하였다. 주저 『제국민에 대하여(Adversus nationes)』는 7권으로 구성되어 있으며, 1권과 2권에서는 기독교 변증이, 3권부터 7권에서는 이교 비판이 이루어진다.

[10] 암브로시우스(Ambrosius, 340~397)는 초대 가톨릭교회의 교부이자 교회학자이다. 니케아 정통파의 입장에 서서 교회의 권위와 자유를 수호하였으며, 신앙과 전례 활동의 실천에 큰 공을 남겼다. 주저로는 『성직자의 의무에 대하여(De officiis ministrorum)』가 있다.

들을 기피하듯 우리가 그를 경계하기 때문일까? 하지만 성 히에로니무스가 뭘 어쩔 수 있었겠는가. 물론, 작가라는 이름에 걸맞은 모든 작가들이 그러하듯이 문학적 불멸을 바랐을 것이고, 자신의 가치를 의식하고 있는 그는 파울라 성녀[11]를 위한 비문 말미(서한 108, 「에우스토키움 율리아에게 보내는 서한」)[12]에서, 그리고 블래실라[13]를 위한 비문에서 한 번 더, 정확하고 멋있는 어휘를 동원하여 저 스스로 문학적 불멸을 누리게 되리라고 장담하기도 했다. "라틴어 문학의 기념비적 저작들이 가 닿게 되는 곳이라면 그 어디든, 블래실라는 나의 글과 더불어 여행하게 될 것이다. 홀아비, 과부, 수도사, 사제들이 나의 사상 속에 뿌리내린 그 모습 그대로의 블래실라를 읽게 될 것이다. 영원한 기억이 이승에서 그녀가 누린 삶이 짧았던 것을 보상해줄 것이다. 그녀는 그리스도와 함께 천국에서 살아가지만 그녀의 이름을 입에 올리는 인간들의 입술 위에서도 또한 살아갈 것이다. 이 세대가 지나가면 또 다른 세대가 뒤를 이을 것이고, 증오도 사랑도 없이 평가할 것이다. 사람들은 파울라와 에우스토키움 사이의 자리를 블래실라라는 이름에게 내줄 것이다. 나의 글에서 그녀가 죽는 일은 결코 없을 것이다. 그녀는 내가 그녀의 동생과 더불어, 그녀의 어머니

---

11) 파울라 성녀(Saint Paula, 347~404)는 로마의 귀부인으로 남편을 잃은 뒤 히에로니무스와 함께 베들레헴으로 가서 수도원을 세우고 금욕적 삶을 실천한다. 히에로니무스 평생의 영적 동반자라고 할 수 있다.
12) 에우스토키움(Eustochium, 368경~419경) 성녀는 파울라 성녀의 딸로서 어머니와 함께 베들레헴에서 수도 생활을 하였다.
13) 블래실라(Blaesilla, 384년 사망)는 파울라 성녀의 딸이며 에우스토키움 성녀와 자매간이다. 향락적인 생활을 즐기던 블레실라는 384년에 중병을 앓고 난 후 히에로니무스의 가르침을 따라 금욕 생활을 선택한다. 하지만 약화된 건강 때문에 금욕 생활을 견디지 못하고 4개월 후 사망하자 로마 대중의 비난이 히에로니무스에게 쏟아진다. 그 뒤 히에로니무스는 385년에 로마에서 추방된다.

와 더불어 그녀에 대해 이야기하는 것을 듣게 될 것이다." 하지만 기독교가 승리를 거둔 직후에 살다 간 성 히에로니무스가, 이곳 지상에서 성인품(聖人品)에 오른 작가들이 누리게 될 영광스러운 사후의 삶도 황제에게 바칠 법한 예찬보다 더한 예찬을 듣게 될 것도, 미리 내다볼 수는 없었던 것 같다. 그러한 예찬 덕분에 성전의 전면 박공에 새겨진 그의 이름이 수많은, 그리고 끊임없이 새로운 세대에 의해 물갈이가 되는 군중—그의 글을 읽은 적이 없고 앞으로도 읽을 일이 없을……—의 호기심과 관심 앞에 드러나게 되었다. "특별 대우에다 부당하며, 과장되고 분에 넘치는 홍보가 아닌가. 반면에 이교의, 세속의 작가들은…… 그리고 기독교 작가들 가운데에서도 오리게네스[14]와 테르툴리아누스 그들 자신은……." 물론 그렇긴 하다. 하지만 만약 이교가 승리를 거두어 국교가 되었다고 가정해보면, 만약 막시미누스[15] 황제가 주도했고 율리아누스[16] 황제가 합류한 이교 중심의 위계질서—세력을 확장해가던 기독교에 대항하여 뒤

---

14) 오리게네스(Origenes, 185?~254?)는 알렉산드리아학파의 대표적 신학자로서 수많은 저서를 남겼다. 그의 저서는 성서에 관한 저서, 체계적 신학에 관한 저서, 기독교의 변증적 저서로 크게 분류할 수 있다. 기독교 최초의 체계적 사색가로서 이후의 신학사상 발전에 크게 공헌하였다.
15) 갈레리우스 발레리우스 막시미누스(Galerius Valerius Maximinus, ?~313)는 로마의 황제(재위 310~313)로 시리아, 이집트, 소아시아 남부를 지배하였다. 308년 스스로 황제라 칭하며 이교도의 신을 모시는 제사를 대대적으로 지내도록 명했고, 이에 반항하는 기독교도들을 박해하였다. 311년 갈레리우스의 관용칙령을 마지못해 수락했으나 이교도 신앙의 조직화와 부활을 계속 추진하였다. 여러 도시와 속주에 기독교도 추방을 강요했고 학교에서는 이교 문서인 '빌라도 행전'을 가르치게 하였다. 313년 죽기 직전에 기독교인들에게 완전한 관용을 베풀었다.
16) 플라비우스 클라우디우스 율리아누스(Flavius Claudius Julianus, 331~363)는 로마의 황제(재위 361~363)로서, 즉위 후 기독교를 박해하였으며 신플라톤 철학과 미트라교(Mithraism)를 통한 이교의 부흥과 개혁을 기도하여 후세에 '배교자'로 불리게 된다. 저술가이기도 하지만 『갈리아인 공박론(攻駁論)』의 일부가 남아 있을 뿐이다.

늦게 급하게 조직되었지만 상당히 그럴듯한 논거로 뒷받침된 경합—가 유지되었다고 가정해보면, 신격화된 황제들에게 봉헌된 신전과 바실리카 회당 옆에서, 두말할 필요 없이 그와 마찬가지로 신격화된 이교 사상의 영웅들에게 바쳐진 공공 기념물들—주랑, 성찰과 기도의 집, "교회"—을 보게 되지 않겠는가? 나름의 조직과 나름의 오랜 전통이 있는 철학의 종파들, 플로티노스[17]와 포르피리오스[18]의 가르침, 그리고 '엘레우시스의 사제'라는 말이 그곳에서 갖는 가치, 이 모든 것에는 종교의 맹아와 보편 교회의 밑그림이 들어 있지 않은가? 상상력은 그곳에서부터 출발하여 우리를 데리고 도시들을, 피타고라스, 제논, 소크라테스에게 바친 신전들, 혹은 플라톤, 에픽테투스,[19] 암모니오스 사카스[20]…… 그리고 "성 필론",[21] "철학자 성 세네카", "시인 성 베르길리우스"…… 등의 이름을 새겨 넣은 신전들이 솟아 있고[22] 오늘날에 이르기까지 세기마다 세대마다 그 판테온에 새로운 이름을 덧붙여가고 있는, 그러한 도시들을 가로지르지 않는가? 그 안에 자리 잡은, 세상을 뜬 우리의 학자와 예술가들

---

17) 플로티노스(Plotinos, 204~270)는 신플라톤주의의 창시자로 불리는 고대 로마 철학자이다.
18) 포르피리오스(Porphyrios, 232?~305?)는 고대 그리스의 철학자·역사가로서, 262년 로마에 가서 플로티노스로부터 신플라톤파 철학을 배웠다. 고대 그리스 전통 종교를 신학화하는 데 관심이 많아 『그리스도교도 반박론』을 썼다. 그가 쓴 『아리스토텔레스의 범주론 입문』은 중세 논리학 연구의 교과서가 되었다.
19) 에픽테토스(Epiktētos, 50?~138?)는 이탈리아 로마제정 시대의 스토아 철학자이다.
20) 암모니오스 사카스(Ammonios Sakkas, 175?~242)는 고대 그리스의 철학자로서, 신플라톤주의를 제창한 플로티노스의 스승이기도 하다.
21) 필론(Philon, BC 160?~BC 80?)은 고대 유대의 신학자이자 철학자로서, 플라톤, 아리스토텔레스, 스토아학파(특히 포세이도니오스) 등의 그리스철학에 조예가 깊었으며, 그리스철학과 유대인의 유일창조신 신앙과의 융합을 꾀하였다.
22) 필론, 세네카, 베르길리우스는 기독교의 성인이 물론 아니다. 라르보는 기독교 대신 이교가 공식 종교가 되었을 경우를 가정하고 논의를 이끌어나가는 중이다.

에게 바쳐진 기념물들에서 낯선 신들을 섬기는 종교와 그 사제들이 거행하는 의식이 자연적으로, 저절로, 그리고 산발적으로 다시 모습을 드러내는 것이 보이지 않는가? 하지만 어느 순간 "형체를 갖추지 못하고 공기 중에 떠돌던" 것이 응집되었고 형식과 표현을 갖추게 되었다. 본격적인 의미의 선교와 순교를 내세운 기독교 홍보를 탈피하여, 성 바울을 본받아 교양인, 철학자, 작가들이 ― 하드리아누스 황제가 통치하던 당시 "사도들의 제자이자 아테네 교회의 수장"이었던 "콰드라투스"[23] 같은 호교론(護敎論)자들― 황제와 지적 엘리트들이 사용하도록 "우리의 종교"를 옹호하는 논설들, 문학작품들을 생산해냈고, 그리하여 결정적인 순간, "시체가 있는 곳에 독수리들이 모여들" 듯[24] 날카로운 지성들이 교단 주위로 집결했고, 대다수 인텔리들이 엘레우시스 신비의식에 반기를 들고 성육신(成肉身)의 신비를 지지하게 되었다.

## V

복음시대와 마찬가지로 오늘날에도 예수 그리스도는 친구들의 집을 자신의 거처로 삼는다. 왕국에서는 왕자가 발을 들여놓은 집들은 모두 왕의 집이 되는 것과 마찬가지로, 하느님이 예수의 친구들 집에 계시다는 것은 하느님이 예수 그리스도의 집에 계시다는 것이다. 여러 세기가

---

23) 콰드라투스(Quadratus)는 그리스도교 최초의 호교 교부로서, 124년 또는 129년의 박해 때 소아시아에서 하드리아누스 황제에게 기독교를 변호하는 탄원서를 보냈다고 한다.
24) 히에로니무스는 「안티오키아 교회의 분리에 관하여 교황 다마수스에게 보내는 질문들」(서한 15)에서 마태복음 24장 28절에 나오는 시체와 독수리의 비유를 인용하고 있다.

흐르는 동안, 신도 모임에서는 왕이신 예수를 맞아들이라고 성 히에로니무스에게 아름다운 집들을 지어주었다. 히에로니무스는 가장 번성한 국가가 오대륙에 걸쳐 갖고 있는 대사관, 공사관, 영사관보다 더 많은 집을 갖고 있다. 하지만 우리는 그가 태어난 곳에서는 그의 흔적을 발견하지 못할 것이다. 스트리도니아는 히에로니무스보다 앞서서 야만인들의 발에 짓밟혀 사라졌고 이제 스트리도니아가 어디쯤인지도 모른다. 히에로니무스는 그곳에서 얼마 살지 않았고, 그곳을 좋아하지 않았으며, 청소년기에 "트로이는 널 감당 못해"라는 내면의 목소리를 따라 고향을 홀대한 다른 많은 사람들처럼 스트리도니아를 홀대했다. "촌구석…… 그들에게는 창자가 곧 신이다. 그곳에서는 가장 부유한 자들이 가장 존경받을 만한 사람들이라고 생각한다."[25] (히에로니무스…… 그리고 고향 레카나티에 대해서 말하는 레오파르디, 그리고 고향 그르노블에 대해서 말하는 스탕달.) 오스트리아-헝가리 제국의 어떤 주교는 이렇게 묻는다. "스트리도니아가 대체 어디에 있었지?(*Wo lag Stridon?*)" 아마도 그라호보[26]쯤일 텐데, 물론 히에로니무스의 글 속에 그렇게 나와 있고, 그렇게 말한 사람으로는 그가 유일하다. 스트리도니아는 파노니아와 달마티아의 경계에, 이탈리아 영토 내에, 아드리아 해 북동 면에, 아직도 반쯤 미개한 중부 유럽의 관문에 위치했던 것으로 추정된다. 그 지역의 대도시는 이탈리아의 아퀼레이아[27]였다. 히에로니무스를 둘러싼 전설 속에서 고향이 어디인지 분명하지 않아서 달마티아 혹은 일리리아로 알려졌고, 여러 세기가 지난 뒤, 달마티

---

25) 히에로니무스는 서한 7에서 고향을 이처럼 묘사하고 있다.
26) 보스니아헤르체고비나에 위치한 지역이다.
27) 서기 452년 훈족에 의해 멸망한 고대 로마의 도시이다.

제1부 번역가들의 수호성인   **019**

아인들과 남슬라브인들, 그리고 슬라보니아인들이 그의 이름 주위로 모여들었다. 히에로니무스가 인생의 후반기(35년간)를 보냈고 죽음을 맞은 베들레헴이 그에게는 실제로 고향인 셈이었지만 어쨌든 그곳은 이방의 땅이었고, 그는 이국의 언어를 쓰는 곳에서 라틴어 공동체의 수장으로 지냈다. 우리가 그의 기억에 가장 가깝게 다가설 곳은 바로 가톨릭의 수도, 코스모폴리스에서이다. "나에게, 로마인이여, 감히 묻는가…… 로마에서 그리스도의 품에 안겼던 나에게……."[28] 히에로니무스의 유해는 로마로 옮겨졌다. 로마가 베들레헴 에브라다에 요구하여 그의 유해는 세상에서 가장 호사스럽고 가장 호화로운 곳들 가운데 하나인 리베리오 대성전[29]으로 옮겨져서 말구유 밑에 안치된다. 그러니까 히에로니무스에게 직접 영세를 주었던 리베리오(리베리우스) 교황이 건축하게 한 대성전에 안치된 것이다.[30] 히에로니무스가 청년기의 가장 혼란스럽고 가장 중요했던 시기를 보낸 로마에, 세간의 의견에 따르자면 장년기의 가장 영화로웠던 시기를 보낸 로마에 말이다. 로마에서 "청년기의 방종"을 알았고, 로마에서 평생 동정을 지켰으며 시인이기도 한 성 다마수스 1세 교황[31]을 비서로서 보좌하였고, 로마에서 종교적 성격과 문학적 성격이 뒤섞인 모임의

---

28) 히에로니무스는 366년경 로마에서 리베리오 교황으로부터 세례성사를 받았다.
29) 리베리오 교황 재임(352~366) 시, 독실한 신자인 요한 부부와 리베리오 교황의 꿈에 성모 마리아가 동시에 나타나서 한여름에 눈이 내릴 것이니 눈이 내린 곳이 바로 성당을 지을 자리라고 알려온다. 이 성당이 바로 리베리오 대성전 혹은 산타 마리아 마조레 성당(성모 대성전) 또는 산타 마리아 델라 네베(성모 설지전〔聖母雪地殿〕)이다.
30) 히에로니무스는 19세 때 리베리오 교황으로부터 세례를 받는다.
31) 성 히에로니무스는 다마수스 1세 교황(재위 366~384)이 평생 동정을 지켰다고 증언한 바 있다. 다마수스 1세는 제1차 콘스탄티노플 공의회를 소집한 것으로 유명하며, 히에로니무스에게 성서 번역을 명함으로써 오늘날의 『불가타』 성서가 빛을 보는 데 크게 기여한 인물이기도 하다. 또한 동정에 관한 운문과 산문으로 된 글, 그리고 여러 편의 시를 남겼다.

수장으로서 일종의 영적 가족을 이루었는데, 그 구성원은 로마의 가톨릭 신자들 중에서도 엘리트층, 가장 독실하고 현명하고 박식한 여성 신자들, 왕가의 여인들로서, 이들 여성들의 이름은 로마 공화국과 로마 제국의 연대기를 빼곡하게 채우고 있으며 그 계보를 따져보면 호메로스의 영웅들을 거슬러 올라가 신들에게로까지 이어진다.[32] 그리고 그 여성들 가운데 몇 명은 히에로니무스에게 영광스러운 유배 생활이 닥치자 그를 따라서 베들레헴으로 가거나 나중에 베들레헴에서 그와 합류하였다. 칼키스 사막과 콘스탄티노플로부터 돌아온 뒤 로마에서 머물렀던 기간 동안 그의 명성과 그가 미친 영향은 그의 적들의 분노와 배신행위로, 그리고 결국 그를 사막으로 내쫓기까지 한 시새움의 격렬함으로 측정해볼 수 있다. 히에로니무스는 생전에 다시 로마로 돌아오지 못했지만 그의 영광을 통하여 로마에 머물렀고 그가 살아 있는 동안 로마에서의 그의 영향력은 조금도 줄지 않았다. 그의 사상은 베들레헴에서 로마로 끊임없이 흘러들어왔고, 그 사상을 실어 나른 그의 글들은 로마를 위하여 작성되었고, 로마에서 독서와 논평과 찬탄의 대상이 되었고, 그가 거대한 번역 작품들과 거대한 주해서들을 쌓아 올렸던 것은 "귀를 기울이고 있는 로마인들", 우선은 수도 로마에 사는 사람들, 그다음에는 라틴 서방세계를 위해서였다. 히에로니무스가 로마를 떠나면서 "바빌론"이라고 내뱉었던 모욕에도 불구하고 그는 여전히 로마 사람 히에로니무스인 것이다. (그의 시대는 이미 '로마의', '기독교의', 그리고 곧이어 '가톨릭의'라는 세 단어들이, 파울루스 오로시우스[33]의 그 유명한 대목에 잘 나타나 있듯이, 비슷한 의미를 띠게 되

---

32) (원주) 성녀 파울라는 루키우스 아이밀리우스 파울루스(Lucius Aemilius Paullus, ?~BC 160)와 아가멤논의 후손이다.

는 시기이다.) 사실 그 "바빌론"이란 말은 패자의 입에서 나온 분노의 외침이 아니라 서양, 로마, 기독교 사상의 스승이 들려주는 훈계이다. 로마가 바빌론이 된 것은, 히에로니무스가 품은 "완벽한 삶"의 이상에서 아름다움을 볼 수 없는, 혹은 그러한 이상 추구의 어려움에 맞설 능력이 없는 많은 사람들이 로마에서 그러한 이상을 거부했기 때문이고, 권모술수에 능하며 기독교가 거둔 승리를 가장 먼저 탐욕스럽게 누린 저열한 사제 나부랭이들이 그러한 이상을 중상모략 했기 때문인데, 히에로니무스는 이 비열한 사제 무리를 어찌나 상세하고 우스꽝스럽게 묘사했던지, 몰리에르나 볼테르조차도 그 옆에서는 온순하고 심지어 공손해 보일 지경이다. 엘리트만이, 로마 전체가 아니라 엘리트만이 히에로니무스의 사상을 이해했고 그가 보인 모범을 따랐기 때문에 히에로니무스가 로마를 "바빌론"이라고 한 것이다. 이는, 무관심, 어리석음, 시새움(아셀라에게 보내는 서한[서한 45]에 잘 나타나 있으며, 여자의 옷을 입은 히에로니무스에 관한 중세의 전설은 믿기 어렵지만 어쨌든 이 사건에서 시새움이 한 역할을 짐작하게 해준다[34])에 부딪혔고, 우리와 보다 가까운 시대에서 찾아보자면 데카

⋮

33) 파울루스 오로시우스(Paulus Orosius, 380경~418경)는 스페인의 브라가 출신으로 알려져 있으며, 414~417년에 활동한 초기 그리스도교 정통신앙의 옹호자이자 신학자이다. 414년경 히포에 가서 성 아우구스티누스를 만났고, 그곳에서 초기 저서『아우구스티누스에게 프리스킬리아누스주의자들과 오리게네스주의자들의 오류에 관해서 일깨워준 사람』을 썼다. 415년 아우구스티누스에게 명을 받아 팔레스타인으로 가서 히에로니무스를 도우며 직접 펠라기우스주의와 대결했다. 그해 7월 예루살렘의 주교 요한네스가 소집한 교회회의에서 펠라기우스를 이단으로 고소했지만 성공을 거두지 못하자『펠라기우스주의 반박서』를 썼다. 416년 초에 아우구스티누스에게로 돌아와 그의 부탁을 받고 역사의 관점에서 기독교를 옹호한『이교도 대항사 7권』을 썼다.
34) (원주)『황금빛 전설(Légende dorée)』중 9월 30일의 전설을 보면, "어느 날 아침, 잠에서 깬 히에로니무스의 침대 위에는 여자 옷이 놓여 있었다. 심술궂은 자들이 갖다 놓은 것이었다. 그것이 자기 옷이라고 생각한 히에로니무스는(학자들의 부주의함이라니!) 그 옷

르트, 벨, 볼테르, 니체, 톨스토이가 그랬듯이, 보다 완벽한 독립에의 열망에 떠밀리고 그들 자신의 명성이 거추장스러워서, 대도시에 몰려 사는 삶과 기꺼이 결별했던 다른 많은 사상가들에게서도 보였던 그러한 마음 상태의 표출이다. 그리고 그토록 상반되는, 혹은 그토록 서로 다른 사상가들을 비교하는 것이 가능하다면, 히에로니무스의 베들레헴 은거가 생각나게 하는 것은 바로 톨스토이의 야스나야폴랴나(Yasnaya Polyana) 은거이리라.[35] 하지만 어쨌든 로마는 여전히 히에로니무스에게는 생명의 중심, 세상의 영도자, 그리고 특히 "신앙의 순수한 원천"이며, 아주 옛날부터 "영원의 도시"가 될 운명을 타고난 도시, 사도들의 성유물 위에서 다시 태어나고 세워진 로마, 그 이름이 그리스어로는 "힘"을, 히브리어로는 "숭고함"을 의미하고 거울에 거꾸로 비친 글자를 읽으면 신도와 신도를, 인간과 신을 결속시켜주는 성 아모르의 이름이 되는 로마인 것이다.[36] 가족도 없고 조국도 없고 속세의 인연도 없는 수도사가 자신의 거처를 로마에서 발견하였다. 우리는 히에로니무스의 마지막 편지들을 통하여 로마의 함락[37]이 그에게는 적들이 가했던 가장 격렬하고 가장 파렴치한 공

을 입고 성당으로 갔고, 그 때문에 여자와 잠자리를 함께했다는 말들이 돌게 되었다. 그러자 더는 그러한 말도 안 되는 짓거리에 노출되고 싶지 않은 히에로니무스는 로마를 떠났……."(자크 드 보라진) 384년에서 385년 사이에 히에로니무스에 관하여 로마에 떠돌았으며, 히에로니무스를 영적 지도자로 받아들인 마르첼라가 아벤틴 언덕에 소유한 저택에 모여든 고귀한 여성들의 이름과 히에로니무스의 이름이 엮여 나오던 비방들의 흔적을 그 전설에서 알아볼 수 있다.

35) (원주) 바르디(G. Bardy)는 최근에 펴낸 기독교 라틴문학 개론서에서 베들레헴은 히에로니무스가 그곳에 머물렀다는 사실로 인해 "이를테면 교회의 지적 중심"이 되었다고까지 말하고 있다. (99쪽)
36) ROMA를 거꾸로 읽으면 '사랑'을 의미하는 AMOR가 된다.
37) 히이로니무스는 서한 123에서, "만약 로마가 멸망한다면 무엇이 온전하겠는가"라며 제국의 붕괴를 슬퍼한다.

격들 가운데 그 어떤 것보다도 더한 타격이었음을 알게 된다. (히에로니무스는 사실 늘 매도당하면서 되갚아주곤 했던 논쟁의 베테랑이기에 논쟁으로 인한 공격들에 무감각했을 것이다.)

## VI

그런데 만약 어느 날, 성 히에로니무스가 우리에게 베풀어준 것에 감사하기 위하여 그를 기억하고 싶어진다면, 그와 가까운 곳에서, 그의 거처에서, 그가 어떤 존재였는지 그리고 지금 우리에게 그가 어떤 존재인지를 생각하고 싶어진다면, 그리고 어쩌면 우리가 게으름, 낙담, 오독, 2개 언어 사전들의 유해한 충고들을 멀리할 수 있도록 우리를 위해 기도해달라고 부탁하고 싶어진다면, 로마인 히에로니무스의 거처를 로마 어디에서 발견할 것인가? **산타 마리아 마조레** 성당에서 그의 유해는 말구유의 광휘(光輝) 속에, 아메리카 황금의 찬란함 속에, **산타 마리아 델라 네베**(성모설지전)의 눈처럼 흰 대리석의 찬란함 속에 잠겨 있다.[38]

자니콜로 언덕의 **산토노프리오** 성당에서는, 옆에 성 히에로니무스 교

---

[38] 리베리오 교황의 지시에 의해 건립된 최초의 성당이 있었던 정확한 위치는 알려지지 않았다. 현재의 건물은 교황 식스투스 3세(재위 432~440) 시대의 것으로 당대의 많은 고대 모자이크화들을 담고 있다. 대성전 정면 위 안쪽에 있는 모자이크는 왼손에 복음서를 펴 보이고, 오른손으로는 축복을 주는 그리스도와 그 주위를 네 천사가 감싸는 모습이 중앙에 자리 잡고 있다. 같은 부분의 오른쪽에는 성모 마리아와 성 바오로, 성 야고보 그리고 성 히에로니무스가, 왼쪽에는 성 요한 세례자와 성 베드로, 성 안드레아의 모습이 묘사되어 있다. 산타 마리아 마조레 대성전의 성구보관실 아래에는 성탄 토굴 또는 '베들레헴 토굴'이 자리 잡고 있다. 여기에는 성 히에로니무스, 잔 로렌초 베르니니 등을 비롯한 유명한 가톨릭교도들이 묻혀 있다.

단의 수도원이 있고 성 도미니크회 수도사가 성 히에로니무스의 일대기를 그려 넣은 프레스코 벽화가 있음에도 불구하고, 성 히에로니무스의 거처에 있다고 느껴지기보다는 차라리 성 오노프리오의 거처 혹은 그곳에 유해가 안치되어 있는 시인 타소[39]의 거처에 있다는 느낌을 받는다. 물론 파르네제 궁 주변에는 산 **지롤라모 도토레** 성당[40]이나 산 **지롤라모 디 카리타** 성당[41]이 있지만 대부분의 로마인들에게 성 히에로니무스의 교회는 산 **지롤라모 델리 스키아보니** 성당[42]이다.

## VII

이리하여 다음번 로마에 가게 되면, 성 히에로니무스를 모신 산 **지롤라모 델리 스키아보니** 성당에 번역가들의 수호성인을 알현하러 가련다. 코르소 거리에서 곧바로 그곳으로 가자면 소란스럽고 아스팔트가 깔린 넓은 토마첼리 거리로 접어들면 되겠지만, 우리는 그 길을 피해 웅장하고 조용한 구역을 지나갈 것이다. 보르게세 궁을 돌아서 그 생김새 때문에 하프시코드(harpsichord)라는 별칭으로 불리는 이 궁전의 끝에 이르면 테베레 강 변과 마주하게 된다. 그곳에 도착하면 목적지는 오른쪽인데, 어쨌든 아란치오 거리 다음에 토마첼리 거리를 가로질러야 한다. 하지만

---

39) 토르콰토 타소(Torquato Tasso, 1544~1595)는 이탈리아의 유명한 시인으로, 산토노프리오 수도원에서 생을 마감했다.
40) 산 지롤라모 도토레(San Girolamo Dottore)는 '박사 성(聖) 히에로니무스'를 의미한다.
41) '자비의 성(聖) 히에로니무스'를 의미한다.
42) '슬라브인들의 성 히에로니무스'를 의미한다.

기분 나쁜 순간은 잠깐일 뿐이다. 우리가 접어든 거리가 꺾어지는 곳에서부터 벌써 아우구스티누스의 영묘 경내가 시작되며 성 히에로니무스의 집이 눈앞에 있다.

로마의 어느 봄날 오후가 저물어갈 무렵이다. 털가시나무의 검푸른 나뭇잎 사이로 천상의 성지(聖地)가 도시 위로 푸르고 차분한 그 색채를 점점 더해가는 것을 보았다. 여러 시간 줄곧 햇볕을 받아 따뜻해진 정문에 손을 대보자. 용마루에는 교황의 삼중관(三重冠) 문양이 보이고 그 아래에 식스투스 5세의 문장이 있다. 『불가타』성서의 모든 판본 속표지에서 보게 되는 바로 그 이름이다. 식스투스 5세는 교황으로 선출되었을 당시 산 지롤라모 델리 스키아보니 성당의 주임 사제였다. 번역가가 하늘에서 편집자를 지정하기라도 한 것일까? 이 우연의 일치로 잠시 몽상에 젖는다. 이제 안으로 들어가자.

사람들이 거의 없다. 도서관에 들어선 듯 평화로운 침묵과 빛, ―'천상의 도서관에 있는 자(cœlestis Bibliothecœ cul tor)'― 어둡고 화려하며 휴식을 주는 프레스코화들, 번쩍거리지 않는 대리석과 내장재는 왕가의, 수도원의 호화스러움이라 할 만하다. 산 지롤라모 델리 스키아보니 성당에서 얼마 떨어지지 않은 리페타 거리의 산 로코 성당으로 들어서면 사람들의 발걸음이 보다 잦고, 전깃불로 밝혀놓은 유리로 된 꽃들과, 물을 뺀 커다란 수족관 같은 루르드의 성모 경당을 볼 수 있는데, 이 경당에 있는 성모 마리아와 베르나데트[43]는 마치 종이를 잘라서 마분지 위에 붙여놓은 듯하다. 산 로코는 대중적인 성인이니 허물없이 대해도 내버려두는 모양

---

43) 베르나데트(Saint Bernadette of Lourdes, 1844~1879)는 가톨릭 성녀로, 프랑스 루르드의 가브 강 변에 있는 마사비엘르 바위에서 18회에 걸쳐 성모 마리아의 발현을 체험하였다.

이다. 하지만 히에로니무스는 아니다. ("성 히에로니무스에게 기도를 올린다고요?" 어느 날 내게 어떤 소녀가 말했다. "누가 감히 그런데요? 그분은 성 아우구스티누스 같은 분이에요. 두 분 다 너무 학식이 많으세요.") 산 로코는 동네 성당 같고 동네 사람들이 들락거린다. 반면 산 **지롤라모 델리 스키아보니** 성당에서는 등받이가 높고 깔끔하게 니스 칠이 된 튼튼한 의자에 앉아서 고귀한 고독과 품위 있는 정적에 잠겨 오랜 시간 머무를 수 있으며, 평화로운 몽상에 젖어 히에로니무스의 도시를 돌아다닌 추억을 반추할 수 있다.

## VIII

파비올라에게 보내는 서한(서한 64)인 「사제복에 대하여」에는 제식과 장식에 관한 견해가 담겨 있다. 이제 우리는 예루살렘 성전에 들어가서, 우리 모두 이스라엘의 후예이니 우리네 사제의 전신인 제사장과 레위인들이 사제복으로 갖춰 입는 장소로 가본다. 히에로니무스는 이 성스러운 의상들을, 그 모양을, 색깔을, 자수와 장식의 세세한 측면을 하나하나 묘사하고, 이것들이 무엇을 의미하는지를 말해준다. 4원소, 행성, 부족 이름, 메일이라 부르는 튜닉 자락에 꿰매놓아서 제사장이 지성소에 들어올 때 요란스러운 소리가 나게 하는 72개의 작은 종들. 이렇게 우주의 상징들로 뒤덮은 자는 인간들보다 더 위에 존재하는 것 같다. 그는 실추한 아담과 신 사이의 매개자이다. 그리하여 그는 성소를 벗어나서는 안 되고, 성스러운 것들과 멀어져서도 안 되고, 속인들과 그 어떤 교류를 해서도 안 된다. "얼마나 많은 수도사들이 그들의 아버지와 어머니에게 연민을 품은 탓에 영혼을 상실했던가! 우리의 어머니와 아버지에 대한 (심지어, 우리의 어머니와 아버지로 인한) 집착으로 우리를 더럽히는 것은 용납되지 않으며 하물며 우리의 형제자매, 사촌과 종복들에 대한 집착으로 그리하는 것은 더욱 안 된다. 우리는 왕족(王族), 성족(聖族)이다. 결코 죽지 않는, 혹은 우리를 위해 죽음을 맞은 그 아버지에게 우리를 바치자……."

성소를 벗어나지 말 것. 이곳 속세의 사람들에게 곁을 내주지 말 것. 이곳 속세의 모든 것들에 대해 초연하기. 우리는 왕족, 성족이니까……. 레위기에 대한 그 모든 논평은 얼마나 플로티노스의 가르침과 흡사해 보이는가. 가령 "이곳 속세의 것들에 만족하지 말기"라든가 "일자(一者)의 유출",[44] 그리고 『엔네아데스』 마지막 권의 마지막 장 전체! 히에로니무스는 다른 곳에서는 주교와 왕을 비교하기도 한다. 그는 미래의 주교에게 군주보다는 사제가 되라고 당부한다. 히에로니무스는 이렇게 말한다. "왕이 마음이 약해져서 눈물을 쏟는 것이 합당하지 않다면, 하물며 주교가……." 이런 연유로 어느 날 추기경들이 겸손하게 **트라타미엔토**(*tratamiento*)[45]를 요구하고, 속세의 권력을 양보하는 대신 예우를, 왕족의 특권과 명예를 받아들이는 일이 벌어지게 된다. 이런 식으로 교황은 70인의 왕[46]으로 이루어진 모임을 자신의 그늘하에 두고, 민중은 이들을 자유로이 부리게 된다. 우주의 색깔을 띤 사제복을 입은 제사장과 레위인들은 이 사제복 위에서만 자신들의 왕국을 갖고 있을 뿐이어서 가시적

---

44) 플로티노스에 따르면 만물은 일자인 신으로부터의 유출이다. 인간 역시 일자에서 흘러온 것이며 그의 본원인 일자와의 합일을 위해 상승하려고 한다. 이는 플로티노스의 글을 그의 제자 포르피리오스가 모아놓은 『엔네아데스(*Enneades*)』의 결론이기도 하다.

45) 이탈리아어로서 '예우'를 의미한다.

46) 루가복음(10장)을 보면 예수가 70명의 제자를 골라서 각지로 보낸다는 내용이 나온다. 훗날 교황 식스투스 5세(재위 1585~90)가 추기경의 수를 70명으로 제한하였고, 그 전통은 20세기 중반인 요한네스 23세까지 이어졌다.

인 왕국이 없는 왕들이며, 성직자라는 특성이 유일함에 무한함을 더하기 때문에 왕 이상이다. 이제 갑자기 아테네로부터 멀리 떨어져서 동방의 군주국 한가운데로, 헤로도토스[47]가 조심조심 그 앞에까지 우리를 데려다줬던 비밀스러운 학문과 봉인된 책들의 세계 한가운데로 건너왔다. 하지만 히에로니무스가 말하는 제식은 그 무엇보다도 가장 비밀스럽고 가장 순수한 것이었다. 그 제식의 대상이었던 그분은 존재의 절대적 개념에 의해 정의되었고, 자신이 여타의 신들과 동등한 위치에 놓이는 것을 받아들이지 않았다. 그는 만신전에 자리 잡기를 거부하여 로마를 엄청난 충격에 빠뜨리게 된다. 왜냐하면 그는 자기 자신만을 위한 영원의 로마를 원했기 때문이다. 그는 문간에 서 있는 손님이었다. 마침내 그가 문턱을 넘어섰을 때 ―구혼자들 사이에 끼어든 오디세우스― 그것은 자신이 유일하게 적법한 주인임을 선포하기 위해서이다. 결혼, 동양과 서양의 오랜 약혼 기간의 귀결. 중매를 선 그리스. 그리고 부부의 거처가 된 로마.

물론 플라톤이 성서를 표절했다고 말하는 사람들이 (아마 여럿 가운데서도 특히 락탄티우스였다고 기억하는데) 있었듯이, 앞으로는 ―오늘날에도― 사도 바울은 신플라톤주의자로 분류해야 하며 동방교부 전통의 성서주석가들이 플로티노스에게서 영향을 받았다고 말할 사람들도 있을 것이다. 플로티노스가 플라톤에서 유래하는 것이 사실이듯 위의 주장이 사실이라면, 끼리끼리 어울린 것이며, 모든 것은 유대교 예배당으로 다시 돌아가니, "성소를 떠나지 못한다(Et de sanctis non egredietur)" (레위기, 21장 12절).

---

47) 헤로도토스(Herodotos, BC 484?~BC 425?)는 그리스의 역사가로서, 페르시아 전쟁사를 다룬 『역사(*Historiae*)』를 썼다. 그리스인 최초로 과거의 사실을 시가(詩歌)가 아닌 실증적 학문의 대상으로 삼았다.

레위인의 전통에 대한 호기심이 그토록 많았고, "히브리의 진실"에 그토록 집착했으며, 70인역[48]을 그토록 못 미더워 했고, 유대교 예배당과 늘 간접적인 관계를 유지했던 —로마에서는 유대인들로부터 책을 빌렸고, 사막에서는 늘 곁에 유대인 바라니나를 두었다— 히에로니무스는 동방의 사상에서 서양의 사상으로의 이행을, 오늘날 우리의 눈에 드러난 대로 가톨릭의 공인교리 속에서 이루어진 이 둘의 융합을 분명하게 깨달았을까? 그랬던 것 같다. 히에로니무스는 그것을 무척이나 원했다. 그리고 그 일에 많은 기여를 했다. 하지만 히에로니무스는 천상(天上)에서 수많은 세월을 뛰어넘어 이야기하고 있다. "사제복에 관하여" 그가 하는 말을 귀담아 듣고 있노라면, 과거에 우리가 있었던 유대교 예배당 위로 앞으로 우리가 있게 될 성당이 솟아오르는 것이 보인다.

## IX

히에로니무스가 '꿈'에 대해서 보여준 자가당착("너는 거짓말을 하고 있다. 너는 기독교인이 아니로다. 너는 키케로주의자이다."[49])은 과장법으로 흐르는 그의 성향과 비판 정신의 발로보다는, 이 꿈을 꿨던 때(이 꿈이 그가 지어낸 이야기가 아니라는 것은 확실하다)가 그가 성서 주해 작업을 시작한 바로 그 시기라는 사실에 의해 보다 잘 설명된다. 속세 작가들의 저서를

---

48) 현재 전하는 가장 오래된 그리스어역 구약성서이다.
49) 서한 22에 나오는 구절이다. 히에로니무스는 이교 작가들의 작품을 읽은 죄로 채찍질을 당하는 꿈을 꾸는데, 위의 인용문은 매질하는 자가 히에로니무스를 추궁하면서 던진 말이다.

읽느라고 바쳤던 시간, 히에로니무스는 그 시간을 참회와 성서 읽기로부터 빼앗은 시간으로 간주하며 후회했다. 이러한 감정은 히에로니무스가 고열과 병마에 시달릴 때 어마어마한 악몽을 불러왔는데, 깨어나서도 그 꿈에 대한 기억이 어찌나 또렷한지 뒤에 가서도 마치 환영을 본 듯 그 꿈에 대해서 이야기할 수 있었고, 속세 작가들과 일체의 교류를 끊겠다던 회복기 동안의 맹세를 준수하겠다고 진지하게 생각했다. 하지만 그 뒤 몇 년 동안 성서 연구를 하고 나서, 구약을 그리스어뿐만 아니라 히브리어와 시리아어로도 읽을 수 있게 됐을 때, 그는 처음 교육을 받을 때 형성된 생각들로 되돌아간다. 즉 "인류의 인문학은 부인할 수 없이 유용한 것이며 지적 능력 형성에 필수 불가결하기까지 하다." 망누스에게 보낸 서한(서한 70)[50]은 히에로니무스의 관점이 무엇인지, 그리고 그가 그 어떤 전통과도 무관한 독자적 문학을 생각해볼 수 없었음—당연하지만—을 잘 보여준다. 그 어떤 언어와도 무관한 인문학을 생각해내는 것과 마찬가지다. 게다가 히에로니무스는 앞선 2세기 동안 기독교 작가들의 예를, 그러니까 이교도 작가들을 인용했던 구약의 몇몇 작가들과 성 바울의 예를 유리하게 활용한다.

우리는 이쯤에서 히에로니무스의 지적 형성 과정을 엿보게 된다. 히에로니무스는 라틴의 가객(歌客)들(명백히, 우리의 가객들 대부분보다도 자신의 직업을 더 잘 알고 있었던) 덕분에,[51] 공화정과 옥타비아누스 황제 시대

---

50) 로마의 웅변가 망누스에게 보낸 서한으로 397년경에 작성된 것으로 추정된다. 히에로니무스는 이 서한에서 이교 문화의 작가들을 인용하는 것에 대한 긍정적인 의견을 피력하고 있다.
51) 히에로니무스는 12세부터 16세까지 위대한 고전 작가들, 특히 시인들의 작품 주해를 통해 교양을 쌓았다.

의 작가들을 통해 문학을 사랑하게 되었다. 그는 제대로 만들어지고 태생(혈통)이 고귀하며 생각의 심연으로부터 섬세한 손길에 의해 천천히 길어 올려진, 그리고 오랫동안 품고 있어서 조화롭고 환히 빛나는 문장을 아끼는 취향을 갖게 되었고, 그에 대한 재주 또한 자신에게 있음을 느꼈다. 히에로니무스는 언어에 관한 그 모든 박식함과 종교적 열정, 논쟁가의 격렬함, 그리고 그 자신의 편견에도 불구하고, 활기차고 풍요로운 생각을 우아하고 차분하게 표현할 능력과 수단을 지니고 있다는 것은 사실이다. 바사리의 그림[52]에서처럼 비너스와 큐피드들이, 비록 히에로니무스는 그들에게 등을 돌리고는 있지만, 그와 가까운 곳에 머무른다. 히에로니무스는 우리 기억 속에 깊이 뿌리내리는 글을 쓸 수 있는 능력, 그 가장 진귀한 능력을 타고났다. 다른 사람이 표현하면 똑같은 생각도 오래가지 못할 것이고, 아주 어려서 죽은 아이에 대한 기억처럼 지워질 것이며, 석회 벽에 물이 튀어 생긴 젖은 자국처럼 사라질 것이다. 살루스티우스, 몽테스키외, 토머스 브라운 경, 플로베르, 혹은 히에로니무스가 쓴 글에 담긴 생각은 우리 안으로 들어와 머무르며 번져간다. 그러니까 그것은 같은 게 아니었을까? 우리가 지금 던진 질문은 지성의 동질성에 관한 질문이니, 그만 넘어가기로 한다.

이리하여 히에로니무스는 로마에서 학업을 마칠 즈음엔 자신이 작가가 되리라고 알고 있었고 그 준비를 하고 있었을 것이다. 그 뒤 등한시한 예수(집안이 기독교를 믿었음에도), "청년기의 방종"으로 잊힌 예수의 시기가 닥친다. 그러고는 카타콤 방문, 영세가 이어지고, 트레베리로 떠나서

---

52) 라르보는 조르조 바사리(Giorgio Vasari, 1511~1574)가 그린 〈성 예로니모의 유혹〉에 관하여 이야기하는 것으로 추정된다.

라틴 주석가들의 글을 읽기 시작하고 세속의 라틴 작가들 저서 옆에 기독교 라틴 작가들의 저서를 놓아두기 시작한다. 종교적 소명에 점점 더 분명하게 눈뜨기 시작하나 문학적 소명과 뒤섞인 상태이다. 히에로니무스는 유창하게 그리스어를 읽을 수 있게 되자마자 기독교 문학의 가장 풍요로운 결실들, 특히 오리게네스를 발견하게 될 텐데, 그에게 오리게네스는 다시없이 훌륭한 이곳 속세의 스승이 될 것이다. 그때부터 히에로니무스에게 이교의 문학은 기독교 문학에 가려 빛을 잃었고, 또한 당시 신구 대결에서 그 어떤 작가도 히에로니무스보다 더 옛것을 공격하고 새것을 옹호하지는 않았을 것이다.

고작해야 한두 세기의 거리를 두고 있을 뿐인 기독교 교부들이 서로서로를 어떻게 평가했을지를 그려보는 것은 쉽지 않을 듯하다. 하지만 지성사를 좌우하는 법칙들은 오늘과 같았다. 새로운 사상을 낳는 세대와 새로운 사상을 받아들이는 세대들, 받아들인 뒤 이번에는 자신이 새로운 사상을 낳는 세대들이 있다. 스승에서 제자로 이어지는 계보들이 있고, 제자들은 두 부류로 나뉜다. 소수의 제자들은 스스로 새로운 사상을 낳고 앞으로 올 한 세대 혹은 여러 세대의 스승이 되는 반면, 대다수의 "이도 저도 아닌" 제자들의 경우, 그들의 저서는 아무런 결실을 거두지 못하고, 그들의 사상은 아무것도 낳지 못한다. 그리고 모방하고 대중화하고 베끼는 대다수의 사람들이 있는데, 이들은 자신들이 받아들인 그대로 씨를 퍼뜨리거나(하지만 수태 능력은 없다) 자신도 모르는 새에 마치 벌이 몇몇 식물의 꽃가루를 나르고 새들이 씨앗을 나르듯 씨를 여기저기 옮긴다. (마치 자연이 미리 조심하기라도 하는 듯하다. 생산력이 특출한 작품들이 사라질 경우를 대비한 보험……일까?) 이리하여 오리게네스는 히에로니무스에게는, 빅토르 위고 혹은 트리스탕 코르비에르 혹은 말라르메 혹은 도스토옙스키 혹은 월트 휘트먼이 우리들 가운데 몇몇에게 그랬던 것과 같은, 그리고 테르툴리아누스가 성 키프리아누스에게 그랬던 것과 같은, 그러한 존재였다. 하지만 히에로니무스의 경우에는, 그리고 어쩌면 대부분의 초기 기독교 작가들의 경우에는 뭔가 특별한 것이 있는데, 그것은 그가 자기 자신 안에서 기독교가 아닌 다른 영향들을 때때로 느끼고 인정한다 하더라도, 세대와 세대를 이어가며 자신을 이교의 사상과 예술에 결부시키는 흐름이 보인다 하더라도, 그에게 특히나 강한 인상을 남기는 것은 유대 전통과 복음의 거대한 흐름이 발산하는 강력함으로써, 그 자신을 휩쓸고 지나가는 이 흐름은 그가 보기에 모든 것을 휩쓸고 지나가며 그 모든 것을 새롭게 태어나게 한다. 성서는 여전히 잘 알려지지 않은 세계이므로, 그 세계를 탐사하고 지도를 작성해야만 한다. 이제 히에로니무스는 이 미지의 세계의 총명한 탐험가인 오리게네스가 남긴 오륙천 개에 이르는 논설이나 설교 중 단 하나만을 가질 수 있다 해도 이교 문학 전체를, 그리고 플라톤 전체—이 멍청한 플라톤(stultus Plato)[53]—를 내줄 것이다. 게다가 그가 키케로, 세네카, 베르길리우스, 루카누스[54]를 통해서 알았고 사랑했던 그리스 철학의 요소들이 오리게네스에게서 다시 보이는 만큼 더더욱 기꺼이 그리할 것이다. 비록 플라톤이 죽음의 부단한 매개를 모든 철학의 토대로 권장함으로써 이교의 사상가들 그 누구보다도 우뚝 솟았다고 하지만, 오리게네스가 플라톤보다 훨씬 더 뛰

---

53) 헬리오도로스에게 보내는 서한 14에 나오는 구절로서, "이 멍청한 플라톤"이라는 의미이다.
54) 마르쿠스 안나에우스 루카누스(Marcus Annaeus Lucanus, 39~65)는 로마의 정치가이자 서정시인, 철학자이며 세네카의 조카이기도 하다. 저작의 대부분은 유실되었으나 '내란'을 테마로 한 유일하게 현존하는 시 「파르살리아(Pharsalia)」는 「아이네이스」(베르길리우스) 이후 최대의 라틴 서사시로 꼽힌다.

어난데 어찌 오리게네스를 선호하지 않겠는가? 오리게네스는 기독교인이다. 그는 플라톤이 살짝 엿볼 수 있을 뿐이었던 진리를 담지하고 있으며, 죽기 위해 사는 것과 살기 위해 죽는 것은 각기 다른 문제(*aliud est vivere moriturum, aliud mori victurum*)[55]임을 알고 있다.

## X

히에로니무스가 지치지도 않고 가차 없이 의기양양하게 그 거창한 동정(童貞)이라는 주제를 다룰 때마다 그러하듯이 비(非)신자에게는 십자가의 광기(라틴어로는 '어리석음'을 의미한다)로 보이는 예수 수난의 신비에 부딪히게 된다면, 신앙심이 희박하거나 아예 신앙심이 없는 우리로서는 어떻게 할 것인가? 아마도 우리는 심마쿠스가 로마의 황제들에게 승리의 제단을 다시 세울 것을 요구하면서 백발이 된 이울어가는 이교의 로마가 입에 올리게 한 그 말, 그토록 장중하고 그토록 처연하고 그토록 종교적인 그 말이 생각날 것이다.[56] "그렇게 철저하게 숨겨진 것(진리)에 대번에,

---

55) 히에로니무스가 헬리오도로스에게 보낸 편지에 나오는 구절이다. (헬리오도로스에게 보내는 서한, 「네포티아누스의 죽음에 대하여」, 서한 60.)
56) 퀸투스 아우렐리우스 심마쿠스(Quintus Aurelius Symmachus, 340~405)는 로마의 정치인이자 웅변가요 문인으로서, 헤게모니를 장악한 기독교에 맞서서 고대 로마의 이교 전통을 지키고자 노력한 인물이다. 위에서 인용하는 구절은 그가 382년에, 기독교인 황제들이 등장하면서 사라졌던 '승리의 제단'을 다시 로마의 원로원 회의실에 재건할 것을 촉구하면서 원로원에 보낸 편지에 등장하는 구절이다. 소위 이 '승리의 제단' 사건이 일어났을 당시, 암브로시우스 주교와 다마수스 교황이 심마쿠스와 대립하였고, 이 사건은 심마쿠스의 패배로 끝나게 된다. 이후 심마쿠스가 남긴 이 말은 타 종교에 대한 관용과 결부되어 인용되곤 한다.

단 한 번에 도달하지 못한다(*Uno itinere non potest perveniri ad tam grande secretum*)."[57] 그리고 새로운 로마는 칠흑 같은 머리채(창공과 우리 사이에 우거진 검푸른 털가시나무)를 땋아 올린 아직도 젊은 청소년이라는 사실만으로, 그리고 "당신들이 몰랐을 그것, 우리는 그것을 직접 신의 입을 통해 배웠다"라는 성 암브로시우스의 대답만으로, 우리 안에 들어 있는 이 보잘것없는 신앙의 불씨를 키워 불꽃을 피워 올리기에 충분할까? 우리는 작가로서 죽음의 부단한 매개를 알고 있고 실천하고 있으며, (어떤 의미로는) 더 나아가 우리는 살기 위해 죽으리라는 것을 알고 있거나 혹은 그것을 바라고 있다. 또한 우리는 종종 "텅 빈 두개골과 영원한 웃음"[58]의 영역으로 내려가는데, 그곳에서는 세익스피어와 세르반테스, 톨스토이와 발자크가, 그리고 히에로니무스와 아우구스티누스가 만나게 되며, 가장 오래갈 예술의 기념물들이 바로 그곳에 세워진다는 것을 알고 있다. 하지만 그 형이상학의 나라로, 신비로운 그 지점으로,

……*tenuis qua semita monstrat*

*ire per angustm regna cœlestia portam?*

(오솔길을 지나고 좁은 문을 거쳐야만 닿게 되는 천국으로)

우리가 가기는 할까?

우리는 순결에 대해서도 그로 인해 얻는 이득과 그 대가를 알고 있다.

∴

57) (원주) 가스통 부아시에(Gaston Boissier)가 『다신교의 종말(*La Fin du paganisme*)』에서 제시하는 번역은 다음과 같다. "이 위대한 신비에 이르자면 단 하나의 길만으로는 충분하지 않다."
58) 폴 발레리(Paul Valéry)의 시 「해변의 묘지」에 나오는 구절로서 죽음을 상징한다.

우리 모두, 가장 세련되고 가장 개인적인 우리의 열락에 바칠 시간들 가운데 얼마나 많은 시간을 빼돌려서 가장 비속하고 가장 조속한 쾌락으로 돌려버렸는지를 젊은 시절 헤아려볼 수 있었고, 이제 학술 연구, 공부, 예술은 까다로운 배우자나 다름없어서 지적 저서들의 에너지와 광휘는 거의 늘, 우리가 원하든 원치 않든 육신의 만족을 희생시켜가며 얻어진다는 것을 알고 있다. 그리고 모든 예술 활동(그리고 어쩌면 학술 활동)의 바탕이 되는 특수한 감성이 사춘기 이전에 형성되어 계발된다는 것은 언급할 만한 가치가 있는 사실이다. 마치 시적 재능이 동정(童貞)에서만 발현되기라도 하는 듯한데, 아마도 뮤즈의 신화가 의미하는 것이 바로 그런 것이리라. 따라서 우리는 히에로니무스와 함께 결혼은 은이요 동정은 금이라고 다시 말할 만반의 준비를 갖춘 셈이며, 또한 히에로니무스처럼 육신의 혈연관계는 지적 혹은 정신적 혈연관계에 비하면 전혀 바람직하지 않다고 생각한다. 우리는 영원한 동정과 "예수의 형제자매들"에 관한 히에로니무스의 교리에 접하여 예술 작품 대하듯 찬탄하며, 우리에게는 기독교가 또 다른 신화에 불과하다 할지라도 보편교회가 다산의 어머니 발치에 엎드린 모습을 생각해보지는 않는다. 단테의 선구자이자 베아트리스의 예고자이며, 기사도 문학의 아버지인 히에로니무스여! 그는 또한 가족 관계로부터 개인을 풀어주고 남성의 속박으로부터 여성을 해방시켜 남성과 동등한 위치에 놓아주기 위하여("그리스도에게 봉사하는 데서는 성의 차이가 아니라 정신의 차이가 존재한다"), 동정 설파와 정결 허원을 통하여 가장 많은 일을 행한 모럴리스트이기도 하다. 허나 히에로니무스는 이로부터 "혼인의 오물(혹은 파렴치, *sordes nuptiarum*)"[59]을 완벽하게 씻어버리기 위해서는 순교가 필요하다고 설득하려 든다. 이제 반론의 정신 혹은 악마가 우리 귀에 토머스 미들턴의 시구를 읊어준다.

혼인은 얼마나 감미로운 숨결을 보내오는가…….[60]

세속의 거부로 말하자면, 정신의 자리는 그쪽이라는 것을, 일상적인 삶, 안락의 추구, 야심의 곡예를 벗어난 곳이라는 것을 그 누가 모르겠는가? 권세를 향한 활동의 중지를, "일자의 유출"을 가리키고 있다는 것을 그 누가 모르겠는가? 하지만 그로부터…… 또다시, 신앙심이 희박하거나 아예 신앙심이 없는 인간은 심마쿠스의 말을 떠올리고 만다.

## XI

히에로니무스 특유의 어조, 사고의 우아함, 문체를 느끼고 알아보기까지는 거의 시간이 걸리지 않는다. 뛰어남의 확연한 징표. 문장이 짤막할 때조차도 그 엄청난 진폭(공명). 적절한 세부 묘사의 기교. 가령, 로마 여인 파울라 성녀가 그리스어로 행한 최후의 발언(임종의 순간에서조차 철저하게 고국으로부터 떠나 있는 로마 여인, 혹은 망각한 모국어, 아니 차라리 부인당한 모국어라니!). 한 가지 더 언급한다면, 교부들과 성 아우구스티누스

---

59) (원주) 이런 표현을 사용하고 신혼부부에게 정결 허원을 권했기 때문에 히에로니무스는 결혼을 조롱하는 것으로 비쳤다. 전설적 성인 앙투안이 세속적 용기와 명예를 조롱한 것과 마찬가지로 비쳤다. 이를 반박하는 몇몇 신학자들에게 응수하기 위해서는 통계와 그저 흔한 경험을 끌어들이는 것으로 충분하다. 동정을 지키는 남자가 몇이나 되겠는가? 얼마나 많은 신혼부부들이 순결을 지키겠는가? 얼마나 많은 사람들이 다른 쪽 뺨을 내주겠는가?
60) 토머스 미들턴(Thomas Middleton, 1570?~1627)은 영국의 극작가로서, 위의 인용구는 『여자여 여자를 조심하라』에 나오는 대사 중 한 구절이다.

의 경우 설교하던 습관이 몸에 배어 화려한 언변으로 문체를 망쳐버리곤 했다는 비판을 듣는 데 반해 히에로니무스는 그러한 비난에서 거의 벗어나 있다는 것이다. (동 모랭이 출간한 히에로니무스의 설교와 논평들을 보면 그가 '위대한 설교자'는 아니었음을 알게 된다.) 비록 히에로니무스 역시 "불안한 청년기"를 보냈으며, 제법 자주 일인칭으로 글을 쓰고, 주해서에서 조차도 자주 '자아를 펼쳐놓고' 자주 '개인적 사실'들을 늘어놓았지만, 그에게서는 아우구스티누스의 깊이도 비상도 보이지 않는다. 대신 히에로니무스는 보다 신중하고 보다 초연하여, 격렬하게 자신을 토로하며 감정에 겨워 떨리는 듯한 "서정성"으로 빠져들지 않는데, 아우구스티누스는 가끔 이 서정성으로 독자를 피곤하게 만든다. 지소사(指小辭)와 시적 복수형의 남용(*tua colla*)[61]이 약간 거북스럽긴 하다. 이는 아마도 그 당시 유행하던 문학 기법과 타협한 결과일 것이다. 하지만 히에로니무스에게는 놀라울 정도의 유연함과 힘차면서도 공기 같은 가벼움이, 그리고 표기의 정확함이 존재한다. 그렇기 때문에 우리가 그 자체로는 일반적인 인간적 흥미를 느끼지 못함에도 불구하고 박식함으로 가득한 편지와 서문, 설교까지도 따라가면서 읽게 되는 것이다. (가령, 다마수스 교황에게 보내는 서한 「호산나라는 단어에 대하여」[62]) 히에로니무스는 자신이 보고 있는 것을 우리에게 보여주며, 우리로 하여금 자신이 품고 있는 호기심들, 가령 풍속 스케치, 지리적·민속적 관찰, 역사적·언어적 개념들에 관심을 갖게 만든다. 『말쿠스의 삶』[63]과 『은자 바울의 삶』[64]은 전기라기보다는 사막

---

61) 글자 그대로 해석하면 "당신의 목들"이라는 의미로서, 그 당시에는 복수가 단수로 말하는 것보다 더 멋있게 여겨졌던 것 같다.
62) 서한 20.

의 시들로서, 「노(老)수부의 노래」<sup>65)</sup>와 「취한 배」에서 콜리지와 랭보가 바다를 표현하던 방식과 비슷하게 "환각적인" 방식을 취하고 있다. 켄타우로스가 출현하여 성 앙투안과 대화를 나누다 사라진다든가 하는 대목은 한 세기에 두세 개도 나오기 힘든 시적 기적 가운데 하나이다. 풍경과 동물(『말쿠스의 삶』에 등장하는 개미, 낙타)의 묘사 대부분이 진정 마법과 같은 정확성을 보여준다. 『성 힐라리우스의 삶』은 키프로스 섬의 작은 정원에서 감미로운 결말을 보여주는데, 성인의 시신이 그곳에 있지는 않지만 (그의 시신은 고향에 안치되었다), "아마도 그가 그곳을 각별히 사랑했기 때문"인지 그곳에서 수많은 기적이 일어난다는 것이다. (그 고장에 대한 사랑이 얼마나 대단한지!) 「성 가우덴티우스에게 보내는 서한」<sup>66)</sup>에서는 유년기에 대한 귀여운 묘사를 곁들여가며 파카툴라라는 어린 소녀의 교육에 관해 (수도사와 독신자 등 몇몇 교회 인물에 대한 날카로운 공격 또한 담고 있다) 이야기한다. "유폐된 다나에", "교육을 받지 못한 이 빠진 어린 처녀아이가 일곱 살이 되어 얼굴도 붉히기 시작하고 말해서는 안 될 것이 무엇인지를 알기 시작하고 말해야 하는 것에 대해서 망설이기 시작할 때……" 등의 표현을 만날 수 있다. 거리의 소음과 멀리 떨어진 이곳에서, 우리가 방금 떠올린 글들을 몇 편 직접 다시 읽지 못한다는 것이 유감스럽다. 판형이 크고 아름다운 '발라르시' 판본이 지금 수중에 없다(우리

---

63) 히에로니무스가 베들레헴에서 390년에 집필한 글이다. 말쿠스는 포르피리우스의 본명이다.
64) 히에로니무스가 시리아 사막에 머무를 당시에 작성한 글로서, 집필 시기는 374년 혹은 375년으로 추정된다.
65) 「노수부의 노래」는 영국의 새뮤얼 테일러 콜리지가 1798년도에 윌리엄 워즈워스와 함께 출간한 『서정민요집』에 실린 장시(長詩)로서, 영국의 낭만주의 문학의 도래를 알리는 시로 평가받는다.
66) 서한 28.

도 모르는 새 우리의 두 눈은 예배당의 어두움을 뒤진다)는 것이 유감이다. 그 판본을 통해 히에로니무스의 도시를 계속해서 탐사할 수 있는데, 우리가 잘 알고 있는 중심지의 광장과 시가지들을 되짚어가면서 그 너머로 뻗어나가는 대로들을 향해, 그러니까 확신하건대 우리 마음에 들 만한 것들, 현학적이지 않은 박식함, 풍부한 경험, 비평, 그리고 특히 시적이며 찬란하고 완벽하여 마치 영혼을 실어 나르는 최상의 음악이 그러하듯 매력적인 아름다운 문장들을 향해 나아갈 수 있으리라……. 아니면 "최상의 번역 방법"에 관하여 「파마키우스에게 보내는 서한」(서한 57), 즉 우리 번역가들의 지침서가 될 만한 "최상의 번역 방법에 대하여(De Optimo Genere Interpretandi)"를 다시 읽을 수도 있지 않을까……. 하지만 교회가 진리와 생명이 존재한다고 가르치는 곳에서, 제단 위의 그 작은 불빛이 "진리와 생명이 이곳에 있다……"라고 가르치는 곳에서라면 영락없이 책들은 소용없다. 하지만 히에로니무스의 집 옆에 도서관을 하나 세워서, 그가 쓴 저서, 논평, 전기, 그리고 더 나아가 성경 번역을 모아놓으면 좋겠다는 상상을 해보게 된다. 하물며, 이곳에서 멀지 않은 곳에 청년 아우구스티누스(나이에서는 아들, 지위에서는 아버지[ætate filius, dignitate parens])는 자신의 교회와 같은 지붕 밑에 이 금욕적인 종교인을 위한 유명한 도서관 가운데 하나를, 즉 그의 도서관, 아우구스티누스주의자들의 도서관을, 그를 기리는 도서관들 가운데에서도 이름이 가장 아름다운 비블리오테카 안젤리카[67]를 갖고 있으니 더욱 그러하다. 이곳에서, 책은 수없이 읽었고 신앙심은 거의 없는 당신은 신과 그의 번역가에 대한

---

67) 비블리오테카 안젤리카는 1620년에 로마에 세운 공공도서관으로 아우구스티누스의 글들을 소장하고 있다.

기억만을 발견하게 될 것이다. 발소리가 들리고 열쇠 부딪는 소리가 들리더니 "폐관 시간"[68]이라고 알리는 목소리가 울려 퍼진다. 마치 도서관이 끝났음을 알리는 소리 같다. 밖으로 나오니 이미 로마에는 어두움이 내렸다.

히에로니무스의 집. 거리 귀퉁이에 홀로 서 있고 그 옆으로 강이 흘러간다. 그 강둑은, 그가 항해 이야기를 할 때, 자신이 그리스의 세계로부터 라틴의 세계로 실어 보낸 "신의 물건들"이 부두에 도착하는 이야기를 할 때, 아마도 그의 생각 속에 떠올랐을 그 강둑일 것이다. 소박한 집으로서, 멀리서 보면 전면이 얇은 은도금 판을, 세밀하게 조각된 두루마리를 생각나게 한다. 교황의, 추기경의, 세르비아 왕의 번쩍이는 문장들—세 개의 최상급 화구 상자를 연상시키는—로 장식되어 있다. 달마티아산(産) 대리석이 깔려 있으며 아마도 법적으로는 유고슬라비아령이겠지만[69] 바로 그런 점에서 무척 로마다우며 무척 범세계적인 집. 강물이 돌아나가는 그 끝에서, 강에서 올라오는 서늘함 속에 잠겨 있는 번역가의 집. "오 행복한 지붕들이여", 오 고귀한 이의 거처인 양 번잡한 도심 한가운데에서도 외따로 떨어져서, 사람들의 발길이 닿지 않는 행복한 번역가의 집이여, 너는 우리가 프랑스어 불가지론 사전의 "히에로니무스(성인)" 항목에서 찾아낸 빌맹의 글을, 그 근사한 시작 부분을 생각나게 하누나.

"성직자의 영예로부터 멀리 떨어져서, 늘 떠돌아다니거나 혹은 은둔했

..
[68] 라르보는 'Si chuide'라는 이탈리아어를 사용했다.
[69] '산 지롤라모 데이 크로아티(San Girolamo dei Croati)'는 '크로아티아인들의 성 히에로니무스'를 의미하며 로마의 토마첼리 거리에 소재한다. 이 부지는 1453년에 터키 지배를 피해 도망 나온 크로아티아인들에게 양도되었고, 그들을 위한 성당이 건립된 시기는 1587년으로 거슬러 올라간다. 이 성당은 달마티아 출신의 성 히에로니무스에게 헌납된다.

고, 교회 내에서 예수 그리스도의 사제라는 직함 말고는 다른 직함을 갖지 않고서……."

## XII

 착각을 일으키는 글이다. 어떤 작가는 "성 히에로니무스의 여행"이라고 명명했지만, 그 연대순을 따라서 자세히 들여다보면, 차라리 동서양에 걸쳐 있는 예닐곱 개의 대도시 각각에 여러 해 동안 차례로 체류했다고 표현하는 편이 더 나아 보인다. 그리고 그의 영적인 가족과 그를 따르는 수도사들에게 둘러싸여 베들레헴에 머무를 당시, 로마 제국뿐만 아니라 전 세계의 이곳저곳에서 몰려든 방문객과 순례자들을 맞이해야 했으니 그가 "은자"였다고 말할 수는 없다.
 그 글은 다음과 같이 계속되고 있는데, 첫 부분보다 나아진 것이 없다. "…… 히에로니무스는 궁전에도 그 어떤 왕족의 장례식에도 모습을 나타내지 않았다. 그는 어떤 대도시든 대도시의 민중을 교화하거나 그들에게 위안을 주려고 들지 않았다." 빌맹은 성 암브로시우스와 성 아우구스티누스 생각을 했음에 틀림없다. 그가 히에로니무스의 삶에 대해 가진 생각은 부르주아의, 19세기 프랑스 부르주아들의 편견으로 얼룩진 듯하다. 즉 히에로니무스는 괴짜이고 거의 낙오자라고 할 만하다. 그는 정통 코스를 밟지 않았다. 보다 끈질긴 야심을 가졌어야 했고 적들을 보다 더 유연하게 대해야 했고, 자신의 연줄과 그가 신분 상승을 위해 얻어낸 이름을 활용해야 했고, 제국령에 속한 대도시 가운데 한 곳의 주교가 되어야 했고, 그리고 바로 로마의 주교가 되어야 했다. 그는 자신을 위해서도 우리를 위해서도 마땅히 그래야 했으니, 즉 자신의 지적 위대함에 걸맞은 사회적 성공을 성취해야 했다. 그리고 4세기 라틴 교부들의 명단에서 그의 이름을 발견하듯이 교황들의 명단에서 그의 이름을 발견해야 될 것이다. 그렇다! 바로 세네카라는 이름을 황제들의 명단에서 발견해야 되는 것처럼! 실제로 히에로니무스는 거의 그리 될 뻔했다. 그런데 세네카가 네로 황제의 뒤를 잇지 못했다고, 그리고 히에로니무스가 다마수스 교황의 뒤를 잇지 못했다고 해서 두 사람의 권위가 조금이라도 떨어지는가? 히에로니무스의 "경력"에 관한 이러한 논의는 무익하다. 히에로니무스는 수도사였으며, 유일한 스승은 아닐지언정 당시 수도사들의 스승이 될 만한 인물들 가운데 한 사람이었음을 고려해보는 것만으로 충분하다. 그는 재속성직자의 차원과는 다른 차원에, 직함이나 명예가 원칙적으로 추방된 종교적인 삶의 영역에 위치했다. 물론 예루살렘의 주교 요한네스도 수도사였지 않은가고 반박할 수 있다. 하지만 히에로니무스 역시 주요 공동체의 수장으로서 요한과 대등한 위치에서 논의할 수 있었다. 또한 작가와 주해가로서의 그의 명성을 염두에 두어야 한다. 비록 그를 작가와 주해자로서 평가할 때 자질 논란이 있었고 그는 종종 부당한 취급을 받긴 했으나, "추기경으로 재직"할 당시 작가와 주해자로서 부인할 수 없는 명성을 누렸으며 그 뒤 베들레헴에 은둔했을 때에도 그 명성은 여전했다. 그런데 그 문제의 글을 남긴 빌맹은 공식적인 영예(이것이 반드시 권력의 징표는 아니며, 물질적 권력의 경우라 할지라도 그러하다)만을 생각한 나머지 이러한 실제적인 지적 권력에 대해서는 전혀 중요하게 여기지 않았다.

# XIII

실제로 히에로니무스는 인생의 후반기 내내 문학적 영광을 누렸다. 라파엘로,[70] 코레조,[71] 도메니키노[72]에 이르기까지, 히에로니무스 사후의 삶은 육신의 삶을 미화하기보다는 사람들의 생각 속에서 육신의 삶을 이어가고 완성했다. 그 아름다운 창문들을 가없는 아침나절을 향해 열어젖히고 그림으로 형상화된 그 꿈 속으로 들어가보자. 지금으로부터 15세기도 훨씬 전의 어느 9월 30일,[73] 해가 지고 나자 작가 히에로니무스는 고달픈 하루의 북적임, 더위, 먼지를 뒤로 하고 집필 중인 작품의 평온함으로 돌아가, 영원히 그곳에서 휴식을 취하고 만족을 누린다. 화가들이 그린 이런 히에로니무스는 나폴리에서 파리, 런던까지, 스톡홀름에서 비엔나, 마드리드까지 유럽 전역에서 보이는데, 그것은 전설 속의 인물도 아니고 무지와 야만의 시대를 살던 민중의 숭배 대상이 되어서 영광을 누리게 된 신화적 수도사도 아니라, 실제 그랬듯이 문인—사막 풍경 가운데 어떤 것들은 히에로니무스의 묘사에서 영감을 받기까지 한 것 같다—이다. 우리로서야 때로 그가 올림포스 산 정상, 물론 그의 사상이 살아 숨쉬었던 세계를 재현한 기독교의 올림포스이지만, 올림포스 정상에 있는

---

70) 라파엘로(Raffaello Sanzio, 1483~1520)는 이탈리아의 화가, 건축가이며 이탈리아 르네상스의 3대 거장으로 불린다. 움브리아파의 스승 P. 페루지노에게서 그림을 배웠으나, 후일에는 피렌체파의 화풍으로 발전하였고 레오나르도 다 빈치의 영향도 많이 받았다.
71) 일명 코레조, 안토니오 알레그리(Antonio Allegri, 1494~1534)는 이탈리아 르네상스 최전성기를 대표하는 화가로서, 명암법, 빛, 채색 등에서 이탈리아 르네상스회화의 최고 단계에 도달하였다는 평가를 받고 있다.
72) 도메니키노(Domenichino, 1581~1641)는 이탈리아의 화가로서, 형식화된 매너리즘의 작가라는 부정적인 평가를 받기도 한다.
73) 히에로니무스는 420년 9월 30일에 사망한 것으로 알려져 있다.

모습을 본들, 때로 단테와 이웃하여 나타나는 것을 본들 간에, 그것 때문에 놀라지도 충격을 받지도 않는다. 그리고 지리의 경우, 스페인은 우리가 "르네상스의 정신"이라 부르는 것을 신대륙의 식민지화와 연결시켰듯이, 히에로니무스의 생애를 형상화한 이 그림들 도처에서 히에로니무스는 그러한 정신과 결부되어 나타난다. 여러 화가들에 의해 태어난 "유혹", "꿈", "참회"라는 제목의 그림들은 서한 22에 관한 그만큼의 삽화들이라고 보면 된다. 코레조의 「낮」[74]은 화가가 빛과 여성의 아름다운 분홍빛 살결을 보여주기 위하여 자기 마음대로 기묘하게, 역사적 인물이던 히에로니무스와 아무런 관련이 없는 것을 그린 것이 아니다. 환영을 그린 것 또한 아니라 일종의 전기적 종합, 베들레헴에서 성인이 보낸 삶과 성찰과 문학적 작업의 총화를 나타낸 것이다. 알레그리[75]가 그 그림을 그릴 때, 히에로니무스가 파울라와 에우스토키움을 대신하여 마르첼라에게 보낸 편지[76]와, '예수의 오두막(*Villula Christi*)이 묘사되어 있는 편지의 대목을 생각했으리라는 것까지도 상당히 그럴듯한 가정이다. 그 행위가 일어난 장소는 **구유가 있는 동굴**(서툰 글보다는 차라리 입을 다무는 것으로 찬미하는 편이 더 나으리라)이다.

 성모 마리아가 무릎 위에 앉힌 아기 예수, 그것은 베들레헴 에브라다이며, 성모 마리아의 발치에 엎드린 막달라 마리아, 그것은 사막에서의 참회이며, 파울라와 에우스토키움이 세운 수녀원 수녀들의 천상의 친구

---

74) 코레조의 1522년 작품인 「성 히에로니무스의 성모」를 가리킨다. 이 작품은 일명 「낮」이라고도 불린다. 현재 이탈리아 파르마 국립미술관에 소장되어 있다.
75) 코레조의 본명이다.
76) 서한 44. 히에로니무스는 마르첼라가 파울라와 에우스토키움에게 선물을 보낸 것에 대해서 두 여성의 이름으로 감사 편지를 보내고 있다.

이다. 아기 예수에게 바친 책은 당연히 『불가타』이며, 왼편에 서 있는 사람이 번역가 그 자신이다.[77] 라파엘로의 벽화 〈성체 논의〉를 보면,[78] 술피키우스 세베루스[79]의 히에로니무스에 대한 언급, 늘 인용되는 그 언급을 떠올렸다는 것이 확연히 드러난다.[80] 정말이지, 히에로니무스가 직접 쓴 글이나 혹은 그의 동시대인들에게서 나온 가장 믿을 만한 증언이 아닌 다른 곳에서 히에로니무스에 관한 소재를 길어 올린 화가들은 거의 없다. 그리고 만약 이 화가들이 작가의 외양에 관한 몇몇 정보가 담긴 대목들을 염두에 두지 않았다면, ―미네르바 조각상 근처에 놓여 있는, 아테네의 선수들이 사용하던 청동 구(球)에 관한 일화,[81] 그리고 "건강이 좋을 때조차도 튼튼하지 못한 그의 연약한 육신", 잦은 병치레― 그것은 달

---

77) 라르보는 코레조의 「낮」을 한창 묘사하고 있는 중이다.
78) 1509년, 교황 레오 10세의 명을 받고 라파엘로가 그린 벽화로, 바티칸 궁의 '세냐투라 박물관(서명실)'에 보존되어 있다. 그림 속의 히에로니무스는 옆에 사자를 거느리고 독서에 열중한 모습으로 묘사되어 있다.
79) 술피키우스 세베루스(Sulpicius Severus, 363경~420경)는 성 마르티누스의 제자로 로마 제국 지배하의 갈리아 역사에 정통한 권위자이자 당시 가장 기품이 있었던 작가로 평가받는다. 평생 친구로 지내던 파울리누스와 투르의 마르티누스의 도움을 받아 아퀴타니아에 은둔하면서 저술과 지역교회 건설에 몰두했다. 성 히에로니무스, 폴리누스, 그 밖의 많은 유명인들과 주고받은 서한이 전해온다.
80) 술피키우스 세베루스는 히에로니무스에 대하여 다음과 같은 증언을 남기고 있다. "성 히에로니무스는 신심이 돈독하다는 장점과 무관하게 라틴어, 그리스어, 게다가 히브리어에까지 능통하여 어느 누구도 그 분야에서는 그와 견주려고 들지 않을 것이다. 〔……〕 그는 항상 독서에 열중하고, 항상 책 속에 파묻혀서, 낮이고 밤이고 쉬지 않는다. 늘 책을 읽고 있든가 아니면 글을 쓰고 있다."
81) 이 청동구는 아테네의 격투기 선두들이 한 손으로 얼마나 높이 들어 올리는가를 측정하여 그들의 기량을 가늠할 목적으로 사용하던 도구이다. 374년으로 추정되는 해에 아테네를 방문한 히에로니무스는 청동구를 한 손으로 움직여보려다 실패하고 두 손을 다 사용해서야 가까스로 청동구를 움직이는 데 성공한다. 히에로니무스의 육체적 자질은 그다지 뛰어나지 못했음을 보여주는 일화이다.

리 어쩔 수 없어서였고, 허우대가 크고 건장한 노인네들을 모델로 삼음으로써 히에로니무스의 정신적 특질들을 육체적 특질로 전환하여 표현한 것이다. 그리고 『전설적 삶』에서 빌려온 특징들은 우리에게 그렇듯이 그들에게도 순전히 상징적 가치를 띤다는 것이 명백하다.

그리고 그 전설들에서 끌어낸 소재들이 작가로서의 히에로니무스와 완전히 무관한 것은 아니다. 사실, 히에로니무스에 관한 묘사를 볼 수 있는 『중세적 삶』은 무지하고 맹목적 신앙을 품고 있으나 히에로니무스를 찬미하고 다소 서투르게나마 그의 문체를 모방하고 그의 방식을 따라잡으려고 애쓴 사람들의 작품이다. 그리하여 그런 사람들 가운데 하나가 (이 사람 역시 즉시 다른 사람에 의해 모방의 대상이 되었다) 특히 성 히에로니무스의 동물 묘사를 높이 샀던가 보다. 바로 그 사람이 말도 안 되는 사자의 일화를 줄곧 늘어놓으면서 이런 문장을 썼다. *Tribus claudicans, quarto suspensus pede, ingens leo coenobii claustra ingressus est*(느릿느릿 세 걸음 나아가다 네 걸음째 튀어 오른 거대한 사자가 은자의 거처로 들어갔다). 리듬감은 느껴진다. 하지만 거장의 섬세한 필치와 완성도는 어디에 있는가?

### XIV

십자가, 사자, 손에 쥔 돌, 해골, 그리고…… "글 쓰는 데 필요한 모든 것."[82] 성 히에로니무스를 그린 그림 중에는 한창 책을 들여다보고 있든

---

82) 라파엘로 역시 성 히에로니무스와 해골, 사자, 돌 등을 함께 화폭에 담았다.

가 혹은 한창 집필 중인 노인네를 보여주는 그림이 너무나 많으니, 기독교 역사에 관하여 아무것도 모르는 사람이라면 히에로니무스가 무엇보다도 작가였다고 생각할 것이다. 하지만 기독교인에게 성인이 어떤 의미인지를 설명해주고 나면, 오랜 가톨릭 국가에서 민중의 일상에 스민 아름다운 신화 같은 성인전들―기록보관자의 수호성인 성 라우렌티우스,[83] 눈의 보호자 루치아 성녀[84]……―이야기를 해주고 나면, 히에로니무스에게서 그저 번역가들만의 수호성인이 아니라 모든 문인들의 수호성인을 보게 될 것이다.

## XV

또한 기독교에 문외한인 그 사람이 히에로니무스의 전기를 형상화한 그림을 보면 거의 늘 미의 여신들이 히에로니무스 곁에 있음을, 그리고 히에로니무스 본인의 말에 따르면 히에로니무스는 사막에서조차 "천사들의 합창"에 둘러싸여 있음을 알게 될 것이다. 천사들은 히에로니무스를 둘러싸고, 그를 돌보며, 히에로니무스의 책들 위로 굽어보다가 그를

---

[83] 교황 식스투스 2세를 보좌하던 로마의 일곱 사제 가운데 한 명으로, 로마 황제 발레리아누스의 박해를 받아 258년에 순교한 교황 식스투스 2세의 뒤를 이어 순교했다. 그는 로마 제국 병사들의 고문에도 불구하고 교회 문서와 재물을 내주지 않고 저항했다고 전해진다. 오늘날 빈자와 요리사, 사서, 그리고 문서 보관자들의 수호성인이다.

[84] 루치아(Lucia, 283~304) 성녀는 로마 제국 시대에 순교한 동정녀 가운데 한 사람이다. 순교 연대는 로마 황제 디오클레티아누스의 그리스도교 박해 기간 도중이다. 그녀의 이름은 '광명' 또는 '빛'이라는 뜻의 라틴어에서 유래하였으며, 흔히 접시에 자신의 눈알을 들고 있는 모습으로 묘사되고 있다.

위해 히브리어 경전의 책장을 넘겨주고, 그를 위해 사전 노릇까지 하니, 이교도라면 이 사랑스러운 존재들을 날개 달린 님프나 아우로라[85] 혹은 헤베[86]나 가니메데스[87]로 착각할지도 모른다. 상단의 아기 천사들과 그 너머 파르마 교회 문 밖으로 보이는 구름들, 그리고 소위 그 벌거벗은 미소년들 가운데 누군가가 히에로니무스의 근처, 바로 위쪽에서 지켜봐주고 있다. 「성체배령」을 보면, 히에로니무스가 숨을 거둘 때까지 아름다운 존재가, 그러니까 오른쪽에 무릎을 꿇고 있는 존재, 젊음 그 자체!가 그와 함께한다.[88]

이렇게 환한 빛이 흘러넘치는 히에로니무스에 관한 그림 여기저기에서 로마 가톨릭의 자줏빛—히에로니무스의 어깨 위에서 두어 차례—이 보인다고 불쾌하지는 않다. 이는 시대 고증의 오류라기보다는 일종의 사후(死後) 격상 효과인 듯하다. 화가들이 히에로니무스가 신성로마교회의 근사한 추기경 복장을 하고서 사막에서 참회의 전통적 자세를, 그리고…… 번역의 자세를 취하고 있는 모습을 보여주는데, 그것은 아름답고 감동적인 광경이다. 12궁의 사자와 짖어대는 아누비스[89]가 출몰하는, 끝없이 펼쳐진 사막의 황금물결과 바위산을 지배하는 왕이여! 로마에서라면, 가장 강력한 군주국의 궁정에서라면, 넘치는 존경과 영예가 따라

---

85) 로마 신화에 등장하는 새벽의 여신으로, 그리스 신화의 에오스에 해당한다.
86) 헤베는 그리스 신화에 등장하는 여신으로 젊음을 상징하며, 로마 신화에서는 유벤타스에 해당한다.
87) 그리스 신화에 나오는 트로이의 미소년으로, 인간 가운데 가장 아름다운 소년이다. 트로이 왕가의 조상인 트로스의 아들이라고도 하고, 라오메돈 또는 프리아모스의 아들이라고도 한다.
88) 그림의 묘사로 봤을 때, 라르보는 도메니키노의 작품 「성 예로니모의 마지막 성체배령」(1614년, 로마 바티칸 미술관 소장)에 관해 이야기하고 있는 것으로 추정된다.
89) 고대 이집트의 죽음의 신으로서, 자칼의 머리를 한 인간의 모습으로 묘사된다.

붙었을 그 모자와 그 자줏빛 의복. 히에로니무스는 끔찍스러운 풍광 속에서, 기이하며 지상의 그 무엇과도 거의 무관해 보이는 고독이 켜켜이 쌓인 곳에서, 그것들을 몸에 걸치고 있다. (스톡홀름박물관에 소장된 그림을 보면 히에로니무스 뒤로 갈라진 바위와 낮은 관목이 보인다.)[90] 우리가 화폭에 구현된 테마가 무엇을 의미하는지에 대해 조금이라도 상상해본다면, 그 충격은 상당하다. 물론 그러한 느낌은 기억과 상식의 도움으로 빠르게 수정되고, 그토록 오랫동안(페르디낭 카발레라[91]에 따르면, 에라스뮈스의 서문이 나오기까지) 히에로니무스의 전기가 왜곡되어온 이유였던, 히에로니무스를 뒤덮은 수도사에 얽힌 그 유감스러운 전설들을 생각해내고, '양복쟁이나 모자쟁이나 그게 그거지'라는 말을 떠올리며, 히에로니무스에 관한 글이나 그림이나 둘 사이에 별 차이가 없다는 생각을 하게 된다. 하지만 지상과 천상의 경계에 있는 이 추기경은 종교인일 뿐만 아니라 『불가타』 성서의 번역작가이기도 하다. 그리고 어쨌든 우리가 이 호화롭고 쓸모없는 의복을 우리의 충족된 허영의 상징으로, 찬사에 대한 욕구의 상징으로, 우리가 지치지도 않고 탐닉하는 그 모든 허영의 상징으로 생각한다면, 히에로니무스가 그 자줏빛 의복으로부터, 우리 작가들 안에 도사린 허영이라는 그 적의 머리 위에 쏟아 부을 벌겋게 달아오른 숯불을 가져다줄 수 있을지 그 누가 알겠는가? 히에로니무스는 우리에게 이렇게 말할 것이다. "세간의 평판에 대해 초연하라. 너 자신의 성공을 멀리하라. 네가 쓰는 글을, 네가 그리는 그림을, 혹은 네가 작곡하는 음악

---

90) 조르주 드 라 투르(Georges de La Tour)의 작품 「회개하는 성 예로니모」(1628~1630, 스톡홀름 국립박물관 소장)로 추정된다.
91) (원주) 페르디낭 카발레라(Ferdinand Cavallera), 『성 예로니모, 그의 삶과 작품(*Saint Jérôme: sa vie et son œuvre*)』, 샹피옹 출판사, 1922.

을 향유할 세대는 아직 태어나지 않았으며, 어쩌면 그러한 세대가 태어나기도 전에 세상이 끝날지도 모른다는 생각을 해라. 네 작품 이외의 곳에서 그 어떤 만족도 찾지 말지니, 작품만이 돌볼 가치가 있고 작품만이 네게 중요한데, 이는 작품이 곧 너 자신이기 때문이다. 작품을 위해 모든 속박을 벗어던져라. 그러면 때때로, 너를 둘러싼 암흑과 고독 속에서 네가 마침표를 찍는 그 순간 천사들의 갈채가 들리는 일이 벌어질 것이다." 이런 말도 있다. "낙심과 의심이 혹은 후회가 밀려들 때 다시 스스로에 대한 믿음을 회복하기 위해서, 혹은 까다로운 뮤즈에 반해 뭔가 죄를 저질렀다면 죗값을 치르기 위해서, 다시 겸손하게 굴레를 쓰고 겸손하게 번역하라. 자비심과 정의감으로, 그리고 네 형제 중 단 한 명의 영광을 위해서라도 번역하라……."

하지만 이 추기경의 자줏빛 의복을 보면서 우리가 생각하게 되는 것은 실제로는 전혀 다른 설교, 아니 차라리 승리의 노래이다. 이러한 사후 승격은 이중으로 시간을 거슬러 올라가는 효과를 낳았는데, 우리가 눈앞에 그려보는 것은 오히려 칼키스 사막의 히에로니무스, 가짜 추기경이 되기 이전의 히에로니무스이다.[92] 그리고 그가 우리에게 들려주는 것은 헬리오도로스에게 보내는 설교[93]의 "마지막 시편"이다. "*O desertum Christi floribus vernans!* 오! 그리스도의 꽃들로 온통 빛나는 사막이여! 오! 돌들의 탄생을 품은 고독이여! 묵시록의 위대한 왕의 도시는 그 돌들로 쌓

∴
92) 히에로니무스는 375년에 칼키스 사막에 들어가서 2년간 은수자(隱修者)로 지냈으며, 382년부터 385년 사이에 다마수스 주교의 비서로서 바티칸 행정 일을 처리하였다. 주교의 비서로 지냈던 이 기간 때문에 그는 훗날 추기경이었다는 오해를 받곤 했는데, 이는 그를 추기경으로 묘사한 그림들이 잘 보여주고 있다.
93) 서한 14. 히에로니무스는 헬리오도로스에게 속세를 떠나 사막으로 들어가라고 권한다.

아 올려지도다!…… 내 말을 믿어라. 이곳에서는 빛보다 더한 나도 모를 그 무엇이 보이도다……. 나의 형제여, 그대는 이 세상에 비해 너무나 위대한데, 대체 현세에서 무엇을 하고 있는가?" 이것은 아부가 아니다. 히에로니무스에 따르면, 모든 기독교인은 "이 세상에 비해 너무나 위대"한데, "우리는 엄청난 대가를 치르고 죄사함을 받았기" 때문이다. 여기, 이 *celeuma epilogi*, 즉 '최후의 노래'에서 예수의 십자가 수난은 저항할 수 없는 시적 벅참으로 터져 나오며 최후의 심판을 상기시키며 승리를 구가하고, "멍청이 플라톤"과 "헛수고만 하는 추론가 아리스토텔레스"가 "불길에 휩싸인 주피터"[94]를 대동하고 "노동자와 실 잣는 여인을 부모로 둔 아들"의 왕좌 앞에서 모욕당할 때 트럼펫 소리와 "우주의 신음"이 들려온다. 이 말들의 원천이 된 것은 물론 성 바울, 묵시록, 성 요하네스 크리소스토무스[95] 그리고 테르툴리아누스이다. 하지만 베르길리우스(베르길리우스가 남긴 글 또한 원천이 되는 텍스트가 있지만)는, 모든 인간의 지혜를 부정하며 모든 도시를 뒤엎어버리고, 지상을 파괴하고, 인간을 천상으로 올려 보내는 이런 숭고한 착란에까지 이르지는 못했다.

---

94) (원주) 아마 스토아학자들을 가리키는 시적 방식이리라.
95) 요하네스 크리소스토무스(Johannes Chrysostomus, 347?~407)는 그리스의 설교가, 성서 해석가. 콘스탄티노플의 총주교(總主敎)를 지냈으며 상류 계급과 황실의 사치를 비판하다가 박해를 받았다. 주로 일반 대중을 대상으로 열정적이고 명쾌한 설교를 하여 그리스어로 '황금 입'이라는 뜻의 별명을 얻었다.

# XVI

하지만, 그런 아름다운 대목에 현혹되어서, 선입견에 물들었고 세뇌당한 비평가들의 의견을 나눠 가져서는 안 된다. 이들 비평가들은 오리게네스와 플라톤에 관하여 히에로니무스의 의견을 따라갈 용의가 얼마든지 있어서, 가령 기독교의 지혜가 그리스·로마의 철학보다 우월한 만큼 성 암브로시우스의 『의무론』이 "키케로의 『의무론』보다 우월하다"라고 우리에게 말하려 들 것이다. 키케로와 암브로시우스가 하나의 문제라면, "기독교의 지혜"는 또 다른 문제이다. 인용할 대목들을 교묘하게 골라내어, 한편으로는 최고의 교부들이 이교의 가장 위대한 작가들보다 더 심오하고 더 인간적인 작가들임을 증명해 보이고, 다른 한편으로는 라틴문학에 기독교 사상이 도래하자 작품의 지적, 미적, 심지어 윤리적 수준이 저하되었음을 증명하는 일은 어렵지 않다. 이 두 가지 견해는 똑같이 엉터리이며, 마치 등가이론, 이는 부분적으로는 히에로니무스의 의견이기도 한데, 즉 유세비우스=헤로도토스, 락탄티우스=키케로, 술피키우스=살루스티우스 등이 엉터리인 것과 마찬가지이다. 차라리, 작가 하나하나를 따로따로 고려해야 한다. 최초의 기독교 작가들이 등장했을 당시 라틴문학이 얼마나 창작의 불모지였는지를 잊지 말자. 이번에야말로 제대로 학교에서 주입받은 "훌륭한 라틴 문화"라는 편견을 옆으로 밀쳐두고 무엇보다도 본질적인 요소, 즉 시간을 고려에 넣어야 한다. 기독교 문학이 베르길리우스에게 비견할 만한 시인을 배출하게 되는 것은 겨우 단테에 이르러서이다. 부당한 대우를 받는 기독교 작가들은 우리가 보기에는 차라리 3세기부터 5세기 사이에 활동한 작가들이며, 전문가들은 횡설수설할 것이 아니라 프루덴티우스[96] 같은 시인은 프로페르티우스[97]나 티불루스[98]만큼이나 독서와 연구와 애정의 대상이 될 가치가 있음을 인정해야 할 것 같다. 프루덴티우스는 에스파냐 서정시의 선조, 로마니아[99] 전체에서 유일한 서정시의 선조로서, 라틴 서정시의 실낙원 가까이로 우리를 데려다준다.

히에로니무스의 경우, 예수의 십자가 수난에 고취된 결과가 늘 서한 14에서처럼 아름답게 표현되었던 것은 아니라는 점을 인정해야 한다. 때로 질질 끌기도 하고 반복도 심하다. 예를 들어, 지복에 관한 글은 우리를 실망시킨다. 로마 성무일도서(聖務日禱書)의 9월 30일 자에 부분 수록된 히에로니무스의 설교는 무조건적 장광설과 인용의 남발이 있는가 하면 히에로니무스다운 힘찬 표현이 뒤섞여 있다는 점에서 전형적이다. 그 힘은 장광설과 인용의 남발 속에서, 그리고 대응하는 성경 구절을 기계적으로 찾는 과정에서 무뎌진다. 그의 기교 중 일부는 라틴문학의 전통과 히브리문학의 전통을 함께 녹여내는 데 있으며, 그 일을 상당히 능란하게 해치운다는 것은 사실이다. 영국과 미국의 위대한 설교작가들, 그리고 낭만주의자들이 그보다 더 잘한 경우는 아주 드물며, 라므네[100]는 그에 훨씬 못 미쳤다. 하지만 성서나 속세의 글에서 이런저런 구절들을

---

96) 아우렐리우스 클레멘스 프루덴티우스(Aurelius Clemens Prudentius, 348~410)는 로마 제정 말기의 기독교 시인으로서, 찬미가를 단순한 예배의 목적에서 분리시켜 예술의 경지로까지 올려놓음으로써, 기독교 서정시의 창시자가 되었다.
97) 섹스투스 프로페르티우스(Sextus Propertius, BC 50?~BC 16?)는 고대 로마의 서정시인으로서, 킨티아라는 여인에 대한 사랑을 노래한 대표작 『엘레기아 시집(*Elegiae*)』은 금언적 명구로 연애의 갖가지 모습을 노래하여 후세의 시인 괴테와 바이런 등에 큰 영향을 끼쳤다.
98) 알비우스 티불루스(Albius Tibullus, BC 48?~BC 19)는 로마 고전기(古典期)의 서정시인으로서 호라티우스와 친교가 있었으며, 작품에는 『티불루스 전집』이 남아 있다.
99) 로마니아는 로마 제국의 뒤를 이은 제국으로, 수도는 콘스탄티노폴리스였으며 로마 황제를 직계한 황제가 다스렸다. 서로마 제국이 5세기에 멸망한 뒤에도 천 년간 지속되었다.

빌려온 후 출처를 밝히거나 혹은 밝히지 않은 채 전혀 손을 대지 않고 인용 상태 그대로 내버려둔 경우도 종종 있었다. 재료들을 모아는 놨으나 가공을 하지 않았고, 몇몇 대목은 어찌나 문학적 암시로 가득 찼는지 첸토[101]를 읽는 느낌을 받게 되어, 후기 로마 문명의 시기에 사람들은 히에로니무스를 인용한다고 생각했지만 실제로는 살루스티우스, 키케로, 페르세우스를 인용했던 것이 아닌가라는 의문을 품을 수도 있다. 그리고 물론, 무척이나 복잡하며 우리에게는 이미 아무런 의미가 없는 교리 논쟁과 얽힌 부분, "촌뜨기들", "짖어대는 개들", "에스파냐(물론, 이베리아를 말한다)의 독사들", "전갈들", "애비 성도 모르는 놈들", "돼지 대가리" 등의 표현이 튀어나오는 논쟁, 루피누스의 죽음을 알고서 히에로니무스가 환호성을 지르는 것으로 끝이 난 오리게네스주의자들과의 길고 긴 논쟁의 역사가 있다.[102]

히에로니무스가 중상모략에 대해서 한 말, 거세게 불타올랐다가 얌전히 사그라지는 "짚불"이라는 비유는 문학적 형식으로서의 논쟁에도 또한 적용된다. 논쟁에 관심을 보이는 사람들은 동시대인들뿐으로서, 아니 동시대인 가운데에서도 시간이 남아도는 사람들, 쓸데없이 남의 일에 정신

⁂

100) 펠리시테 로베르 드 라므네(Félicité Robert de Lamennais, 1782~1854)는 프랑스의 가톨릭 계통 사상가이다. 처음에는 전통주의자로서 『종교 무관심론(*Essai sur l'indiffërnec en matière de religion*)』을 1817~1823에 걸쳐 차례로 발표하며 무신론, 이신론, 프로테스탄티즘, 자유주의를 공격하고 교황 중심의 봉건제도로 돌아갈 것을 주장하였다. 그 실현이 곤란함을 깨달은 후, 기독교를 국권으로부터 해방시키려는 자유주의로 전향하였고, 7월혁명(1830) 후 신문 《라브니르(*L'Avenir*)》를 간행(1830~1832)하여 교황 중심주의와 자유주의를 결합한 이론을 주장하였지만, 파문당한 뒤로는 민주주의, 기독교 사회주의의 투사로서 일생을 마쳤다.
101) '첸토(Cento)'는 음악에서는 여러 개의 다른 악곡에서 골라 뽑아 하나로 엮은 악곡을, 문학에서는 여러 시나 시구들을 짜깁기 하여 만든 작품을 의미한다.
102) 390년대 초 루피누스와 히에로니무스는 오리게네스의 가르침에 관한 논쟁에 관여하게 된다.

을 파는 경박한 인간들, 험담꾼들, 하찮은 인간들뿐으로서, 이들은 시새움조차 제대로 발산하지 못하여, 고작 유명 인사들이 서로 욕설을 퍼붓고 조롱을 던지고 독설을 퍼붓는 모습을 보는 것으로 만족할 뿐이다. 이러한 논쟁들은 히에로니무스의 삶에서 커다란 자리를 차지했고, 히에로니무스는 이 와중에 자신의 독자성을 지키기 위해서 아퀼레이아로, 안티오키아로, 그리고 로마로 차례차례 거처를 옮기게 되었다. 하지만 시간의 흐름과 더불어 그러한 논쟁은 사람들의 평가 속에서 영광으로, 시성식(諡聖式)으로, 성인품에 오른 교부의 "오뇌(懊惱)"로 바뀌어갔다. 히에로니무스의 적들은 돌이킬 수 없는 비난을 받았고, 그들 모두는 예외 없이 "정통 교리의 적들"이 되었다. "독자들은 아마도 그러한 성인들에게도 적들이 있을 수 있었다는 사실에 놀랄지도 모르겠다. 하지만 놀랄 일이 전혀 아니다. 시새움은 늘 미덕을 공격하는 법이다." 중세 때 히에로니무스의 송사를 지었던 사람들 가운데 어떤 이가 그렇게 말을 했는데, 그는 히에로니무스를 교부들 중의 교부로, 그리고 히에로니무스의 글이 "신성한 불빛인 양 온 세계에서 빛을 발하며", "태양과 마찬가지로 동에서부터 서에 이르기까지 찬란하게 빛난다"고 생각했던 사람이다. 히에로니무스는 온갖 곳을 다녀봤고, 온갖 언어를 배웠으며, 또한 100세 이상 살았고, 죽고 나서 4세기가 지난 후인데도, 어떤 모임에서 히에로니무스의 글을 폄하했던 추기경은 치명적인 설사병에 걸렸단다! "훌륭한 사람들을 중상하면 반드시 벌을 받기 마련이다."

하지만 히에로니무스 자신의 글을 읽다 보면, 까다롭고 싸우기 좋아하는 그의 성격, 문인으로서 아주 예민한 자존심, 그의 격렬한 기질이 소위 그의 "오뇌"에서 중요한 역할을 했음을, 그리고 종종 자신이 뿌린 씨를 자신이 거두었음을 쉽게 깨닫게 된다. 그는 자신을 시새우는 사람들에게

빌미를 주었으며, 격렬한 언사로, 모욕적인 발언으로, 조롱으로 그들을 도발했다. 물론 그는 맞서지 않고 피했으며 사람들을 만나지 않고 혼자 지냈다(……*fugientem me et inclusum*)[103]고 한다. 심지어 적들이 슬퍼하지 않도록 입을 다물겠노라는 맹세도 했다. 하지만 이 맹세를 그가 어찌 지켰겠는가! 오히려 그는 적들 가운데 그 누구보다도 더 크게, 더 훌륭하게, 더 오랫동안 목청을 돋웠다. 그리고 히에로니무스에게는 길이 남을 만한 글들을 쓰는 재주가 있었지만, 그의 적들은 지적으로 "무미(無味)"했고 그들의 작품은 망각 속으로 사라졌기 때문에, 결과적으로 늘 히에로니무스가 자기보다 약한 사람을 공격한 것처럼, 그 모든 분노, 그 모든 호통들이 허수아비들을, 인형들을 상대로 한 것처럼 보였다. 실제로는 히에로니무스의 적들은 무시무시한 인물들이었고, 그들 가운데 몇 명은 신의도 양심도 없었으며, 무조건적인 지지자들을 거느리고 있었다. 예를 들어 루피누스는 동시대인들이 보기에는 히에로니무스에 비견할 만한 작가였다. 전 기독교 서방세계가 유세비우스의 『교회사』를 그의 번역으로 읽었으며, 아직도 읽히고 있는 리옹의 순교자들에 관한 무시무시한 이야기 역시 그가 번역한 것이다. 사람들은 이 사건을 보면서 질투가 개입한 것이 아닌가 의심했고, 신학 논쟁을 문인들의 경쟁심이 작용한 결과로 보기도 했다. 루피누스는 후대인들에게 정당한 대우를 받지 못했는데, 그가 추잡스러운 논쟁을 먼저 그만두었고, 히에로니무스의 욕설에 더는 대꾸하지 않았다는 것은 찬양받을 만한데, 이렇게 루피누스가 침묵으로 일관해버리자 히에로니무스의 독설은 우스꽝스러워졌다. (바로 이것이 페르디낭 카발레라가 쓴 히에로니무스의 가장 최근 전기에 나와 있는 의견이다.[104])

∴

103) 히에로니무스가 쓴 『말쿠스의 삶』(390) 중 한 구절이다.

오히려 "루피누스의 오뇌"라고 말해야 하는 것이 아닐까? 어쨌든, 히에로니무스를 모시는 교회에 다시 들어설 일이 생기면, 다른 번역가, 패자(敗者), 즉 아퀼레이아의 루피누스에 대해서도 잠시 생각해보자. 그리하여, '위대한 세기'에 그런 것처럼,[105] 사람들의 기억 속에서 두 사람이 화해하게끔 하자.

## XVII

예전에는 북적거렸지만(고작 몇 년간) 오늘날에는 권태롭고 생기 없는 히에로니모폴리스의 그 논쟁 지역들에서 벗어나서, 계속 외곽 지역을 향해 중심지에서 멀어져가면 "귀화 외국인" 혹은 "거류 외국인" 구역이라고 부를 만한 곳으로 들어서게 될 것이다. 바로 히에로니무스가 세운 **외국인을 위한 영접실**, 즉 그가 남긴 번역 작품들이다. 카에사레아의 유세비우스가 쓴 『연대기』,[106] 오리게네스의 설교 여러 편, 맹인 디디무스[107]의

---

104) (원주) F. 카발레라, 앞의 책, II권, 101쪽.
105) 17세기에 베네딕트회 수도사들이 아퀼레이아의 루피누스에 대해 존경심을 표한 바 있다.
106) 유세비우스(Eusebius of Caesarea)는 창세기부터 303년까지의 사건들을 수록한 연대기를 남겼다. 유세비우스는 그리스어로 집필했으나 현재는 히에로니무스의 라틴어 번역과 아르메니아어 판본이 남아 있을 뿐이다.
107) 디디무스(Didymus the Blind, 313?~395/399?)는 이집트의 알렉산드리아학파 신학자로서, 네 살 때 시력을 잃었다. 그는 학식만이 아니라 수덕 생활 때문에도 존경의 대상이었지만, 오리게네스주의자라는 이유로 553년 제2차 콘스탄티노플 공의회에서 파문당하고 만다. 히에로니무스는 스승 디디무스를 칭할 때 맹인보다는 보는 자라는 명칭을 더 많이 사용했고, 그의 저서를 '다수이면서도 존귀한 것'이라고 표현하였다. 현재 보존되어 있는 저서로는 『삼위일체론』, 『성령론』, 『마니교도 반박론』 등이 있다.

논설, 파코미우스[108]의 『계율』 등 수많은 번역이 있다. 사실, 히에로니무스는 평생 창작과 번역 양 분야에서 활발한 활동을 보였다.

주변에서(골 지방, 소아시아……) 들리는 다양한 언어에 호기심이 많았던 히에로니무스는 그리스어에 대한 충분한 지식이 생기자마자 번역 작업에 착수했다. 처음에는 아마도 언어연구자와 시인으로서의 개인적 즐거움, "그리스어에 대한 애정" 때문이었던 것 같다. 그러고는 그리스어로 제대로 쓸 수 있을 만큼 그리스어를 충분히 다룰 수 있게 되자, 자신이 번역하고 있는 텍스트인 유세비우스의 글들을 원어인 그리스어로 보충한 뒤 다시 그리스어에서 라틴어로 옮기는 일을 즐겼다.

히에로니무스를 오리게네스의 작품으로 이끈 사람은 유세비우스(어쩌면 성 힐라리우스)일 확률이 높은데, 히에로니무스는 오리게네스의 작품에 빠져들었고, 열렬히 찬미하다가 번역까지 하게 되었다. 또한 히에로니무스는 맹인 디디무스에 대해서도 오리게네스에 맞먹는 열정을 가졌고, 이는 디디무스의 『성령론』 번역으로 이어졌다. 히에로니무스는 『성령론』 번역에 붙인 서문에서 "보잘것없고 못생긴 까마귀인 나는 휘황찬란한 색상들을 빌려와서 나를 꾸미기보다는 다른 이의 작품을 번역하는 사람으로 보이는 것이 더 좋았다"라고 말한다. 이 고백에는 『성령론』에 대한 히에로니무스의 경탄과 동시에, 그 글을 모방하거나 혹은 어쩌면 표절함으로써 자기 것으로 하고 싶다는 유혹이 담겨 있다. 이는 또한 번역이 어떠한 욕구에, 어떠한 심층적 본능에 상응하는지를 정확히 보여주며, 개개인의 윤리적 가치에 따라서 혹은 어쩌면 개개인의 지적 능력 정

---

108) 파코미우스(Saint Pachomius, 290?~346)는 이집트의 수도사로 공주(共住) 수도원 제도의 창시자이며 성인품에 올랐다.

도에 따라서 표절작가도 혹은 번역가도 될 수 있음을 보여주는 것이다. 히에로니무스는 워낙 학식과 생각이 풍부한 인물이었고 상당히 활기찬 정신의 소유자였기에 악과 덕 사이에서, 표절과 번역 사이에서 오래 망설이지 않았다. 그런데 번역하기보다는 표절하는 것이 훨씬 더 편리한 법이다. 그리고 히에로니무스는 자신의 임무가 얼마나 어려운 것인지를 정확히 알고 있었다. "다른 사람의 글을 한 줄 한 줄 따라가다가 어느 지점에선가 벗어나지 않는다는 것은 쉽지 않은 일이고, 하나의 언어로 훌륭하게 표현된 것들이 번역에서도 동일한 아름다움(혹은 동일한 우아함, 즉 *eumdem decorem*)을 유지하게 한다는 것은 어렵다"(「최상의 번역 방법에 대하여」).

히에로니무스는 『명인전(*De Viris Illustribus*)』[109]의 마지막 장에 실은 자신의 작품 목록에 "······ *Quem ego in latinum verti*······ *Quem in latinum transtuli*······(······ 내가 라틴어로 번역한 것······ 라틴어 번역······)"라는 표현을 사용하였다. 그는 "애정"으로 번역을 하였다. 즉 자기보다 앞서 성서 주해에 매달렸던 선배들이나 스승들이 남긴 몇몇 작품을 무척 좋아했기 때문이다. 그는 사람들에게 도움을 주기 위해서, 그리고 친구들에게 즐거움을 주기 위해서 번역을 하였다. 그는 환멸과 커다란 슬픔 앞에서 스스로를 달래기 위해서 번역을 하였다. "······ *aestuantis animi taedium interpretatione digerere conamur*······(······ 우리는 번역을 통하여 우리의 정열적 영혼의 곤고함을 달래려고 한다······)." (로마 함락, 그리고 파울라 성녀의 죽음 이후) 심지어 그는 사람들에게 "반기"를 들기 위해서, 그러

---

109) 히에로니무스는 392(또는 393)년 이교도들의 이교문화에 대한 자부심에 맞서기 위해 기독교 저자들의 목록인 『명인전』을 썼다.

니까 라틴어를 사용하는 대중에게 적들의 표절 행위를 고발하기 위해서도 번역하였다. "*Certe gui hoc legerit Latinorum furta cognoscet*(물론, 이 글을 읽는 사람은 라틴어 작가들을 표절했음을 알아보게 될 것이다)"에 잘 나타나 있듯이, 히에로니무스는 번역가로서의 재주를 논쟁가로서의 분노와 원한을 터뜨리기 위해서도 사용하였다.

## XVIII

「최상의 번역 방법에 대하여」는 히에로니무스의 번역 작품에 접근하기 위해서 통과해야 할 기념비적 관문으로 간주될 수 있다. 나는 그 글이 우리의 성무일과서가 되어야 할 거라고 말했는데, 솔선수범한다는 마음으로 지금 이 자리를 빌려 고백하건대, 한창 히에로니무스에 빠져 있을 때에는 발라르시 판본을 펼쳐놓고 그 글을 처음부터 끝까지 베껴 써본 적이 있으며, 그 글을 지금도 갖고 있다. 이 편지—히에로니무스의 사적인 글들을 적들이 훔쳐내어 공개했다—는 오리게네스 논쟁을 계기로 작성되었는데, 히에로니무스가 번역 방법론 성찰에 좀 더 많은 부분을 할애했더라면 좋을 뻔했다. 히에로니무스는 편지에서 텍스트의 단어 하나하나를 옮기느니 차라리 의미를 옮기라는 대원칙을 밝힌다. 그러고는 습관대로 그 근거를 제시하고, 테렌티우스, 플라우투스, 키케로 등 해당자를 찾는다. 이 편지의 마지막 3분의 2는 복음주의자와 포교자들이 구약을 인용하면서 지나치게 의역을 했고 가끔씩은 인용한 구절이 누구의 것인지를 잘못 말했으며, 70인역이 종종 히브리어 경전의 진리를 충실히 번역하지 않았음을 보여주는 데 치중되어 있다. 끝으로 히에로니무스는 성서의 문체를 구성하는 필수적 요소인 단순성이라는 주제를 다시 다룬다. 그리고 자신의 적들을 새로이 추궁하는 것으로 끝을 맺는다. 하지만 이 상태 그대로도 서한 57은 핵심적인 사항을 담고 있으니, 번역 방법론의 가장 큰 어려움들을 예를 들어가면서 열거하고 있고, *Non verbum e verbo, sed sensum exprimere de sensu*, 즉 말 하나하나에 곧이곧대로 매달리지 말고 작가가 말하고자 한 바를 옮길 것이라는 좌우명을 절묘하게 설명하고 있으니, 하나의 방법을 소개한 뒤, 동일 언어 내에서 시를 산문으로 번역한다는 부조리를 통한 일종의 시연을 제공한다. 히에로니무스의 작품 중에 나오는 몇몇 다른 구절, "번역이 불가능한" 외국 어휘에 관해 기술하고 있는 서한 20의 마지막 부분, 「최상의 번역 방법에 대하여」에서 인용되지 않은 『연대기』 번역에 붙인 서문, 『불가타』의 라틴어 판본마다 거의 빼놓는 법 없이 달아놓은 서문들의 몇몇 구절 등을 모아놓으면 바로 이 "번역의 방법론"이 완성된다.

## XIX

히에로니모폴리스는 동심원을 그리는 이중의 성벽으로 둘러싸여 있다. 하나는 높이가 낮고 손상이 심하며 거의 붕괴된 상태이다. 이 성벽은 최초의 라틴어 성서본 가운데 하나인 『이탈라』[110]를 히에로니무스가 개정

---

110) 히에로니무스의 『불가타』 성서가 나오기까지 서방 교회에서 쓰였던 고대 라틴어역 성서이다. 이탈라(Itala)라는 명칭을 처음 사용한 것은 아우구스티누스였는데, 그 이유는 확실하지 않으나 아우구스티누스 시대에는 이탈리아 일부 지역에서만 『이탈라』를 사용하였기 때문이라고도 한다.

한 판본이다. 다른 성벽은 그와는 반대로 튼튼하고 그 두께가 두껍고 우뚝 솟아 있어 외양이 위압적이니 바로 『불가타』이다. 그리고 갈리아 시편과 로마 시편이라는 두 개의 높은 탑이 이 성벽들을 내려다보고 있다.[111] 사람들은 보통 이곳을 통해서, 외부에서부터 히에로니무스의 작품에 다가간다. 이 탑들과 성벽들은 멀리에서도 보이며 히에로니모폴리스라는 도시의 존재를 드러내는 동시에 가려버린다. 히에로니무스에게 매달려 있는 비평가나 학자들은 모두 히에로니무스의 "주요 작품", 그에게 영예를 가져다준 대작(*laus præcipua*)은 『불가타』라고 말했다. 그리고 사람들이 흔히 너무나도 고분고분 받아들이는 이러한 견해 때문에 히에로니무스 개인의 저작들은 그가 번역가로서 남긴 작품들에 치여서 뒷전에 밀려났다. 우리가 앞에서 인용했던 프랑스인 저자는 "결국, 그의 가장 중요한 저작은 성서 번역으로서, 이는 천재적인 저작이라기보다는 엄청난 과업이었다"라고 평했다. 그것은 "엄청난 과업이자 천재적인 저작이다"라고 말해야 하리라. 그리고 "그의 가장 중요한 저작"이라는 표현도 부연해야 할 듯하다. 『불가타』의 중요성에 대해서는 입증할 필요도 없다. 그것은 우리 문명의 초석 가운데 하나로서, 로마의 성 베드로와 뉴욕의 마천루 역시 부분적으로는 그 위에 올라서 있다. 만약 『불가타』가 없었더라면 히에로니무스가 개정을 했든 하지 않았든 간에 『이탈라』가 그런 위치를 차지할 수 있었을 거라고 말할지도 모르겠다. 하지만 그리 된다면, 라틴 교회는 원전에 덜 충실하며 번역이 덜 좋은 히브리문학의 고전 선집을 갖

---

111) 히에로니무스는 세 종류의 라틴어 시편 개정판을 낸다. 첫 번째 개정판은 70인역에 근거하여 개정하였으므로 로마 시편으로 부르고, 두 번째 개정판은 여섯 언어 성서 70인역에 근거하여 좀 더 히브리어 원문에 가깝게 개정한 것으로 갈리아 지방에서 특히 인기가 있었으므로 갈리아 시편이라고 부른다.

게 되는 걸 텐데, 이 선집이 히에로니무스의 『불가타』와 동일한 성공을, 그리고 동일한 영향력(특히 언어의 관점에서)을 누렸을지는 궁금할 따름이다. 하지만 히에로니무스의 "주요 저작"에 부여한 이러한 중요성, 이를테면 실제적이며 부차적인 중요성으로 인해 우리가 그의 독창적인 저작에 깃든 본질적 가치를 놓쳐서는 안 될 것이다. 그런 현상에는, 샤를 보들레르를 에드거 앨런 포의 번역가로만 고려하는 것과 마찬가지의 의도적 무시, 부당함이 도사리고 있다. 히에로니무스 개인의 작품을 읽은 사람이라면 그 누구든지, 『불가타』를 읽으면서 지금 읽고 있는 것이 위대한 작품임을, 아니 위대한 작가가 번역한 위대한 문학임을 즉각 알아차릴 것이다.

그리고 『불가타』가 진정 천재적 저작이라는 사실, 그것은 우리가 거기에서 보게 되는 그 단호함, 그 웅장함, 문체와 표현의 그 단순함이라는 특성들 자체에서 비롯하는 것이다. 수많은 세대가 지나갈 동안, 동양을 요리하여 서양에 바쳤던 이 향연이 남긴 부스러기들로 독자, 작가, 시인들을 먹여 살렸으며, 앞으로도 먹여 살릴 것이다. '이탈라역 성서' 혹은 '베투스 로마나(Vetus Romana)'가 이러한 덕행을 베풀었을까? 어쨌든 우리의 문학은 바로 히에로니무스의 『불가타』에 담긴 수심 깊은 생명수로 목을 축여왔고, 우리들 가운데 보쉬에, 라신, 클로델이 그로 인해 환한 빛을 뿜게 된다.

또한 이러한 결과를 낳은 노력과 놀라운 창의적 생각들에 주목해야 하며, 어떻게 번역가가 자기 개인의 글을 써나가면서 수사학의 규칙들을, 스승들에게서 물려받은 문학적 비법과 인위적 장치들을 차츰차츰 뛰어넘게 되고, (세르반테스처럼) 더 많은 자유와 더 많은 단순성을 향해 꾸준하게 나아가다가 결국에는 그러한 문장구조를, 그러한 문체를, 그리고 대중적인 동시에 아주 고상한 그 언어, 그 라틴어를 만들어내게 되었는지에 주목해야 한다. 그 라틴어는 그가 서한에서 사용하고 있는 라틴어와는 완전히 달라서, 로망스어들의 도래를 앞당겼고 이들 언어의 형성에 커다란 역할을 했는데, 히에로니무스는 "성서 번역"은 "철학자들의 할 일 없는 문하생과 소수의 제자들이 아니라 인류 전체를 상대로 해야 한다"고 적고 있다(서한 49).

아테네의 청동 구(球)를 들어 올리기 위해서 기울였던 노력보다 더 큰 노력이 아닌가! 특히 히에로니무스가 성서 주해가로서 첫발을 내딛으면서 극복해야 했던 거부감―70인역을 읽었든 혹은 히브리어 경전을 뒤적였든 간에, 그가 성서의 언어와 형식과 새로움 앞에서 느꼈던 일종의 공포―에 대해 생각한다면 말이다. 우리 또한 갑작스럽게 그리스어 고전에서 성서로 넘어갈 때 그러한 놀라움과 흡사한 그 무엇을 여전히 겪는다. 한번 그러한 시도를 해보자. 그리스어를 거의 완전하게 잊어버렸다고 하더라도 70인역에서 한 구절을, 욥이나 에스터, 혹은 아가의 한 장처럼 이런저런 현대 언어들로 우리에게는 아주 친숙한 장에서 한 구절을 뽑자. 별 어려움 없이 이해야 하겠지만, "그리스어"란 데모스테네스와 투키디데스의 그리스어라고 알고 있는 우리에게는 이 성서의 그리스어는 그 얼마만 한 놀라움이겠는가! 그것은 기이하고 야만스럽고 충격적인 그리스어가 아닌가! 전대미문의 기이한 문체, 논리적 추론 대신 문장의 병렬, 가없이 펼쳐지는 이미지들의 번쩍임, 어떤 낯선 바다의 마력적이며 휘황찬란한 황폐함. 우리가 발 디딘 대지가 아닌 그들이 사는 대지의 색깔을 띠었으며 맨눈에도 갑자기 드러나는 분화구, 크레바스, 계곡이 있는 새로운 별. 달이 100미터 거리로 다가들었는가! 이제 우리는 도나투스의 가르침, 그리고 키케로와 퀸틸리아누스의 산문으로 여전히 가득 차 있던 히에로니무스가 무엇을 느꼈을지 어렴풋이나마 알 것 같다. 하지만 이 야릇함이 그에게 충격으로 다가서기를 그칠 때가, 그 단순함이 자신의 아름다움을 그에게 드러낼 때가 올 것이다. 히에로니무스가 작가로서의 사도 바울에 대한 그 유명한 판단을, 찬탄을 불러일으키며 사도 바울에 걸맞은 판단을, "…… *sed quocumque respexeris, fulmina sunt*[112]…… 당신이 어디쯤에 있든지 간에, 어디에서고 벼락을 내리꽂는다)"라는 표현으로 끝나는 판단을 내릴 때가 올 것이다.

## XX

히브리어 성서를 서방세계에 제공한 자, 그리고 예루살렘과 로마를 로마와 로망스어를 사용하는 모든 민족과 이어주는, 혹은 예루살렘과 로마를 종종 『불가타』에서 빌린 라틴어 단어와 표현들을, 『불가타』의 가장 대중적인 구절에 쓰이고 나서 통용되기 시작한 히에로니무스의 어휘와 표현들을 자신들의 언어 구축물에 병합시킨 모든 민족과 이어주는 드넓은 고가교를 세운 자, 실로 교황에 버금간다. 그 어떤 다른 번역가가 이에 버금가는 일을 했던가? 그 어떤 다른 번역가가 그토록 대단한 성공을 거

---

112) 히에로니무스는 서한 48 「요비니아누스를 반박함」에서 사도 바울의 글쓰기 방식에 관해 다음과 같은 이야기를 하고 있다. "사도 바울이 이야기를 풀어가는 그 단순하고 순진한 태도 때문에, 사람들은 사도 바울이 교묘함도 알지 못하며, 다른 사람들이 놓은 덫을 피하지 못하는 만큼 자신이 남에게 덫을 놓을 줄도 모르는 사람이라고 착각할 것이다. 하지만 당신이 그의 서한 그 어디쯤에 있든지 간에, 그는 어디에서고 주제에서 벗어나는 법 없이, 모든 것을 이용하며, 적을 무찌르기 위하여 등을 보이고 적을 죽이기 위하여 도망가는 시늉을 하며, 어디에서고 그곳을 향해 벼락을 내리꽂는다."

두면서, 그리고 그토록 오래 시공간을 가로질러 영향을 미치면서 그만큼 엄청난 과업을 말끔하게 수행했던가? 영어 성서는 끊임없는 개정과 히브리어 성서에 조금 더 가깝게 다가가려는 그 모든 시도에도 불구하고, 위클리프 성서[113]를 거쳐서 결국 『불가타』와 맞닿게 된다. 마치 영어 성서에서 드러나는 의도적 고어취향은 자신의 아름다움 앞에서 경탄하는 사람들을 앞에 놓고 히에로니무스의 의도적인 현대취향과 겨루기 위해 걸친 장식인 것만 같다. 이렇듯 히에로니무스는 이승에서 인류를 따라다녔고, 그의 정신은 우리와 함께 이곳에 있으며, 그가 한 말에서 비롯한 말들로 흑인들이 밴조 소리에 맞추어 영가를 부르며 주님을 찬양하는 것이다. 그리고 라티움 농부들의 말투와 과라니 인디언[114]의 말투가 만나는 변경에서는 기타 반주에 맞추어 흐느끼는 것이다.

위대한 작가이자 견줄 데 없는 번역가. 하지만 우리와 다를 바 없는 번역가. 우리 모두와 마찬가지로 오역까지도 저질렀기에. 하지만 우리와 마찬가지로 번역의 욕망과 열정, 고통과 즐거움을 알았으며, 흰 것은 종이요 검은 것은 잉크라고만 생각하는 사람들이 대부분인 민족 전체를 위하여 대대손손 성서를 이해할 수 있게끔 해줌으로써 승리를 거두었다. 『문예 공화국에서 번역가들이 누리는 지극히 높은 지위에 관하여』 장광설을 늘어놓는 것이 무슨 소용이 있겠는가? 그저 히에로니무스의 이름을 가만히 입 밖에 내는 것만으로 충분하니, 우리 가운데서 가장 보잘것없

---

113) 존 위클리프(John Wycliffe, 1320~1384)는 옥스퍼드대학의 교수이자 신학자로서, 1380년에 『불가타』 성서를 최초로 영어로 번역한다. 필사본 12부 정도가 존재한다고 한다.
114) 과라니족은 남아메리카 파라과이와 브라질 남부에 거주한 인디오이다. 16세기까지 인구 약 50만이었으나, 에스파냐의 식민지가 되면서 인구 90퍼센트 이상이 에스파냐인과 혼혈이 되었고, 18세기에는 예수회 선교단이 들어가서 전도 활동을 하였다.

는 사람도 그로 인해 곧 자신이 대단해진 것을 발견하게 되고 자기 소명의 의무와 영예를 되새기게 된다. 정말로 위대하고 정말로 성스러운 우리의 수호성인이여. 우리가 만사 제치고 축일을 지켜줘야 할 분. 우리가 새로운 번역을 시작하는 날로 바로 그분의 축일—시월의 학구적 온화함에 아주 근접한 그날—을 고르지 않는 한은 말이다.

자, 이제 다시 사전들을 뒤적이며 작업—우리의 작업, 그러니까 번역가들의 애정, 신중함, 그리고 자비로 점철되는 작업—의 신성함 속에 빠져들기 전에, 머릿속에서 우리는 로마로 가, 에스퀼리노 언덕을 올라갈 것이다. 계단들, 리베리오 대성당의 그 모든 계단들. 산타 마리아 델라 네베(성모설지전의) 본당에 들어서면 프레세피오(Presepio)[115]를 향할 것이다. 성 히에로니무스 경당은 오른쪽에 있다. 머릿속에서 우리가 무릎을 꿇고 우리가 짊어진 노역을 버텨낼 힘을 달라고 히에로니무스에게 기도드릴 곳이 바로 거기다.

길게도, 아름답게도 말할 생각이 없다. 갈리아의 허풍스러운 과장이 아닌 로마의 장중함. "성서 번역"의 꾸밈없는 문체로 아주 짤막한 기도를, 동업자 전체가 사용할 수 있게 지어보련다.

첫 부분은 가톨릭교회 전체가 9월 30일에 히에로니무스에게 바치는 '성인 공통 전례문'에 나오는 기도의 첫 부분과 같아서, *O Doctor Optime*······(뛰어난 교부······) 로 시작된다. 우리는 그 뒤에 우선 히에로니무스의 서한 140의 마지막 문장에서 처음 네 단어인 *Aggrediar opus difficillimum*······(어려움으로 점철된 과업······)을, 그다음에는 모세 5경에 붙인 그의 서문 마지막 부분, 즉 *Nunc te precor*······ *ut me*······

---

115) 이탈리아어로 '구유'를 의미한다.

*orationibus tuis juves, quo possim eodem spiritu quo scripti sunt libri in Latinum transferre sermonem*(지금부터 당신께 비노니, ……당신의 기도로 저를 도우시고, ……원전에 담긴 정신과 동일한 정신을 불어넣어 이 작품을 라틴어로 번역할 수 있게 하소서)을 덧붙이겠다. 물론 우리야 '라틴어(*Latinum*)'라고 말하는 대신 '프랑스어(*Gallicum*, 혹은 우리가 번역하는 원전의 언어로 민족에 관한 명사에서 파생한 다른 형용사)'라고 말할 것이다. 이제 프랑스어로 옮겨보면 기도문 전체의 모습은 다음과 같을 것이다.

뛰어난 교부이자 성스러운 교회의 빛이시며 신의 축복을 받은 히에로니무스여, 제가 곧 어려움으로 점철된 과업을 시작하려 합니다. 지금부터 당신께 비오니, 당신의 기도로 저를 도우시고, 원전에 담긴 정신과 동일한 정신을 불어넣어 이 작품을 프랑스어로 번역할 수 있게 하소서.

이리하여, 그의 이름을 부른 순간부터 마침표를 찍을 때까지, 이 기도문 가운데 그에게서 비롯하지 않은 말이 없다. 그에게 기도를 올리면서 그를 인용하고 있는 것이다. 그 어떤 작가가, 그 아무리 찬사와 영예에 신물이 났을지언정, 천국에 있다 한들, 그러한 찬사를 무심하게 들어 넘길 수 있겠는가? 히에로니무스는 이런 기도를 자신에게 바치는 사람들은 아주 특별한 고객임을, 자신의 호의와 보호를 요구할 수 있는 특별한 권리를 획득한 청원인들임을 즉각 눈치챌 것이다. 히에로니무스는 저 높은 곳에서, 각기 언어연구자, 문법학자, 어휘학자인 천사들, 코레조의 천사들보다 훨씬 더 아름다우며 그의 진두지휘하에 아담의 후예들이 말했고 말하고 있으며 말하게 될 모든 언어들을 담은 영원의 사전을 만드는 천사들에게 둘러싸인 채, 호의를 갖고 우리의 기도에 귀를 기울인다. 그는 만족스럽다는 신호를 보내며 미소 짓는다. 인용을 해주니 고맙소. 오, 하늘에 있는 우리의 친우여, 이승에서도, 앞으로도, 영원히 평안하소서!

# 제2부

## 예술과 직능

# 번역에 대하여

## I
## 소명

"어떻게 말하고 있는지" 한 번 더 들여다보고 싶은 마음이 드는 것, 예를 들자면 「네포티아누스에게 보내는 서한」[1]에서 수넴 여자 아비삭이 등장하는 대목, 그러니까 히에로니무스가 아비삭의 이야기에 되풀이 나타나는 '끌어안다'라는 테마를 되받아 "지혜만이 나를 끌어안게 하라……(*Amplexetur me modo sapientia*……)"라고 마무리 짓는 그 대목을 한 번 더 들여다보고 싶은 마음이 드는 것, 외울 지경이 되도록 그 대목을 다시 읽고 다시 말해보고 싶은 마음이 드는 것, 그러다가 어느 사이엔가 바다의 소리, 바다의 한숨, 바다의 포효가 내 귀로 밀려드는 느낌을 갖게 된다면, 이는 시적 양식의 징표이자 위대한 작가의 표식이다.

하지만 히에로니무스의 개인적인 글들을 읽는 일이 호숫가의 꽃들이 만개한 테라스에서 오후를 조용히 보내는 일인 것은 아니다. 그의 안에

---

1) 히에로니무스가 393년에 헬리오도로스의 조카인 사제 네포티아누스에게 보낸 서한으로, 네포티아누스가 물어온 성직자의 의무에 관한 답신이다. (서한 52)

는 사람을 홀리는 그 무언가가 있는가 하면, 열정 속에는 어딘가 난폭한 힘도 있는 듯하다. 사람들은 후자의 특성을 슬라브인 특유의 성격 탓으로 돌리기도 한다. 그가 펼쳐나가는 사유의 고비마다에서 매료당하니 망정이지, 아니라면 우리는 그의 비타협성 앞에서 낙심할 게다. 그는 사제, 수도사, 동정녀 등, 오로지 지고의 소명만을 논한다. 그는 완벽을, 말하자면 "천국에서처럼" 살기를 요구하며, 그의 눈에는 이런 대단한 야심에서 벗어나 있는 것은 그 어떤 것도 중요하지 않은 듯하다.

그래서 우리는 때때로 그의 말을 반박하기를 즐기며 우리 눈의 들보를 잊고서 그의 눈의 티끌을 찾기를 즐긴다. 「레타에게 보내는 서한」[2]을 읽으면 그러한 유혹을 받게 된다. 이교의 신전들이 버림받고 폐허가 되고 파괴된 것을 기뻐하는 그 승리의 노래를 읽으면서 우상파괴자들이 휩쓸고 지나간 교회들, 이단자들이 무너뜨린 수도원들, 프랑스 대혁명을 거치면서 훼손당한 성당들이 아니라면 그 무엇이 생각나겠는가? 혁명 후의 국민의회 의원이라면 기독교 신전들에 대하여 동일한 즐거움을 내비치며 "반쯤 무너진 교회(*delubra semiruta*)"와 "무너진 신전들(*templorum eversio*)"이라고 표현했을 것이다. 하느님은 아직 암흑 속에 잠겨 있는 로마의 신앙심이 낳은 건축물들이라서 그것들이 그렇게 파괴되기를 원했을까? 하느님이 로마와 제국을 교황좌와 교회의 중심으로서 예비하셨던 것과 마찬가지로, 자신을 섬기라고 그 건축물들을 예비하셨다고는 생각할 수 없을까? 여전히 그 편지에서, 성 히에로니무스가 "만약 신중함 때문에 신앙을 강요하지 못하겠다면, 적어도 인간적으로 존중하는 마음에

---

[2] 히에로니무스가 403년에 파울라의 며느리인 레타에게 보낸 서한으로, 종교적 삶에 헌신하려는 여성 교육에 관한 글이다. (서한 107)

서 신앙을 강요하라"라고 말할 때, 우리는 락탄티우스가 "종교보다 더 자발적인 것은 없으며, 신에게 스스로를 바치는 사람의 자유가 조금이라도 구속된다면 종교는 완전히 무화되고 아무런 가치도 갖지 못할 것이다"라고 한 말을 떠올린다.[3]

우리로서는, 마지막 서한은 아니지만 말년에 작성된 편지들 가운데 하나인 「도나티우스에게 보내는 서한」이 더욱 충격적인데, 이 편지에서 성 히에로니무스는 꺾일 줄 모르는 이단자들의 처형을 주장한다. 이는 관용과 부드러움을 통해 그들을 데려오려고 애쓰던 교황 보니파키우스의 견해와 상충되는 것이다. 앞에서 락탄티우스의 저서 중 한 대목을 인용했는데, 이번에도 그 대목 중에 나오는 구절을 대비시켜본다. "다른 사람들을 죽이는 것이 아니라 종교를 위해서 죽음으로써 종교를 지켜내야 한다. 〔……〕 만약 너희가 피를 뿌리면서, 잔혹한 행위를 저지르면서, 범죄를 일삼으면서 종교를 지키려고 든다면, 이는 종교를 지키기는커녕 종교를 범하는 일이다."[4]

하지만 히에로니무스의 격렬함에 휘말려 키케로도 세네카도 언뜻이나마 본 적이 없었을 그 어떤 정상(頂上) 위에 올라서는 일이 벌어지기도 하여, 그곳에서 우리의 신앙은 강성해지고, 애덕(愛德)이 달구고 사랑이 환히 비추이면 왕성해진다. 특히 그는 성스러운 불길에 휩싸인 영혼들이 자신의 말을 따라 풍성한 수확을 거둬들이고 난 들판에서 우리가 이삭이

---

3) 락탄티우스의 저서 『신의 교훈(*Divinae Institutiones*)』 제5권 22장에 나오는 구절이다.
4) 라틴어 원문은 다음과 같다. "*Defendenda est enim religio, non occidendo, sed moriendo* 〔……〕; *Nam si sanguine, si tormentis, si malo religionem defendere velis, jam non defendetur illa, sed polluetur, ac violabitur.*" 이 대목 역시, 락탄티우스의 『신의 교훈』 제5권 22장에 나오는 구절이다.

나마 줍게 둔다. 우리가 그가 생각하는 완벽의 이상으로부터 아무리 멀리 떨어져 있다 해도, 그는 기꺼이 복음서와 사도의 말씀들 가운데에서 가장 덜 격렬한 것들, 가령 "일하지 않는 자는 먹어서도 안 된다"나 "적선을 하면 수많은 죄도 덮인다" 같은 말씀들을 일깨워주려고 한다. 그는 우리가 교만이라는 죄를 저지르지 않도록 주의시킨다. 그는 사소한 것들 속에서의 신앙심에 대해 말하고, 사제가 제단이 반짝거리는지, 교회의 벽이 정결한지, 포석 위를 깨끗이 쓸어놓았는지를 마음을 다해 살피는 것에 대해 칭찬한다.

바로 이런 이유로, 나는 내 안에 작가로서의 소명의식이 있다고 생각하면서도, 나도 모르는 새에 허영의 소산이자 세상에 쓸모없는 것이 될 수도 있는 개인 작품의 생산을 경계할 것이며, 성 히에로니무스가 보여준 번역가의 본보기를 따라 나의 재주를 정밀하고 어려우며 소박한 직업—"비질이 잘된 포석(鋪石)"—에 바칠 것이고, 그 재주가 내게 딸려왔다면 그 재주를 우선 이 직업에 쏟을 것이다. 일을 하면서 나는 먹을 권리를 갖게 될 텐데 번역가라는 직업을 수행하면서 발전을 이루게 될 때, 이번에는 나의 경험이 다른 사람에게 도움이 되게 할 수 있으리라.

## II
## 번역가의 권리와 의무

    번역가의 의무는 어떤 것들일까? 으레 자신의 책임을 느끼기 마련인 그가 자신이 맡은 무척이나 섬세하고 무척이나 고상한 임무에 걸맞은 모습을 어떻게 보일 것인가? **배반하지 않기 위해서**, 그러니까 한편으로는 맹목적 충실성이 지나친 나머지 무미하고 불충실해진 단어 대 단어 번역을 피하기 위해서, 다른 한편으로는 "잔뜩 꾸민" 번역을 피하기 위해서 번역가는 무엇을 해야 할까? 간단히 말해서 번역가의 권리와 의무는 무엇일까?

    이에 대한 답변이 될 두 개의 완벽한 텍스트가, 일급 작가 두 사람이 남긴 핵심적인 내용이 존재하는데, 번역가라면 그 누구라도 늘 기억하고 있어야 할 내용이다. 한 텍스트는 외국어로 적혀 있고, 다른 한 텍스트는 두툼한 책 속의 상당히 빽빽한 주 속으로 밀려나 있어서 찾아내기가 좀 곤란한데, 이 자리에서 그 두 텍스트를 인용하겠다.

    그럭저럭 번역해본 첫 번째 텍스트는 이렇다. 프란체스코 데 상티스의 글로서, 그의 사후 출간된 『자코모 레오파르디에 관한 연구』에 들어 있다. 베르길리우스의 『아이네이스』에 대한 카로의 번역과 레오파르디의 번역을 비교한 글이다.

"처음 시행들, 트로이 화재의 그 근사한 서막을 보자.

*Conticuere omnes, intentique ora tenebant.*[1]
(모두 침묵했고, 얼굴들은 아이네이아스를 향해 있었다.)

이 근사한 시행을 읽으면 벌써 지상을 떠나 붕 떠오르는 느낌이 든다. 절절한 기다림의 징표인, 그런 농밀한 침묵들 가운데 하나가 불쑥 눈앞에 나타나고, 이 침묵을 비추는 것은 뒤이어 등장하는 '아이네이아스를 향한 얼굴들'이라는 조형적 표현이다. 이는 그 자체로 완벽한 시행으로서, 아이네이아스가 이야기를 시작하기 전 잠깐의 휴지부를 제공한다.

*Inde toro pater Eneas sic orsus ab alto;*[2]
(그러자 높은 자리에 앉아 있던 아이네이아스가 이렇게 이야기를 꺼냈다.)

두 번째 시행은, 첫 번째 시행의 고상한 어조와는 어울리지 않으나 어쨌든 약간의 고귀함을 담고 있는 어조로 구체적 사실을 표현하고 있으며, 곧바로 다음의 시구가 이어진다.

---

1) 『아이네이스(*Aeneis*)』 두 번째 노래 1행이다. 앞으로, 데 상티스(Francesco De Sanctis)가 언급하는 라틴어 원문과 이탈리아어 번역의 한글 번역은 독자의 편의를 위해 각주 처리하지 않고 본문에 삽입한다.
2) 『아이네이스』 두 번째 노래 2행이다.

*Infandum, regina, jubes renovare dolorem,*

*Trojanas ut opes et lamentabile regnum*

*Eruerint Danai, quaeque ipse miserrima vidi,*

*Et quorum pars magna fui. Quis talia fando* 〔……〕

*Temperet a lacrymis?*

(여왕이시여, 제게 형언할 수 없는 고통을 되살리라 하시는군요.

풍요로웠던 트로이와 그 가련한 왕국을

그리스 군대가 어떻게 약탈했는지, 내가 목격했던 그 끔찍한 불행을,

나 역시 감당해야 했던 중요한 몫을 이야기하라시는군요. 그 어떤 병사인들

〔……〕 눈물을 참을 수 있겠습니까?)

마치 울음이 치받쳐 말이 끊어지듯이, 시구는 여기에서 끊어진다. 아이네이아스는 계속해서 이야기를 이어나갈 수가 없으며, 그의 두 눈은 젖어들고, 감정은 격하다.

*Et jam nox humida cælo*

*Praecipitat, suadentque cadentia sidera somnos.*

(게다가 벌써 밤이슬이 하늘에서 내리고

사라져가는 별들은 잠으로 이끈다.)

밤이 깊었고, 별들이 지고, 잠과 망각은 그토록 달콤한데! 내 **영혼은 쭈뼛 곤두서고 고통 앞에서 움츠러든다**.[3] 하지만 "amor", 여왕이 그와 그의 조국에 보이는 관심이 그의 입을 열게 한다.

*Sed si tantus amor casus cognoscere nostros*
*Et breviter Trojæ supremum audire laborem,*
*Quanquam animus meminisse horret, luctuque refugit,*
*Incipiam.*
(허나 우리의 고통을 알고 싶어 하는 욕망이 그토록 크시니,
트로이 최후의 시련에 대해 짧게라도 듣고 싶어 하시니,
내 영혼이 그 기억으로 쭈뼛 곤두서고 고통 앞에서 움츠러들더라도,
시작하겠습니다.)

  이 음악을 듣고 있으면 가없는 곳에, 일찍이 인간의 귀와 마음을 어루만졌던 달콤하고 우수 어린 하모니들 가운데에서도 가장 달콤한 하모니들 속에 어느샌가 와 있는 듯 느껴진다. 이러한 인상은 어조, 악센트, 하모니가 만들어낸 엄격하면서도 고상한 그 여일한 장중함에서 태어날 뿐만 아니라, 특히 조형적, 압축적인 형식, 글을 읽노라면 구체적 의미 이외에도 또 다른 무한한 의미들을 상상하게 될 정도로 표현되지 않은 눈물과 사물들로 가득한 — 예를 들자면 *infandum dolorem, lamentabile regnum, eruerint Danai, tantus amor, luctu refugit*[4]에서처럼— 그 형식에서도 태어난다.
  글이 주는 인상은 단일하고 고르며, 각기 떨어져 있는 부분들 사이에 흩어져 있지 않다. 그 인상은 전체적으로, 마치 모든 것이 한눈에 들어오게

---

3) 라르보는 이 대목에서 라틴어 원문 "*animus meminisse horret, luctuque refugit*"를 인용하고 있다.
4) 바로 앞에서 인용한 시구에 나오는 표현들이다.

대번에 펼쳐지는 한 화폭에서처럼, 예를 들자면 *quaeque ipse miserrima vidi*(내가 목격했던 그 끔찍한 불행을)[5]에서처럼, 색감과 볼륨이 경탄스러우리만치 섞이면서 모여들고 집중된다. 이는 특히, 총합적이고 명료하며, 대담하게 어순을 바꿔서 이미지들을 섞으며 모든 것을 녹아내고 모든 것을 동시에 보여주는 라틴어의 강력한 형식 덕분에 가능한 효과들이다.

그런데 카로는 번역에서 정확히 그 반대를 보여주며, 베르길리우스 특유의 형식이 보여주는 이상적 측면이 사라져버리게 둔다.

강력한 라틴어 글귀는 그토록 많은 것을 말하고 있는데, 카로는 그 글을 분석하고 설명하고 기술하여 그 모든 광휘와 그 모든 유연성을 앗아 가버린다.

웅변적 통일성이 엇비슷한 꾸밈말들 때문에 희석되는 것을 보는 일은 괴롭다. 우리가 느끼기에 라틴어 글귀 안에서는 유영하던 그 이미지와 그 감정들이 카로의 번역에서는 한자리에서 움직이지 않게 된다. 사실 그로 인해 그 글귀들의 시적 환기력은 사라져버리고, 비루한 산문으로 바뀌고 만다. *Intentique ora tenebant*(얼굴들은 아이네이아스를 향해 있었다). 그 이유가 그들의 듣고자 하는 열망이라는 것은 자명하다. 그럼에도 불구하고 카로는 설명이 필요하다고 생각하여 *attenti e desiosi di udire*(집중을 하고 듣고 싶은 마음이 간절한)라고 번역한다. *Dolorem infandum*(형언할 수 없는 고통)은 *dogliosa istoria*(고통의 이야기)로 번역된다. 마찬가지로 *renovare*(새롭게 하다)는 분석 과정을 거치더니 *amare e orribil rimembranza*(사랑과 끔찍한 기억)가 된다. *Lamentabile*(가련한)는 *di pietà degno e di pianto*(신적인 자비와 애도로)로 번역된다. 움직

---

5) 두 번째 노래 5행.

임을 장악한 *Eruerint Danai*(그리스군이 약탈했다)는 그리스인들의 최초의 공격과 분노를 표현하고 있는데 후경으로 물러나 수동형인 *per man de' Greci arsa e distrutta*(그리스인들의 손에 의해 불타고 파괴된)가 된다. 그리고 그 신성한 *suadent cadentia sidera somnos*(사라져가는 별들은 잠으로 이끈다), 잠이 우리 안으로 스며들 때의 그 은근하고 은밀한 방식, 한숨들, 이미지들로 가득한 그 방식은 또 어떠한가? 애석하기 짝이 없다!

……*e già le stelle*
*Sonno, dal ciel caggiendo, agli occhi infondono!*
(그리고 이미 별들은
잠을, 하늘에서 떨어져 내리며, 눈에 스며들게 한다.)

마치 안과 의사가 눈에 안약을 넣어주는 것만 같다. 그렇다면 *amor, tantus amor*(그토록 큰 욕망)는 어찌 되었을까? *ti aggrada!*(제발!). 여인의 호기심과 심심풀이가 되고 만다.

심지어 그 소박하고 단순한 *incipiam*(시작하겠습니다)은 분석을 거쳐서 *io lo pur conterô*(나는 그것을 그래도 이야기할 것이다)가 되고 만다. 이리하여 이상적이고, 사유로 묵직하며, 범할 수 없는 그 형식은 비속한 산파가 번역하는 통에 조산아만을 낳고 말았다. 우리의 상상력은 그 글귀에 얼마나 많은 것을 실었던가! 그런데 무엇을? 바로 이런 거였다. *attenti e desiosi d'udire*(집중을 하고 듣고 싶은 마음이 간절한), *arsa e distrutta*(불타고 파괴된), *di pietà degno e di pianto*(신적인 자비와 애도로), *ruina e scempio!* 그토록 범속한 재능을 만나면서 원문에서는 행위인 것이 번역에서는 고작 꾸밈어와 묘사가 되어버리고 움직임은 정지 상태가 되어버린 것에 놀랄 필요는 없다. *conticuere*(침묵했고), *horret*(쭈뼛 곤두서고), 그리고 *luctu refugit*(고통 앞에서 움츠러든다)에서처럼, 목적어들은 더는 행위의 촉발 속에서 포착되지 않고 그러한 행위의 종결이라는 정지 상태에서 포착된다. 우리로서는 생각지도 못할 다음의 두 시행에 잘 나타나 있다.

> *Benchè lutto e dolor mi rinnovelle,*
> *E sol de la memoria mi Sgomente.*
> (애도와 아픔이 되살아나지만,
> 그리고 그 기억만으로도 나는 고통스러우나.)

이게 대체 뭔가? *meminisse horret*(기억으로 곤두서고)와 *luctu refugit*(고통으로 움츠러들더라도)는? 시행을 지배하며 우리 안에 그토록 많은 혼란을 던져주던 그 두 행위는 어디에 있는가? 그것들은 사라져버렸다. 이제 남은 것은 *meminisse*와 *luctu*뿐이고, 산파는 이 두 단어에서 두 시행을 끌어낸다.

우리는 더는 천상에 있지 않다. 우리는 지상에, 그러니까 공공의 광장에, 서민들 사이에 있다. 여기에서 그 장엄하고 고상한 어조를, 그 신성하고 달콤하며 우수에 젖은 하모니들을, 그 이미지들의 떠돎을, 그 색채와 사물들의 섞여듦을 찾아봤자 허사이다. 어조에는 특징이 부족하고, 반복되는 유사어들로 인해 뭔가 과장된 느낌이 난다. *arsa e distrutta*(불타고 파괴된), *arse e cadéo*(죽음과 멸망). 때로 어조의 격이 낮아지면서 저속함을 풍기기도 하고, 때로는 신파의 느낌을 자아내기도 한다.

*Quis talia fando⋯⋯ temperet a lacrymis?*
                              *E chi sarebbe*
*Che a ragionar di ciô non lagrimasse?*
(그리고 그 누가
이를 전하며
눈물을 흘리지 않겠는가?)

여기에서 어조는 진부함과 저속함 사이에서 망설인다. *Regina jubes*는

*Regina eccelsa, a raccontar m'inviti⋯⋯*
(여왕 폐하시여, 이야기를 하라고 저를 청하셨으니⋯⋯)

여기에서는 한창 신파가 진행 중이다.

*Sed si tantus amor casus cognoscere nostros*
*Et breviter Trojoe supremum audire laborem⋯⋯*
(허나 우리의 고통을 알고 싶어 하는 욕망이 그토록 크시니,
트로이 최후의 시련에 대해 짧게라도 듣고 싶어 하시니⋯⋯)

*Ma se tanto d'udire i nostri guai,*
*Se brevemente di saver t'aggrada*
*L'ultimo eccidio, ond' ella arse e cadéo⋯⋯*
(하지만 우리의 곤경에 대한 이야기를 그렇게 듣고자 하신다면
그 마지막 학살을, 불길 속의 죽음과 멸망의 파도를

짧게라도 알고자 하신다면……)

저쪽에서는 감동이 넘치고 있는 이쪽에서는 모든 것이 범속하다. *I nostri guai*(우리의 곤경)는 우리 집안 문제로 다가온다. *supremum laborem*(최후의 시련)과 견주면, *ultimo eccidio, ond' ella arse e cadéo*(그 마지막 학살을, 불길 속의 죽음과 멸망의 파도를)는 뭔가? Supremum, 최후의 최후, 절대적 최후이다. Suprême! 여기에서 suprême이 아니라면 대체 뭐라고 말할 수 있는가? 더구나 자신이 무엇에 대해서 말하고 있는지 알고 있던 이 시인은 스스로

*Il supremo suspiro mandô?*
(신의 숨결을 보냈노라)

라고 말하지 않았던가?

그리고 *laborem*은! 그 *eccidio*(학살), 그 물리적 파괴만이 아니라 숨가쁨, 육체적 피로, 고뇌, 단말마의 고통은 대체 어디로 갔는가? *eccidio, ond' ella arse e cadéo*(마지막 학살을, 불길 속의 죽음과 멸망의 파도를) 안에서 희석되고 물리적 현상이 되어버렸다! 번역가는 *ipse*를 *vid' io, io stesso il vidi, io fui*(내가 봤도다. 내 자신이 직접 그를 봤노라. 내가 있었다.) 로 옮기면서 '나'를 세 차례 반복한 것처럼, 질을 양으로 대체한다.

레오파르디가 카로의 번역은, 요컨대, 베르길리우스를 부르주아로 변장시킨 것 같다고 말했을 때 그의 평은 틀리지 않았다. 하지만 레오파르디 그 자신은!……

그는 아직 형식의 모든 비밀을 알아내지 못했고 베르길리우스 앞에서는 여전히 거북하다. 그는 베르길리우스 앞에서 노예처럼 서서 주인의 몸짓에 주의를 기울인다. 그가 말하는 것은 원문 그 자체이며, 그는 원문처럼 말한다. 하지만 그가 모방하는 그 몸짓들과 그 행위들은 어색하여, 자연스러움도, 무람없음도, 감정도, 화려함도 없다. *infando dolore*(들어보지 못한 끔직한 고통)와 *miserando regno*(불행을 받아 마땅한 왕국)가 있지만 이 이탈리아어는 라틴어 원문의 적나라한 자구에 다름 아니어서, 레오파르디는 그 이미지들도, 그 조화로움도, 그 감정들도 살려내지 못한다. 산문적이고 범속한 형식들, 가령 *tantas opes*를 *Teucri averi*(트로이에서 일어난 일들)로 옮긴다든가, *renovare jubes*를 *cui tu m'imponi che rinnovelli*(그대가 내게 다시 기억하게 만드는)로 옮긴다든가 할 때는 특히 그러하다. *Ammutirono*(그들은 침묵했다)는 *conticuere*인데 소리는 줄어들고 어조는 거의 희극적이다. 그리고 *fissi in lui teneano i volti*(그에게 시선들이 고정된 채 고개를 들고 있었다)를 보자. 원문에서는 암묵적인 내용이었지만 여기에서는 바깥으로 드러나 있으며, 심지어 시행 끝에 나타난 그 *in lui*는 차치하고라도 베르길리우스의 조형적 형식을, 일제히 바라보는 얼굴들을 살려내지 못하고 있다. 그리고 그 누가 *E qual potrebbe······rattenere il pianto, tai cose in ragionando*(그 누가 ······ 눈물을 억누르겠는가. 이런 일들을 알고 나면······)에서 *talia fando*와 *temperet a lacrymis*를 알아보겠는가? 그리고 그 *suadent somnos*는 *vanno persuadendo il sonno*(잠을 청해보러 간다)로 바뀌었고, 조형미를 풍기던 *luctu*는 주관적인 *addolorata*(비탄에 빠진)가 되고 말았다. 정말이지, 이거면 충분하다.

베르길리우스의 진정한 번역가가 한 번역을 읽어보고 싶은가? 시인을 보여주는, 물론 자신만의 방식으로, 그리고 자신만의 어조와 강약을

줘서 보여주는 시인을 원하는가? *infandum jubes renovare dolorem*을 보자.

> *Tu vuoi ch'io rinovelli*
> *Disperato dolore……*
> (그 처절한 고통을
> 되새기기를 원하시는군요……)

*Infandum dolorem*과 *disperato dolore*. 하나는 표현할 길 없는 고통, 다른 하나는 아무런 희망 없는 고통. 둘 다 무한한. 그러면 *quis temperet a lacrymis*는? 번역을 보자.

> *E se non piangi, di che pianger suoli?*
> (지금 울지 않으면, 언제 울겠습니까?)

*fando*와 *lacrymis*의 동시성은? 번역을 보자.

> *Parlare e lagrimar verdra' mi insieme.*
> (제 말과 동시에 눈물을 볼 겁니다.)

*tantus amor casus cognoscere nostros*는?

> *Ma s'a conoscer la prima radice*
> *Del nostro amor tu hai cotanto affetto!!*

(우리 사랑의 근원을 알고자 하신다면
강한 연민의 정이 필요합니다!)

바로 이것이 베르길리우스의 번역가이다. 연로한 카로와 아직 애송이 티를 벗지 못한 레오파르디, 이 두 시인 사이에는 얼마만 한 거리가 있는 걸까!"(『자코모 레오파르디에 관한 연구〔*Studio su Giacomo Leopardi*〕』, 4판, 나폴리, 1911; 57~65쪽).

본인의 번역 작품들을 뒤돌아보지 않고서, 본인이 저지른 죄―해야 할 일을 하지 않은 죄와 해서는 안 되는 일을 한 죄―에 대한 기억이 떠올라 거북스러움을 느끼지 않고서, 카로와 레오파르디에 대한 비평을 읽을 수 있는 번역가는 어떤 번역가일까? (무딘 엉터리 작가가 아닌 한 그 어떤 번역가가 양심에 거리낄 것이 없겠는가?) 그런데 데 상티스가 너무 까다로운 것이 아닐까? 그가 잘못 생각한 것은 아닐까? 자신이 고른 대목에서 실제 존재하는 것보다도 더 많은 아름다움을 ―즉 번역가 입장에서 보자면 더 많은 어려움을― 본 것은 아닐까? 아, 변명거리를 찾지 말자! 각각의 텍스트는 특유의 음과 색채, 움직임, 분위기를 갖고 있다. 구체적인 자구적 의미 이외에도, 모든 문학 작품은 모든 음악 작품과 마찬가지로 덜 명백한 의미를 갖게 되는데, 바로 이 의미만이 우리 안에 시인이 원한 미적 인상을 일으킨다. 물론 전달해야 하는 것은 바로 이 의미이며 번역가의 임무는 특히나 그 일에 있다. 만약 그 일을 감당할 수 없다면, 독자로 만족하기를. 그래도 꼭 번역을 해야만 하겠다면, 순수 철학서나 순수 역사서, 과학개론서, 필요하다면 법이나 상업 분야의 문서 등, 인쇄한 것이든 손으로 쓴 것이든 그 어떤 글을 공략하든 상관없지만 베르길리우스, 그리고 문학의 영역에 속한 그 모든 것은 가만히 내버려두기를.

그런데 문학작품들의 문학적 의미를 전달하기 위해서는 우선 그 의미를 포착해야 한다. 그리고 그 의미를 포착하는 것만으로는 충분하지 않다. 그 의미를 재창조해야 한다. 재창조라는 말은 데 상티스가 자주 사용하는 말로서, 특히 우리가 방금 읽었던 대목보다 조금 앞서 등장한다. "하지만 베르길리우스를 느끼는 것, 그것이 베르길리우스를 재창조하는 것은 아니다(*Ma sentire Virgilio non è ricreare Virgilio*)."(op. cit., 57쪽) 인용한 대목 끝 부분을 보면, 자신의 방식대로 베르길리우스를 전달했다면서 "진정한 베르길리우스의 번역가"를 칭찬할 때, 데 상티스가 우리가 개인적 해석—나쁘지 않은 의미로—이라고 불렀던 것을 지지하는 모습을 보이는 것이 사실이다. 즉 *A modo suo, et con tono e con accento suo*(그의 방식대로, 그의 어감과 강세도 함께). 이제 안심이 된 우리는 다시 용기를 내본다. 그러니까 우리에게 일종의 자유가 필요하다는 것이다. 그런데 어떤 종류의 자유인가? 어떻게 다른 이의 말을 전하는 동시에 우리 자신이 된다 말인가? 내가 서두에서 말했던 두 개의 텍스트 가운데 두 번째 텍스트가 그에 대한 답이 될 것이다.

그 텍스트를 쓴 사람 역시 이탈리아인이긴 한데, 프랑스의 위대한 작가 반열에 오른 이탈리아인으로, 바로 조제프 드 메트르 백작이다.[6]

『상트페테르부르크 야화(夜話)』[7]의 6번째 대담을 보자. 드 메트르 백작은 볼테르와 베이컨에 대한 본인의 생각을 이야기하고 난 뒤 이제 로크를

---

6) 조제프 드 메트르(메스트르, Joseph de Maistre, 1753~1821)는 정치가, 철학자, 법관이자 작가로서, 이 글에서 언급하고 있는 『상트페테르부르크 야화(夜話)』의 저자이기도 하다.
7) 1809년 7월 여름에, 드 메트르 백작, 프랑스에서 혁명을 피해 망명 온 젊은 기사 B, 상트페테르부르크의 상원의원 T 등 셋이 틈틈이 나눈 대화를 모은 것이다. 악의 존재라는 역사적 문제에 대해 나름의 해결책을 제시하고 있으며 신비주의가 엿보인다.

공격하는 중이다. 그는 몇 페이지에 걸쳐서 전개되는 하단의 주에서 영어로 로크의 글을 몇 구절 인용한다. 이리하여 그는 신교도 코스트[8]가 옮긴 로크의 『인간 오성론』 번역에 대해 언급하기에 이른다. 그 수늘을, 아니 주들 가운데에서 코스트와 관계된 부분을 보자.

주 1) *Caius, verbi gracia*(verbi gracia라는 표현을 쓰다니, 여전히 학생티를 벗지 못했군!) *whom I consider to-day as a father, ceases to be so to-morrow*…….

영국에 망명한 상태에서 로크를 프랑스어로 번역했던 프랑스인 번역가 코스트의 귀에 카이우스가 거슬렸다는 것이 독특하다. 코스트는 카이우스를 티티우스로 대체하는 놀라운 안목을 보여줬다.

주 2) *And they (the philosophers of old) might have as reasonably disputed wether the best relish were to be found in apples, plums, or nuts; and have divided themselves into sects upon it.*

코스트는 nuts가 상스럽다고 생각하여 앞에서 봤던, 카이우스에서 티티우스로의 변화보다 덜 중요하다고는 할 수 없는 변화를 자신에게 허용한다. nuts를 살구로 대체하는데, 이는 상당히 만족스럽다.

주 3) *Let the idea of infallibility be inseparably joined to any person: and these two constantly together possess the mind: and the one body in two places at once shall be swallowed for a certain Truth by an implicit faith whenever that imagined infallible person dictates and demands assent without inquiry.*[9]

----

8) 피에르 코스트(Pierre Coste, 1668~1747)는 낭트칙령이 공포되자 프랑스를 떠나 영국으로 망명했다가 다시 프랑스로 돌아온다. 로크의 저작 대부분을 번역했다.

대화 상대자는, 코스트가 아무리 훌륭한 프로테스탄트 신자라고 할지라도, 기어이 이 세계 내에 어떤 질서든지 질서를 유지하려 드는 프랑스의 조롱꾼들을 십중팔구는 두려워하여 지나칠 정도로 분명하게 우스꽝스러운 구절을 자신의 번역에서 삭제했다는 것을 잊어버렸던 것 같다.

(『상트페테르부르크의 저녁』, 가르니에 출판사, I, 295~302쪽).

조제프 드 메트르는 첫 번째 주에서, 번역가가 순전히 미적인 이유로 하나의 고유명사를 다른 고유명사로 바꿀 수 있다고 단언한다.

두 번째 주에서는, 마찬가지 이유로, 하나의 보통명사를 또 다른 보통명사로 대체해도 된다고 한다.

세 번째 주에서는, 번역가가 "너무나, 너무나도 분명하게 우스꽝스러운" 단락을 몽땅 삭제하는 것에 찬성한다. 대체와 삭제. 드 메트르는 우리를 위하여 하나의 단어를 다른 단어로 대체하고, 필요한 경우 문장 전체를, 단락 전체를 삭제할 권리를 요구한다. 그가 삭제된 단락이 우스꽝스럽다거나 말이 안 된다는 그런 이유로 삭제에 찬성했다는 것은 유감이다. 정말이지 우리로서는 그를 그렇게까지 멀리 따라가려고는 하지 않기 때문이다. 우리의 책임을 자각하고 있어서, 잘라 말하면, 번역가의 명예가 그렇게는 못하게 한다. 하지만 만약 드 메트르가 "코스트가 이 단락이 너무나, 너무나도 분명하게 불필요해서 삭제했다"라고 했더라면 그를 지지할 것이다. 그러니 하나의 단어를 다른 단어로 대체할 수 있는 우리의 권

---

9) 코스트가 누락시킨 이 대목은 다음의 의미를 갖는다. "만약 무오류성이라는 생각이 어떤 위격(位格)과 불가분의 관계로 연결된다면, 그리고 항상 연합하는 이 두 생각이 정신에서 떠나지 않는다면, 소위 무오류성의 이 존재가 비판하지 말고 동의할 것을 강요하고 요구할 때마다, 두 곳에 동시에 존재하는 육체를 검토도 하지 않고 마치 확실한 진리인 것처럼 받아들이게 될 것이다."

리를 동원하여 그가 "우스꽝스러운"이라는 단어 대신에 "불필요한"이라는 단어를 썼다고 가정하고, 그에 동의하는 것으로 하자. 우리는 그보다 더한 것을 원하는 것도 아니고 그보다 덜한 것을 원하는 것도 아니다.

하지만 그 대체와 삭제의 권리를 동원해서 너무 멀리까지 갈 수 있다고, 텍스트를 완전히 훼손할 수 있다고 말하려는 사람이 있을지도 모르겠다.

## III
## 번역가의 기쁨과 이익

번역가의 기쁨과 이익은 대단하며 부러움을 살 만한 것이다. 그가 좋아하고, 절묘한 기쁨을 맛보며 스무 번도 넘게 읽었으며, 그의 생각을 살찌워준 시 한 편이, 책 한 권이 여기 있다. 그런데 이 시, 이 책이 그의 친구에게는, 그리고 그가 존경하며 자신이 느끼는 모든 즐거움을 나눠주고 싶은 사람들에게는, 그저 흰 바탕 위의 검은 것일 뿐이며, 인쇄된 종이 위에 빽빽하게 들어찬 들쭉날쭉한 선에 불과하니, 소위 그것은 "봉인된 편지"인 것이다. 이에 번역가는 "잠시만 기다리세요"라고 말한 뒤, 작업에 착수한다. 이제 그가 촉은 은이요 대는 검게 번쩍이는 요술지팡이를 휘두르자, 이해할 수 없고 읽을 수 없으며, 그의 친구에게는 아무런 의미도 없던 보잘것없고 우중충한 인쇄물이 살아 있는 말로, 조리 있는 생각으로, 의미와 직관으로 충만한 새로운 텍스트로 바뀐다. 이리하여 낯선 텍스트 안에 너무나 깊숙이 숨어버린 통에 그토록 많은 사람들이 알아보지 못했던 의미와 직관이 드러나게 된 것이다. 이제 당신의 친구는 당신이 좋아하는 그 시를, 그 책을 읽을 수 있다. 친구에게 그 텍스트들은 더는 "봉인된 편지"가 아니다. 친구들은 그들을 알게 된 것인데, 봉인을 뗀 사람은 바로 당신이고, 이 궁전을 구경시켜 주는 사람도, 데리고 다니면서 이 낯선 도시의 뒷골목들과 가상 매력적인 구석들을 빠짐없이 보여주는 사람도 바로 당신이니, 당신이 없었다면 친구는 아마 결코 그곳에 가볼 수 없었을 것이다. 당신이 친구를 위해 입장권을 얻어줬고, 당신이 그 여행 경비를 댔다. 이는 그 어떤 즐거움에 값할까? 사랑하는 사람들과 행복을 나누는 것인가? 사랑, 자부심, 허영심마저도 그로 인해 득을 본다.

이런 것들이 어떤 문학작품을 처음으로 번역한 인물이 갖는 동기이자 마음가짐이다. 그리고 이러한 동기와 이러한 마음가짐이 문학을 사랑하며 두 가지 언어를 배울 기회와 인내심이 있었던 사람들 모두에게서 반복해서 보이며, 늘 보이는 것이다. 그런데 외로운 사람에게도, 우리가 추측하기에 완전히 고립되어 있고 친구가 없는 사람에게도, ─예를 들자면, 이 언어도 저 언어도 아닌 제삼의 언어를 말하는 사람들 사이에 섞여 살아가면서도 이 언어에서 저 언어로 번역을 하는 우리 자신에게도 ─ 우리에게 기쁨을 주었던 작품을 번역한다는 것, 그것은 단순한 독서로는 도달할 수 없는 작품의 심층부로 뚫고 들어가는 것이며, 보다 완벽하게 작품을 소유하는 것으로서, 이를테면 작품을 가로채는 것이다. 그런데 시초에 우리 모두 표절꾼이었던 만큼 우리는 늘 그러한 경향을 보이기 마련이다. 우리가 문학적 삶에 어떻게 발 들여놓았는지를, 그러니까 여섯 살 혹은 일곱 살 무렵, 시인들의 작품에 매료되기 시작했던 그 무렵에 대해 기억해보자. 우리 모두는 알고서든 혹은 모르고서든 간에 모방, 심지어 표절부터 시작했음을 시인하는 데 조금도 부끄러워하지 말자. "이 시는 어쩜 이리도 아름다울까! 이 시를 쓴 사람이 나였더라면! 내가 느끼고 있는 것을 너무도 잘 표현하고 있네. 더군다나 몇몇 구절은 내가 이미 쓰기 시작했던 것 같은데. 내게 시간이 조금 더 있고 표현수단이 좀 더 풍부했더라면 아마 내가 이 시를 끝마칠 수 있었을 테지. 써나가고 있었으니까. 이 작가가 나보다 빨랐을 뿐이야." 이런 생각에서 더 나아가, 놀래주고 싶은 친구에게 혹은 그 마음을 사고 싶은 여자 친구에게 이 시를 읊어주는 행위로까지 나아가기가 그리 먼 것은 아니다. 한 편의 시나 한 권의 책이 우리 것이 아니라는 것을 절실히 느끼고 그 글들을 좋아하는 것으로 족하게 되는 것은 보통, 나중에, 우리가 우리 자신의 작품들을 좋아하지 않는다—담배 피우는 사람들은 입안에 담배 맛은 느껴지지만 그 향을 느끼지 못하고, 오히려 담배를 피우지 않는 주위 사람들이 담배 향내를 즐긴다. 우리의 작품과 우리의 관계도 담배와 담배 피우는 사람들 사이의 그러한 관계와 마찬가지가 아닌가—는 것을 깨닫게 되면서이고, 그제야 남의 것과 내 것을 구별하게 되며, 표절은 가증스러운 것으로 다가올 뿐만 아니라 가능하지도 않게 된다. 그렇지만 남의 것을 가로채고 싶어 하는 그 원초적 본능으로부터 그 무엇인가는 늘 남기 마련이다. 우리의 성격이 완전하게 형성되면서 깨어나는 것이 금지되어버린 유년기의 악한 본능들 가운데 하나처럼, 말하자면 다른 본능들, 이번에는 정당하며 우리가 도달한 상태에 잘 들어맞는 본능들, 이러한 본능들에 전가시켜버린 악한 본능처럼, 우리 마음속 저 깊은 곳에 남아 있다. 혹은 똑같은 생각을 다른 말로 표현해보자면, 보다 성능이 좋고 효율적인 경제 시스템이 우리의 정신적 쾌락을 주재하고 있는 만큼 우리는 "미적 대상들"을 보다 잘 누리기 위한 몇몇 방법을 발견했고, 외국어로 쓰인 문학작품의 경우 그 방법들 중의 하나가 번역이라는 것을, 결국 가장 겸손하고 가장 수줍어하는, 하지만 실천하기는 가장 쉽고 가장 유쾌한 비평의 한 형식일지도 모르는 번역이라는 사실을 발견했다.

◆ ◆ ◆

　지금껏 즐거움에 대해서 이야기했다. 이제는 번역가의 이익에 대해 살펴보자. 우선, 순전히 개인적인 이익이 있다. 번역가는 번역을 하면서 다른 정신을 표방하는 학교에 한 번 더 다니는 셈이 된다. 번역가는 교사의 직접적 지도를 받으며 스스로를 연마한다. 이처럼 일부러, 의식적으로 이런 훈련을 자청하는 작가들은 아마 거의 없을 것이다. 그런데 있기는 있다. J.-J. 루소가 그 예이다. 루소는 타키투스의 『역사』 제1권 번역에 붙인 서문에서, 번역을 시도한 이유는 오로지 자신의 실력을 키우고 글 쓰는 연습을 하는 데 있었다고 고백한다. 이런 고백을 듣자마자 우리는 그의 번역이 서툴고 차가우리라는 짐작을 하게 된다. 왜냐하면 그런 목적으로 번역을 하는 것은 좋은 시스템이라고 할 수 없기 때문이다. 속박이 바람직한 효과를 내는 경우는 드물어서, 아이가 걷기를 배우는 것은 "난 걷고 싶어"라고 말하면서가 아니라 자신에게서 떨어진 곳에 있는 이런저런 대상을 잡기 원하면서이다. 지겹고 어려운 일들을 목적으로 삼을 경우 그 일들을 결코 잘 해낼 수가 없고, 오히려 그것들을 수단으로만 여길 경우 그것들을 썩 잘, 가끔은 아주 잘, 그리고 적어도 수월하게는 해낸다. 그래서 우리는, 원작이 마음에 들어서 번역을 했다는 말로 시작되는 서문이 보이면 이 번역은 좋은 번역일 가능성이 있다고 노상 생각할 것이다.

　하지만 번역가는 자신의 작업으로부터 덜 직접적이기는 하지만 그렇다고 무시할 만하지는 않은 다른 이익들도 끌어낸다. 번역가는 자신의 지적 자산을 불리는 동시에 국내 문학을 풍요롭게 하며, 자신의 이름을 명예롭게 한다. 다른 나라 문학의 중요 저작을 하나의 어문학권에 옮겨오는 일은 하찮고 아무것도 아닌 일이 아니다.

하지만 아마도 그런 경우들은 예외로서, 위대한 번역가들, 탁월한 번역가들일 것이다. 다른 일급의 번역가들, 생테브르몽(Saint-Évremond), 프레보 사제(l'abbé Prévost), 디드로(Diderot), 샤토브리앙(Chateaubriand), 보들레르(Baudelaire)는 동시에 뛰어난 작가이기도 했다. 이급 번역가라 부를 수 있는 번역가들이 쟁취한 명성도 부러워할 만하며, 그러한 명성에 도달하기가 덜 어려운 것이 문학에 대한 커다란 사랑, 인내, 재간만 있으면 가능한 일이기 때문인데, 이런 자질들은 그 어떤 학문 분야에서든 그 어떤 직업에서든 훌륭한 일꾼과 유능한 직공을 만들어내는 법이다. 계속 영불 번역에만 국한시켜보자면, 17세기부터 지금에 이르는 유명 번역가들의 계보를 쭉 읊을 수 있는데, 이들의 역사를 집필하는 것이 바람직하리라. 그들 가운데 상당수는 이급 작가였고, 그들이 남긴 작품은 아직도 읽히고 있거나 적어도 프랑스 문학사에서 언급된다. 홉스를 최초로 번역했고 철학자였던 사뮈엘 소르비에르(Samuel Sorbière, 1616~1670), 돌바크(d'Holbach), 르 프랑 드 퐁피냥(Le Franc de Pompignan), 라 아르프(La Harpe), M. J. 쉐니에(M. J. Chénier), 필라레트 샬(Philarète Chasles), J. 들릴(J. Delille), Ch. 노디에(Ch. Nodier), 기조(Guizot), A. 바르비에(A. Barbier), Th. 주프루아(Th. Jouffroy), X. 마르미에(X. Marmier)가 그들이다. 하지만 번역가들은 대부분 그저 교양인이었고, 그들 가운데 몇몇은 그들이 남긴 작품이 잘 보여주듯이 대단한 교양인이었는데, 그 예로 장 보두앵(Jean Baudoin, 1590~1650)을 들 수 있겠고, 스위프트를 번역한 데퐁텐 사제(l'abbé Desfontaines, 1685~1745), 포프를 번역한 에티엔 드 실루에트(Etienne de Silhouette, 1709~1767), 시인인 샤를-피에르 드 콜라르도(Charles-Pierre de Colardeau, 1732~1776),

엘리 드 로쿠르(Élie de Laucourt), 반 에펜(Van Effen), 피에르-앙투안 드 라 플라스(Pierre-Antoine de La Place, 1707~1773), 구아 드 말브 사제(l' abbé Gua de Malves), J. 바르베락(J. Barbeyrac, 1674~1744), 로크를 번역한 피에르 코스트(Pierre Coste, 1668~1747), 스위스의 신학자인 장 르 클레르(Jean Leclerc), 새뮤얼 버틀러를 번역한 J. 타운리(J. Townley), 스턴을 번역한 P. 크라수(P. Crassous)를 들 수 있고, 그토록 부지런히 성과를 냈던 18세기의 여류 번역가들로는, 배우이자 당대 아주 대중적 인기를 누린 소설가이며 필딩을 번역한 마담 리코보니(Mme Riccoboni, 1714~1792), 마담 드 퓌지외(Mme de Puisieux), 마담 티루 다르콩빌 (Mme Thiroux d'Arconville, 1720~1805), 데기용 공작부인(la duchesse d' Aiguillon), 마담 드 몽모랑시-라발(Mme de Montmorency-Laval) 등을 들 수 있겠고, 무엇보다도 볼테르가 "피에로 르투르뇌르, 질 셰익스피어의 번역가"[1]라고 불렀으며 또한 "오시안", 리처드슨, 로버트슨, 영을 번역했

∴

1) 셰익스피어 수용을 둘러싸고 프랑스가 보여주는 반응은 극과 극을 달리는데, 이는 고전주의 연극 미학의 위상과 밀접한 연관이 있으며, 볼테르는 그 한복판에 존재하는 인물이다. 볼테르는 1746년 아카데미 프랑세즈의 정회원 자리를 수락하는 연설에서 "셰익스피어가 아무리 야만스럽다 하더라도 영어에 그러한 힘과 그러한 에너지를 불어넣었다"며 찬사를 늘어놓는데, 30년의 세월이 흐른 뒤인 1776년에 피에르 르투르뇌르의 셰익스피어 전집 번역이 출간되자 정반대의 반응을 보인다. 볼테르는 다르장탈 백장에게 보낸 1776년 7월 19일자 서한에서, 르투르뇌르의 셰익스피어 번역은 르투르뇌르와 파리의 젊은이들이 합심해서 프랑스를 공격하는 것이라고 분개하며, 품위 없는 영국의 연극이 "라신의 연극과 코르네유의 아름다운 무대들"을 제압할까봐 걱정이라는 발언을 한다.
라브로가 인용한 "피에로 르투르뇌르, 질 셰익스피어의 번역가"라는 볼테르의 조롱 섞인 발언 역시 이러한 맥락에서 나온 것이다. 1640년경 질 르 니에(Gilles le Niais, 얼간이 질)라고 불린 배우에 의해 장터의 익살극에 빼놓지 않고 등장하게 되는 얼간이 캐릭터가 창조되는데, 그 뒤 프랑스에서 '질'은 이탈리아의 코메디아 델 아르테의 '피에로'와 동의어가 된다. 볼테르는 '피에로'와 '질'을 르투르뇌르와 셰익스피어 앞에 붙여버림으로써 번역가와 원저자 둘 다 얼간이라고 조롱하고 있는 셈이다.

고, 영국과 프랑스 사이의 문학적 교류에 관심이 있는 사람이라면 그 누구에게든 바레니우스라는 이름이 지리역사학자들에게 중요한 만큼 중요하며, 지질학자들에게 베르너와 허턴이라는 이름이 존경스러운 만큼 존경스러운 이름인 피에르 르투르뇌르(Pierre Letourneur, 1736~1788)를 들 수 있겠다. 그리고 19세기로 들어서면 장 데샹(Jean Deschamps), 뱅자맹 라로슈(Benjamin Laroche, 1797~1852), 아르망-프랑수아-레옹 드 바이이(Armand-François-Léon de Wailly, 어쩌면 완전히 잊혔다고는 할 수 없을 『안젤리카 카우프만』의 작가), G. 가르니에(G. Garnier), 마담 기조(Mme Guizot)를 들 수 있다. 그리고 셰익스피어의 새로운 번역가들로, E. 몽테귀(E. Montégut), 프랑수아-빅토르 위고(François-Victor Hugo)가 있고, 그 작업의 막대함과 왕성함으로 맨 앞줄을 차지할 번역가들로는, 월터 스콧, 페니모어 쿠퍼, 미스 버니, 불워 리턴, 디킨스 등을 (아들과 공동으로) 번역한 오귀스트-장-바티스트 드포콩프레(Auguste-Jean-Baptiste Defaucompret, 1767~1843), 그리고 바이런, 토머스 무어, 불워 리턴, 디킨스, 《르뷔 브뤼타니크》 창간인이자 편집장인 아메데 피쇼(Amédée Pichot, 1796~1877)를 들 수 있는데, 이 두 이름은 프랑스의 영국학자들 모두에게 친숙하다. 현대로 넘어오지 않고서 몇몇 이름을 더 인용한다면, 마담 L. Sw. 벨록(Mme L. Sw. Belloc), 드 라 베돌리에르(de La Bédollière), J. 기프레(J. Guiffrey, 새커리 번역가), 그리고 마담 르플라제이으-수베스트르(Mme Leplazeilles-Souvestre), J. 코엔(J. Cohen)을 들 수 있다.

우리는 이 간략한 명단에 능력이 제각각인 번역가들, 라이벌들, 적수들, 훌륭한 작가들, 엉터리 작가들을 한꺼번에 올려버렸는데, 괘념치 않는다. 영불 번역가들에 대한 비평적 연구—언젠가는 전문가가 시도할 흥미로운 연구이겠지만—를 하려는 것이 아니라, 내가 보여주고 싶은 것은 그저 문학사는 이 일꾼들 가운데에서 가장 보잘것없는 자들도 잊지 않는다는 것, 그리고 외국의 주요 저작—그러니까 그 작품을 받아들인 국가의 문학에 어떤 영향을 미칠 수 있는—을 모국어로 번역한 교양인은 모두 지식의 역사 —진정 위대한 역사— 속에서 자신의 이름으로 확실하게 한 자리를 갖게 된다는 것, 프티 드 쥘빌(Petit de Julleville)의 교과서처럼 제대로 만들어진 좋은 교과서와 위에서 언급된 번역가들 대부분의 이름을 발견할 수 있는 귀스타브 랑송(Gustave Lanson)의 서지 같은 서지들에서도 인정받는 한 자리를 갖게 된다는 것이다. (자세한 서지사항들은 케라르〔Quérard〕의 『문학적 프랑스』, 아그〔Haag〕 형제의 『프로테스탄트의 프랑스』, 라브〔Rabbe〕의 『현대세계인물사전』, 그리고 『현대인물사전』 구판들 등에서 찾아볼 수 있을 것이다.)

물론, 이러한 번역가들의 명성이 하찮은 종류의 것이고, 아주 제한적이며, 작가들—심지어 그들이 삼류 작가들일지라도—에 견주어 거의 가치가 없다고 생각할 것이다. 우리가 언급했던 번역가 가운데에서 가장 유명한 이들도 전문가의 세계를 벗어나면 거의 무명에 가깝다. 그들이 태어난 도시라는 영예를 누리는 도시들에서마저도 이들이 무시될 수 있다. 아를르에 아메데-피쇼라는 거리가 있는가? 릴에 드포콩프레라는 거리가 있는가? 칼레에 드 라 플라스라는 거리가 있는가? 카르카손에 구아-드-말브 거리가 있는가? 그럼 발로뉴에 르투르뇌르 거리가 있는가? 하지만 당대에 요란한 명성을 누렸고 후대에 이름을 남길 것으로 기대되었으나 이 번역가들보다도 더 보잘것없게 된 작가들이 얼마나 많은가? 돌이킬 수 없이 잊히고 완전히 죽어버렸으며, 그들이 예전에 거둔 성공, 동시대인들에게서 들었던 찬사로부터 살아남은 것은 그들의 최종적 실패를 보다 뚜렷이 부각시키는 데 사용될 뿐이니까. 아메데 피쇼는 아카데미 프랑세즈를 노렸지만 받아들여지지 않아서 실망했던 것 같다. 하지만 그의 이름은 프랑스에서 영국의 영향에 관심이 있는 사람들 모두에게 아직도 친숙하고 그의 작품들은 여전히 독서와 참조 대상이 되고 있는데, 이는 그가 개인적으로 호반시인들을 알았기 때문이며, 이 때문에 영국에도 그의 독자들이 몇몇 있다. 아카데미에 들어갔던 ―당대에 가장 유명했던― 작가들 가운데 오늘날 피쇼가 누리는 아담하고 소박한 불멸성을 부러워하지 않을 작가가 얼마나 있겠는가?

그리고 이것이 끝이 아니다. 언젠가는 누군가가 프랑스와 영국 사이의 지적 교류에 관한 연구논문―아마 박사논문이기 쉽겠지만―을 쓰려고 할 것이다. 이 연구에서 중요한 인물들은 16세기부터 오늘에 이르기까지 프랑스에 영국의 작가들을, 그리고 영국에 프랑스의 작가들을 알리려고 애썼던 사람들, 역사가, 비평가, 여행기 작가, 번역가 등일 것이다. 거기에서 이 보잘것없는 이름들은 마침내 예우를 받을 것이며, 피에르 르투르뇌르는 볼테르와 어깨를 나란히 할 것이다. 사실, 어떤 사람이 정신에 도움이 되는 역할을 수행한다면, 그것은 가장 작은 역할일지라도 사람들 대부분의 타산적 행위나 비열한 행위에 비해서 이미 위대한 그 무엇인 것이기 때문이다. 적어도 이런 것이 나의 신념이며, 나 역시 스탕달과 마찬가지로 "성령기사단에 소속되기보다는 이런 마음을 갖는 편이 더 낫다"고 생각한다.[2]

⁑

2) 성령기사단은 1578년, 종교전쟁 기간 중에 앙리 3세가 구교의 수장들을 집결시켜 신교도에 대항하기 위하여 창설했다. 프랑스 대혁명을 계기로 폐지되었지만 성령기사단에 소속된다는 것은 프랑스 귀족계급에게는 최고의 영예였다. 라르보가 인용한 글은 스탕달의 『로마, 나폴리, 피렌체』에 나오는 한 구절이다.

# IV
# 번역가의 저울

"베르보룸 펜시타토레스(*Verborum pensitatores*)." "단어들을 저울질하는 사람"이라는 의미의 이 라틴어 표현은 아울루스 겔리우스[1]가 키케로의 문체를 헐뜯는 자들에게 사용한 것으로, 아마도 그가 그 표현을 사용한 대목에서는 비꼬는 의미를 담고 있을 것이다. 그렇다고 해도 별로 중요하지 않다. 우리, 그러니까 번역가들은 바로 그 "단어들을 저울질하는 사람", 그뿐 아니라 "미세한"[2] 무게 차이까지 저울질하는 사람이 되어야 하니까. 우리는 저마다 바로 곁의 테이블이나 책상 위에, 접시는 은이요, 저울대는 금이요, 다리는 백금이요, 바늘은 금강석이며, 소수점 이하 밀리그램의 차이까지 표시할 수 있고 잴 수 없는 것마저도 잴 수 있는, 눈

---

1) 아울루스 겔리우스(Aulus Gellius, 125~180 추정)는 로마 시대의 문법학자이자 편집자이며, 『아티카의 밤들(*Noctes Atticæ*)』의 저자이기도 하다. 20권짜리 저서인 『아티카의 밤들』에는 문학, 예술, 철학, 역사, 법, 기하, 의학, 자연과학, 기상학 등에 관한 내용이 뒤섞여 있으며, 작품이 전해지지 않고 있는 고대 작가들을 풍부하게 인용하고 있어서, 고전연구자들의 보물창고로 간주된다.
2) 원문에는 라틴어 "subtilissimi"가 사용되었다.

에 보이지 않는 정신의 저울을 갖춰놓고 있지 않은가! 사전, 용어집, 문법서라는 물질적이고 가시적인 다른 작업 도구들은, 우리가 늘 사용해왔다 하더라도, 이 저울에 비하면 한낱 액세서리들로서 원재료들을 정돈해놓은 단순한 저장고, 그 의미나 뉘앙스에 따라서 알파벳순으로 정리되고 번호 매겨진 단어 정리함이다. 그러니까 파스텔 상자인 셈이다. 중요한 것은 우리가 이 단어들을 가져다가 달아보는 저울이다. 번역 작업은 전 과정이 단어들의 저울질이기 때문이다.

우리는 저울접시 한쪽에는 원저자의 말들을 하나씩 차례로 올려놓는다. 또 다른 한쪽에는 번역가의 언어에서 골라낸 말들을, 몇 번을 시도해야 될지 알 수 없지만 번차례로 올려놓아보면서, 두 접시가 평형을 이루는 순간을 기다릴 것이다.

이 일은 시시해 보이는데, 실제로 작가가 사용한 말 대신에 사전에 실린 말을 달아보는 거라면 저울질은 쉬울 것이다. 하지만 그것은 저자의 정신이 배어 있고 실려 있어서, 날것 그대로일 때의 의미를 띠는 것이 아니라 거의 알아채지 못할 정도지만 저 심층에서 변화를 일으키게 된 저자의 말들이니, 이러한 변화를 낳은 저자의 의도와 사유의 움직임에 도달하려면, 우리는 문맥에 대한, 그러니까 문제가 되고 있는 어휘보다 앞서 나오는 부분 전부와, 그리고 그 어휘보다 뒤에 나와서 우리가 한창 저울질하고 있는 어휘 속에 담긴 의도를 뒤늦게 설명해줄 수 있는 부분 전부, 이렇게 두 부분을 가리키는 문맥 전체를 속속들이 이해해야만 한다.

그것, 그 어휘를 잘 지켜보도록 하자. 그 어휘는 살아 있으니 말이다. 가벼운 떨림이 그를 스쳐가고, 그 위로 아롱거리는 무지갯빛이 번진다. 우리가 사유의 흐름에서부터 꺼내놓았던 그는, 임의로 떨어져 있는 상태에서도 더듬이를 뻗치고 위족(僞足)을 내밀어, 그 흐름—문장, 텍스트 전체―에 다시 자신을 비끄러맨다. 바로 이러한 생명의 신호들이 리듬을 타면서 어휘의 무게를 변화시키는 데에까지 이른다. 그러니 우리가 이 리듬을 포착해내야만, 그 반대편 무게 또한 등가의 생명의 리듬을 탈 수 있다.

 2개 국어 사전에서 이 어휘에 대한 준(準)공식적 등가어라고, 교육자풍의 자신감과 행정풍의 정확성을 과시하며 우리에게 제시하는 단어들 가운데, 저울질을 견뎌내는 단어가 단 하나도 없는 경우가 종종 발생하고, 그러면 우리는 다른 곳을, 가령 우리 기억의 사전을 뒤지고 유의어들이 꼬리에 꼬리를 물고 이어지는 복잡한 여정을 거쳐서(당구에서 쿠션 플레이를 하듯), 저울질을 견뎌내고 만분의 일 정도의 오차 허용 범위 내에서 열렬히 소원하던 평형을 실현시킬 다른 어휘들을 찾아야만 한다. 또한 작가가 서로 다른 두 대목에서 하나의 동일한 단어를 사용했지만, 해당 대목들에서 같은 단어로 번역이 될 수 없는 경우도 있는데, 이는 그 어떤 논리와도 어긋나 보일 것이다. 하지만 면밀히 들여다보면, 이 어휘가 그 일부를 이루며 몸담고 살아가는 두 개의 생활환경 안에서 서로 다른 기능을 수행하고 있음을 알게 된다. 그 어휘의 기능이 이쪽 환경에서는 일종의 광휘를, 자신에게 실린 의미가 띠고 있는 특별한 뉘앙스를 발산하게 한다면, 저쪽 환경에서 그 어휘는 그러한 뉘앙스들 가운데에서 다른 뉘앙스를 발산할 것이다. 이 어휘가 지닌 잠재력에서 생겨나는 그 두 가지 뉘앙스를 번역어로 옮길 때, 단 하나의 동일한 단어를 사용해서 그 뉘앙스들을 포착해내는 것이 불가능한 경우가 있다. 실사와 형용사를 놓고 이 문제를 논한다면, 어쩌면 그건 극단적인 예들을 든 게 될지도 모르겠다. 하지만 문법 규칙과 두 언어의 "고유의 정신"이 그러기를 요구하지 않을 때조차도, 실사를 동사로, 동사를 실사로, 한 동사의 이러한 시제를 저러한 시제로 바꿔놓아야 할 일이 매우 잦지 않든가? 삽입절의 위치를 옮기고, 문장 구조를 뒤엎고, 구두점을 변화시켜야 할 일은 또 어떻겠는 가? 우리는 쉼표까지도 저울에 달아보니 말이다.

인쇄된 텍스트의 부동성이란 착시현상일 뿐이다. 텍스트가 움직이지 않는다면, 그것은 양쪽 접시의 평형상태를 찾는 일에 골몰하느라 꼼짝 않고 있는 순간의 우리와 마찬가지인 것으로서, 그 순간에도 우리 안에서는 한없이 빠르고 복잡한 생명의 움직임들이 계속되고 있는 것이다. 우리가 저울질하는 대상은 생명체이며, 우리가 상대적 평형을 발견하는 순간, 우리는 그 생명의 물줄기 상당 부분―통째로는 결코 아니다―을 언어의 세포조직 속으로 끌어들이게 되고, 이 물줄기의 힘으로 언어조직의 잠재력이 풀려나면 이제 언어조직은 그 잠재력에 실려 번역어를 아는 독자나 청자의 생각 속으로 들어가게 된다.

번역가라는 우리의 직업은 이처럼 생명과 내밀하며 항구적인 거래를 하는 것이고, 우리가 독자일 때 그 생명을 흡수하여 내 것으로 삼는 것으로 만족해하던 것과는 달리 그 생명을 바깥으로 끌어내어, 조금씩 조금씩, 세포 하나씩 하나씩, 우리 두 손이 빚은 작품인 새로운 육신으로 갈아입힌다. 그러니, 그러한 "사랑의 작업"[3]의 감미로운 정성과 정성들인 쾌미(快美)를, 승리의 도취와 욕망의 뜨거움을 조금이라도 이해한다면, 그 어떤 사람이 ―조각가 피그말리온[4]은 제외해야겠지만― 우리의 두 손을 부러워 않겠는가?

∴

3) 원문에는 "필로테시우 에르구(φιλοτήσιου ἔρχου)"라는 희랍어 표현을 사용하고 있다.
4) 오비디우스의 『변신』에는 키프로스의 조각가 피그말리온과 갈라테이아의 사랑 이야기가 나온다. 정숙하지 못한 키프로스의 여인들에게 환멸을 느껴 독신을 선언했으나 자신이 조각한 여인상에 반한 피그말리온은 아프로디테 여신에게 조각상에 생명을 불어넣어달라고 청하고, 이 청이 받아들여져 생명을 얻은 갈라테이아와 혼인하게 된다.

## V
## 번역의 집정관

우리의 가시적인 작업 도구들 가운데에서, '리트레(Littré)',[1] '머레이(Murray)',[2] '아카데미 에스파뇰(Académie espagnole)'[3] 등 단일어 대사전들만이 이 이름에 값한다. 우리가 우선적으로, 그리고 끊임없이 참조해야 할 것이 바로 그것들이다. 이 사전들을 사용할 줄 모르는 사람은 그 사전들이 모음터 역할을 해주는 각각의 언어들을 알지 못하는 것이며, 사전을 절대로 참조하지 않는 번역가는 번역을 날림으로 해치우는 사람일 뿐이다.

이러한 사전들이 탁월하게 유용한 이유는 마치 두 개의 판유리 사이

∴

1) 프랑스의 어휘학자이자 철학가인 에밀 리트레(Émile Littré, 1801~1881)가 만든 프랑스어 사전으로서, 1863년과 1872년 사이에 아셰트 출판사에서 출간되었다. 17세기와 19세기 사이의 고전적인 프랑스어와 문학적 용법들이 충실하게 반영되어 있다.
2) 스코틀랜드 출신의 어휘학자이자 언어연구자인 제임스 머레이(James Murray, 1837~1915)가 주요 집필자로 참여하고 편집한 옥스퍼드 영어사전이다.
3) 스페인 왕립 아카데미에서 편찬한 사전으로 스페인어에 관한 가장 완벽한 사전으로 정평이 나 있다. 초판 발행연도는 1780년이다.

에 들어 있는 것처럼 우리 눈에 잘 보이게 엄청난 수의 생체 표본들, 즉 수많은 작가의 글에서 뽑아온 예문들을 잘 정리하여 제공하기 때문이다. 이 사전들만이 알고 있고, 권위를 갖고서 가르친다고 할 수 있는데, 왜냐하면 최선을 다하여 단어와 단어의 의미를 정의 내리자마자 그 언어를 사용하는 최상의 작가들에게 발언권을 넘기기 때문이어서, 리트레의 책장들을 넘기다 보면 우리를 위한 답이 들어 있는 아폴론의 신탁을 전하는 사람들은 몰리에르이고 몽테스키외이며 샤토브리앙이다.

이 사전들 옆에 있으면 2개 국어 사전은 노예에 불과하며 기껏해야 집행관이나 역관 노릇을 하는 해방노예일 뿐이다. 예를 들자면 우리는 이탈리아어 텍스트를 영어로 번역할 경우, 다소 우리를 거북하게 만든 이런저런 단어의 의미를 어떻게 생각해야 할지 우선 '크루스카(Crusca)'[4]나 '톰마세오(Tommaseo)'[5]에게 묻고, 그렇게 하여 일단 우리 의견이 분명해지고 판단이 서게 된 이후에, 이탈리아-영어 사전—가령, '바레티(Baretti)'[6] 이 사전은 형편없지는 않다—을 펼쳐드는데, 그것도 이 사전이 그 단어에 대해 무슨 생각을 하는지가 아니라 그 단어를 만나면 이 사전이 기계적으로 무슨 말을 하는지를 알아보기 위해서이다. 우리는 이탈리아-영어 사전의 대답을 들으면서 신뢰하지 않았고, 우리가 찾던 해결책을 발

---

[4] 이탈리아어의 현양을 위하여 1582년 피렌체에 세운 아카데미로서, 이곳에서 편찬한 최초의 사전 발행연도는 1612년으로 거슬러 올라간다.
[5] 니콜로 톰마세오(Niccolo Tommaseo, 1802~1874)는 이탈리아의 작가로서, 비평, 문헌학, 시, 정치, 역사 등 다방면에서 활동하였다. 그가 편찬한 사전으로는 『유의어 사전』(1830), 『이탈리아어 사전』(1858~1879) 등이 있다.
[6] 주세페 바레티(Giuseppe Baretti, 1719~1789)는 18세기의 이탈리아 작가로서, 연극, 문학비평, 어휘학, 번역 등 다방면에서 활동했으며, 『영어-이탈리아어 사전』(런던, 1760)을 편찬하였다.

견하지 못하기에 영영사전을, '머레이'를 뒤적이며 '바레티'라는 매개자가 제시한 영어 단어들에 대한 질문들을 던지게 되는데, 이 질문들은 우리가 번역해야 할 이탈리아 단어에 대해서 유식한 '크루스카'나 박학한 '톰마세오'에게 던졌던 질문들과 유사할 것이다.

아마도 십중팔구는 그 질문들에 대한 답변들을 읽고 나서 결국 우리가 골라내는 단어는 2개 국어 사전이 제시했던 단어들 가운데 하나일 테지만, 우리는 사정을 잘 알아보고 난 연후에야, 단일 국어 사전을 활용하여 그 단어를 이리 재고 저리 재고, 냄새 맡고, 뒤집어 보고, 속을 들여다보고 난 연후에야, 그리고 그 단어의 어원, 역사, 형태론적 측면, 자초지종에 대해 모르는 것이 하나도 없는 상태에서 그 단어를 채택할 것이다.

십중팔구는 말이다. 그러니 백 번 가운데 열 번은 2개 국어 사전의 단어들을 쓸데없다고 내칠 텐데—2개 국어 사전에 엉터리 통역사!라고 한마디해주면서—, 이때 우리가 그 사전보다도 더 많이, 더 자세하게—단일어 국어 사전 덕분에— 알고 있다는 사실을 확인하고서 자부심을 느끼지 않을 수가 없을 것이다. 우리가 그 단어를 우리의 기억을, 미셸 브레알[7]이 어디에선가 "잠재 사전"이라고 부른 기억을 뒤지다가 우연히 만났든, 번역의 집정관들이 제시한 비슷한 말들과 어원들을 뒤쫓다가 아주 노련하게 포획했든 간에, 적확한 단어, 꼭 알맞은 무게를 지닌 단어를 발견한 공적은 모두 우리의 것이 될 테니까. 그리고 가끔씩 최고 심판관으로 삼은 번역의 집정관은, 그것이 게르만 계열의 언어로 가거나 혹은 오는 번역일지라도, 라틴어 사전이었을 것이다. 라틴어 사전, 그것은 집정

---

7) 미셸 쥘 알프레드 브레알(Michel Jules Alfred Bréal, 1832~1915)은 프랑스의 언어학자이자 의미론 창시자이기도 하며, 『라틴어 어원 사전』(1885)을 편찬하였다.

관 이상이다. 독재관, 황제라고나 할까. 실제로도 '루이스-쇼트(Lewis-Short)'[8] 사전이 우리를 위해서 키케로나 살루스티우스의 권위를 총동원하여 최종결정을 내려줌으로써, 셰익스피어나 밀턴의 진정한 생각을 밝혀준 적이 그 얼마나 많았던가!

좋은 문법서들, 특히 역사적 관점에서 기술된 문법서들, 그리고 제대로 된 문체론 저서들 역시 번역의 집정관들과 함께 자리를 차지해야 한다는 것은 당연하다. 하지만 그들로부터 도움을 받기 위해서는 그들을 이미 알고 있어야 해서, 문법이나 문체 공부를 하지 않은 사람들은 관련 서적들을 뒤적여봤자 헛수고다.

이제 나는, 소박한 2개 국어 사전에 대해서 내가 부당하게, 배은망덕하게 굴지 않는가를 스스로에게 묻는다. 그 사전들에 물어봤으나 아무 소득이 없었고 때로는 그 사전들이 우리를 속였기 때문에, 우리는 지금 우리가 알고 있는 언어들을 정복해가는 과정에서 그들이 우리의 첫발을 이끌어줬다는 것을, 예를 들자면 그 훌륭한 독일어 유모, '작스-빌라트(Sachs-Villatte)'[9]가 독일어 *Verhältnis*와 *Verhängnis*에 상응하는 프랑스어가 relation과 destinée라고 지치지도 않고서 되풀이 말해준 덕분에 두 단어의 의미를 알게 되었다는 것을 잊어버린다……. 그리고 우리의 오랜 동료 '엘윌(Elwall)'에 대해서는 그에게 진 빚을 청산해줄 그 어떤 말을 할 수 있을까? 대자본가가 된 지금, 그가 이전에 우리에게 아낌없이 주었

∴
8) 찰턴 루이스(Charlton Lewis)와 찰스 쇼트(Charles Short)가 집필한 『옥스퍼드 라틴어-영어 사전』.
9) 카를 에른스트 아우구스트 작스(Karl Ernst August Sachs, 1829~1909)는 독일의 어휘학자이고, 세제르 빌라트(Césaire Villatte, 1816~1895)는 프랑스의 어휘학자이다. 이 둘의 협력으로 『독불 불독 백과사전』(1869~1880)이 탄생하였다.

고 재산 형성의 시작이 되어줬던 그 종잣돈에 대한 기억을 잊으려 하는가? 눈에서 멀어지면 마음에서도 멀어진다고, 만약 우리가 이전에 쓰던 교과서들과 함께 그 사전을 장 뒤쪽에 처박아두고 있는 거라면 그러한 망각은 용서받을 수는 없지만 설명될 수는 있으리라. 하지만 우리는 그 사전을 계속 사용했고, 오래된 사전이 새까맣게 때가 타고 우리가 가는 곳마다 너무도 충실하게 우리를 따라다니느라고 그만 책등이 갈라져서 우아함에 대한 우리의 감각에 비춰 충격적일 정도의 모습을 띠게 되면 심지어 두세 번 사전을 새것으로 갈기까지 했다. 이제 그저 단순한 단어장, 비서, 중개인, 하인, 마음대로 아무렇게나 불러도 좋은데, 그런 것들로 전락했지만 아직도, 그리고 늘 필요하여 ─왜냐하면 훌륭한 번역가라면 모든 단어들을 찾아봐야만 하고 무엇보다도 자신이 가장 잘 아는 단어들을 찾아봐야 하니까─ 집정관 노릇을 하는 사전들 가까운 곳이 이 사전들의 자리라고 표시된다. 이렇게 이웃으로 행세하자면 공들인 옷차림이 꼭 필요하다. 이러고저러고 해도 '루이스-쇼트' 사전 역시 2개 언어 사전이긴 하다.

　라틴어 사전들은 우리가 현재 통용되는 언어들을 번역할 때 번역 도구로 활용하는 2개 언어 사전들보다는 일반적으로 훨씬 더 뛰어나다는 것이 사실이다. 이 2개 사전들은 모두 너무 간략하고, 태만죄로 가득하고, 관용어들이 부족하고, 예문들은 턱없이 부족하여 결국, 상인과 여행객들을 위한 책들이지 번역가들을 위한 책들은 아니어서, 마치 훌륭한 2개 국어 사전을 갖자면 두 언어 가운데 한 언어는 죽은 언어가 되기를 기다려야만 하는 것 같다!

　하지만 몇몇 사전들은 보다 월등해서라기보다는 덜 열등해서 이 수많은 도서 상품들 가운데에서도 두드러지는데, 어휘 변천이 완만한 진보의 법칙을 따르는 일이 벌어지기 때문이다. 따라서 '콧그레이브(Cotgrave)'[10] 사전을 필두로 하는 불영·영불 사전의 계보를 훑어보면, '엘월'이 할아버지가 사용하시던 영불사전—부아예(Boyer)가 편찬하고 새먼(Salmon)이 증보한 소략사전[11]—보다 훨씬 더 유용했고, 최근에 출간된 Ch. 프티(Ch. Petit)가 엘월을 완전히 빛바래게 하지는 못하더라도 몇몇 지점에서는 엘월보다 더 완벽하고 더 정확하다. 따라서 20세기 동안에 영국과 프랑스, 두 어문학 영역의 중요성에 진정으로 값할 만한 훌륭한 사전이 나타나기를 기대할 만하다. 그리고 드록키니(Derocquigny)와 쾨슬레르(Koessler)의 『닮은 꼴 다른 의미, 혹은 영어 어휘의 배신』, 크루제(Crouzet)와 푸르니에(Fournier)의 『로마의 교량들: 라틴어에서 영어로』, 펠릭스 부아이요(Félix Boillot)의 『영불, 불영 번역가의 진정한 친구』, 해양 용어를 다룬 쥘 두아디(Jules Douady)의 특수어 사전과 같은 사전들, 쥘 드록키니(Jules Derocquigny)의 『믿지 못할 또 다른 영어 어휘들』 등, 어휘 분야의 훌륭한 저서들을 보면 그러한 준비가 진행 중임을 알 수 있다. 지금 열거한 이 새롭고 상세한 정보에 통시적 관점에서 형태론적, 의미론적 개념들을 덧붙이고, 작가의 작품에서 수많은 예들을 골라내어 그 예들에 대한 번역을 번역가의 작품에서 찾아내어 덧붙이게 하라. 그러면 우리는 마침내 단일어 사전과 동급에 놓일 수 있고 집정관이라는 이

⁝
10) 랜들 콧그레이브(Randle Cotgrave, ?~1634?)는 영국의 어휘학자로 1611년에 불영사전을 편찬하였다. 이 2개 국어 사전은 당시로서는 대단한 성과였으며, 사전 역사의 한 획을 긋게 된다.
11) 아벨 부아예(Abel Boyer, 1664경~1729)는 프랑스의 어휘학자이자 역사가, 번역가이다. 위그노(Huguenot)인 그는 1689년 프랑스를 떠나 영국으로 갔다. 『불영-영불 로열 사전』(1702)을 편찬했고, 『영불 문법』(1745)을 저술했으며, 역사책들을 출간하고 조지프 애디슨의 『카토』를 프랑스어로, 페늘롱의 『텔레마크의 모험』은 영어로 번역 출간하였다.

름에 값할 수 있는 2개 국어 사전을 갖게 될 터인데, 그렇다고 해서 우리가 단일어 사전의 도움에서 벗어나는 것은 아니다.

독불·불독 번역가들은 '작스-빌라트'이 두툼한 판본 덕분에 지금 그 가능성이 드러나기 시작한 영불 사전류에 맞먹는 양질의 작업 도구를 이미 갖고 있다. 하지만 이탈리아어, 스페인어, 포르투갈어의 경우 우리는 얼마나 결핍에 시달리는가! 내가 봤던 가장 재미있는 오역 중에 하나가 그러한 결핍을 여실히 증명한다. 모로코로 출발하는 연대를 묘사하는 대목으로 원어는 스페인어였는데, 신병을 아들로 둔 시골 사람 한 명이 눈물을 흘리면서 "손수건 대신 풀잎으로" 눈물을 훔쳐냈다고 적혀 있었다. 상당히 의아했다. 하지만 우리는 원텍스트가 "Con un pañuelo de yerbas", 즉 "avec un mouchoir à carreaux(체크무늬 손수건으로)"라는 것을 재빨리 알아차렸다. 번역가가 "pañuelo(손수건)", "yerba(허브)"라는 단어를 찾아봤던 2개 국어 사전이 "pañuelo de yerbas(체크무늬 손수건)"라는 관용어를 까맣게 잊고 있었기 때문에 이 사전을 뒤적였던 그 불운한 고객은 자신의 상상력이라는 유일한 자산에 매달릴 수밖에 없었고, 사실, 그 상상력은 상당히 뛰어난 편이라서 "los caballeros de la mesa redonda(les messieurs de la table d'hôte, 공동 식탁의 신사들)"를 "les chevaliers de la Table ronde(원탁의 기사들)"로 옮길지도 모른다.

잘못된 길로 접어든 번역가가 소송을 제기한다고 가정해보자. 어휘학자는 "그 나라에 가서 살아봐야만 알 수 있는 관용어들이 있다"라고 변론하리라는 것을 예상해볼 수 있다. 달리 말하자면, 우리보고 마드리드행 표를 사서 어떤 상인의 입에서 나온 "pañuelo de yerbas"라는 표현과 그에 대한 설명을 듣게 될 때까지 비야 이 코르테(*Villa y Corte*)[12]의 상점과 장(場)을 드나들라고 하는 셈이다. 안다, 모레나(Anda, morena)[13]! 여행

경비는 그가 대기를. 그렇다면 내 인생의, 내 영혼의 어휘학자여, 그대는 어디에 쓸모가 있단 말인가?

　세밀한 작업들, 즉각적인 이익도 즉각적인 영광도 없는 그 작업들만이 도구의 결핍에서 우리를 끌어내줄 것이며, 우리에게 부족한 완성도 높은 대도구의 구축을 가능하게 해줄 것이다. 현지 주민과 독자들에게서 채록한 관용어들을 기록한 수첩, 모든 언어 영역의 팔소스 아미고스(*Falsos amigos*), 팔시 아미치(*Falsi amici*)[14] 리스트, 단일어 사전, 백과사전, 특수 사전에 대한 신중한 연구, 역대 최고 번역가들의 작품에서 채록한 독서 노트 등. 당대 번역가들인 우리 자신도 미래의 2개 국어 대사전 준비에 기여할 수 있고, 그래야 할 것이다. 그러기 위해서는, 어휘들에 관해 우리가 모아들일 수 있는 모든 개념들, 우리가 언어 사용을 통해서든 혹은 작가들의 글을 통해서든 알게 됐으나 인쇄된 텍스트에는 나타나지 않는 그 모든 의미들을 기입해 넣은 종이들이 사이사이 끼어 있는 2개 국어 사전들을 제본하게 하면 될 것이다. 그러고는 이렇게 추가 정보들로 풍성해진 사전들을 연구센터나 학회에 물려줘서 미래의 어휘학자들이 활용할 수 있게 할 것이다. 하지만 우리들 중 그런 생각을 하는 사람이 과연 얼마나 될까? 우리가 2개 국어 사전에 백지들을 끼워 넣는다 하더라도 실제로 그 종이에 뭐라고 쓰는 일은 전혀 없으니!

　결국 이것저것 따져봤을 때, 이상적인 2개 국어 사전이란 양쪽 언어의 문학적 용법, 그리고 구어적 용법 모두를 담고 있어야 한다. 서로 다

---

12) 마드리드를 가리킨다.
13) 스페인어 감탄사로서, 이 문맥에서는 어처구니없어 하는 심경을 표현한다.
14) 각기 스페인어와 이탈리아어로 '닮은 꼴 다른 말'을 의미한다.

른 세기에 활동한 작가들의 언어, 과학과 공예 분야의 기술 용어들, 학생들의 은어나 어린 아이들의 말 같은 특수 언어들, 심지어는 "야한 말들", 비록 존슨 박사는 자기 사전에서 야한 말들을 몰아냈고, 존슨 박사가 자신의 사전에서 그런 말들을 찾아본 한 여성에게 "그래, 내 사전에서 그런 말들을 찾아봤다고요?"라는 물음으로 대꾸했고 그 여성은 존슨 박사의 행동을 지지했다지만, 심지어는 "야한 말들"까지도 담고 있어야 한다.[15]

---

15) 라르보가 언급하고 있는 존슨 박사는 새뮤얼 존슨(Samuel Johnson, 1709~1784)으로 영국의 시인, 비평가, 수필가, 사전편찬자이다. 1755년 두 권으로 된 유명한 영어사전인 『영어사전(A Dictionary of the English Language)』을 8년 반의 노력 끝에 세상에 내놓게 되는데, 단어의 다양한 의미와 미묘한 차이를 예증하기 위해 영국문학의 전 장르에서 인용구를 뽑아낸 이 사전은, 사전 편찬의 최고 전형과 편집 기술을 제시한 기념비적 작품이다. 또한 『영국 시인들의 생애』로 전기문학과 비평의 새장을 연 인물이기도 하다. 셰익스피어 이후 가장 유명하고 가장 많이 인용되는 문인이다.

# VI
## 사랑과 번역

    번역의 본질적인 문제들을 놓고 생각에 잠기자마자 저절로, 너무나도 자연스럽게 엘레지에 등장하는 어휘와 이미지들이 눈앞에 떠오르지 않는가!
    실제로, 처음부터 끝까지 그것은 사랑 이야기이다. 외국의 걸작을 앞에 두고서 번역가의 소명에 눈뜰 때, 우리는 제법 대담하게 "이교도인 왕의 딸"을 사랑하는 사람들이었다. 번역으로 그 여인을 정복하려는 노력이 시작되면서, 자신이 그 아리따운 계승자의 연인이 된 거라고 자신할 수 있었다. 그러다가 드디어 텍스트를 옮겨오고 그 여인을 완전히 소유하게 되었음이 확연히 드러나면, 배우자의 위치로 올라섰다. 남편과 아내 사이에는 존중, 다감함, 지배가 뒤섞인 보호의 관계가 형성되며, 특히 두 사람이 머무르고 있는 나라의 언어를 아내는 모르고 남편은 알 때 그러한 보호의 관계가 두드러지게 나타난다면, 우리가 텍스트와 맺는 관계에서도, 텍스트에 대한 우리의 배려와 섬김에서도, 그런 보호의 관계를 닮은 그 무언가가 존재하지 않는가?
    우리와 작품 사이의 일상적 관계에서조차도 아내와 남편의 모습을 보게 된다. 그 이국의 여인은 우리를 지배하고, 우리를 부려먹고, 대찬 아내 노릇을 하며, 육신은 내맡기지만 영혼은, 가장 내밀한 의미는 넘겨주기를 거부하여서, 우리를 번역가에서 더듬거리고 어름거리는 초등학생으로 만들어버릴 것이다. 그렇지 않다면, 섬세하면서도 사나이다운 우리의 배려에 정복당한 뒤, 건강과 힘으로 가득한 한창 때의 우리로 인해 행복해하는 여왕이 될 테고, 영혼의 귀중한 담지자인 그녀, 우리가 기꺼이 감내하며 언제나 환대하는 그녀가 오롯이 우리의 차지가 될 것이다. 이런 말이 궤변이 아니라는 증거는 포프[1]의 계승자임이 명백한, 18세기의 한 영국 시인이 남긴 근사한 시에서 찾아볼 수 있다. 다음은 토머스 프랭클린[2]의 「번역, 시 한 편(Translation, a poem)」이다.

> 작가가 애인처럼 포근하지 않다면
> 어떻게 우리가 그의 결점을 가려주거나 그의 매력을 맛보겠는가?
> 어떻게 그 기품 어린 숨은 아름다움을 속속들이 알아보겠는가?
> 어떻게 그 정신의 보다 아름다운 특징들을 모두 잡아내겠는가?
> 어떻게 결점이란 결점은 모두 희미하게 하고,
> 우아함이란 우아함은 보다 두드러지게 하며,
> 사랑의 존엄성으로 그를 대하겠는가?

---

1) 알렉산더 포프(Alexander Pope, 1688~1744)는 영국의 시인이자 비평가로서 일종의 교훈시인 『비평론』, 풍자시인 『우인열전』 등을 남겼다. 번역으로는 『일리아드』와 『오디세이』가 있다.
2) 토머스 프랭클린(Thomas Francklin, 1721~1784)은 영국 국교회의 성직자이자 작가로 케임브리지대학에서 그리스어를 가르치기도 했다. 1749년에 『시칠리아의 폭군 팔라리스의 서한』을 번역했고, 1759년에는 소포클레스의 비극들을 번역했다. 그가 번역한 소포클레스의 비극들은 오랫동안 최고의 번역으로 간주되었다.

정복당한 여인의 아름다움에 대해 "오점", "결점"이란 말을 하다니, 일종의 자만이 없지 않은데, 그에 비해 오늘날의 번역가들은 훨씬 더 겸손한 연인들이라고 확신한다. 자신이 작품의 "우아함"을 "보다 두드러지게 할" 수 있다고 생각하는 사람은 거의 없고, 오히려 극히 충실하게 작품을 옮기려고 애쓴다. 하지만 사랑과 번역에 관한 이런 생각에 이기주의나 쓰라린 감정을(이 둘은 하나가 없이 다른 하나가 오는 법은 없다) 조금 섞으라고 한다면, 사랑하는 작품을 정복하겠다고 아직은 나서지 않고서 그저 작품을 읽고만 있을 때, 보다 평화로운 행복감에 젖어든다는 말은 할 수 있을 것이다. 우리는 우리 뒤를 따르고자 하는 사람에게 프로페르티우스와 더불어 "그 여인이 우리에게 얼마나 많은 근심 걱정을 안겨줄 것인가!"[3] 라고 외칠 것이며, 작업의 어려움과 조금이라도 다른 데 정신을 팔 때 받게 되는 처벌, 그리고 영혼의 담지자가 안겨주는 끊임없는 근심을 떠올린다면, "그 여인의 이름을 입에 담은 이상 무사히 지나갈 수 없다"[4]라고 외칠 것이다.

---

3) 관련 라틴어 원문은 다음과 같다. "*Quod si forte tuis non est contraria votis, / At tibi curarum millia quanta dabit!*(Porpertius, *Elegiae*, I, 5, 9~10)" (그 여인이 어쩌다가 너의 기도를 탐탁지 않게 여기지 않는다 해도 / 어쨌든 너에게 수많은 근심걱정을 안겨줄 것이다.)

4) 관련 라틴어 원문은 다음과 같다. "*Quare, quid possit mea Cynthia, desine, Galle, / Quaerere: non impune illa rogata venit.*"(Propertius, *Elegiae*, I, 5, 31~32) "갈루스여, 킨티아가 무슨 일을 할 수 있는지 내게 묻지 마라 / 그 이름을 입에 올린 이상 무사히 지나가지 못한다."

◆ ◆ ◆

　이런 생각을 하다 보면 번역할 작품을 고르는 문제에 대해서 아주 진지하게 생각해보게 된다. 아무하고나 연을 맺어서는 안 된다는 소리이다. 창조자와 매개자 사이의 거리를 잊지만 않는다면, 우리가 작품과 독자를 이어주는 탁월한 매개자들의 대열에 낄 수 있기를 열망하고 실제로 그렇다 하더라도 둘 사이의 거리를 잊지만 않는다면, 자신의 재능에 대해 어느 정도 고양된 감정을 갖는 것이 우리에게 해가 되지는 않는다. 모든 번역가들의 능력이 엇비슷하다는 조건이라면, "네가 어떤 작가를 번역하고 있는지 내게 말해준다면, 난 네가 어떤 사람인지를 말해주겠다"라는 표현은 꽤나 정곡을 찌르는 문학적 격언이 될 것이다. 우리가 찬미하고 감탄해 마지않는 섬세한 작품이 야수에게 던져진 기독교 여인처럼, 겉멋 든 둔한 번역가의 거친 솜씨에 걸려든 꼴을 보는 것은 끔찍한 일이 틀림없다. 어쨌든 재기 넘치고, 젊고 섬세하며, 교육을 제대로 받고, 양식 있고, 표현수단을 폭넓게 구비한 사람은 작품을 까다롭게 선택하며, 금방 빛바랠 작품이나 잠깐 반짝할 작품보다는 근본이 확실하고 검증된 품질의 작품들에만 관심을 가질 것이고, 그래야만 한다고까지 말하겠다. 스위프트, 괴테, 레오파르디의 작품을 번역하는 사람이 이처럼 위대한 작가들과 동등해야 할 필요는 없다. 번역가에게 요구하는 것은 그저 그 작가들을 잘 번역하라는 것이며, 만약 번역가가 그 일에 성공한다면 사람들은 그가 스위프트, 괴테, 혹은 레오파르디의 사위가 될 만한 인물이라고 말할 텐데, 이는 세도가의 딸과 혼인함으로써 세도가로 들어가는 것에 값하는 영예이다. 만약 그가 성공하지 못한다면 그는 무능으로 인해 이 도도한 가문에서 축출당할 것이다. 그가 가문에 들어와서 끼친 피해는 크지 않았을 것이다. 신부와 육신의 합일은 일어나지 않았을 테고, 문학사는 침묵을 지킴으로써 결혼을 무효로 만들 것이다. 하지만 적어도, 지나치게 야심만만했던 번역가는 자기 자신과 친구들 앞에서 감히 시도는 해봤다는 영예를 간직할 수 있을 것이다. 이러한 영예는, 그토록 높은 곳을 겨누는 대신 시시한 작품을 시시껄렁하게 번역했더라면, 그 정도 대우밖에 받지 못할 작품을 번역했더라면, 누리지 못했을 위안이리라.

"연인들이여, 행복한 연인들이여, 번역을 하려고요?
라퐁텐의 우화나 하기를……."[5]

---

5) 라퐁텐의 우화 「두 마리 비둘기」는 짝의 만류를 무릅쓰고 세상 구경에 나섰다가 만신창이가 된 채 돌아온 비둘기에 관한 이야기이다. 이 글에는 다음과 같은 구절이 나온다. "연인들이여, 행복한 연인들이여, 여행을 떠나고 싶다고요? / 가까운 기슭으로 가시기를(Amants, heureux amants, voulez-vous voyager? / Que ce soit aux rives prochaines)" (JEAN DE LA FONTAINE, Fable, Les deux Pigeons Livre IX, 2). 라르보는 1923년에 라퐁텐의 우화에서 따온 『연인들이여, 행복한 연인들이여』라는 중편을 발표하기도 했다.

# VII
## 끝나지 않을 이야기
### (*El cuento de nunca acabar*)[1]

    내가 15년도 더 전에 친구 몇몇에게 번역가의 기술과 직업에 대한 글에 착수했다고 말한 뒤로, 친구들로부터 너보다 다소 앞서서 같은 주제를 다룬 사람이 있으니 한번 읽어보라는 말을 듣지 않고서 반년이 지나간 적이 없었다. 내가 선배의 글에서 논평할 만한 혹은 토론할 만한 생각들을 발견하든, 혹은 나보다 앞서 동일한 주제들에 대해 무어라고 썼는지를 앎으로써 반복과 충돌을 피하게 되든 간에, 그러한 독서는 "나의 성 히에로니무스"에 도움이 될 수 있으리라.

    내게 그러한 정보를 물어다준 사람들은 번역이론가들이 그렇게 많다는 것을 알고 놀란 듯했다. 사실, 문학 관련 작업의 근사한 도구인 귀스타브 랑송(Gustave Lanson)의 『서지학 교과서』와 그가 참조하라고 하는

---

[1] 라르보는 이 장에 스페인어 제목(El cuento de nunca acabar)을 붙여주었다. '끝나지 않을 이야기'를 의미한다.

저서들, J. 바이예(J. Baillet)의 『학자의 평가』, 펠리송(Pellisson)과 올리베(Olivet)의 『아카데미의 역사』, F. 엔느베르(F. Hennebert)의 『그리스, 라틴 고전 번역가들의 역사』, 쥐스탱 벨랑제(Justin Bellanger)의 『프랑스의 번역의 역사』 등을 참조하기만 해도, 샅샅이 뒤지려면 수년간 전공을 해야 할 정도인 저서들이 우리 눈앞에서 대가족을 이루는 상황에 놓여 있음을 알게 된다. 여기에서도 언어권별로 문학을 분류하는 것이 자만심이며, 프랑스의 번역이론을 제대로 이해하자면 다른 언어권에 속하는 수많은 이론가의 저작들을 제대로 아는 것이 필수적임을 머지않아 깨닫게 될 테니까. 어쨌든, 프랑스어권으로만 한정하고 싶다면, 에티엔 돌레(Étienne Dolet), 토마 시비예(Thomas Sibillet), 자크 플르티에(Jacques Peletier), 조아생 뒤 벨레(Joachim du Bellay), 바셰 드 메지리악(Bachet de Méziriac), 피에르-다니엘 위에(Pierre-Daniel Huet), 가스파르 드 탕드(Gaspard de Tende), 시외르 드 레스탕(Sieur de l'Estang) 등 ―17세기 말에서 멈추자면― 엄밀한 의미에서의 이론가들의 저서뿐만 아니라 역시 번역이론가들인 수많은 번역가들의 서문과 역주 또한 읽어야 하는데, 우선 황금의 세기가 낳은 번역가들의 왕자인 페로 다블랑쿠르(Perrot d'Ablancourt)의 서문과 역주를 들 수 있다. 그리고 번역을 하지 않았거나 혹은 적어도 번역 작품을 출간하지 않은 여러 작가들이 번역의 기술에 관한 중요한 견해들을 표명하였다는 사실도 덧붙여라. 예를 들어 근대와 현대에서 한 명씩 꼽는다면, 프란체스코 데 상티스와 폴 발레리를 뽑겠다.

　번역의 대이론가인 히에로니무스 그 자신도 이 분야에서 자신을 앞서 갔던 사람들을 무시하지 않았다. 키케로가 그리스의 웅변가 아이스키네스와 데모스테네스의 연설문 번역을 위해 집필했으며 우리에게는 「완벽한 웅변가들(De Optimo Genere Oratorum)」이라는 제목으로 알려진 서문을 히에로니무스가 잘 알고 있다는 것이 확연하다. 히에로니무스는 「최상의 번역 방법에 대하여(*De Optimo Genere Interpretandi*)」에서, *Ego enim non solum fateor, sed libera voce profiteor, me in interpretatione Græcorum, absque Scripturis Sanctis, ubi verborum ordo mysterium est, non verbum e verbo, sed sensum exprimere de sensu*(이 자리에서 털어놓고 당당하게 밝히겠는데, 나는 그리스어와 라틴어로 번역하면서 저자가 의미하려는 바를 잘 전달하려고만 하지, 말들의 배열에서조차 뭔가 신비를 품고 있는 성서가 아닌 이상 말 한마디 한마디에 철저하게 매달리지 않기 때문이다)라는 주요 문장 바로 다음에 *Habeoque hujus rei magistrum Tullium*……(나는 이 점에서 키케로의 예를 따른다)라고 덧붙이고 있으며, 좀 더 나아가면 *Sufficit mihi ipsius translatoris auctoritas*……(나로서는 이 박식한 번역가의 권위를 내세우는 것으로 충분하다……)라고 제자로서 경의를 표한다. 그러고서 키케로가 사용한 번역가의 생생한 이미지를 차용하여, 번역가는 우리 눈앞에 동전들을 늘어놓듯 원문 단어의 등가어들을 늘어놓는 것이 아니라 총액을, 무게 달기라는 신비로운 작업 결과 산출된 그 내용의 무게를 전달한다고 말한다. *In quibus non verbum pro verbo necesse habui reddere, sed genus omne verborum vimque servari: Non enim ea me* annumerari *lectori putavi opportere, sed tamquam* appendere(나는 텍스트를 옮기면서 단어 하나하나에 얽매일 필요가 없으며 어휘들의 힘 전부와 그 특성 전부를 표현하기만 하면 된다고 생각했다. 나의 독자들에게 그 개수가 아니라 그 무게에 따라서 어휘들을 옮겨준다고 생각했기 때문이다).[2]

2) 라르보는 히에로니무스의 「파마키우스에게 보내는 서한」(서한 57)에서 줄곧 인용하고 있다.

물론 번역이론가들 전부를 늘어놓는 것은 **엘 쿠엔토 데 눈카 아카바르** (El couento de nunca acabar)이겠고, 그저 사전식 색인이라도 만들어야 그 끝을 볼 수 있을 것이다. 하지만 대부분 거의 알려지지 않은 이들의 이런저런 저서에서 일부를 뽑아 일련의 선집을 만든다면 ―내가 편집자라면 이러한 임무에 상당히 끌릴 텐데― 그 저서들 가운데에서 최상의 것 혹은 가장 마음에 드는 것들을 재간행할 수 있는 길을 준비하는 게 될 것이다.

# VIII
## A. 프레이저 타이틀러

    문학사의 각 시기마다 "번역론"을 남긴 교양인이 한 명 혹은 여러 명 있었다. 귀스타브 랑송은 앞에서 언급한 『서지학 교과서』라는 훌륭한 저서에서 세기마다 혹은 시대마다, "번역가들"이라 이름 붙인 장의 첫머리에 나오는 "번역이론가들" 항목에서 그 이름들을 제시한다. 게다가 잊지 않고, 여러 번역가들이 남긴 "서문들" 또한 참조하라고 권한다. 번역이론가들 중 몇 명을 들어보자. 16세기의 에티엔 돌레와 조아생 뒤 벨레, 17세기의 바세 드 메지리악, 피에르-다니엘 위에(『번역에 대하여〔*De interpretatione*〕』, 파리, 1661), 시외르 드 레스탕, 드 마롤 사제(abbé de Marolles), 18세기의 주두와예 사제(abbé Gedoyer), E. 드 실루에트, 달랑베르가 있다. 랑송은 19세기를 그냥 넘겨버리지만, 적어도 페리 드 생-콩스탕(Ferry de Saint-Constant)이라는 이론가(『번역의 기초〔*Rudiments de la traduction*〕』, 파리, 1808~1811, 2권)가 한 명 존재한다. 영국 역시 번역이론가들이 줄줄이 존재한다. 그중에 아주 매력적인 이론가가 한 명 있는데, 우드하우스리(Woodhouselee) 경인 A. 프레이저 타이틀러(A. Fraser Tytler)로, 그가 쓴

『번역 원칙 시론(Essay on the Principles of Translation)』(1791)은 영국 고전 저가(低價) 컬렉션을 통해서 꾸준히 다시 찍어내고 있다. 그 당시 그리스어를 술술 읽던 교양인들은 악센트가 없어도 불편을 몰랐고 식자공들은 열렬히 그에 호응했던 시대로서, 타이틀러의『번역 원칙 시론』은 그러한 사랑스러운 박학함으로 가득하다. 이 글은 16세기, 17세기, 그리고 18세기의 우리 작가들을 풍족하게 언급하고 있어, 유럽 내에서 프랑스와 영국이 지적으로 헤게모니를 장악하던 호시절에 탄생한 것임을 알려준다.

논평이 붙은 인용글들이 근 삼분의 이를 차지한다. 여러 작가와 이론가들에게서 따온 번역 기술에 관한 언급과 견해들을 볼 수 있는데, 퀸틸리아누스와 소(小)플리니우스가 남긴 잘 알려진 명언들, 페로 다블랑쿠르(Perrot d'Ablancourt)가 쓴 근사한 대목, 바퇴 사제(abbé Batteux)가 쓴 한 단락이 보이는가 하면, 그리스어, 라틴어, 프랑스어, 영어, 스페인어, 이탈리아어 텍스트와 그에 대한 영어, 프랑스어, 라틴어, 또 다른 현대어들로 된 번역들이 보인다. 그리고 바로 내가 앞의 다른 장에서 인용했던 토머스 프랭클린(Thomas Franklin)의 아름다운 시구를 처음으로 읽었던 것도 바로 여기에서이다.

타이틀러가 제일 좋아하며 우리와 나누려고 하는 즐거움 중에 하나가 동일한 텍스트에 대하여 영어든 프랑스어든 간에 두 개의 번역본을 놓고 비교하는 것이다. 그는 한 장 전체를 바쳐, 모퇴(Motteux)와 스몰릿(Smollett)이 번역한『돈 키호테』의 영어 번역본 두 종을 놓고 각각의 장점을 검토한다.

그 작업을 거쳐서 꽤 단호한 의견을 피력하는데, 그 의견은 각 장의 제목에 잘 요약되어 있다. 페로 다블랑쿠르가 요구하고 행사하는 자유가 지나치다고 판단한다는 점에서, 좋은 번역이란 "원작의 의미를 완벽하게 전달"하여 "원문이 갖는 편안함을 오롯이 보이면서도 번역의 문체가 원작의 문체와 같은 종류"가 되어야 한다고 정의 내린다는 점에서, 이미 "현대적"인 견해이다. 아미요(Amyot)와 다블랑쿠르, 그리고 플로리오(Florio)가 그랬듯이, 더는 프랑스와 영국에 프랑스화된 타키투스를, 영국화된 몽테뉴를 제공하는 것이 문제가 아니다. 번역이 원문을 바싹 끌어안으면서도 자국화된 번역만큼이나 아름다운 것, 그것이 우리의 이상이다. 우리가 아름다움을 위해서 정확함을 혹은 정확함을 위해서 아름다움을 희생시키지 않고서도 그러한 이상에 다다르는 것이 가능하다는 환상을 어느 정도 잃었다고는 하지만, 그리고 그 무엇보다도 정확함을 요구한다고는 하지만, 그래도 그것은 여전히 우리의 이상이기도 하다.

어쨌든, 타이틀러가 모델로 찬양하고 예로 드는 번역가들도 여전히 가끔씩은 아름다움을 위하여 정확함을 희생시키는데, 그 거리낌 없음은 오늘날의 우리에게는 충격이다. 그리하여 그는 J. 타운리가 새뮤얼 버틀러의 『휴디브라스(*Hudibras*)』[1]를 프랑스어 운문으로 옮긴 것을 놓고 격찬하며, 이전에 볼테르가 동일한 시의 몇 구절을 옮겼던 것에 비하여 훨씬 뛰어나다고 평가한다. J. 타운리의 프랑스어 『휴디브라스』가 문학사에 남을 자그마한 걸작이자 18세기 프랑스문학에 영원히 남을 기념비적 작품이라는 점에서 그러한 찬사를 들을 만하다. 하지만 그것이 현재 우리의 요

---

1) 새뮤얼 버틀러(Samuel Butler)가 1663년에 발표한 풍자시. 영국에 체류하면서 이 시를 접했던 볼테르는 다음과 같은 의견을 남기기도 하였다. "내가 읽었던 그 모든 작품들 중에서 가장 재기 넘치는 작품이나, 번역하기가 가장 불가능한 작품이기도 하다……. 이 작품에서는 거의 모든 것이 특별한 사건들을 암시하고 있다. 가장 우스꽝스럽게 등장하는 것은 특히 신학자들인데, 세상 사람들이 거의 들어보지 못한 이름들이다. 매 순간 설명이 필요할 텐데, 농담을 설명하고 나면 그것이 더는 농담이 아니지 않은가." 볼테르가 이 시의 첫 부분만 번역을 시도한 적이 있었고, 1757년에 와서야 프랑스에 와서 복무하던 영국 장교 J. 타운리가 역주를 잔뜩 붙인 프랑스어 완역본을 완성했다.

구와 우리의 필요에 들어맞는 번역은 아니다. 실제로, 19세기의 새뮤얼 버틀러가 『에레혼(*Erewhon*)』에서 "자신과 똑같은 이름을 가진 대선배"를 인용한다고 알리면서 『휴디브라스』 시행 두 줄을 적어놓은 단락을 만나 실랑이를 하다가, 『에레혼』 번역본을 읽는 프랑스 독자들을 위해 하단 역주에서 이 근사한 번역은 18세기의 것이라고만 알리고 J. 타운리의 번역을 그대로 빌려오고 싶은 강렬한 충동을 느꼈다. 하지만 포기해야만 했다. 『휴디브라스』 원문에 대한 J. 타운리의 번역은 이렇다.

> He knows[2] *what's what, and that's as high*
> *As metaphysic wit can fly,*
> (그는 무엇은 무엇이라는 것을 알고 있었으니,
> 형이상학적 이해가 비상할 수 있는 만큼 높이 비상한 셈이다.)

> ⋯⋯ *Distinguait ceci de cela;*
> *Métaphysique en reste là,*
> (이것과 저것을 분별했다.
> 형이상학이 거기 있지 않은가.)[3]

타운리의 번역은 동일한 어조와 동일한 밀도로 원문의 전반적인 의미를 잘 옮겨놓았다. 하지만 몇 줄 아래 내려가면 19세기의 버틀러가 "to

---

[2] 라르보는 "He knows"라고 인용하고 있으나 원문에는 "He knew"로 되어 있다.
[3] 새뮤얼 버틀러의 유명한 풍자시 『휴디브라스』의 첫 번째 노래 146~147행에 등장하는 시구이다.

know what's what"이라는 표현을 다시 언급하며 논평하고 있어서 버틀러의 글을 이해하자면 그 표현이 필수적이 되어버렸고, "인식" 개념을 "분별" 개념으로 대체한 타운리의 우아한 "우회이법"[4]으로는 그 표현들을 옮길 방법이 없어져버렸다. 궁여지책으로, 그리고 "what's what"이 스콜라학파의 아주 잘 알려진 표현과 등가어라는 점을 고려하여[5] 반은 프랑스어 반은 라틴어로, 그리고 산문으로 번역하고 말았다.

이 자리에서 타이틀러의 견해를 놓고 상세하게 논하느라 지체할 수는 없다. 나로서는 타이틀러의 견해가 차지할 역사적 자리를, 16세기와 17세기 그리고 18세기에 행해진 자국화 번역의 영웅적 시기와, 그저 그렇게 부르든 혹은 의도적이든 간에 학술적이라는 우리 시대의 번역 사이에서 찾아준 것으로 충분하다. 하지만 타이틀러가 펼친 시론의 커다란 장점은 그 신선함, 매력, 유혹, 예의바름으로 누그러뜨린 불꽃에 있다. 그리고 성 히에로니무스에게 바치는 이 책을 씀으로써 언젠가는 A. 프레이저 타이틀러 우드하우스리 경의 저서와 비교될 만한 책을 프랑스문학사에 남겼다고 확신할 수 있다면 회한을 조금 덜 품은 채 이승을 하직할 것이다.

∴
4) 원문에는 라틴어를 사용하여 "circuitus"라고 표현하였다.
5) 'what's what'은 'quid pro quo'에 해당하는 표현이다.

# IX
# 뾰족한 연필심

현재(1929년 3월) 내 주요 관심사는 가능한 한 모든 정성을 기울여서 『에레혼』의 저자(이러한 언급이 쓸데없지 않은 것이, 17세기의 영국 시인이자 『휴디브라스』의 저자 새뮤얼 버틀러도 『잡문집』을 남겼기 때문이다) 새뮤얼 버틀러의 『잡문집(Note-Books)』 번역을 다시 손보는 것이다. 누군가 내가 "지겨우면서도 손쉬운"(폴 베를렌) 일 축에 드는 이러한 작업에 몰두한 모습을 지켜보고 있다면, 그 구경꾼이 가장 즐거워할 순간은 내가 원저자의 경구풍 문장을 좀 더 프랑스적인 표현으로 옮기려고 애를 쓰는 순간들일 것이다. 그리고 이러한 노력에는, 연필심이 꽤 뾰족하면서도 잘 부러지지는 않게 연필을 깎으려는 노력과 유사한 점이 없지 않다. 구체적인 예를 하나 든다면 이러한 비교가 이해될 것이다. 「멜키세덱(Melchisédec)」이라는 글을 글자 그대로 옮겨놓으면 이러하다. "그는 정말로 행복한 사람이었다. 그는 아버지가 없었고, 어머니가 없었고, 후손이 없었다. 그는 구현된 독신이었다. 그는 태생의 고아였다." "중간 단계(=초벌 번역)"를 무시하면, 내가 다다른 문장은 다음과 같다. "여기 진정 행복한 사람이 있다. 그는 아버지도, 어머니도, 자식도 없었다. 독신의 화신이로다! 날 적부터 고아로다!" 하지만 이 번역을 비판적으로 검토한 결과 나는 결함이 하나 있음을 깨닫는다. 감탄부호가 너무 많다. 이는 감탄부호를 거의 쓰지 않는 새뮤얼 버틀러의 글투가 아니다. 그가 이 글을 쓰면서 느끼는 기쁨은 내향적이고 내밀한데, 감탄부호로 말미암아 너무 튀고 너무 요란스러운 것이 된다. 나는 경구를 번역하면서 심을 너무 뾰족하게 갈려고 했고, 그 바람에 심이 부러져버렸다. 하지만 이 사고는 쉽게 수습할 수 있다. 두 개의 감탄부호를 덜어내기만 하면 되니까.

## X
## 성마른 족속

우리에게 자기 작품의 일부를 처음으로 읽어주던 바로 그 자리에서 그만 오역을 저지르는 장면을 목격당하고만 번역가의 이야기를 여기에서 꺼내야 할까? 그의 목소리에는 우아함과 정확함, 두 가지 공훈을 세운 자신의 번역에 우리가 감탄하지 않을 수 없을 거라는 확신이 생생하게 살아 있었다. 그런데 우리가 그의 기쁨을 망쳐놓아야 하는가? 미묘한 문제다. 하지만 그의 작업이 곧 인쇄되어 나올 단계였기에, 우리는 입을 다물고 있는 대신 그에게 귀띔을 해주는 편이 더 인정스러운 행위라는 판단을 내렸다. 그리하여 그가 낭독을 마치자, 우리는 이런 경우 요구되는 온갖 주의를 기울여가면서, 더불어 찬사를 아낌없이 늘어놓으면서(더구나 찬사를 받을 만했다), 그런 대목에서는 혹시 그런 단어가 이런 뜻을 띨 수도 있지 않을까 싶다는 의견을, 가장 겸손하게 회의를 나타내는 어법을 빌려서 내놓았다. 전광석화 같은 깨달음, 솟구치는 진리! 번역가의 얼굴색이 확 변했다. 급하게 찬사라는 술을 조금 먹이니, 자, 이제 훨씬 낫다. 게다가 그건 외국어 어휘나 문법에 대한 무지를 보여주는 그런 오역들 가운데 하나가 아니라 단순한 착오로서, 잠깐 방심한 결과이거나 혹은 우리 번역가 누구나 저지르기 쉬운 착각들, 아무리 경계심으로 중무장을 한지라두 한 단어에 깃든 다른 의미들은 죄다 무시하구 단 하나의 의미에만 매달리게 하는 그런 착각들 가운데 하나이지 않습니까. 이 세세한 실수만 제외한다면 번역은 뛰어납니다. 그러니 더는 그 생각은 하지 맙시다.

더는 그 생각은 하지 말자. 다른 사람이 겪는 낙심과 굴욕일 경우, 그렇게 말하기는 쉽다. 그렇다고는 하지만 우리로서는 그가 출간된 작품을 읽은 독자에게 실수를 지적당하는 아픔을 면하게 해줬는데도 우리에게 전혀 고마워하지 않을 뿐만 아니라, 자신이 실수하는 모습을 포착했다며 오히려 원한을 품으리라고 생각이나 할 수 있었겠는가? 어쨌든 그랬다는 증거를 갖게 됐는데, 그 번역가를 만나지 못하고 여러 해가 흐른 뒤 그 번역가로부터 날아든 장문의 편지를 받아들면서였다. 심장이 덜컥 내려앉게 하는 편지 첫머리는 이랬다. "이런 고통스러운 일을 떠안게 되어서 유감이지만 슬프게도 피해갈 수 없는……." 오, 하느님! 친구가 병에 걸렸거나 죽었다는 소식을 전하려는 걸까? 이삼십 줄 더 읽어내려 간 뒤 우리가 알게 된 건, 우리가 최근에 펴낸 번역 작품들 가운데 하나에서 오역을 저질렀다는 것이었다. 그것도 엄청난, 터무니없는 오역을!

우리를 사로잡았던 불안감은 기분 좋은 폭소에 자리를 내줬고, 우리는 그토록 오래 묵힌 복수욕이 마침내 충족되었음을 보여주는 이 낯익은 편지를 즐겁게 다시 읽고 나서, 희극 작가가 이 표현 방식들을 본다면 좋아서 정신을 차리지 못했을 거라는 생각을 했다. 하지만 직업적 의무를 존중하는 우리로서는 두 통의 편지를 작성하지 않을 수 없었다. 하나는 지적해준 비평가에게 고맙다는 인사를 하기 위해서, 또 하나는 논란이 된 대목이 정말로 이해하기 꽤 까다로운 부분이었기에, 우리의 해석과 교정자의 해석을 놓고 원저자의 의견을 묻기 위해서였다.

 원저자에게서 우리가 틀렸다는 대답이 왔다고 말할 수 있다면 좋으련만. 그런데 전혀 그렇지가 않았다. 잘못된 것은 잘못을 지적한 사람이 제안한 교정으로, 그것이 오역—우리가 알기로는 이 번역가가 저질렀을 두 번째 오역—이었다. 하지만 이번에는 그 번역가에게 이런 사실을 알리지 않도록 아주 조심하였다.

 이 일화를 얘기하면서, 나의 주된 의도는 번역가들을 우스갯거리로 만들려는 것이 아니었다. 물론, 번역가들에게도 다음의 인용구가 들어맞을 수 있다. "시인도 아닌, 그저 해석가일 뿐인 성마른 족속("*Genus irritabile*" non "*vatum*", immo vero interpretum).")[1] 그리고 성 히에로니무스 자신이 그 좋은 예가 될 것이다. 비록 성 히에로니무스는 고작 자존심에 난 상처 따위 때문이 아니라 그보다 더 고귀한 다른 이유가 있어서 그토록 분노했지만 말이다. 하지만 재빨리, 실수를 명예에 치명적인 과실로, 동업자가 그 실수를 바로잡아주는 것을 중대한 모욕으로 여기게 하는 그 자존심의 성마름 속에서 고귀한 정열의, 그러니까 하물며 직업적 의무감이라는 덕목의 징표를, 틀림없이 인간적인, 너무나 인간적인 징표를 보지 못할 사람이 그 누구겠는가? 잘못을 저지르는 것을 목격당한 번역가가 겪는 동요, 그가 품는 원한, 자신의 실수를 바로잡아준 사람이 잘못을 저지르는 현장을 잡아내어 복수하고 싶은 그의 욕구는 자기 일에 무심한 엉터리 일꾼이나 번역을 날림으로 해치우는 사람이 느낄 수 있는 감정은 아니다. 차라리, 사랑에 빠진 사람이 경쟁자에게 선수를 빼앗기고 느낄,

---

1) 호라티우스의 「편지(Epistulae)」 2. 2. 102에 나오는 구절.

제2부 예술과 직능: 번역에 대하여

혹은 너무나 양심적인 친구가 자신이 저지르고만 실수들과 자신이 빠져들었던 소홀함을 범죄라도 되는 양 자책하면서 느낄 감정들이다.

사실, 우리가 문학작품 창조와 시 창작에서 맛볼 수 있는 영웅적인 열정과 자만심을 단념하는 대신, 겸허하게, 죄짓지 않겠다는 굳은 결심으로, 충성을 맹세하며 번역가의 수도복을 걸쳤을 때, 우리는 이러한 헌신 자체가 우리에게는 보상이며 또한 마음의 평화를 보장해주리라고 믿었다. 하지만 우리의 기대는 어긋났다. "진정한 번역의 행로는 결코 순탄하게 흘러가지 않았다"인 것이다. 문학 제국 내에서 이다지도 평온한 지역이지만 여기에서마저도 우리 본성의 결함은 우리를 배반하며 유혹자는 우리를 찾아든다. 우리 서재의 정적 안에, 도서관의 기막히게 근사한 분위기 안에 숨어 있던 관용어법의 악마들이 우리에게 도전장을 던지고, 오독과 오역의 마귀들은 발을 걸어 우리를 비틀거리게 만들려고 우리가 방심하기를 호심탐탐 노리다가, 창작의 도취와 고통보다 덜 소모적이라고는 하기 힘든 회의와 낙담의 발작적 소용돌이로 다시금 우리를 빠뜨려 버린다. "넌 자신이 우아하게 번역해내고 있다고 생각하며, 속으로는 네가 한 번역이 네가 모방하고 있는 텍스트에서 멀지 않은 곳에 자리 잡을 가치가 있기를 바라지만, 잘 봐라. 넌 심지어 정확하게 번역할 줄도 모르지 않는가! 어수룩한 장인이여, 엉터리 저울질을 하는 상인이여, 반거들충이 일꾼이여, 너의 사회적 효용성과 네 작업의 정당함은 대체 어디에 있는가?" 때때로 이것이 우리가 행한 양심 검토 결과의 지배적 어조이다. 그리고 그로부터 우리의 분노도 생겨난다.

아무리 역사를 뒤져봐도 오역을 저질렀다고 하여 목숨을 끊었던 번역가의 예는 없다는 것이 사실이다. 하지만 우리 가운데 가장 뛰어난 사람들에게는 자신이 그런 실수를 저질렀다는 의식은 뾰족하게 찔러대는 막대기요 뼈저린 후회의 원인이라는 것, 그것은 의심의 여지가 없다. 왜냐하면 이런저런 상황에서 우리가 부주의하여 비틀거렸던 것을 불운한 탓으로 돌려봤자 소용없고, 우리 마음 깊은 곳에서, 저 밑바닥에서, 우리의 실수가 있었다는 것을, 에라스뮈스가 전사들에 대해 말했던 것, "지성은 최소로, 용기는 최대로 갖고 있는 사람들(*quibus quam plurimum adsit audaciœ, mentis quam minimum*)"[2]이란 말이 훨씬 더 부정적 의미를 띠겠지만 번역가들에게도 역시 해당된다는 것을 알고 있으니까……. 결국 이 모든 것은, 적절한 비율로 기쁨과 고통을 안겨주며 지성 및 결단력이라는 몇몇 소질을 활용하기를 요구하는 번역은, 문인인 우리 모두에게는 덕성을 길러주는 여일하며 훌륭한 학교라는 말이 된다.

---

2) 에라스뮈스의 『우신예찬』 제23장에 나오는 구절.

# XI
# 성마름 치료법

훌륭한 번역가들 가운데 상당수가 성마르다는 이야기를 해야 했을 때, 일화를 들지 않고서 내 주장을 펴는 대신 동업자의 자잘한 실수들에 얽힌 이야기를 했고, 이제 그에 대해 자책하는 마음이 들려고 한다. 그럼으로써 내 자신이 실수를 저지른 것은 아닐까? 그렇게 해서 내 스스로 묵혀온 또 다른 원한을 갚은 것은 아닐까? 차라리 그런 거라면 좋겠다. 그럼으로써 성마른 번역가들의 예가 보강될 테니까. 한편, 내 번역을 고쳐줬던 그 번역가가 다시금 기분이 상하여 호시탐탐 기회를 노리고 있다가, 내가 다음번 번역물을 출간하면 샅샅이 뜯어보고서, 맨 처음 내가 빠져든 실수를 놓고 빈정거리고 비웃으며 나를 꾸짖는 것을 의무로 삼으려 들지도 모른다. 이 일은 끝이 나지 않아서 어쩌면 수년에 걸친 전쟁을 치르고 나서, 서로의 번역에서 적발해냈을 실제의 혹은 상상의 실수 목록이 실린 팸플릿 두 개를 자비를 들여 출간하는 것과 같은 얼간이 짓으로 끝이 날 수도 있을 것이다.

하지만 이런 일은 끝을 내야만 하고, 중세 때처럼 '신의 휴전(아니 '성 히에로니무스의 휴전)'이 개입해야만 한다. 번역가라고 말하는 것은 진리의 봉사자라고 말하는 것과 같다. 우리가 보기에, 번역하려는 텍스트가 겉만 그럴싸하고 판단 착오와 엉터리 생각들로 얼룩덜룩해 보일 수도 있지만, 그 텍스트는 분명한 의미를 담고 있는 언어 구조물이라는 점에서 진리여서, 그 텍스트의 왜곡과 훼손은 진리의 훼손인 셈이다.

사실, 번역가가 무심결에 저지른 훼손은, 우리 동업자 집단의 수치이자 치욕이라고 할 수 있는 광적이며 기벽이 있는 번역가들이, 때때로 텍스트 훼손에 몰두했을 때 보여주는 가증스러운 성격은 갖고 있지 않다. 무의식적으로 텍스트를 훼손한 경우 명예가 흔들리지는 않는다. 누군가가 그런 실수를 저질렀다고 알려준다 해도, 번역가의 자존심이, 그의 "성마른 성격"만이 상처를 입는다. 실수를 저지른 번역가가 성실한 번역가일수록 더욱 상처를 입게 될 것이다.

그럴 수밖에 없는 것이, 우리 직업에서 운수(혹은 행운)란 게 보잘것없는 역할을 한다면 능란한 솜씨(혹은 조언)는 중요한 역할을 하기 때문이다. 실제로, 원문 이해와 해석이 누락이나 왜곡 없이 완전무결할 수밖에 없을 정도로, 이 직업을 수행할 준비가 철저하게 되어 있고, 두 언어에 대한 완벽한 지식을 구비하고 있으며, 주의를 기울이고 경계를 늦추지 않는다는 측면에서 재능을 타고난 번역가를 상상해볼 수 있다. 이러한 이상형을 저버린다는 것은 굴욕이다. 우리가 스스로 생각했던 만큼 그렇게 유능한 장인이 아니라고 말하는 것을 듣고, 입증하는 것을 보는 일은 고통스럽다. 어쨌든 그런 이유를 내세워서, 넘어진 아이가 자신을 도와서 일으켜주려는 사람을 때리려고 드는 것처럼, 우리가 저지른 죄를 알려주는 사람들을 원망할 수는 없다. 계산 실수를 지적해줘서 금전적 손실을 방지할 수 있었다면, 그 사람에게 고마워하지 않겠는가? 우리가 번역하는 텍스트를, 우리가 봉사하는 진리를, 우리가 작성하는 가계부보다도 못한 위치에 놓겠는가?

"하지만 내가 자부심을 갖는 것은 번역을 잘한다는 것에 대해서지 계산을 잘한다는 것에 대해서는 아니지 않는가"라고 말할 번역가도 있을 것이다. "내가 진리를 섬긴다고 생각하면 아마도 난 좀 더 정성을 들이게 될 테고, 온화한 반응을 보이거나 그저 단순한 인사치레라도 보다 쉽게 하게 되어서, 당신이 내 성마름으로 인한 괴로움이라고 부르는 것을 극복할 수 있을지도 모르겠다. 하지만 그렇다고 이 괴로움이 실재하지 않는 것은 아니지 않는가……." 어쩌면 의전이, 옛 중국의 관청 소속 번역가들 사이에서 존재했을 거라고 상상할 만한 의례가 필요할지도 모른다. 인사 주고받기, 찬사 늘어놓기, 미소 짓기, 그다음에 "그대의 빛, 오, 너무나도 정확하나 이 문장의 암흑 위까지 하강하셔서 환히 비추지는 못하셨나이다." 하지만 그래봤자 매한가지인 것이, 그 의례적인 말이 들리자마자, 오역 지적 의전(儀典)에 따른 미소를 보자마자, 번역가는 그것이 무엇인지 깨달을 테고 결과적으로 그의 성마름이 시련을 겪을 것이다.

이런 의견에 대한 나의 대답은, 진리 섬김을 중요하게 여기고 온갖 성실과 겸허로 그 일을 수행하는 가운데, 직업상의 엄청난 실수와 그로 인한 모욕을 예방하는 방법이 드러난다는 것이다. 더구나 그 방법이 우리 안에 있음에야. 번역을 하다가 멈칫거리게 만드는 골칫거리들을 근사하게 해결할 방법을 제시할 수 있고 유용한 정보를 줄 수 있는 사람들, 가령 영어 텍스트를 다루고 있다면 영문학에 관한 교양이 풍부한 인물들이나 존경받는 영어학자들에게 자문을 구하는 일이 왜 그토록 드문 것일까? 우리는 친구들과 지인이 우리 번역 작품의 공적을 몽땅 자기 것으로 삼으려 들고 이곳저곳에서 약간의 도움을 줘놓고는 공역자의 자격을 주장할까봐 두려워할 정도로, 그들의 품성에 대해 형편없이 평가하고 있는 것일까? 아니면, 무슨 엉터리 명예욕이라도 발동해서 이것이 무슨 독창적인 작품이라도 된다는 듯이, 그 누구에게도 그 어떤 것도 빚지고 싶지 않게 된 것일까? 대체 왜 다른 교양서의 서문에서는 흔히 사용되는 감사의 말을, 특히 번역서 서두에서는 거의 찾아볼 수 없는 것일까? 제도화시켜야 할 의전이란 바로 이런 것이다. 우리가 작업하는 동안 우리에게 도움을 줬던 사람들에게 보내는 일련의 감사 표현들, 우아하며 적절하고, 각자의 공적과 친절에 합당한 영예를 각자에게 돌리며, 우리 번역 전체에 대한 책임은 조금도 지게 하지 않는 감사 표현들 말이다.

그러한 의전은 의견과 해석을 구할 때 우리 일을 용이하게 해줄 것이다. 우리 부탁을 받을 사람들은, 자존심을 세워주는 영구적인 방식으로 자신들이 사적으로 행할 일을 공적으로 인정받게 되리라는 것을 알 테니까. 이런 문구들을 갖추게 되고, 이처럼 맺고 끊음이 분명한 우아한 관습 덕분에 기운이 난 우리는, 더는 망설이지 않고 우리의 기대에 답할 만한 사람들에게서 우리가 안고 있는 골칫거리들에 대한 의견과 해결책을 찾아 나설 것이며, 이리하여 스스로 진리를 섬기는 일의 동업자들을 갖게 될 것이다. 그러니, 아직 저자가 살아 있는 볼리비아의 풍속소설을 프랑스어로 번역하는 경우, 그 서두에 적어 넣을 감사 표현을 한번 생각해보자. "이 번역은 볼리비아의 라파스에 있는 …… 출판사에서 ……년에 발간한 초판본을 대상으로 삼았다. 번역가는 작가와, 자문을 해주신 …… 님에게, 그리고 번역가에게 소중한 정보를 제공해주신 주불 볼리비아 공사관 소속의 …… 님에게 감사를 표할 수 있게 되어서 기쁘게 생각한다."

거명된 사람들 가운데에서 본인의 허락 없이 언급된 사람은 한 명도 없음은 물론이다. 이런 식으로, 정보를 구할 수 있는 모든 수단과 방법을 동원하였고, 진리를 섬긴 모든 사람들이 합당한 보답을 받았기에, 헌신적

이며 겸허한 번역가의 양심이 평화로움 안에 잠기리라고 확신할 수 있다. 라 파스…….[1]

---
[1] la Paz는 앞에서 언급했다시피 볼리비아의 수도로서 '평화'를 의미한다.

## XII
## 인간의 영예

인간의 영예, 성스러운 언어,
폴 발레리

마르셀 티에보(Marcel Thiébaut)에게

언어학자들은 수천 년 전의 지평선 너머에서 가물거리는 정상에 올라서서 아래를 굽어보다 공통 인도유럽어의 존재를 깨닫고는 우리에게 그 귀중한 조각들을, 그러니까 어간이나 어근, 혹은, 각 철자 앞에 "복원된" 혹은 보다 겸손하게 "추정된"을 의미하는 별표를 달아놓고 철자 사이사이에 줄표를 넣은 형식(*( )―*( )―*( ))을 취한 세 자짜리 단어들을 가져다주었다. 우리는 이러한 언어학자들의 저서에 이끌렸고, 그들과 함께 이 형식에서 저 형식으로 갈아타가며 그 정상까지 거슬러 올라가는 진귀한 쾌락을 맛보았는데, 그 원동력이 단지 배우는 즐거움이나 앎을 탐하는 오만 ―의도적으로 무지를 탐한다고 해서 더는 오만하지 않다고 할 수 있을까?— 때문이라고만은 할 수 없고, 또한, 어쩌면 특히, 수사학에 대한 혐오 때문이기도 할 것이다. 지도 위에서 확인해보면 서로의 영토가 상당히 떨어진 것으로 보이고 그 외적 특징들, 언어의 정수들 사이에 일견 아무 혈연관계가 없는 것처럼 보이는 언어들이, 어미변화나 동사변화에서 일치점을 보여줄 때 우리의 상상력은 충격을 받고 감동을 느끼게 된다. 아르메니아어 단어나 혹은 우리가 본 적도 없고 앞으로도 다시 볼 일 없을 옛 슬라브어 단어 속에서 의미를 짐작하게 해주는 어간을 알아보는 일을 아주 이따금씩 겪는데, 이때 역시 그러하다. 플라우투스나 베르길리우스, 히에로니무스와 가톨릭교회의 언어이며, 범속해지면서 우리의 언어가 된 그 언어가 사실은 헬베티아[1]의 산과 호숫가에서 만들어졌고, 그곳에 기원을 두고 있으며, 이주를 통하여 "스위스에서부터" 라티움[2]으로 유입되었을 수 있다는 생각을 심어줄 때도 역시 그렇다. 혹은 그리스어를 인류에게 안겨줬을 민족이 선사시대의 그늘 속에서 여러 번 옮겨 다니던 와중에 바다와 바다를 가리키는 인도유럽어를 완전히 망각하였고, 그 바람에 에게 해의 바닷가에 도착해서는 이 경이로운 자연을 위한 명사를 지어내어야만 하였고, 그래서 처음에는 "짠 것",[3] "평평한 것", "트인 길"이라고 말하다가, 그 정체는 모호하나 바다와 친숙한 어떤 민족으로부터 멀리서 들려오는 천둥소리와 애무와 거품으로 이루어진 신비와 불멸의 그 단어, 범그리스적인 탈라사(Θάλασσα)를 빌려왔을 거라는 사실을 확인시켜줄 때 역시, 말할 것도 없다.

∴

1) 헬베티아는 로마시대의 지명으로, 갈리아 지방의 동쪽 지역과 현재 스위스의 일부 지역에 해당한다.
2) 고대 로마의 발상지이다.
3) (원주) 혹은 이전 시기의 의견을 따르자면 "펄쩍 뛰어오른 것."

◆ ◆ ◆

프랑수아 봅(François Bopp)부터 미셸 브레알(Michel Bréal)과 앙투안 메이예(Antoine Meillet)[4]의 가장 최근 저서들에 이르기까지 —이미 제법 거슬러 올라가야 하는, 이 위대한 탐사 혹은 정복의 기원에는 쾨르두[5] 사제가 이 새로운 지적 세계의 발견자, 아메리카 대륙의 문턱에 선 크리스토퍼 콜럼버스 같은 존재로 자리 잡고 있다는 사실을 잊지 말자— 시간적 순서를 염두에 두고서 이 저작들을 읽을 때, 우리는 계속해서 더 큰 확신을 향해 나아가고 있으며 바벨의 비밀들 가운데 뭔가를 엿보고 있다는 흥분을 느낀다. 그러한 어학자들의 끈질기고 열정적인 관심 앞에서 이 모든 것이 이루어졌고, 그 귀중한 보물이 쌓여갔는데, 그동안 낭만파든 반낭만파든 문과 쪽 인사 가운데 가장 훌륭한 사람들도 —그리고 이것이 오늘날 학자들에게만 국한된 일은 아니지만— 경험 차원의 대중적 어원에 매달려 꾸물거리면서, 심오한 의견인 양 혹은 기발한 발견인 양 말장난에 불과한 파생어들과 허튼 농담에 불과한 어원들을 장중하게 발표해댔다.

그런데 오히려 봅과 그의 아류들의 경우, 학문이 발전하면서 거짓으로 판명된 조급하고 억지스러운 설명들(산스크리트어에서 중간부의 굴절 어미

---

4) 모두 비교언어학 연구자들이다.
5) 가스통-로랑 쾨르두(Gaston-Laurent Cœurdoux, 1691~1779)는 프랑스의 예수회 사제로서 인도 남부 지역에서 선교 활동을 펼쳤다. 오늘날 인도전문가로 알려진 쾨르두 사제는 어학에 뛰어난 소질을 보였으며, 여전히 그 권위를 인정받는 『텔루구어-프랑스어-산스크리트어 사전』을 편찬하였다. 특히 비교언어학에 관심이 많았고, 막스 뮐러(Max Müller)는 이런 그를 비교문헌학의 아버지라고 평가한다. 산스크리트어, 라틴어, 그리스어, 그뿐만 아니라 독일어와 러시아어 사이의 유사성을 입증한 것으로도 유명하다.

에 인칭대명사가 두 번, 그러니까 주격 인칭대명사와 목적격 인칭대명사가 들어 있다든가, 혹은 과거 시제를 나타내는 굴절어미들이 "오래전"을 의미하는 소사〔小辭〕의 도움을 받아 형성되는 것으로 보인다는 둥)마저도 뭔가 우리를 매혹시키는 것을 갖고 있는데, 이는 우리가 그러한 설명에서 무지한 사람의 서투른 창의력이 아니라, 하나의 방식이 밑받침이 된 오랜 경험이 낳은 기발함을 느끼기 때문이다.

우리 마음속에서 속임수가 아닌가 하는 의구심이 생겨나듯이 수사학—경멸적으로 사용한 것이 전혀 아니고 문학을 가리키는 영원한 이름이다—의 손쉬움에 대해, 그 어려움에 대해서조차 혐오와 경멸이 생겨날 때, 바로 그런 어학자들의 시도는 우리에게 위안을 준다. 만약 『아이네이스』와 『신곡』이 우리의 고고학적 혹은 단순한 언어학적 호기심에 호소하지 않는다면, 그리고 우리가 두 작품을 그저 문학작품으로만 바라본다면, 우리는 기차간에서 읽고 치워버리는 소설들처럼 그것들을 대해버릴 텐데, 이런 마음이 들려고 할 때 역시 그런 시도들이 위안이 된다. 또한 우리에게 우리 스스로를 위해 셰익스피어나 위고의 책을 덮어버리는 동시에 그들의 입을 막을 재주가 없다면 기꺼이 둘에게 "닥쳐"라고 말하려 들 텐데, 이런 유혹이 들려고 할 경우에도 그런 시도들이 위안을 준다.

❖ ❖ ❖

그런데 언어학자들의 저서를 읽으면 우리는 언어의 불안정성과 본질적으로 일시적인 성질을 더 잘 알게 된다.

이는 멀리서 바라보면 추상적인 개념으로 보이는, "인간이 어떠한 노력을 보이든 그의 사멸은 도처에서 나타난다"라는 그런 생각이 아니다.

지금 우리가 있는 곳은 우리를 감아 돌며 끝없이 흘러가는 강물 한복판이며, 셀 수 없을 정도로 많은 선조들이 겪은 증오와 사랑을 시끄럽게 떠들어대는 그 강의 소란스러움은 그저 엄청난 조롱의 웃음일 뿐이다. 우리가 당신을 부르는 이름조차, 우리가 고뇌에 겨워 보이지 않는 아버지 당신을 향해 외치는 빛이라는 그 이름조차, 변해버리고 지나가버리며 음성법칙에 순응하는데, 오, 그러기를 원했던 주님, 하늘과 땅도 지나가버리지만 당신의 말씀은 지나가지 않으리라는 말씀을 전하러 우리에게 오셨던 주님, 그렇다면 우리는 도대체 그 어떤 변치 않을 것에, 진정 우리 곁에 머물 그 어떤 것에 매달려야 합니까?

❖ ❖ ❖

흘러넘칠 정도라도 강의 이미지만으로는 곧 충분하지 않게 된다. 앙투안 메이예는 "해빙"이라는 말을 쓰지만, 우리가 생각해봐야 할 것은 지질구조에 발생한 천재지변, 수 세기에 걸친 침식이 몰고 온 어마어마한 붕괴이다. 그렇게 되면 새로운 언어동물상(動物相)이 특정 지역을 휩쓸어버린다. 발로 땅을 구르며, 갈기를 바람에 날리며, 콧구멍을 벌름거리며, 야생의 카발루스(Caballus)는 얼음 밑에 혹은 황폐해진 땅 밑에 죽어서 곧 화석이 될 에쿠스(Equus)를 남겨놓고, 영광의 활동무대를 향해 쏜살같이 달려 나간다.[6] 서민의 부카(Bucca)는 햇빛을 받으며 웃고 떠드는데, 임종의 고통으로 입술이 허옇게 바랜 오스(Os)는 영원히 입을 다문다……'.[7]

---

6) '말(馬)'을 가리키기 위해서 고전 라틴어에서는 'Equus'라는 단어를 사용했고, 통속 라틴어에서는 지금 프랑스어의 'cheval'을 낳은 'caballus'를 사용하였다.

경쟁자들을 물리친 이 모든 말(言)들은 차츰차츰 경쟁자들이 남긴 유산을 인수받게 된다(그곳에 초등학교 교사가 버티고 있다가 학급에서부터 경쟁에서 진 말들을 몰아내는 것도 아니고 수사학자가 버티고 있다가 그 말들을 상대로 침묵의 결탁을 조직해내는 것도 아니지 않은가). 경쟁에서 진 그 말들이 집안에서 대대로 내려오는 은식기나 장롱처럼 대대손손 전해져 내려오는 유서 깊은 유산이 될 때까지, 인간적 고통, 정절, 기독교적 인내, 영예로 점철된 수 세기가 그 말들에 스며든다.

그런데 또다시 새로운 붕괴가 준비되고 있다. 대체어들이 태어나 성장하여 힘을 얻게 되면, 암흑 속에서 튀어나와 자신들의 결함을 씻어버린다. 그들 중 몇은 벌써 준비가 되어 있어서 *Schwael이 이번에는 자신의 때가 되기를 기다린다. 물론, 이 단어가 자신이 의미하는바, 즉 '말〔馬〕'과 함께 사라지는 일이 벌어지지 않는다면 말이다. 1800년 혹은 1810년의 속어사전을 집어 들고 지금은 일반적으로 사용되며 1900년 혹은 1910년의 사전에서는 "구어"라는 표시조차 되어 있지 않은 단어들의 수를 세어 보시길. "Je lui ai dit: où as-tu pris cela?"는 조금씩 조금씩 눈치 채지 못할 정도로 변한 결과 "J'y ai dit: où que t'as pris ça?"가 됐다가, 어느 날엔가는 프랑스의 어떤 초등학생이 그 우아하고 정확한 문장을 "*Giadi: ouktapriça?"라고 잘못 썼다고 혼나는 일이 벌어질지도 모른다. 말할 때 "I have seen him"이라고 또박또박 말하면 우스꽝스럽고 기품이 없어 보이게 될 테고, "*Yav seen im"이라고 쓰고 말해야 할지도 모른다……. 그때가 되면 지금 막 읽은 대목이 소수의 전문가들만 이해할 수 있어서, "허튼 농담"에 대한 보충해설을 곁들인 훌륭한 고증본이 탄생하여

--

7) bucca는 Os와의 경쟁에서 살아남았고, 오늘날 프랑스어 'bouche(입)'를 낳는다.

아직 젊은 그 작가를 '금석학 문학 아카데미(Académie des Inscriptions et Belles-Lettres)'로 이끌지도 모른다……. 말들……. 나의 말!……. 마치 모든 말이 헛된 것만 같고, 어머니 대지로부터 끌어내졌던 육신의 말들이어서 모든 육신의 길을 따라 다시 어머니 대지로 돌아가는 것만 같다.

◆ ◆ ◆

그런데 바로 이 대목에서 다음과 같은 성찰이 끼어든다. 다양한 언어들은 지나가버리고 죽음을 맞지만 언어 자체는 살아남고 복음서는 후대로 전해지지 않는가. 그리고 무엇보다도, 언어학의 대상이 되는 것은 입말이며, 대부분 언어학자들이 입말에 접근하는 방법은 글말이라는 수단을 통해서이고, 또 다소 호화롭게 장식된 격벽(隔壁)을 통해서 듣듯이 글말을 통해서 입말을 듣게 된다는 것이다.

어쩌면, 지표가 되는 텍스트의 저자가 덜 배운 이일수록 언어학자들에게는 그 텍스트가 더 소중할지도 모른다.

> *Je pense à toi, Myrtho, divine enchanteresse,*
> *Au Pausilippe altier, de mille feux brillant*……[8]

이렇게 아름다운 네르발의 시보다는 "Je mets la main à la plume à seule fin de vous faire assavoir……"를, 혹은 (지난겨울 툴롱에서 채록

---

[8] 제라드 드 네르발(Gérard de Nerval)의 『환상 시집(Les Chimères)』 중 「미르토(Myrtho)」를 인용한 것이다.

한 것인데) "J'aime le petit sergeant, selui qu'a une ancre tatoué sur le bras"를 훨씬 더 좋아한다. 그러니까 이런 종류의 라틴어 글귀를,

> *Dilecta, quantum non Pholoe fugax,*
> *Non Chloris, albo sic umero nitens*
> *Et pura nocturno renidet*
> *Luna mari*......[9)]

빠져나가는 폴로에보다,
고요한 밤바다 위로 부서지는 달빛인 양
어깨가 하얗게 빛나는 클로리스보다
더 사랑받는……

위의 호라티우스의 서정 단시보다도, 카프리와 마레키아로, 그리고 소렌토의 모든 밤들이 전율하며 반짝이고 있는 이런 시들보다도 더 마음에 들어 한다. 하지만 언어학자들은 이런 시들을 고려하지 않을 수가 없고, 사어(死語)들의 역사를 구축하기 위해서는 매 순간, 살아 있는 문학작품들을 촉진하고 청진할 수밖에 없다.

물론 경계심을 늦추지는 않는다. 언어학자들은 이 "특별한 언어들", 항상 고풍스러우며, 항상 소수의 사용자들, 혹은 독자들에게 국한되어 있는 언어들을 경계한다. "특수 계층"의 언어들. 언어학자들은 현대 최상급 작가의 가장 순수한 글 속에서도, 그의 아름다운 문체가 다른 "특별한

---

9) 호라티우스의 서정단시 2권 5편에서 인용한 것이다.

언어들"과의 공통점을 보여준다는 것을 금방 알아차린다. 그 "마술을 부리는 말들", 그 성스러운 자바 언어,[10] 아르발 형제회 사제단[11]의 성스러운 횡설수설에 비견할 말들을.

❖ ❖ ❖

언어학자들은 정확하게 보는 눈이 있으니, 우리는 그들을 더 잘 섬기기 위해서, 그들의 학문을 더 잘 섬기기 위해서, 주위에서 현재 말해지는 언어의 어휘와 구문만을 사용하려고 한다. 더 나아가 변해가는 입말을 따라잡으려는 노력까지 하려 든다. 그런데 대체 앞으로의 프랑스어를, 영어를, 카스티야어를 어디에서 찾겠는가? 기운 넘치고 고약한 냄새를 풍기는 은어들로 항상 새로운 모습을 띠는 어휘들이, 백합이나 장미의 세대교체보다도 더 빠르게 피었다가 지는 것을 보면 절로 그런 생각이 든다. 아니면 우리 스스로 그러한 언어를 만들어낸다고 우쭐거려야 하나?

우리는 다시 한 번 선한 의도를 발휘하여 다른 것들과 함께 하려다가 실망하고 어쩔 줄 모른 채로 우리가 부인했던 그 모든 것을 향해 다시 돌아간다. 우리가 공공연히 포기했던 수사학의, 손쉬움은 아닐지라도 그 어려움을 향해. 우리가 질려 했던 글쓰기, 늘 다소 "예술적"이거나 혹은 옹호적이고 논증적인 그 글쓰기를 향해. 결국은 우리 스스로 불완전하

---

10) 1875년경 프랑스에서 유행한 은어적 어법을 가리키는 말로서, 자음과 모음 사이에 av나 va를 붙였다고 한다.
11) 고대 로마에서 풍성한 수확을 기원하는 제례를 집행하던 사제단이다.

다고 느낄수록 더욱 열망하게 되는 "종교의 위안"을 향해. 이리 된 순간부터, "특별"하며 피조물의 찬양에 바쳐진 언어를 "영원히 문학적"인 방식으로 사용하고 다루게 된다. 말씀의 헌납과 봉헌. 골라내고, 비축해두고, 일상의 용법에서 벗어나 신비와 천상을 향하게 한 말들의 첫 결실을 위해 일하는 시인들이 우리 도시의 거리와 우리 들판 주위로 줄지어 지나가며 거둬들인 음절들. 인간 영혼의 영원한 젊음을 기쁨으로 채우시고 노래와 함께 언어를 불어넣어주신 신의 제단으로, 곡물과 열매와 함께 가지고 가는 말의 화환, 꽃다발, 한아름의 꽃.

# 고찰

## I
## 군 복무를 하는 사람은 아무도……
### (*Nemo militans Deo*……)

예전에 어떤 뛰어난 교양인을 한 명 알게 되었는데, 그는 세심하고 취향이 확실한 애독가들 가운데 한 명이자, 위대한 비평가들이라고 말하지는 않겠지만 괜찮은 비평가들과 비교했을 때 얼추 비슷하게 진귀한 아마추어 감식가들 가운데 한 명이었다. 그의 친구들로 이루어진 그 작은 그룹에서 누구도 문학에 관한 그의 말들을, 그리고 당대 작가들에 대한 그의 의견들을 적어둘 생각을 하지 않았다는 것은 정말로 유감스러운데, 그가 고집스럽게 무엇이라도 써서 남기려고 하지 않아서 죽고 난 후 그의 독서와 관계된 종이 뭉치 속에서 아무것도, 그가 고향에 기증한 장서들의 목록이 깔끔하게 정리되어 있는 종이들 말고는 아무것도 발견하지 못했기 때문이다. 그가 기꺼이 인용했고 문학에 적용했던 교훈이 바로 군 복무를 하는 사람은 아무도 자기의 사사로운 일에 얽매이지 않는다[1]로서, 그는 이 말을 "정신의 사용은 물질적 이익과 양립할 수 없다"로 풀었고, 논평과 예들로 그 말을 뒷받침하였다.

그는 예술도 학문과 마찬가지로 오랜 동안의 정열로서, 냉철하나 독점적이어서 타인과의 나눔을 허용하지 않는다고 했다. 바로 그 때문에 문학은 최고의 현실적 성공을 거두면서 문학에 내진했던 사람들의 가치를 높이 사지 않았고, 마찬가지 이유로 진정한 예술가들이 그다지도 적은 것이다. 그는 당시 F. 발덴스페르괴르[2]의 신작인 『문학, 창조, 성공, 지속』에 대해 내가 주를 빌려 썼던 것을 읽고서, 그 비평이론가의 이론에 대해, 게다가 정확하고 생산적이라고 할 수 있는 그 비평이론가의 이론에 대해 내가 제기한 반론인 "문학작품은, 발덴스페르괴르 씨가 그에 대해 지닌 것으로 보이는 그러한 생각보다 훨씬 더 진귀한 현상이다"를 읽고서, 나의 의견을 지지한다는 편지를 보내왔다.

그는 자국 문학의 움직임을 가차이서 쫓았으며, 찬사든 비난이든 간에 우리 보기에 지나치다고 생각했던 그의 의견들 가운데 여럿이 시간이 흐른 뒤에 어찌나 놀라울 정도로 맞아떨어졌는지, 오늘날 우리는 그의 통찰력에 감탄을 금할 수 없을 정도이다.

그는 교양 있는 독자들 사이에서 분분한 의견을 불러일으키는 작가 가운데에서 좋은 작가들을 골라내었고, 그의 판단은 종종 이 부류의 독자가 최종적으로 내리게 될 판단을 앞지르곤 하여, 우리는 20년이 지난 지

---

1) 사도 바울이 디모테오에게 보낸 둘째 편지 2장에 나오는 말이다. 원문에서는 "Nemo militans Deo implicat se negotiis soecularibus"라는 라틴어 표현을 사용하고 있다. (디모테오에게 보낸 둘째 편지 2장)
2) 페르낭 발덴스페르괴르(Fernand Baldensperger, 1871~1958)는 프랑스의 독일학 연구자이자 비교문학의 창시자로서, 1921년에 폴 아자르와 함께 《르뷔 드 리테라튀르 콩파레》(비교문학지)를 창간하였다. 프랑스와 미국에서 비교문학연구자로 명성을 떨쳤으며, 그 뒤 르네 웰렉과 오스틴 워런으로부터 신랄한 비판을 받게 되지만 여전히 비교문학의 대가로 인정받고 있다.

금, 그가 우리에게 집요하게 반복해서 언급했던 무명의 이름들이 유명해진 것을, 혹은 작가들의 지속적 명성을 보장하는 고급 독자들 사이에서 그 이름이 알려지게 된 것을 확인하게 된다. 준무오류성(準無誤謬性)이라 할 만한 이 특징은 그가 내린 가장 혹독한 판단에서도 두드러져서, 만약 그 자신도 작가였다면 우리는 그의 판단이 질투로 얼룩졌다고 생각했을지도 모른다.

데뷔한 지 얼마 안 되는, 이름이 Z로 시작하는 어떤 소설가가 식자층 사이에서마저도 지지자들을 발견할 즈음, 그는 이런 의견을 피력하였다. "이 소설가는 글쓰기의 예술이 무엇인지 모르며 짐작조차 못하고 있다. 그에게 그것은 그저 하나의 경력으로서, 일군의 선도자들, 즉 전 세대의 스승들 뒤를 쫓아 달리는 것이다. 그는 이들이 가장 널리 알려진 작가들이며, 가장 두터운 고객층과 가장 빛나는 사회적 지위를 누리는 사람들일 거라고 생각했다. 그래서 그들을 따랐으며, 그들처럼, 그리고 그들과 동일한 관객을 대상으로 글을 생산하여, 상업적으로는 그들 뒤를 잇는 경지에까지 이르렀고, 앞으로도 그 나라의 소설 소비자 대부분을 위한 꽤나 양호한 공급자 노릇을 할 것 같다. 하지만 예술은 정열, 위험, 창조, 자유라서, 진정한 작가는 결코 그 어떤 관중의 공급자도 아니다. Z의 전 세대의 진정한 스승들은 열성적이나 뿔뿔이 흩어져서 침묵을 지키는 소수의 독자들을 갖고 있었을 뿐이며, 그 어떤 것도 그들이 포상과 명예의 분배자인 권력층 눈에 들게 하지 않았다. 그들은 지금 죽어 존재하지 않지만 유명하고, 반면에 Z의 스승들은 점점 잊히고 있다. 만약 Z가 이미 고객층을 확보한 상태가 아니었다면 그로 인해 불안을 느끼리라. 하지만 자신이 몰랐거나 혹은 경멸했던 진정한 스승들을 따르는 제자들 몇몇이 맨 앞자리들을 차지하고, 이번에는 그들이 광범위한 고객층을 갖고, 그가 낄 가망이라고는 전혀 없는 일군의 스타 군단이 형성되는 것을 보게 된다면 그는 깜짝 놀랄 것이다. 내 생각에 그는 그들을 표절하려 하고, 시골이 신중하고 조심스럽게 도시를 베끼듯이 그 성공 요인으로 보이는 몇몇 특징을 자신의 관객들에게 제공하려고 애쓸 것이다. 하지만 그는 곧, 이전에는 경멸했을 것에 이러한 타협을 했음에도 그가 대번에 갖게 되었던 편안하나 열등한 사회적 지위 이상으로 올라서지 못함을 확인하게 될 것이다. 그의 독자들의 충실성과 편집자가 제공하는 수표가 그러한 실망을 가볍게 만들어줄 것이고, 현재 무명인 스승들, 그가 "주변 문학" 혹은 "변두리 문학", "패거리 문학", "겉멋 든 작가들"이라 부르는 것, 그러니까 예술을 경력이 아니라 정열이라고 생각하는 모든 사람들을 어쨌든 계속 경멸할 것이다. 이 모든 것은 그가 문학이 무엇인지를 결코 몰랐고, 결코 모를 것이기 때문이다. 어쩌면 그는 가끔씩, 편집자가 건네준 수표에도 불구하고, 결국 진정으로 "문학이 존재하는가"라는 질문을 스스로에게 던질지도 모른다."

그가 이러한 말을 한 지 30년도 더 지나고 나서, 나는 그 나라의 문학에 정통한 어떤 비평가에게 Z에 대해 어떻게 생각하는지 물어보았다. "Z라고요? 오, 저런. 외국 실정을 정말로 잘 모르시는군요! Z는 별 볼일 없는 작가랍니다. 무식한 소시민들이 좋아하는 스물다섯 혹은 서른 명의 딴따라들 가운데 하나예요. 우리끼리 말하듯이, 그 '흔적도 없이 사라진'거죠. 도대체 우리나라의 식자층 독자들이 어떻게 그를 두고 이러니저러니 하고, 그의 글을 고려 대상으로 삼고, 심지어 그의 글을 읽을 수 있었는지 궁금하답니다."

하지만 독자는 바로 그렇게 했고, 독자들은 그의 세 번째 소설이 출간되고 난 다음에서야 겨우 그를 포기했다. 이제 내가 언급한 그 교양인의 통찰력을 더욱 잘 보여주는 또 다른 예를 보겠다. W라는 작가는 요란스럽고 아주 적극적인 신인으로서, Z의 고객층 수준보다 더 높은 수준의 문학계에서 주목을 받는 작가였고, 우리는 그에게 찬사를 보내고 있었다. "그 작가한테서 기대할 것은 아무것도 없다고 생각하네. 아무것도. 적어도 우리로서는 말이야." 그가 말했다. "그래도……." 누군가 말했다. 또 다른 누군가는 "읽어보기는 했는가?"라고 말했다. "그게 읽을 만하기는 하고? 뒤적거려보기야 했지. 작품 제목과 시 제목들만 봐도 그 작가의 가치에 대한 생각이 생겨나고, 그가 적어놓은 헌사들만 봐도 그의 재능에 관한 생각이 생겨나기에 충분했으리라고 생각하네. 제목에서는 범용의 분위기가 풍겨나더군. 어리석거나 어설프게 으스대거나지. 헌사에서는 이해관계가 느껴져. 필요할 경우 이용할 수 있고, 이름만 대면 최상의 비평가들에게 소개장이 되고 보증서가 될 유용한 친분을 택했더군. 순수하고 진정한 시인이 습작 시절 자신의 이야기를 들어주던 변변치 못하나 형제 같고 가난한 지기에게, 무명의 동료에게 바치는 아무 저의 없는 헌사와 닮은 구석이라고는 전혀 없고, 그렇다고 근접할 수 없는 유명한 노장에게, 문학 살롱에서 얼핏 보았던 훌륭한 부인에게 바치는 헌사, 약간의 허영기는 있지만 사리사욕과 무관한 그런 헌사도 전혀 아니더군. W의 헌사는 문학에서 '출세하기' 위한 수단만을 보는 실제적이고 용의주도한 야심가가 쓴 거더군. 그런데 그 작가는 이중으로 착각한 거지. 문학은 그가 가고자 하는 곳으로 통하지 않고, 그 사람의 적성이 그를 기다리고 있는 곳은 다른 곳이니까. 벌써 효력이 사라져가는 그 세 권의 소설만으로도 소위 문학적 명성이라는 것을 얻는 데 성공했고, 여러 비평가들에게 그의 네 번째 소설은 그가 비평가들에게 약속했던 대로 확실한 걸작이 되리라는 생각은 불어 넣는 데도 성공하였네. 스스로 돋보이며 전도유망해 보이는 재능, 실패에도 불구하고 신뢰를 불어넣는 그 재능을 발휘해야 할 곳은, 접근이 더 용이하고 보수가 더 많은 분야이지 진정한 문학이라고 하는 겸손하고 보잘것없는 직업을 통해서가 아니야. 통솔자로서의 재능……. 내 맹세컨대, 만약 내게 그런 힘이 있다면, 스무 살 때 그 사람처럼 어느 정도 사회적 위치에 올라서야 할 필요가 있었다면, 지금 나는 회사 대표나 장관으로 올라서려고 하고 있을 텐데."

아닌 게 아니라 오늘날 W는, "세 권의 책을 말아먹은" 그 문인 나부랭이는 장관뿐만 아니라 유럽 정치계의(한 번 더 말하지만, 그를 국내에서 찾지 마시오) 총아들 중의 한 명이 되었다.

그리도 뛰어난 혜안으로 그에 대한 평가를 내렸던 그 교양인이 죽고 난 뒤 얼마 안 되어 W는 시와 소설을 작파하고 정치저널리즘으로 방향을 전환했고, 그곳에서 뛰어난 실력을 보인 뒤 그곳을 거쳐서 국회로 진출하였다. 그로부터 9년 뒤, 그는 수상이 되어서, 이제 당신이 신문들을 읽다 보면 매일 그의 소식을 접하게 되고 매일 그의 사진이나 캐리커처를 보게 된다. 그가 썼던 책들에 대해 말하자면, 그 책들은 수명이 다해 망각 속에 묻혀버렸고, 이젠 어느 누구도 그것에 대해 말하지 않는다. 하지만 그가 이전에는 문학작품들을 썼다는 이야기가 군중 사이에 떠돌았고, 이는 그의 명성에 확실히 보탬이 되어서, 그에게 부여된 세속적 권력에 성직자의 위엄 혹은 정신적 위엄을 덧붙여준다. W는 아마도 진정 위대한 인물이고, 천부적 재능을 타고났고, 그가 통치하는 나라의 은인일 것이다. 하지만 만약 그에게 이러한 자질이 전혀 없음이 증명되었다 하더라도, 실패한 작가가 다른 영역에서는 위대한 인물이 될 수 있음을 보여주는 다른 예들이 충분히 있다. 18세기 말경, 오시안(Ossian)[3]과 J.-J. 루소의 제자를 예로 들 수 있겠는데, 만약 그가 몇 년 뒤, 자신의 재능과 실패한 형편없는 문인의 힘만 갖고서 서양 제국의 재건자가 되지 않았다면, 그 이국적인 성과 야릇한 이름이 문학사에 남을 일은 결코 없었을 것이다.[4]

⋮

3) 오시안(Ossian, ?~?)은 3세기경 고대 켈트족의 음유시인이자 핑갈의 아들로서, 격조 높은 낭만적 서사시의 저자로 추정된다. 1765년 영국 시인 제임스 맥퍼슨이 그의 시를 수집하여 영역본 『고지방수집 고대시가 단장(高地方蒐集古代詩歌斷章)』(1760), 『핑갈(Fingal)』(1762), 『테모라(Temora)』(1763) 등 3권을 발표함으로써 알려지게 되었다. 이에 관하여 S. 존슨은 맥퍼슨의 자작시라고 단정하는 등 논란이 많았으나, 오늘날에는 맥퍼슨이 옛 자료에 의지한 것은 확실하지만 대부분은 그의 창작이라고 보고 있다. 이들 시는 우울한 낭만적 정서를 담고 있으며 18세기 후반의 풍조와 맞물리면서 많은 사람이 애송하였다. 독일의 헤르더, 괴테, 실러, 영국의 워즈워스, 프랑스의 샤토브리앙 등 낭만파 시인들에게 큰 영향을 끼쳤다.

4) 발레리 라르보가, 실패한 문인이지만 다른 분야에서는 위대한 업적을 남겼다고 평가하는 인물은 나폴레옹 보나파르트로 추측된다. 나폴레옹 보나파르트는 루소에게 경도되었고, 자신을 젊은 베르테르로 여겼으며, 괴테와 연극을 논하기도 했고, 자신이 샤토브리앙에 버금가는 인물이라고 생각하였다. 문학비평가로 유명한 생트뵈브에게서 문체가 훌륭하다는 찬사를 듣기도 하였다. 「사랑에 관한 대화」, 「팔레루아얄에서 만난 여인」 등이 그의 습작으로 남아 있다.

II
제 손가락으로 제 눈 찌르기


    거의 완전무결하다고 생각했던 비평가가 "제 손가락으로 제 눈 찌르기"라는 거칠고 무례한 통속적 표현이 즉각 머리에 떠오를 정도로, 너무나 철저하고 정말로 확실하게 오류를 저지르는 것을 보면 상당히 강한 충격을 받게 된다. 이러한 실수를 저지른 비평가가 우리 스스로 택한 스승이고 안내자고 선도자이며 진정 우리와 "닮은꼴 영혼"들 가운데 한 명이라면 특히 그러한데, 프란체스코 데 상티스[1]와 그 제자 베네데토 크로체[2] 같은 나폴리학파의 거장들과 기술(記述)비평의 창시자들이 우리에게는 그런

---

[1] 프란체스코 데 상티스(상크티스, Francesco De Sanctis, 1817~1883)는 19세기 이탈리아의 근대적 문예비평의 창시자이다. 주요 저서로는 『페트라르카론』, 『이탈리아 문학사』 등이 있으며, 베네데토 크로체의 스승이기도 하다.

[2] 베네데토 크로체(Benedetto Croce, 1866~1952)는 데 상티스와 더불어 이탈리아의 문예비평에 가장 큰 영향을 미친 비평가이자 철학가이다. 자연주의와 실증주의의 대척점에서 미학·역사철학을 연구하였으며, 헤겔의 사상을 받아들였고, 예술·문학·정치 등 문화 전반에 걸쳐 광범위한 흥미를 가졌다. 『정신의 철학(Filosofia dello spirito)』(1902), 『역사학의 이론과 역사(Teoria e storia della storiografia)』(1915) 등의 저서를 남기는 한편, 월간 잡지 《비평(La Critica)》을 발행하였다(1903~1937).

존재였고 여전히 그러하다.

1914년, 크로체는 폴 클로델의 작품을 알게 되었고, 위대한 시인과 위대한 지성의 이러한 만남에서부터 비평글이 하나 탄생하게 된다. 생트뵈브, 텐, 브륀티에르의 가르침과 본보기를 통해 어느덧 우리 안에 쌓이게 된 이런저런 편견에서 우리를 해방시켜줬던 『에스테티카』의 저자[3]는 이 글에서, 폴 클로델에게 "데카당스의 시인"이라는 분류표를 붙여주고 난 뒤 잡다한 문학패거리들과 카르티에 라탱의 카페에서 벗어나 자기 몫의 위험과 책임을 짊어지는 활동적이며 진정 활기찬 삶을 살라는 충고를 하며, 본인 같은 문학쟁이들 말고 다른 사람들도 만나보고, 그러기 위해서 여행을 하라는 충고를 한다. 조금 더 읽어나가다 보면, 크로체는 클로델에게 그 통탄스러운 예술애호 취미로부터 그를 끌어내주기에 가장 적합한 것으로서, 그리고 『황금머리』, 『마리아에게 고함』 등을 쓴 사람[4]이 영위했음 직한 생활방식과 가장 반대되는 것으로서, 외교관 경력을 쌓으라고 권한다. 손금을 보고서 혹은 커피 찌꺼기를 판독하여 예언하듯이, 작품만을 읽고서 예언을 했는데, 폴 클로델이 훗날 외교관의 길을 걷게 됐음을 떠올려보면, 근사한 점술의 예라고 할 만하지 않은가! 하지만 클로델이 쓴 가극[5]만큼이나 대단히 복잡하며 연구하지 않고서는 이해하기 힘든 텍스트들에 갓 접한 상황에서, 그 첫인상이 아직도 생생하고 혼란스러운 가운데 글을 작성하다가, 아마도 서둘러서 작성하다가 저지른 오류

------

3) 크로체는 1902년에 『표현학과 일반언어학으로서의 미학(Estetica come scienza dell' espressione e linguistica generale)』을 출간했다.
4) 『황금머리』, 『마리아에게 고함』 모두 폴 클로델(Paul Claudel)의 극작품이다.
5) 폴 클로델은 1933년 『크리스토퍼 콜럼버스의 서(書)』를 발표한다. 2부로 구성된 이 가극은 음악·연극·영화 등 다양한 장르를 결합시킨 실험적인 작품으로, 비장미와 일상성, 리얼리즘과 몽환적인 분위기, 서정성과 신비주의 등의 복잡하고 다양한 면모를 보여준다.

를 들이대며 크로체의 이론을 공격한다면 공정하지 않을 것이다. 좀 더 주의 깊게 클로델의 작품을 읽었더라면 이러한 판단은 수정될 수 있었고 수정됐을 터이니, 우리는 뭘 모르는 크로체에서 뭘 아는 그로체로 호칭을 바꿨으리라.

프란체스코 데 상티스의 실수는 더 심각하다. 그의 이론 전체가 걸려 있기 때문이다. 우리는 그 실수 속에서, 비평가 생활이 거의 막바지에 이르렀을 무렵 생존 작가를 상대로 본인이 제시한 시금석을, 평가 도구를, 위대한 천재를 골라내는 시약을 사용해보다가 빠져든 오류에서 데 상티스의 모습을 보게 된다. 그토록 감동적이고 그토록 풍요로운 문체로 단테, 페트라르카, 마키아벨리, 레오파르디, 만초니 작품의 위대함, 보편적 가치, 그리고 아름다움이 무엇으로 이루어졌으며 어디에 들어 있는지를 너무나도 잘 이해하고서 보여주었던 그 비평가가 지금 프랑스에서, 그리고 우리 가운데에서 그들과 필적할 인물을 발견했다고 우리에게 알려온다. 그러니까 작가 한 명을 발견했는데, 그의 작품은 우리 시대의 다양한 양상, 문제, 열망들에 의미를 부여하고 그것들을 어느 시대에도 수용되게 재현하고 세월이 흘러도 생생하게끔 형상화한 완벽하고 숭고한 표현을 담고 있다. 이 작가는 바로 에밀 졸라로서, 데 상티스 본인이 확립한 비평방식의 모든 잣대들을 동원해서, 그리고 본인의 이론 내에서는 반박할 수 없는 방식으로, 졸라가 우리 시대에 관한 한 그리고 유럽 문학사에서 단테, 셰익스피어, 세르반테스, 괴테 등과 맞먹는 재능 있는 작가임을 보여주고 입증한다…….

이 작가가 여전히 대중에게 알려지지 않았으며 비평계에서 이 작가에 대한 의견이 분분한 시기에, 그러니까 에밀 졸라가 정치 활동을 시작하기 이전에 그런 의견을 내놓았다는 것은 찬양받을 만하다. 그 당시 데 상티스 말고 다른 비평가들도 데 상티스의 비교만큼이나 예상치 못한 비교를 해가면서 졸라를 찬양했을 수도 있다. 하지만 대부분의 문학논쟁이 그렇듯이 그러한 비평가들이 행한 비교는 과장과 허풍이었다. 옹호자들은 호들갑스럽게 찬사를 늘어놓았고, 적대적인 비평가들은 그악스럽게 비난을 퍼부었다. 반면, 프란체스코 데 상티스는 그 어떠한 논쟁적 의도와도 동떨어져서 글을 썼다. 그가 입증하고, 도그마들을 정립하는 사이, 우리는 그의 이론에서 벗어나서 그의 이론이 그 자체로 충분하지 않음을 깨닫고 비판하기에 이르는데, 이때 우리로서는 틀림없다 싶은 사실, 즉 졸라가 19세기의 위대한 소설가 중 한 명인 것은 맞지만 그의 작품이 단테, 셰익스피어, 괴테 혹은 오노레 드 발자크의 작품에서 두드러지게 드러나는 특징, 그러니까 한 시대를 완벽하고 보편적으로, 그리고 숭고하게 재현해내는 특징은 보이지는 않는다는 사실에 근거한다.

  이 기념비적인 실수에서 이끌어낼 수 있는 교훈은 아마도 오류를 저지르지 않는 비평가는 없다는 것이리라. 이는 너무나 확실해서 예를 들어가면서 이를 입증하고자 들 필요도 없다. 기술비평은 비평 대상인 작품 외부에 존재하는 그 어떤 원칙의 이름으로도 작품을 평가하지 않고 작품 내에서, 그리고 작품에 의해서, 그러니까 작가가 하고자 했던 것과 실제로 한 것을 평가한다. 그래서 기술비평이 누리는 특권적 위치와 오류 가능성 발발 방지를 위해 제공하는 그 모든 보장들에도 불구하고, 기술비평 역시 오류를 저지를 수 있다는 점에 주목하는 것이 보다 흥미롭다. 물론, 데 상티스가 졸라에 관해 저지른 전형적 오류가, 그가 의도하고 실천하는 대로의 기술비평 속으로 텐(Taine)주의의 근본적 사상들 가운데 하나가, 이 이탈리아의 비평가가 독일 낭만파 미학자 그룹에 속하는 어떤 "설파자"로부터 직접 받아들였을 수도 있는 사상이 침투했기 때문이 아니라면 말이다.

III

미치광이(*Il Mattoide*)

준(準)시역죄를 저지른 자. 바로 소장하고 있는 코로[1] 그림에 덧칠을 하고 프라고나르[2] 그림에 명암을 넣는 그림 수집가로서, 물론 그자는 문학애호가 사이에서도 자신의 모습을 만나게 된다.

우리는 지난 세기들에, 바로 그자가 선호하는 작가들 중 한 명의 문체를 완벽하게 모방하는 데 성공한 뒤, 자신이 소장한 바로 그 작가의 육필 원고와 저서 여백에 주들을 달아놓고 진위 파악이 쉽지 않게 원고에 살짝 손을 대는 모습을 상상해본다. 편집자 혹은 학자들이 위대한 작가의 미공개 문장 몇 줄, 몇 단어들을 건질 수 있게 되어서 무척 기뻐하며 그자의 위조 결과물들을 받아들이게 되었던 것도 바로 그렇게 해서이다.

∴

1) 장 바티스트 카미유 코로(Jean Baptiste Camille Corot, 1796~1875)는 프랑스의 화가로서 뛰어난 풍경화를 주로 남겼다. 대기와 광선의 효과에 민감하여 인상파의 선구자 역할을 한 것으로 평가받는다. 주요 작품으로 〈샤르트르 대성당〉, 〈회상〉 등이 있다.
2) 장 오노레 프라고나르(Jean Honoré Fragonard, 1732~1806)는 프랑스의 풍속화가로서 로마에서 유학하고 돌아와 아이와 여인 등을 소재로 한 풍속화를 주로 그렸다. 〈음악 레슨〉, 〈목욕하는 여인들〉 등의 작품이 있다.

작가 사후에 증보되어 나온 고전작품을 읽다가 진부하거나 안목이 결여된 부분을 만나게 되면 —불법적이고 은밀한 행위는 거의 늘 저열한 정신을 나타내는 지표이니만큼— 그자를 생각해보는 것이 좋으리라.

오늘날, 그자는 아마 장서애호가쯤 될 텐데, 그는 자신의 성벽(性癖)에 마음껏 빠져들기 위해서, 스스로 호화 장정본 출간인이 되어 자신이 선정한 작가들이 믿고 맡긴 원고에 자기 식으로 몰래 수정을 가할 것이다. 그는 원고를 읽다가 다행히도 자신이 수정할 수 있을 것 같고, 작가가 청하지도 않았건만 자신이 협력한 덕을 볼 수 있게 될 대목 앞에서, 가령 구두법 혹은 어순이 문제가 있는 문장, 그가 보기에 적확하지 못한 부가어나 실사 앞에서 서성인다. 예를 들어, 시적인 분위기의 문장이나 시행에서 식물명이 나올 경우, 그는 그것이 너무 모호하고 너무 총칭적이라고 생각하여 특정한 종을 가리키는 정확한 용어로, 예를 들자면 "월계수"를 "소스-월계수" 혹은 "햄-월계수"로, "박쥐"는 "관박쥐"로 대체하고 싶어한다.

아마도 그는 우선은 작가에게 이러한 변화가 시의적절하다고 넌지시 알리려고 들 텐데 ("사실 그건 소스-월계수고, 이 박쥐들은 관박쥐라고 불리지요"), 작가는 그가 제안한 단어를 듣자마자 말도 안 된다고 생각하여 아예 주의조차 기울이지 않을 것이다.

하지만 그는 자신의 시간이 오기를, 자신의 때가 오기를 기다린다. 그는 교정 완료되어 돌아온 마지막 교정쇄에, 작가가 다시 보지 않을 교정필 인쇄본에 드디어 자신의 단어를, 자신이 근사하게 수정한 문장을 집어넣는다. 그는 즐거움의 전율을 느끼며 자신의 "빛"을, 자신의 소스-월계수를, 자신의 관박쥐를 위치시킨다.

만약 우리가 그의 희생자가 될 운명이라면, 출판사에서 보내온 책을 펼쳐드는 순간 그자가 우리 글에 끼워 넣은 글귀 때문에 우리 작품의 그 판본 전체가 돌이킬 수 없이 훼손되고 망가졌다는 사실을 발견하게 될 텐데, 그때 우리는 무엇을 하게 될까? 우리의 분노를 —그자가 햄-월게 수 관을 씌워놓은 위대한 뮤즈여!— 터뜨릴 것인가? 그자를 파괴자, 위작자로 다루고, 그에게 모욕감을 주어 자신이 저지른 잘못을 시인하게 하고, 그를 우스갯거리로 만들고, 그가 범죄자임을 동료 작가들 모두에게 알릴 것인가? 아니면 다음번 판본은 다른 곳에서 출판하여 훼손당한 문장을 복구하면 된다는 생각에 마음이 누그러져서, 텍스트를 망친 자에게 그가 저지른 악행이 얼마만 한 것인지를 조심스럽게 깨쳐주려고 할 것인가?

 아마도 우리는, 그토록 희귀하고, 그토록 무시무시하고, 그토록 예상하지 못한 비상식적 착오 앞에서 너무나도 놀라서 입을 다물고 말 것 같다.

# IV
## *L. Q.*[1]

    사람들의 책 읽는 시간이 줄어들수록 점점 더 많은 책들이 출간되는 것 같다. 하지만 책 생산국가의 인구가 늘어나고 글을 전혀 읽지 못하는 사람들이 줄어듦에 따라서 실제 독자 수가 늘어날 가능성이 있으며, 그리하여 각각의 독자가 책읽기에 할애하는 시간은 줄어들었지만 새로 생긴 독자들이, 물리적으로는, 출판인과 서적상들을 위하여 그 줄어든 시간 이상으로 보충해줄 가능성이 있다.

    독자들의 질에 관해서 말하자면, 어느 시대고 좋은 독자들, 즉 "눈에 띄지 않게", 그리고 주의 깊게 책을 읽는 독자들이 소수이고 제한된 엘리트였을 테니, 오늘날의 작가들이 자신의 꾸준한 독자이자 찬미자라고 밝힌 사람들마저도 설렁설렁 자기 작품을 읽었다고 해서, 적은 수의 작품이라도 제대로 읽는 것에 만족할 정도로 현명한 교양인들이 드물다는 사실을 확인했다고 해서, 시대의 풍습 탓을 하는 것은 잘못일 것이다.

∴

1) '*Lege Quæso*'는 라틴어 표현으로서, '읽어주십시오'라는 의미이다.

우리 작가들은 이렇게 우리 작품을 피상적으로 아무렇게나 읽는 독자들을 만나는 일을 모두들 겪어보았다. 때때로 그들은 우리 작품에 대해 말하고 싶어 하다가, 작품 칭찬을 하다가, 그만 본모습을 드러내고 만다. 그들은 제목을, 주제를, 등장인물을, 사건이 일어난 시공간을 혼동한다. 그들은 작품의 대목을 부정확하게 인용하고, 그 의미를 오해한다. 그들은 우리 작품들 중에서 유일하게 뒤적여보았던 단 한 권의 책을 근거로 우리의 작품 세계 전체를 판단하고, 우리에게 우리의 캐리커처만을 보여주는 거울을 들이댄다. 혹은 우리가 자주, 그리고 오랫동안 성찰했던 어떤 주제가 대화에 오르는 수가 있고, 그 주제를 다루었던 우리는 그 글을 읽었던 사람에게 생생한 인상을 남길 거라고 생각했는데, 그가 그 주제에 대해서 하는 말을 듣고 우리가 그 주제에 대해 모르고 있던 것을 가르쳐주려는 태도를 보면서, 우리 작품을 남김없이 "읽고 또 읽었다"라고 그들은 확언했지만 과장이 심했음을 알게 된다.

우리로서는 이러한 만남을 통하여, 장차 우리에게 도움이 되게끔 활용하는 것이 좋을 굴욕과 교훈을 알게 된다.

우리는 굴욕을 통해 겸손함과 자비를 단련한다. 우리는 상대방의 실수와 오해에 대하여 완벽한 침묵을 지킬 뿐만 아니라, 그가 우리가 글을 썼다는 것을 모르지 않기에, 그리고 우리 글을 몇 페이지라도 훑어보는 수고를 했기에, 특히 그가 우리의 작품이라고 부르고자 했던 것을 놓고 우리와 이야기를 나눔으로써 우리를 즐겁게 해주려는 의도를 가졌기에 그에게 고마워할 것이다.

만약 한 달 동안 감옥에 갇혀 있는 우리에게 우리가 쓴 책들 가운데 하나, 아니 심지어는 우리가 쓴 책들 전부와,『일리아드』나『아이네이스』나『신곡』, 혹은 라신이나 셰익스피어의 희곡 단 한 편, 발자크나 괴테 혹은 도스토옙스키의 소설 단 한편을 놓고 하나만 선택하라고 한다면 우리 자신인들 주저하겠는가?

　이 일이 주는 교훈은 굴욕보다도 더 귀하다. 그 교훈으로 말미암아 우리는 우리가 있을 자리가 어디인지를 새삼 깨닫게 되고, 한 번 더 공공도서관에 비좁을 정도로 책들이 쌓여간다는 사실을 떠올리게 된다. 그리고 우리 자신을 위해서라도, 우리 작품에 관심을 보이는 독자들이 최소한으로만 시간을 쓰도록 해야 한다는 의무를 떠올린다. 가능한 한 관대하고, 가능한 한 유쾌하며, 우리와 동시대를 살아가는 사람들을 위해서 가능한 한 덜 거추장스럽게 해줘야 하며, 만약 우리를 기억할 후대가 있다면 그들을 위해서 부피를 줄여야 한다는 의무를 떠올린다. 말을 많이 하거나 너무 오랜 시간 남의 집을 방문하는 것만큼 글을 많이 써내는 것도 결례인 듯하다. 그건 초대한 손님이 싫다는 데도 그의 접시를 잔뜩 채워주는 것과 같다. 그러므로 우리가 가장 아끼는 것만을 가능한 한 부피를 최소한으로 하여 독자에게 제공하자. 우리의 즐거움을 위하여, 혹은 스탕달이 말했듯이 "읽을 만한 것이 없었기" 때문에 우리가 평생 써내려갔을 그 모든 글의 사분의 일, 오분의 일, 아니 그것도 너무 많다. 볼테르를 봐라. 그 자신은 가볍다고 자신했지만, 우리 서재에 놓인 떡갈나무 책장의 선반을 두세 칸이나 차지하고서는, 소목쟁이를 불러 그 무게로 삐걱거리는 선반을 보강하게 만들지 않는가. 볼테르는 정전(正殿)이 될 만한 글을 쓴 작가이고 혼자만으로도 프랑스어에 관한 완전무결한 가르침을 제공한다는 변명거리라도 갖고 있다. 하지만 20세기에, 우리들 중 그 누가 볼테르를 대신한다고 나설 것이며, 볼테르와 맞먹겠다는 열망을 품겠는가? 우리는 스스로가 몽마르트르에서 몽파르나스까지 힘들이지 않고 지고 갈 수 있는 것보다 더 많은 책들을 독자에게 제공하지 말아야 할 것이다. 게

다가 우리 또한, 이것저것 쑤셔 넣어 호주머니를 망가뜨리지 않고서 가뿐하게 빈손으로 여행을 떠날 수 있는, 혹을 여행을 했을 유명한 선배나 스승, 혹은 동료에게 질투를 느낄 게 확실한 이상에야.

우리가 쓴 글들을 인쇄업자에게 넘기기 전에 매번, 우리가 쓴 그 글이 차츰차츰 출간할 만한 상태로 옮겨가는 과정을 담은 원고들, 손으로 썼던 타자를 쳤던 그 원고들이 모두 없어졌거나 파괴되었다고 가정한 뒤, 그 글을 다시 쓸 용기가 우리에게 있는지를 잘 검토해보자. 중학교 시절, 가장 잘 쓴 논술, 그러니까 열정, 정성을 가장 많이 쏟아 부은 논술을 의기양양하게 장식했던 *Lege Quaeso*,[2] 이 오랜 표현의 약어인 L.Q.를 앞머리에 적어 넣기를 망설이지 않는가를 찬찬히 살펴보자.

이런저런 독자가 우리 글을 제대로 읽을 시간이 없었다니, 우리가 이미 너무 많이 책을 펴냈고 너무 오래 작가 노릇을 한 게 아닐까? 어쩌면 이 글 역시 이미 너무 긴지도 모르겠다.

하지만 단지 읽는 것이 아니라, 만일 읽을 생각이라면 정성들여, 맑은 정신으로, 주의를 기울여서 읽고 또 읽으라는 요구를 할 수 있고, 이러한 우리의 요구를 수용해야 할 독자 부류가 있다는 사실을 덧붙이겠다. 만약 너새니얼 호손[3]이 그의 작품 『붉은 글자 A』를 무척 재미있게 읽었다고 말하는 독자를 영국에서 만났다면 웃어넘길 수 있을 것이다. 하지만 이런 소리를 비평가가 했다면 그러한 혼동을 아주 좋지 않게 봤으리라는 것은 확실하다.

∴

2) '*Lege Quaeso*'의 오타로 보인다.
3) 너새니얼 호손(Nathaniel Hawthorne, 1804~1864)은 미국의 소설가로서 대표작은 잘 알다시피 『주홍글씨』(1850)이다.

## V
## 예스러운 표현들

영역본 성경의 예스러운 표현은 찬탄을 불러일으키나 실제로는 불편하기도 하다. 성스러운 텍스트들이 제례의 장중한 느낌 속에서 굳어버려서, 단순한 문체, 그러니까 고귀한 문체가 아닌 문체와는 어울리지 않는다. 내가 프랑스어로 "나는 죽음이 두렵지 않다. 구세주가 살아계심을 알기 때문이다(Je ne crains pas la mort, car je sais que mon Rédempteur est vivant)"[1]라고 쓰면 독자는 즉각 성경 인용임을 알아보며, 문장의 첫 부분과 그다음 부분 사이에서 어투가 갑작스레 급격히 변화하지 않아도 그 인용이 어디서부터 시작하는지 안다.

하지만 영어로 "나는 죽음이 두렵지 않다. 나의 대속자(代贖者)가 살아계심을 알기 때문이노라(I don't fear death, for I know that my Redeemer liveth)"라고 쓴다면, 문장 첫 부분의 단순함과 성경 인용문 사이의 대조가 거북살스럽게 여겨진다. 이런 식으로 두 문장을 엮어놓는 취향은 그

---

1) 「욥기」 19장 25절을 인용하고 있다.

다지 고상하지 않다는 생각이다. 이렇게 조화를 깨는 불협화음을 피하기 위해서 "…… 나의 구세주가 살아계심을 아니까"라고 쓴다면, 내가 무지하여 성스러운 텍스트를 훼손한다고, 혹은 내가 일상어로 쉽게 풀어쓴다는 인상을 받게 된 독자는 어쩌면 그로 인해 더욱더 충격을 받을지도 모른다. (이런 식의 실수로 빠져들지 않는 유일한 방법은 "죽음, 나 두렵지 않노라. 나의 대속자가…… 〔Death I do not fear, for I know……〕"라는 식으로 도치하여 문장 첫 부분 어조의 품격을 높이는 것이리라.)

이리하여 르 메트르 드 사시[2] 역의 성서와 그 뒤에 나온 불역본들은 영역본에 비하여 광채는 덜하지만 활용 면에서는 훨씬 더 유연하다. 이 번역본들에서 인용하면 산문이든 시든 그 어떤 풍의 글과도 어그러지지 않는다. 게다가 제례의 장중한 성격을 암시하고 싶다면, 반과거에서 사용되는 "ai"대신 "oi"라는 철자—이런 식으로 영어 3인칭 현재 liveth의 어미 'th'가 내는 효과가 완화된 채로 발휘된다—처럼 우아하고 은근한 예스러운 표현들의 도움을 받을 수도 있다. 마지막으로, 성서 인용문이 성서의 장중함과 화려함을 간직하기를 바란다면, 언제라도 "Je ne crains pas la mort: *Scio enim quod Redemptor meus vivit*"라고 불가타를 그대로 베껴 쓸 수도 있다.

이런 생각들을 해나가다 보니 예스러운 표현과, 문학에서 그러한 표현들의 사용 문제에 이르게 된다. 이런 표현의 남용이 늘 형편없는 취향과 현학적 천박함의 징표로 여겨져왔음은 분명하다. 문학에서 그런 모습

---

2) 르 메트르(메스트르) 드 사시(Louis-Isaac Lemaistre (ou Lemaître), sieur de Sacy, 1613~1684)는 프랑스 포르루아얄 수도원의 사제로서, 신학자이자 성서연구가이며 인문주의자였다. 특히 그가 번역한 성서는 '포르루아얄 성서'로 불리며 18세기에 가장 널리 읽히게 된다.

을 보는 것은, 겉보기로는 호사스러우나 교양이 부족한 사람들이나 현혹되기 마련인 옛 스타일의 모방을 실내장식에서 보는 것과 같다. 진정한 교양인들의 경멸, 바로 이것이 비용에서 마튀랭 레녜[3]에 이르는 옛 작가들의 작품에서 가져온 어휘, 표현, 표현방식들의 수집록을 만들어서 자신의 산문이나 시를 통해 매 순간 우리에게 대접하는 작가가 받아 마땅한 것이며 받고 있는 것이다. 어쩌면 작가는 꾸어온 호사 뒤에 숨어서 위압적인 형식이 자신의 사고가 생기 없고 천박하다는 것을 가려주기를 바랄지도 모르나, 실제로는 자신의 것이 아닌 이 보석들이 그러한 점을 도드라지게 한다. 그의 작품에서 우리의 흥미를 끌 만한 것, 그것은 오로지 그 책에 담긴 예스러운 표현들의 목록일 뿐이어서, 작가가 자신의 책 속에 그 표현들을 흩어놓는 대신 알파벳 순서로 정리해주지 않은 것이 유감스러울 정도이다. 그리고 거의 늘, 철저한 의고작가의 작품을 읽고 나면 복화술 공연을 보고 나올 때와 동일한 심경이 된다.

사실, 어떤 상황에서도 봐줄 만한 예스러운 표현법으로 유일한 것은 두드러지지 않는 것, 언어의 과거에 대해 전혀 혹은 잘 모르는 독자라면 알아차리지 못하거나 작가의 창작물로 여길만한 것으로서, 작가가 찾아낸 표현을 독자가 "아주 현대적인" 어휘나 표현이라고까지 생각할 만한 것이어야 한다. 그런데 퀸틸리아누스[4]는 예스러운 표현방식에 관한 대목에서 "새것 속의 뭔가 예스러운 것과 예스러운 것 속의 뭔가 새로운 것이

---

3) 마튀랭 레녜(Mathurin Régnier, 1573~1613)는 프랑스의 시인으로 풍자적 성격의 작품을 남겼으며, 16세기의 작가들 가운데 가장 덜 고전주의적인 작가로서 프랑수아 드 말레르브의 대척점에 위치한다.
4) 마르쿠스 파비우스 퀸틸리아누스(Marcus Fabius Quintilianus, 35?~96?)는 고대 로마의 작가이자 교육가이다.

좋다"라고 비결을, 자신의 오랜 경험을 통해 알게 된 것들을 집약하는데, 이 비법은 여전히 언제 어디서나 유효하다.

# VI
# 서술의 부정법

　이는 프랑스어가 가진 자원이나, 요즘 번역가들이 거의 생각해보지 않는 것이다. 요새 번역가들이 그 표현방식을 사용한 것을 단 한 번이라도 본 적이 있었던가? 영어에서는 이와 흡사한 것을 찾아볼 수 없거나 혹은 그 비슷한 것을 떠올릴 수 없다. 하지만 스페인어에서는 주격 인칭대명사와 동사 사이를 쉼표로 갈라놓은 몇몇 경우에, 프랑스어로 옮길 때 "……로 말하자면(quant à……)"이라는 표현방식보다 훨씬 더 적확하고 훨씬 더 경쾌한 서술의 부정법(不定法)을 권하리라.[1]
　이 프랑스어 특유의 표현방식이 오래전부터 서서히 이울어갔다는 것은 사실이다. 1880년부터 1900년 사이에 활동한 훌륭한 작가들은 서술의 부정법이 거들먹거리는 느낌을, 지나치게 "꾸민 글"의 느낌(마치 어떤 옷에 대해 경우에 맞지 않게 지나치게 "꾸민 차림"이라고 말하듯)을 준다고 거들떠보지 않았다. 피에르 로티[2]는 학창 시절 교본에서, 혹은 받아쓰기 시

---

1) 서술의 부정법을 사용하면 행위의 서술이 빠르게 진행된다는 느낌을 준다.

간에 서술의 부정법을 만날 때마다 그 표현방식이 자신에게 불러일으켰던 혐오감에 대해 언급했는데(이 대목은 「한 아이의 소설」[3] 첫 부분에 나왔던 것 같다), 이는 그 세대 작가와 교양인들 전체가 느끼는 감정을 표현한 것일 뿐이었다. 사람들은 라퐁텐이 "그러자 개구리들이 불평을 늘어놓다……(Et les grenouilles de se plaindre……), 그러자 주피터가 그들에게 말하다……(Et Jupin de leur dire……)"에서처럼 서술의 부정법을 사용해도 그에게는 관대했다. 라퐁텐이니까. 그리고 라퐁텐일 경우, 그가 그토록 미묘한 미소를 띠고서 그토록 능란하게 다루는 예스러운 표현들 가운데 하나로 여겨질 수 있으니까. 하지만 그 누구도 그런 식으로 쓰는 데 동의하지는 않았으리라. 문학어에 대해 규범 노릇을 하는 소위 입말이라는 그 언어로부터 너무 멀었고, 그 뼈대는 묵직한 우아함은 앙시앵 레짐 치하의 프랑스 법정에서나 사용할 만한 "그 결과", "……에도 불구하고"와 유사했고, 결정적으로 약 1900년부터 1914년 사이에는 싸구려 취향과 심지어 무교양의 징표로 여겨졌기 때문이다.

1919년부터 1922년 사이에, 서술의 부정법을 복권시킬 만한, 그 표현에서 세월의 때를 벗겨낼 정도로 재능이 충분한 신예 작가들의 펜촉에서 서술의 부정법이 되살아나는 것을 볼 수 있었다. 서술의 부정법은 이

∴

2) 피에르 로티(Pierre Loti, 1850~1923)는 프랑스의 소설가이자 해군장교이다. 남태평양의 폴리네시아를 시작으로 이스탄불·중국·일본·팔레스타인 등지를 두루 돌아다녔는데, 각지의 인상을 바탕으로 관능적이고 이국적인 작품을 썼다. 작품으로는 「로티의 결혼(Le Mariage de Loti)」(1880), 「아프리카 기병(Le Roman d'un Spahi)」(1881), 「동방의 환영(幻影)(Fantôme d'Orient)」(1892), 「라문초(Ramuntcho)」(1897) 등이 있다.
3) 「한 아이의 소설(Le Roman d'un enfant)」(1890)은 작가가 자신의 유년기를 이야기하는 자전적 텍스트이다.

성공적인 작품들에서 시작하여 신문잡지로 빠르게 퍼져나갔다가, 그 용법에 정당성을 부여하는 날렵함을 상실하면서 망가지게까지 되었다. 우리는 다음과 같은 총합문들에서 진창에 빠진 서술의 부정법을 만날 수 있었다. "그러자 그녀는 불안이 가득하여 자신의 친구를 바라보면서 혹시 …… 인지 묻다(Et elle de se demander, en regardant son amie avec inquiétude, si……)." 혹은 "우리는 조사 중이며 온갖 수단을 동원해서 획득하려 하다(……Et nous de rechercher et par tous les moyens de tâcher d'obtenir……)." 혹은 만능 부정법을 사용하여 소위 "니그로 말투"의 특징을 나타내기도 한다. "만약 제가 ……에 대하여 ……에 대하여 설득당하리라고 생각하신다면, 가장 ……한 태도를 취하면서 대령이 말하다(Si vous croyez que je vais me laisser persuader de etc…… etc……, *de dire* le colonel en prenant son air le plus, etc……)."

이는 서술의 부정법을 입말에까지 퍼지게 할 용법 확장의 시작이려나, 아니면 서술의 부정법의 가치 하락이 다시, 돌이킬 수 없을지도 모르게 일어나고 있음을 알리는 전조이려나?

# VII
# 세계문학을 향하여

폴 방 티겜의 『르네상스 이후의 유럽 문학사 개설서』 광고를 보니 생생한 호기심이 일었다. 1924년과 1925년 사이, 책 출간 직전에, 그 책의 구성이 어떤 모습을 띨 수 있을지에 대해 앙리 메리메[1]와 나눴던 대화가 기억난다. 게오르 브란데스[2]와 조제프 텍스트[3]의 독자들인 우리는 그런 종류의 책을 종종 꿈꾸었던 터라, 그 책이 탄생하기를 기원했다. 또한 폴 방 티겜의 능력에 대해서도, 그가 그런 식으로 구상한 개설서 집필에 앞장설 수 있는 일종의 정신적 권리를 갖고 있다는 것에 대해서도 의심하지 않았다. 하지만 그런 종류의 과업에 따르는 어려움이 지대해 보여서

---

[1] 앙리 메리메(Henri Mérimée, 1878~1926)는 프랑스의 스페인어문학 연구자이다.
[2] 게오르 모리스 코헨 브란데스(Georg Morris Cohen Brandes, 1842~1927)는 덴마크의 문예비평가이다. 초기에는 헤겔적 입장에 서 있었으나 실증주의적·심리적 미학자로, 급진적 사회사상가로 변모했다. 코펜하겐대학에서 저서 『19세기 문학 주조(主潮)』를 강의하여 명성을 높였고 『키르케고르』 등 많은 저작을 남겼다. 덴마크 문학이 유럽 문학 내에서 확고한 위치를 차지하는 데 결정적인 역할을 했다.
[3] 조제프 텍스트(Joseph Texte, 1865~1900)는 프랑스 비교문학계의 거두이다.

가끔은 유럽 문학사를 집필하겠다는 최초의 시도가 실패로 돌아가지 않을까 하는 염려 쪽으로 기울기도 하였다.

　문제의 개설서가 출간된 것은 앙리 메리메가 마드리드로 돌아간 뒤였다. 그 좋은 친구를 다시 보지는 못할 모양이었고, 우리는 그 책에 대한 서로의 인상을 주고받을 틈이 없었다. 그 책을 한 차례 읽고 난 뒤 내가 받은 인상이 좋은 편은 아니었다.
　우선 근대 라틴문학을 여러 장에 걸쳐서 다뤘으리라고 기대했었다. 약간은 은밀하고 약간은 무시당하던 그 영역에 대해, 중·고등학교 교과과정에서도 소르본에서도 거의 이야기해준 적이 없어서, 우리의 라틴문학을 인문주의자들의 라틴문학으로부터 보호하려 들고, 우리가 에라스뮈스에게 혹해서 키케로를 무시하게 될까봐 두려워한다는 느낌을 받을 정도였다. 우선, 라틴문학에서 르네상스가 두드러졌던 것은 틀림없다. 이 시기에 스콜라학파의 조잡한 문체 대신에, 로마 공화정 때와 그 뒤 라틴문학의 중흥기에 활약한 위대한 작가들의 문장구조와 어휘로 풍성해진 라틴어로 대체하려는 시도들을 하였다.

　　유럽의 기호, 그것은 라틴어(*Le signe européen, c'est la langue latine,*)

　조제프 드 메트르의 말이다. (그의 산문에서 알렉상드랭을 만나는 일은 극도로 드문 만큼, 위의 알렉상드랭은 그가 상당히 흥분했다는 증거이리라.) 따라서 개설서는 제롤라모 카르다노[4]부터 교황 레오 13세[5]에 이르기까지 근대 라틴문학에 관한 많은 이야기를 내게 들려주리라. 나는 인덱스에서 니콜라 부르봉,[6] 에라스뮈스, 마르실리오 피치노,[7] 폰타노,[8] 드 투[9] 등의 이름을 찾았다. 없었다. 위에[10]의 이름이 보여서 약간의 희망을 되찾았지만 인덱스가 가리키는 페이지로 가보니 아브랑슈의 그 유명한 주교를 말하는 게 전혀 아니었다. 그 위에는 프란체스코 데 상티스, 매슈 아널드와 동시대에 활약했던 네덜란드의 비평가 뷔스켄 휘에트[11]였다.

단테, 보카치오, 페트라르카, 조르다노 브루노,[12] 폴리치아노[13]는 거명되었지만 이탈리아의 작가로서였고, 프랜시스 베이컨은 영국 작가로서

4) 제롤라모 카르다노(Gerolamo Cardano, 1501~1576)는 수학자로 널리 알려져 있으나 본업은 의사였으며, 점성술사, 도박사, 철학자이기도 했다.
5) 레오 13세(Leo XIII, 1810~1903)는 로마 교황(재위 1878~1903)으로 독일과의 관계를 개선했으며, 사회·노동 문제에 관한 유명한 회칙(1891)과, 가톨릭 원리와 근대민주주의가 공존할 수 있는 회칙(1901)을 공포하여 가톨릭의 면모를 일신한 것으로 평가받고 있다.
6) 니콜라 부르봉(Nicolas Bourbon, 1503~1550)은 종교재판에서 살아남은 프랑스의 시인으로 로망어로 작품 활동을 했다.
7) 마르실리오 피치노(Marsilio Ficino, 1433~1499)는 르네상스기 이탈리아의 대표적 플라톤주의 철학자로서, 플라톤과 그 후계자들의 저서를 라틴어로 번역·주해하는 데 힘썼다. 플라톤 철학과 신플라톤적 사상이 그리스도교 신앙을 보강하는 데 불가결한 것임을 주장하고, 그리스도교의 우위를 인정하면서도 다른 종교도 신에 접근하려는 인간의 본성에 기인하는 것이라고 하였다. 주요 저서에 『그리스도교에 대하여(*Liber de Christiana religione*)』(1478), 『플라톤 신학(*Theologia Platonica*)』(1482) 등이 있다.
8) 조비아노 폰타노(Gioviano Pontano, 1429~1503)는 이탈리아의 정치인이자 문필가로서 나폴리 아카데미의 원장직을 맡았다. 아주 순수한 라틴어를 구사하였으며, 천문학·철학에 관한 저서를 남겼다. 오랫동안 15세기의 가장 우아하고 가장 풍요한 작가로 간주되었다.
9) 자크-오귀스트 드 투(Jacques-Auguste de Thou, 1553~1617)는 프랑스 태생으로, 법관이자 정치가, 역사가, 작가이기도 하다.
10) 피에르-다니엘 위에(Pierre-Daniel Huet, 1630~1721)는 박학다식함에서는 따라올 사람이 없다는 평가를 받는 프랑스의 석학으로, 물리학, 지리학, 역사, 철학, 종교학뿐만 아니라 소설에까지 손을 댄 인물이다.
11) 콘라트 뷔스켄 휘에트(Conrad Busken Huet, 1826~1886)는 네덜란드의 문학비평가이다.
12) 조르다노 브루노(Giordano Bruno, 1548~1600)는 이탈리아의 성 도미니크 수도회 소속의 수도사로서, 철학자이며 신학자이기도 하다. 무한한 우주라는 생각을 철학적으로 증명하였으나, 신성모독으로 여겨진 저작 때문에 이단으로 몰려 결국 화형당한다.
13) 아뇰로 폴리치아노(Agnolo Poliziano, 1454~1494)는 이탈리아의 인문학자이다.

였다. 첫 번째 실망.

두 번째 실망. 작가에 대한 소개가 빈약하고 피상적이었다. "모리스 세브[14]는 난해하고 세련되었으나 고귀한 영감을 담아낸 10행시 모음집인 『델리』에서 페트라르카를 모방한다……. 에로에[15]와 세브는 순수하고 고양된, 하지만 추상적이고 농축된, 약간 불안하고 차디찬 영감을 제공한다…….""천성이 솔직하고 호감이 가는 아리스토텔레스는…….":이는 일 분 만에, 심지어 일 초 만에 내린 초간단 판결문이다. 이는 간결한 약제 분석이다. 비평이 존재한 이래로, 그리고 비평이 과학적임을 표방하면서 교조적·체계적 혹은 인상주의적 형식 가운데 하나를 택한 이래로, 그런 식의 비평이 내린 판단들을 집약해 들려주는 메아리이다. 심지어 "진지한 산문……"이라고 이름 붙인 장르도 있다. "로버트 브라우닝은 공부를 많이 했고, 여행을 다녔으며, 특히 이탈리아에서 살았다……. 그는 심오한 심리학자이자 비견할 데 없는 영매(靈媒)로서, 종종 장황하고, 기교를 부리고, 섬세하고, 난해하다. 세련된 엘리트인 한 여성의 사랑을 받을 만한 장점과 단점들을 갖추고 있다." 열 명이고 스무 명이고 간에, 일급 시인들 아무에게나 갖다 붙일 수 있는 부가어들의 홍수가 아닌가? 그러면서도 W. S. 랜더에서 로버트 브라우닝으로 이어지는 계보에 대해서는 전혀 언급하지 않는데, 이는 사실로서 정확한 설명에는 꼭 들어가야 할 확실한 자료이다. 구체적 실수. "너새니얼 호손은…… 유럽에서 **오랜** 기간을 살았다." 시간 순서의 혼란. 아빌라의 성(聖) 테레사[16]와

---

14) 모리스 세브(Maurice Scève, 1501~1564)는 프랑스의 시인으로서, 『델리』의 저자이다.
15) 앙투안 에로에(Antoine Héroët, 1492경~1567경)는 르네상스 시대 프랑스의 궁정시인이자 사제이다. 그의 작품은 플라톤 철학과 그리스도교의 인간주의를 결합하여 만든 '플라톤적 사랑'이라는 근대적 개념을 대표한다.

성인 프랑수아 드 살[17]에서 "성공회 사제이자 고고한 윤리 의식과 엄청난 재능"을 지녔으며 "많은 글을 남긴" 제러미 테일러[18]로 건너뛴다. 우리는 지금 12세기 한복판에 있는데, 그다음 장에서는 몽테뉴를 소개한다. 게다가 우리가 기다리던, 그리고 요구할 권리가 있는 설명 대신 예의 그 초간단 판결문들을 제공한다. 객관적임을 표방하는 이 책은 심지어 현재 시가(時價)를 적어놓는다. 프랑수아 코페[19]와 프랑스의 파르나스파의 시가가 하락했고, 보들레르가 고전 작가의 반열에 올랐음을 알려준다. 신참 작가들에 대한 신고식 또한 빼놓지 않아서, "프랑시스 잠, 공증인", "폴 클로델, 대사", 그리고 "폴 포르, 시인들의 왕자"라며, 그 가치가 수상쩍은 정보를 제공하고 있다. 이는 우리가 낡아빠진 개설서들에 대해 비난했던 그 모든 결함들이었고, 그것이 유럽 문학 전체에 퍼진 셈이었다. 이 두 번째 실망이 어찌나 강렬한지, 영국식 영어를 사용한 미국 문학이 한 자리를 차지한 반면에 스페인어와 포르투갈어를 사용한 미국 문학은 철저하게 배제된 데에서 오는 세 번째이자 마지막 실망은 거의 아무렇지도 않게 느껴질 정도였다.

∴
16) 아빌라의 성 테레사(Saint Teresa of Avila, 본명은 Teresa de Cepeda y Ahumada, 1515~1582)는 최초의 여성 교회 박사로서, 수많은 문학적 글과 교화 목적의 글, 서한 등을 남겼다.
17) 프랑수아 드 살(François de Sales, 1567~1622)은 성인이자 교부이며, 문필가로서는 자신의 인생관을 담은 엄청난 양의 저서를 남겼다.
18) 제러미 테일러(Jeremy Taylor, 1613~1667)는 영국의 신학자이자 목사로서, 1636년 찰스 1세의 궁정 전속 목사가 되어 설교가로 이름을 날린다. 『거룩한 삶』과 『거룩한 죽음』 등을 썼으며, 그가 남긴 저서들은 19세기 영국에서 빼어난 문체와 정교한 논리로 대단한 권위를 누렸다.
19) 프랑수아 코페(François Coppée, 1842~1908)는 프랑스의 시인이자 극작가. 생전에 누렸던 대중적 명성은 사후 급격히 사그러든다.

하지만 그로부터 1년 뒤 이 개설서를 다시 읽다가 저자의 의도가 한결같이 관철되고 있음을, 유럽 문학사의 첫 요약 시도치고는 이보다 더 나은 것을 기대하는 게 무리임을 깨달았다. 우선 이것은 여러 나라의 국문학사들을 단순히 병렬시켜놓은 것이 아니었다. 연대기적 순서를 대체로 잘 따라가고 있어서, 프랑스의 플레야드파의 뒤를 이어서 키아브레라[20]와 에레라[21]가 등장하고, 이 둘 옆에 폴란드 시인 코하노프스키[22]와 헝가리 시인 발라쉬[23]가 자리 잡은 것을 보고 느낀 놀라움은 기분 좋은 것이었다. 그뿐만 아니라 몇몇 뛰어난 대목에서는 매혹적인 새로운 사실을 알게 되었는데, 예를 들자면, '포르투갈의 수녀'[24]와 덴마크의 레오노라 크리스티나 공주,[25] 나탈랴 나리슈키나,[26] 그리고 맹트농 부인[27]을 한데 모

---

[20] 가브리엘로 키아브레라(Gabriello Chiabrera, 1552~1638)는 프랑스 플레야드파 시인들의 영향을 받은 이탈리아 시인으로서, 새로운 운율과 그리스적 문체를 도입하여 후대 이탈리아 시인들이 사용했던 서정시 표현 형식의 폭을 넓혔다.

[21] 페르난도 데 에레라(Fernando de Herrera, 1534~1597)는 16세기에 활약한 스페인의 시인이자 문필가이다.

[22] 얀 코하노프스키(Jan Kochanowski, 1530~1584)는 16세기 폴란드 르네상스 시기에 활약한 시인으로서 한참 동안 폴란드 시의 아버지로 불렸으며, 스토이시즘과 신플라톤주의, 에피쿠로스학파 사상 사이의 윤리적 문제에 천착하기도 했다.

[23] 발린트 발라쉬(발라시, Bálint Balassi, 1554~1594)는 헝가리 최초의 서정시인이다.

[24] 『어느 포르투갈 수녀의 연서』의 저자로 알려진 마리아나 알코포라도(Mariana Alcoforado, 1640~1723) 수녀를 가리킨다.

[25] 레오노라 크리스티나(Leonora Christina, 1621~1698)는 크리스티안 4세의 딸로, 17세기 산문 가운데 가장 중요한 작품이라고 일컬어지는 『고뇌의 추억(Jammers Minde)』(1869)을 남겼다.

[26] 나탈랴 키릴로브나 나리슈키나(Natayla Kirillovna Naryshkina, 1651~1694)는 러시아 알렉세이 황제의 두 번째 부인을 가리킨다.

[27] 맹트농 부인(Mme de Maintenon, 1635~1719)은 루이 14세의 사실상의 둘째 부인으로 독실한 가톨릭 신자였으며, 교육에 관심이 많아서 생시르에 여자아이들을 위한 기숙학교를 세운 것으로도 유명하다.

아놓은 대목이다.

결국, 앞에서 열거했던 두 가지 큰 결함 말고도 이 개설서에 부족한 것은 연대기의 정확함과 설명의 분명함이다. 사상, 형식, 문체의 경향들을 연대기순으로 정리할 때 보다 정확해야 하고, 근본적인 개혁을 통해 초간단 판결문 대신 분명하고 정확한 설명을 제공해야 할 것이다.

사실, 이 마지막 요구사항을 충족하기란 쉽지 않고, 이 개설서에는 우리가 초간단 판결문이라고 한 것 중 제대로 된 설명도 있는데, 예를 들자면 생시몽 공작을 설명(p. 157)하는 부분이 그렇다. 하지만 사상, 형식(혹은 장르), 문체의 커다란 흐름과 계보들의 정리에서는 설명 및 요점 해설을 일람표와 도표로 대체하는 것이 중요하고 그편이 상대적으로 더 쉽다. 예컨대, 언어권별로 구분된 유럽 지도 위에 선과 화살표를 그려 넣으면, 유럽 내 페트라르카 영향의 확장 경로를 "현장에서 짚어보고", 머릿속에 아주 잘 그려볼 수 있다. 결국 이 문학의 지형도는 간단한 기술보다 더 매력적이고 더 명확할 텐데, 간단한 설명은 간단하기에 단조롭고, 초등학교 학생들이 암기해야 하는 요점 정리처럼 따분하고 딱딱하기 때문이다.

이 문학적 지형도는 일람표로 보완될 텐데, 그 일람표에서는 계보도에서 사용되는 직선과 묶음표를 활용하여 계보관계를 나타낼 수 있다. "발신자", "중계자", "수신자" 사이의 영향관계와 흐름을 분명하게 보여줄 수 있는 도식들을 그려 넣는 일도 어렵지 않을 것이다. 어쨌든, 여러 칸으로 나뉜 연대기표를 이용하여 폴 방 티겜의 개설서에 담긴 모든 정보를 전달하기란 그리 어렵지 않을 것이다.

어쩌면 "학문의 현재 상태"로 미뤄보건대, 자의성, 근사치, 무모하며 허술한 가정들이 이 일람표와 도표에서 한 자리 차지하고 있고 앞으로도 상당 기간 그럴 것이며, 이 문학의 지형도에는 점선과 의문부호로 표시된 테라 인코그니타(terra incognita), 즉 '미지의 영토'가 상당 부분을 차지할 것이다. 하지만 아전인수 격으로 해석하려는 유혹, 즉 "발신자들"의 영향력을 확대포장하려는 유혹에 대항하여 저마다 싸워야 하는 가장 통찰력 있고 가장 "객관적인" 비교학자들의 두툼한 저서를 보면, 불확실성, 황당한 생각, 혹은 백번 양보해서 성급한 결론이라고 할 만한 것들이 차지하는 그 모든 자리가 이미 전에 비해 덜 두드러지고 덜 쉽게 드러남을 알 수 있다. 내가 이 자리에서 폴 방 티겜의 개설서를 분석하고 예로 삼은 것은 저자 스스로 미리 서문에서 이 책의 결함과 오류에 대해 주의를 주고 있기도 하지만, 그처럼 눈에 띄는 단점에도 불구하고 그 개설서가 위대하고 풍요로운 미래를 낳을 수 있다고 말할 만한 영역에서, 새로운 지향점을 향한 아주 대담한 시도를 보여주고 있기 때문이다. 적어도 폴 방 티겜 씨는 우리들 가운데 많은 이들이 그렇듯이, 비교문학이 거둬들인 성과를 종합해놓은 문학사를 소망하고 그것이 가능하다고 여긴 최초의 인물이다. 그는 1931년에 '아르망 콜랭 총서' 중의 하나로 대중을 겨냥해 내놓은 『비교문학』이라는 소(小)개설서의 마지막 장에 '세계 문학사를 향하여'라는 낙관적인 제목을 붙였다. 그리고 실제로, 미래의 문학연구는 ―기술적(記述的) 비평 이외의 비평은 모두 거부하면서― '역사'와 '세계의'라는 두 단어에 부합하는, 점점 커져가는 분야의 구축으로 나아갈 수밖에 없음을 금방 느끼게 된다. 전문가 방 티겜과 그의 동료들에게서 신뢰할 만한 개설서를, 자신들에게 필수적이며 점점 더 필수적이 되어갈 입문서를 기대하는 수많은 일반 독자들은 이 점에서는 그와 한마음이다. 여기서 내가 행한 비평과 제안들은, 경로를, 일람표를, 문학의 지형도를 그려보면서 가끔 즐거워했던 그 일반 독자 가운데 한 명이, 자신의 의견을 분명히 밝힘으로써 대부분 일반 독자들의 소망을 함께 표현하다고 생각하여 내놓은 비평과 제안들일 뿐이다.

# VIII
## "캐나다로 가다(Aller en Canada)"

이는 부우르 사제[1]의 『프랑스어에 대한 새로운 고찰』[2]에 실린 글 한 편의 제목이다. 부우르에게는 그 문제가 복잡하게 느껴졌던 모양이다. 당시에는 국명 앞에 붙이는 전치사의 용법이 지금과는 달라서, "aller à la Chine, à la Floride, en Canada"[3]라고 말했다.

그러나 부우르는 이 용법에 대한 설명을 시도했고 하나의 규칙을 확립하려고 들었다. 즉, 이동 동사의 경우, 속격과 여격에서도 관사를 사용하는 국명 앞에서는 관사를 사용해야 한다는 규칙이다. 가령, "le royaume de l'Angleterre"라고 말하지 않고 "le royaume d'Angleterre"라고 말하니까, "je reviens d'Angleterre", "je vais en Angleterre"라고 말해야 한다.

∴
1) 도미니크 부우르(Dominique Bouhours, 1628~1702)는 프랑스의 예수파 신부이자 문법학자, 역사가, 종교작가로서, 부알로, 라 브뤼에르, 라신 등에게 상당한 영향을 미쳤다.
2) 논의 대상의 서지 사항은 다음과 같다. D. Bouhours, *Remarques nouvelles sur la langue française*(Paris, 1675).
3) "중국에, 플로리다에, 캐나다에 가다"의 의미이다.

반면에, "le royaume de Chine, de Japon"이라고 말하는 법은 절대로 없으니까, "je vais en Chine, en Japon"이라고 말해서는 절대로 안 된다.

부우르는 "je vais à la Chine, au Japon"이라는 표현이 규칙에 위배된다는 점을 인정하면서도, "주로 신대륙과 관련되기만 하면 이런 불규칙성이 발생하는데, 중국과 일본은 신대륙의 갓 발견된 나라들과 동일한 위상을 갖는다"라고 지적한다.

"Aller en Canada"는 그러한 규칙에서 벗어난다. 그 이유는 "명백히, 우리는 그 나라가 프랑스의 지방인 것처럼 취급하며[4] 신대륙의 나머지 지역으로 결코 간주하지 않"기 때문이다.

바로 이 설명을 하면서, 부우르는 약간 뒤죽박죽으로 당시 문법학자들이 "소(小)지역명"이라고 불렀던 지명들, 가령, 지방, 섬, 지역권, 도시들의 명칭과 주권국가들의 명칭을 뒤섞어 놓는다.

◆ ◆ ◆

주권국가의 국명일 경우, 17세기 이래로 유사성과 효율성의 원칙이 작용하여 이러한 용법에 상당한 변화가 있었고 그 변화가 통합의 방향으로 나아감을 확인할 수 있었다. 문제를 단순화시켜서 aller 동사만 살펴보자.

1. 여성이며 단수인 국명은 전치사 "en"을 요구한다. 그래서 중국(en Chine), 볼리비아(en Bolivie), 튀니지(en Tunisie) 앞에는 "en"을 붙이고, 마찬가지로 모음으로 시작하는 남성 국명인 알라스카(en Alaska), 에콰도

---

4) (원주) 누벨-프랑스.

르(en Ecuador), 우루과이(en Uruguay) 앞에도 "en"을 붙인다.

2. 유음 h까지 포함하여 자음으로 시작하는 남성 국명일 경우 여격에서 관사를 요구한다. 그래서 몬테네그로(au Monténégro), 캐나다(au Canada), 시암(au Siam) 앞에 정관사를 사용하고, 프랑스인 대부분이 그 성도, 수도, 의미[5]도 잘 모르는 온두라스(Honduras)의 경우에도 관사를 사용하여 au Honduras라고 말한다. 여성이면서 복수인 국명에서도 마찬가지여서 인도 제국(aux Indes), 필리핀(aux Philippines) 앞에서 관사를 사용하는데, 필리핀의 경우에는 제도의 의미가 은연중에 들어 있다.

✦ ✦ ✦

그러니까 현재 규칙이 그렇게 정리될 테고, 따라서 구대륙과 신대륙의 구분이 완전히 사라져버렸다. 어쨌든, 남성이며 자음으로 시작하는 유럽의 국명 가운데 덴마크, 포르투갈, 룩셈부르크, 그리고 어쩌면 뷔르템베르크까지 포함한 서너 개의 국명 앞에서는 "불규칙적으로" en을 사용하려는 경향이 보임을 지적해야겠다. 사실 적어도 "en Danemark, en Portugal"는 "au Danemark"만큼 종종 들린다.

이 경우 유사성의 원칙이 작용했고 아직도 작용하고 있음이 확연하다. 위의 네 경우 가운데에서 단 하나만이 논리적으로 정당화될 수 있다. "en Luxembourg"라고 말하는 경향이 있다면 그것은 룩셈부르크 공국과 뤽상부르 공원 혹은 궁전 사이에서 생겨날지도 모르는 혼동을 피하기 위해서이다.

---

5) (원주) '깊이, 심층, 심해'의 의미이다.

❖ ❖ ❖

지방명과 제도명일 경우 현대 용법의 시스템을 위에서처럼 명확하게 파악하기란 불가능하다. 하지만 다음과 같은 지적은 가능하겠다.

a) 남성명사일지라도 프랑스의 지방명 모두(르 멘과 르 리오네를 제외한다면), 그리고 프랑스어식으로 여성으로 표현되었고 프랑스에 병합되었던 외국의 지방 혹은 국가의 명칭들은 aller 동사 다음에 전치사 en을 원한다. 그래서 en Picardie, en Nivernais, en Cornouailles, en Vénétie, en Californie라고 말한다. 반면에 마찬가지 경우이나 남성명사는 여격에서 관사를 원하여 au Texas라고 말한다.

b) 모두 여성명사인 유럽의 6대 섬 국가들(아일랜드, 아이슬란드, 코르시카, 사르데냐, 시칠리아, 크레타)과 뉴칼레도니아, 뉴질랜드, 오스트레일리아 같은 비유럽권 섬들 가운데 몇몇 여성명사들은 aller 동사 다음에 전치사 en을 원한다. 반면에 Madagascar, Java, Cuba는 이 명사들을 무관사 도시명과 "소지역명들"에 동화시켜서 à Madagascar, à Java, à Cuba라고 관사 없이 말한다. 마찬가지로 "à Saint-Domingue"라고 말하는데, 부우르 사제 시대에는, 그러니까 프랑스가 에스파냐에 이 섬을 반환하기 전에는 "à la Domingue"라고 말했다. 주권국가 하나도 같은 범주에 들어가는데, 코스타리카는 프랑스 사람들 귀에는 여성처럼 느껴지는 명사가 아니어서 "à Costa-Rica"라고 말한다.

❖ ❖ ❖

자 어느덧 모호한 용례들을 다루게 됐는데, 그 용법은 전치사 dans과

관사를 사용하는 게 보다 확실하다고 생각하는 것이다. 그래서 dans le Maine, dans le Latium, dans l'Orégon이라고 말한다. 하지만 이러한 용법에서도 몇 가지 경향을 관찰할 수 있다. 전치사 dans과 관사를 쓰는 용법은 지명을 여성으로 간주하는지 혹은 남성으로 간주하는지에 따라서 간혹 전치사 à와 전치사 en 사이의 중간 단계가 될 수 있다. 페르디낭 브뤼노는 dans과 en 사이에 경쟁이 있다고 말하며 (『사고와 언어』, p. 425) "en Hautes-Alpes라고 말하는 것은 불가능하리라"라고 단언한다. 과연 그럴까? "En Chine"라는 표현 또한 부우르 사제 시대에는 불가능하지 않았는가. 돌발 상황이 많은 선거와 담대하거나 혹은 너무 바쁜 기자라는 두 조건이 충족되기만 한다면 그 또한 충분히 가능한 일이어서, "en Pyrénées-Orientales"이나 "en Basses-Alpes"라는 표현을 읽게 될 수도 있다.

❖ ❖ ❖

우리는 앞에서 현대적 용법의 예들을 살펴봤다. 이제 이를 염두에 두고서 도미니크 부우르가 제안한 규칙으로 돌아가보자. 신대륙의 국명과 구대륙의 국명의 구분을 확대하여 덜 알려진 국명과 더 알려진 국명으로 구분해보면, 참으로부터 그렇게 많이 멀어지지는 않는다. en이라는 전치사가 분명한 약진을 보이고 있지만 그 뒤에는 최소 노력과 유사성의 원칙 이외의 또 다른 원칙, 우리가 "친숙도의 원칙"이라고 부를 수 있는 원칙이 존재한다. 그래서 "en"은 프랑스인들이 이 세상에 존재하는 다른 나라들에 대해 습득한 지식이 최대치로 늘어났음을 보여주는 언어적 지수, 프랑스인들의 범세계주의가 확장되었다는 신호와 다름없을 것이다.

❖ ❖ ❖

"à Madagascar"라고 말하는가 하면 "en Sicile"이라고 말하고, "au Brésil"이라고 말하는가 하면 "en Portugal"이라고 말하고, 현대 프랑스어에서는 "au Canada"라고 말하면서 루이 14세 시대에는 "en Canada"라고 말했던 것을 이 원칙으로 설명할 수 있겠다 (지식에서, 친숙도에서 후퇴했던 것이다). 현재, 잠정적이겠지만, "en Hautes-Alpes"라고 말할 수 없는 것도 이 원칙으로 설명되는데, Hautes-Alpes는 최근에 생겨난 행정구역명으로서 전통적으로 사용되던 지방명에 비하면 프랑스인들에게 덜 친숙하다. 10년 단위로 용법이 차츰 차츰 변화하여 "X…… 는 코스타리카로 갔다. 그는 그곳에서 상사를 하나 세웠다. 그는 부모님을 뵈러 프랑스로 왔다가, 프랑스인 비서를 한 명 데리고 코스타리카로 돌아갔다 (X…… est allé à Costa-Rica. Il a fondé une maison de commerce *au* Costa-Rica. Il a fait fortune et s'est marié *dans* le Costa-Rica. Il est venu en France voir ses parents, et il a ramené un secrétaire français en Costa-Rica.)"라고 표현하게 될지도 모른다는 상상을 하게 되는 것도 바로 친숙도의 원칙 때문이다.

이 "친숙도의 원칙"이 유사성 및 최소 노력의 원칙과 더불어 받아들여질 수 있다면, 20세기 내로 aller 동사와 함께 쓰이는 Madagascar 앞에서 전치사를 사용하던 습관이 20세기 내로 전치사 en의 사용으로 대체될지도 모른다는 기대를 할 만하다. 그리고 캐나다에서 프랑스어 인구가 꾸준히 증가하고 프랑스어로 표현된 캐나다 문학이 존재하게 된다면, 그 누가 감히 부우르 사제가 살던 시대에 그랬듯이 "Allons en Canada"라고 말하는 일이 결코 다시는 없을 거라고 장담하겠는가?

IX
오래된 요리법

한 언어의 문학적 자원과 가능성을 식별하는 가장 좋은 방법, 그것은 그 언어가 품고 있는 황금을 찾아보는 것이며 ("모든 언어는 저마다 황금을 품고 있다"라는 주베르의 말도 있다) 그러기 위해서는 그 언어 안에 들어 있는 외국어를 읽어내는 것으로 충분하다. 그리고 이는 어원을 따져보면 밝혀진다. 우리 프랑스인에게는 라틴어가 그렇다.

내가 X에 대해서 "위대한 시인이 아닌가!"라고 했더니 누군가 내게 "시인이라는 건 맞지만 위대하다라……. 글쎄, 그건 다른 문제지. 그는 국어는 잘해. 하지만 국어만 안다니까. 재능이 비슷하다면 여러 언어를 아는 작가가 하나의 언어를 아는 작가에 비해 늘 엄청난 이점을 갖는 법일세"라고 대꾸했다.

이 점에 대해서는 논의의 여지가 있다. 하지만 사실 X가 하나의 언어만 아는 것은 아니다. 그는 장송 드 사이 고등학교에서 공부하던 시절에 "라틴어 번역에서 뛰어났으며" 프랑스어 속에 포함된 라틴어를 아직도 알고 있고 읽어낸다.

대번에 드러나지는 않지만 영어와 같은 언어에 대한 지식을 갖추는 것이 우리에게 유용한 것도 동일한 이유에서이다. 우리가 영어 속에서 현대 프랑스어에서는 폐기된 듯한 옛 어휘(manager=ménager)와 표현들(avoir le meilleur de……=l'emporter sur……)을 다시 취할 수 있어서만이 아니라, 무엇보다도 직접 라틴어에서 빌려왔고, 아주 생생하며, 어원이 느껴지고 어원에 충실하게 사용되는 수많은 단어들, 영어를 가득 채우고 있는 그 수많은 단어들 덕분에 현재 통용되는 프랑스어 뒤로 어른거리는 다소 쇠락한 라틴어에 보다 주의를 기울이게 되기 때문이다. 이런 관점에서 보자면, 이탈리아어와 스페인어는 말할 것도 없고 영어도 마치 강장제처럼 우리에게, 우리의 언어에 영향을 미친다. "만약 소금이 무미해진다면……" 어원은 문학 언어에 대해서는 소금의 구실을 한다. 어원만이 언어라는 재료에 풍미와 지속성을 부여한다.

상당히 오래전부터 무미해진 어휘 하나를 예로 들어보자. désobligeant은 이제 blessant(마음 상하게 하는), désagréable(불쾌한), impoli(무례한)…… 같은 말들의 단순한 유의어이다. 『프티 라루스』 같은 일반사전을 보면 서슴지 않고 désobliger를 "고통, 불쾌감을 유발하다"라고 정의내린다. 레옹 블루아의 『Histoires désobligeantes(무례한 이야기들)』라는 책의 제목에서도 désobligeant'이라는 형용사는 또 다른 무미한 단어인 impertinent(무례한)의 동의어로, 여전히 모호하고 느슨한 의미로 사용된다. 이 "이야기들"이 독자를 dés-obliger, 그러니까 의무(obligation)로부터 풀어준다(dés-)는데, 독자가 어떤 점에서 저자에게 혹은 저자에 대한 의무를 지고 있었나? 오히려 책을 사준 독자에게 저자가 의무를 지고 있을 것이다. 하지만 그 글의 저자는 이처럼 깊이 생각해보지 않았다(실제로 내가 이 글의 저자라고 기억하고 있는 레옹 블루아는 빌리에 드 릴라당의 『잔

인한 이야기들(*Contes cruels*)』에서 아이디어를 길어 올렸고, 그런 류의 제목을 짓고 싶어 했다).

하지만 désobliger와 désobligeant은 정확한 의미를 지닌 어휘들이고 그 정확함 때문에라도 섬세한 어휘들이다. 이 두 어휘를 무엇으로 대체할까? 나는 Z에 대하여 obligé라고 느꼈다. 그가 종종 나를 집으로 초대했고 내게 생생한 호의와 진실한 우정을 표했기 때문이다. 그런데 어느 날, 그의 행동에서, 나에 대한 그의 태도에서, 그가 내게 성질을 부렸음을 퍼뜩 깨닫게 되었다. 그는 나의 마음을 상하게 했고, 불손했고, 불쾌하게 굴었고, 빈정거렸고, 내게 대해 무례했는가? obligé라는 단어는 이 모든 것을 말하며, 이 상황을 한마디로 요약한다. 물론 이 사건이 내게 "고통을, 불쾌감(이 말이 갖는 가장 센 의미로)을 유발"했을 텐데, 그것은 내가 그에게 우정을 품고 있었기 때문이다. 만약 내가 우정을 품지 않았더라면, 그에 대한 마음 빚을 모두 정산하게 되어서, 내가 그에게 느껴야 마땅한 고마움을 더는 품지 않아도 되어서, 내가 désobligé 되었다고, 그러니까 의무(obligation)에서 풀려났다고 느껴서 아마도 만족했을 것이다.

désobligeant은 17세기에 이미 의미가 약해져서, serviable(남을 잘 도와주는, 친절한)의 의미를 갖게 된 obligeant의 반대말로 생각되어 무미한 단어가 되어버렸고, désobliger는 "형편없는 보살핌을 제공하다"(『리트레 사전』)였고, 혹은 그저 기분 나쁘게 하다는 의미였다. 하지만 정신적 구속에 묶였다가 풀려났다가 한다는 생각이 여전히 남아 있었다. 리트레가 제시한 앙투안 드 라살의 인용문(리트레는 이 인용문이 루이 11세의 것이라고 제시하고 있다)에는 그러한 생각이 잘 드러나 있다.[1]

오늘날 정신적 구속과의 연관성은 이미 사라져버렸다. obliger 동사에 들어 있던 구속은 더는 정신적이지 않다는 생각이 obliger 동사를 침범했고 "je vous serais très obligé si vous vouliez bien……(만약 당신이 ……해주신다면 무척 감사하겠습니다)"라는 표현은 아주 기계적인 서간체 문투가 되어서 한참을 생각해야만 그 의미가 파악되거나 혹은 "reconnaissant(감사하는)"으로 대체해야 더 잘 이해된다.

빌리에 드 릴라당은 "Je vous suis *grat* d'avoir……(당신이 ……하셔서 그 은혜에 감사드린다)"라는 표현을 사용하였다. 아마도 이 문장에는 이 말을 한 사람의 마음이 녹아 있을 것이다. 하지만 "gratter([그라테], 긁다)"라는 동사 때문에 "grat([그라], 은혜를 아는)"의 여성형인 "gratte([그라트])"로 가는 길이 막혔으리라는 짐작이 가능하듯이, "grat([그라])"와 발음이 같은 "gras([그라], 기름진)" 때문에 라틴어로 되짚어가는 길이 막혀버렸다.

"désobligeant" 같은 어휘들이 말맛을 잃어버리고 대중에게는 "niais(얼간이)"의 의미로 새겨지게 된 "naïf" 같은 어휘들이 망가져가는 것을 보면, 우리와 같은 말을 사용하지만 그 어원을 분간할 능력이 없는 대중에게 무한한 동정을 느끼게 된다. 그런데 이 언어, 이 프랑스어가 그들에게나 우리에게나 동일한 것일 수 있을까? 그들에게는 이 모든 어휘들이 그 무엇에도 근거를 두지 않은 것으로, 관습에 따른 음절들의 순수하고 추상적인 조합인 것처럼 보일 것이다. 허공에 떠다니는 단어들. 그 철자란 것은 너무나도 뚜렷하게 비정상성을 보이니 끔찍한 골칫거리일 뿐이다. 아, 서둘러 문교부 예산을 더 늘리고, 『로마의 유명인사들』[2]을 3,000만

..

1) 『리트레 사전』에 나와 있는 인용문은 다음과 같다. "Elle se tient pour acquittée et desobligée de la promesse qu'elle jadis lui fit(그 여인은 예전에 그에게 했던 약속에서 해방되고 풀려났다고 생각했다), LOUIS XI, Nouv. XXVI."
2) 『로마의 유명인사들(*De viris illustribus urbis Romœ*)』은 프랑스의 중학교 1학년 라틴어 교재로서 18세기에 샤를 프랑수아 로몽(Charles François Lhomond) 사제가 집필하였으며 20세기 중반까지 사용되었다.

부 인쇄해야지!

하지만 초등학생들이 하는 말을 듣다 보면, 학교에서 읽혔던 선집 이야기까지 꺼낼 것 없이, 초등학생들도 우리가 알고 있는 것들을 말의 용법과 관습에 따라서 짐작하고 있음을 알 수 있다. 그리고 직능인들은 어휘에 관한 한 늘 우리보다 더 낫지 않겠는가……. "이 파리가 유리 위로 오르락내리락한 뒤 지금 거닐고 있는 곳은…… 그…… 그……?" 파스칼처럼 문장을 쓸 의도는 없었지만 어쨌든 창틀의 이 부분을 뭐라고 부르는지는 알고 싶다. 소목장이 혹은 미장이가 이튿날 집에 왔다. "저거요?" 그의 입에서 즉각 답이 떨어진다. 고맙소. 그가 가르쳐준 표현은 전혀 난해한 게 아니었고, 글로 쓰면 이 유리는 창의 유리라는 것을 설명하지 않아도 된다는 이점까지 있을 것이다. 그렇다. 대중이라고 우리가 생각했던 만큼 황량하고 불행한 것은 아니다.

하지만 문학적으로 언어를 다루는 문제일 경우, 어원을 알아차리고 어원에 주의할 수 있는 사람이 어원을 모르는 사람보다, 심지어 어원을 알면서도 어원을 무시하고 그로 인해 아주 귀중한 자원과 즐거움을 스스로 포기하는 사람보다 우월한 입장에 놓인다. 어휘의 의미 혹은 의미들의 저 깊은 곳까지 들여다볼 줄 아는 시선에는 즐거움이 따르기 마련이니까. 우리들 가운데 몇몇은 어원을 갖고 일종의 유희를 벌이니, 아주 자연스레, 그리고 의식적으로, 자신들이 이해 못하는 외국어들의 소리 혹은 생김새에서 상상의 의미를 떠올린다. 폴 발레리는 화가 마네(Manet)의 이름을 읽고서 "Manet et manebit"를 즉각 떠올린다.[3] 미장이라면 새끼 잉

---

3) 화가 마네의 찬미자였던 발레리는 마네의 이름을 갖고 말장난을 하였는데, 이 라틴어 표현은 "그는 지금 머무르고 있고 앞으로도 머무를 것이다"라는 의미이다.

어와 발음이 같은 카르포(Carpeaux)라는 이름을 듣고서 생선이나 그 이미지만을 떠올리겠지만, 조금이라도 라틴 희랍 문화에 교양이 있는 사람이라면 수확하다는 이미지를 가진 라틴어 carpo가 연상되어 "도르"로 끝나는 혁명력의 마지막 세 달, 메시도르, 테르미도르, 프뤽티도르가 상징하는 풍요와 수확을 떠올리게 될 것이다. 과수원과 포도밭, 한창 사과와 포도를 거둬들이는 일손들, 꽃을 향해 뻗는 손길, 과일, 젖가슴, 날개…….
덧붙여서, 만약 그가 작가라면 비평의 신중함과 엄정함에 생각이 미치리라.

# X
## 모국어

    제노바의 배우 고비(Govi)와 그의 극단이 산타 마르게리타 극장에서 제노바 방언으로 공연을 하였고 공연장은 관객으로 넘쳐났다. 바글거리는 관객들은 아르헨티나 사람들이었다. 보자마자 대뜸 거기 모인 남녀들이 아르헨티나 사람임을 알아보았다. 아르헨티나 사람들의 얼굴이라고는 국가원수의 초상화, 외교관의 초상화, 역사 교과서와 신문 잡지의 삽화에서 본 사교계 여인들의 초상화가 아니라면 본 적이 없는 사람일지라도 "남아메리카에, 대서양 연안 출신들이군"이라고 생각했을 것이다. 게다가, 막간 휴식 시간에 모든 남녀가 에스파냐어로만 이야기를 나누었는데, 아르헨티나어의 모든 '법(法)'이 등장했고, 발음은 순수한 아르헨티나 발음이었다. 무대 위에서는 제노바 방언만 들렸고 객석에서는 부에노스아이레스의 에스파냐어만 들렸다.

    출구 쪽 복도에 있는데, 우리에게서 몇 걸음 떨어지지 않은 곳에서 그 아르헨티나 사람들 가운데 한 명이 다른 이에게 제노바 방언으로 "모국어를 듣게 되어 참말로 즐겁습니다"라는 말을 건네고 있었다.

그런 상황에서 듣게 된 이 단순한 말로 인해 갑자기 아직도 생생한 라틴어의 단일성 개념이 떠올랐다. 라틴어의 단일성은 이전에는 교사, 글선생, 요컨대 문학을 통해 실현되었다.

리구리아[1] 출신의 이 아르헨티나 사람들은 아르헨티나에 완전히 동화되었음에도 여전히 ―어쩌면 매년― 고향 제노바에 찾아오고, 두 언어 형식 사이에서 우열을 가리는 법 없이 자신들이 습득하여 일상적으로 사용하는 언어인 부에노스아이레스의 라틴어와 함께 또 다른 언어를, 마치 선조들의 초상화를, 선조들의 보석을, 집안 대대로 내려오는 은식기를 간직하듯이 자랑스레, 그것이 리구리아 방언이든 제노바 방언이든 간에 이 또 다른 형식의 라틴어를, 제노바와 크리스토퍼 콜럼버스의 라틴어―이야말로 진정 "그들의 어머니들이 쓰던 라틴어"―를 간직했던 것이다.

∴

[1] 리구리아(Liguria)는 이탈리아 북서부의 리구리아 해에 면해 있으며, 제노바·임페리아·라스페치아·사보나 등의 주(州)를 거느리고 있다.

## XI
## "돼지 잡다"

부르보네[1]에서는 사냥이 아직도 으뜸가는 오락거리이고 자신들의 영지에 항시 머무르는 귀족과 부르주아들의 큰 일거리이다. 이리하여 그들만의 관습, 그들만의 의전, 게다가 그들만의 독특한 표현들까지 갖춘 일종의 패거리, 혹은 단체, 혹은 생 튀베르티크[2] 협회가 형성되었다. 그들의 독특한 표현을 하나 소개하자면, 이들 사이에서는 "돼지 잡다"가 "멧돼지를 사냥하다"라는 말을 대신한다.

그 표현은 우아하지는 않지만 그 표현이 탄생한 세계에서는 그럴듯해 보이지 않는 것도 아니다. 그것은 상대방에 대한, 적수에 대한 호메로스 풍의 욕설이 아닌가. 게다가 "돼지 잡다"라는 표현의 속뜻을 알고 있는 사람들이 그 표현을 듣고 떠올리게 되는 으리으리하고 값비싼 장비들, 말, 사냥개 무리, 하인, 나팔, 드넓은 숲과 들판이라는 배경을 고려한다

---

1) 부르보네(Bourbonnais)는 프랑스 중부의 알리에 주를 포괄하는 역사적, 문화적 지역이다.
2) 위베르 성인(Saint-Hubert)은 사냥꾼들의 수호성인이다.

면, 이 표현에는 대단하며 도도한 겸손 또한 엿보인다.

　난 이 표현을 보면서 하나의 본보기를, 작가라는 직업에 적용할 만한 가르침을 떠올린다. 거창한 표현을 피할 것. 자신이 느꼈고 전달하고 싶은 감정에 약간 못 미치게 표현할 것. 초고의 여백에 적혀 있는 "돼지 잡다"라는 표현은 "어조를 낮춰서 다시 쓸 것"을 의미하게 될 것이다.

　거장들의 작품을 연구하다 보면, 어휘들의 단순성과 적나라함 속에 어떠한 자원이, 어떠한 힘이 들어 있는지를 알게 된다. 만약 누군가 내게 예를 하나 들어보라고 한다면, 존 드라이든이 「체칠리아 성녀의 날을 기리는 단가(A Song for St. Cecilia's Day)」에서 리라의 발명에 관해 남긴 유명한 시구를 인용하여 답하리라.

　*Less than a god……*

　위의 의미는 대략 이러하다. "그들 생각에, 그토록 달콤하게 그토록 훌륭하게 말하는 저 고동 모양 몸체 속의 존재가 신보다 덜 위대할 수는 없었다."

　*That spoke so sweetly and so well.*

　정점에 달한 아킬레스의 비상이 갑자기 멎더니, 입말의 가장 단순하고 가장 평범한 두 단어를 꺾어서 화관을 만들어 쓴다. 자, 내 생각에 바로 이것이, 떠들썩하게 온갖 나팔을 불어대며 "돼지 잡다"라고 명명할 만한 것이다.

## XII
## 속돌과 천연금괴

   그 독서가 내게 남긴 추억, 그건 바로 웅성거림과 수많은 소문이다. 어쨌든 작가는 재능과 지식과 솜씨를 갖추고 있어서 내 마음을 움직이려고, 나를 설복하는 것까지는 아니라 하더라도 적어도 나를 자극하고자 최선을 다했음이 분명하다. 매 페이지마다, 인쇄물로 읽을 일이 없었던 거칠고 추잡한 단어들이 반복된다. 가끔씩은 유명인들, 사회적 집단들, 경찰, 군대, 정부, 사제…… 등 기관과 단체에 퍼붓는 질펀한 욕설을 만난다. 국민 전체는 우스꽝스러운 혹은 파렴치한 꼭두각시들이다. 조국은 구역질 나는 것이어서 조국을 배신하고 싶고 국기에다가는 싸버리고 싶다…….

   사실, 문학적 현란함이 요란하게, 때로는 재미있게 펼쳐지는 이 글에서 가장 충격적이었던 것, 그것은 작가가 스캔들을 일으키고 싶다는 욕망에 사로잡혀 그 욕망에 전적으로 휘둘리고 있다는 것이었다. 취한 척하는 것과 같지 않은가. 돈 없는 젊은 군인들이 자신들 또한 술을 사 마실 능력이 있다고 믿게 하려고 술에 취한 척 비틀거리면서 내무반으로 들어가는 모습이 떠오른다. 사회에 대한 개인의 반항을 그린 대작가들(J.-J. 루소, H. D. 소로, 쥘 발레스, 좀 더 자세히 들여다보자면 루이 뵈이요와 레옹 블루아)로부터 그 인간적인 내용은 빼놓고 덜떨어지게 베껴놓은 형식만이 들어 있다. 그리고 책을 읽으면서 인간적인 것만을 진정 즐겼던 내게 그 모든 난리법석은 유명인들에 대한 과도한 찬사, 사회적 기관과 단체에 대한 어리석은 칭찬과, 결국 애국적 문구로 끝나버리는 찬사들과 다를 바가 전혀 없었다.

  이 시끌벅적한 책을 버리고 또 다른 책을 집어 들었다. 앞서 말한 책을 읽으면서 대번에 내용이 알차지 않고 알맹이가 빠져 있고 또 다른 유형의 아카데미즘이 뿜어내는 차가움을 느꼈을 법한 것처럼, 이 책은 첫 줄부터, 앞부분 글줄에서 벌써 인간적인 어조와 내용이 확연히 드러나는 그런 책이었다. 억지로 효과를 추구하지도 않고, 진실한 세부묘사와 정확한 어휘들이 촘촘히 박힌 글의 짜임새 말고는 다른 인위적 기교란 없다. 침울한 아이의 모습을 그리고, 허식에 치중한 나이 든 부인과 사랑하는 여인에게 배반당하고 버림받은 남자를 묘사하고, 들판 한가운데를 흐르는 시냇가에 줄줄이 늘어선 포플러 나무들을 보여준다. 이 책의 저자는 내 흥미를 불러일으키고 내 마음을 움직여서 나는 정신이 번쩍 든 상태로 글을 읽어나갔다. 아쉬운 마음으로 마침내 마지막 책장을 넘기면서 이 두 책 가운데 진정 혁신적이고 전복적인 책, 그것은 지안나 만치니[1]라는 이름과 피렌체에 살고 있는 작가라는 것 말고는 알고 있는 것이 하나

---

1) 지안나 만치니(Gianna Manzini, 1896~1974)는 이탈리아의 여류 소설가이다. 처녀작 『사랑의 계절(Tompo innamorato)』(1928)로 호평을 받았으며, 그녀의 작품에서는 F. 토치, E. 체키, V. 울프의 영향을 엿볼 수 있다. 대표작 『전신 초상화(Ritratto in piedi)』(1971)는 작가가 유명한 무정부주의자였던 자신의 아버지 이야기를 하고 있는 반(半)전기적 소설이다.

도 없는 그 여성 작가의 작품이라는 것을, 단순하고 젠체하지 않으나 뛰어난 작품임을 깨달았다. 샤를-루이 필리프[2] 또한 그 여성 작가의 글을 좋아했을 게 뻔하다.

그토록 고래고래 소리를 질러대고, 쓸데없이 휘두르는 폭력을 보고 난 뒤 바로 이곳에서, 내 안의 가장 내밀한 곳을 건드리고, 내게 나의 약점과 단점들이 무엇인지를, 내게 다정함과 자비심이 부족하다는 것을, 내가 삶에 부주의하다는 것을, 내가 아름다움을 몰라본다는 것을, 내가 어리석고 심술궂다는 것을 보여주는 진실한 말들이 내게 들려왔고 관찰들이 내게 전해졌다. 바로 이런 것들이 이 책이 한 줄 한 줄, 분노를 터뜨리지 않고서도 추잡스러운 말 한마디 하지 않고서도 ―죄악을 그려내는 데서 그렇다고 얌전을 빼는 일도 없이― 하지만 우아하고 서글프게 우리에게 보여주는 것으로서, 이는 우리의 수호천사가 할 법한 것이며, 우리에게 심한 상처와 위로를 동시에 주어 우리가 가장 쓰디쓴 형벌을 달콤하고 받아 마땅한 것으로 여기고, 그럼으로써 구원받게 해주는 우리 내면의 심판관이 할 법한 일이다. 중용의 빛, 속죄의 독서로서, 내게 갈등의 해소를 안겨주는 동시에 내 안에서 인내심과 선의, 평화―오, 바다와 올리브 나무 위를 비추는 토스카나의 빛이여!―가 자라나게 해주며, 아이들, 노인들, 고통 받고 무시당하는 영혼들, 말 못하는 고통, 경멸당하는 아름다움에 좀 더 주의를 기울이게 해줬다. 그리하여 이 책과 그 저자, 나, 그리고 우리 안의 모든 사람들은 유명인, 사회단체, 정치기관,

⁝

[2] 샤를-루이 필리프(Charles-Louis Philippe, 1874~1909)는 프랑스 소설가이자 시인으로, 구걸로 연명할 만큼 가난한 집안에서 태어나서 장학금으로 학업을 마쳤으며 훗날 발레리 라르보, 앙드레 지드와 교분을 쌓게 된다.

그리고 모든 나라의 국기와 문양으로부터 너무나 멀리 떠나가버려서, 각 나라의 국경선 위로 너무나 높이 떠올라버려서, 마치 그것들 가운데 그 어느 하나로 존재하지 않는 것 같았다. 그것들은 오로지 우리 안에 담긴 위대하고 자유롭고 격렬한 인생의 유령들일 뿐이며, 스쳐갈 빈약한 외관, 가련한 기교, 골조를 꾸미는 장식, 장난감, 유물일 뿐이다.

# XIII
# 우리의 엔니우스가 노래하듯이
(*Ennius ut noster*······)[1]

 

똑같이 작가인 사람이 위대한 작가를 알아봐주는 것은 늘 뭔가 감동적이어서, 유명한 선조, 위대한 선배, 시대가 몰라본 뛰어난 그 당시의 작가가 후대의 눈에는 그 또한 버금가게 위대한 작가에 의하여 영예롭게 거명되는 구절을 암기하고 기꺼이 인용한다. 루크레티우스[2]가 엔니우스[3]에게 바치는 찬사, 라퐁텐이 말레르브[4]와 라캉[5]에게, 오노레 뒤르페[6]에게

∴

1) 루크레티우스의 『사물의 본성에 대하여(*De Rerum Natura*)』, 제I권 117행에 나오는 구절이다.
2) 루크레티우스(Titus Lucretius Carus, BC 94?~BC 55?)는 로마의 시인이며, 유물론 철학자이다. 철학시 『사물의 본성에 대하여』는 에피쿠로스에 대한 찬미와 원자론적 합리주의를 다루었다. 고대 원자론의 원칙에 의해, 자연현상, 사회 제도·관습을 자연적·합리적으로 설명하고, 영혼과 신에 대한 편견을 비판하였다.
3) 퀸투스 엔니우스(Quintus Ennius, BC 239~BC 169)는 고대 로마 초기의 시인으로 '라틴문학의 아버지'라 불린다. 그리스 비극을 번역했으며 다양한 형식의 시를 남겼는데, 특히 로마의 역사를 노래한 서사시 『연대기』는 그리스풍 영웅율시를 라틴어에 적용한 최초의 시도로서 후대 시인에게 큰 영향을 주게 된다.

보낸 찬사…….

월계관을 쓴 작가들 사이에 오간, 한 세대가 앞 세대 혹은 뒤 세대에 건넨 인사, 한 세기가 앞 세기에 보내는 인사들을 추려 선집을 만든다면 흥미로울 것이다. 내게 가장 깊은 인상을 남겼던 찬사 가운데 하나는 보쉬에가 도비녜[7]에게 바친 찬사이다. 그 찬사에는, 모(Meaux) 지방의 독수리라고 불리는 보쉬에가 어느 정도로 뛰어난 문필가였는지, 타인의 작품에 대한 얼마나 훌륭한 판관인지가 나타난다. 보쉬에가 사용한 정확한 말들은 머릿속에서 달아나버리고 없지만, 그 구절은 『프로테스탄트 교회의 변천사』에 들어 있다. 만약 그 책이 지금 내 수중에 있다면 그 구절을 기꺼이 여기 베껴 적을 터이다. 그 구절을 지금 내 손에 넘겨줘서 처음 맞닥뜨렸을 때 내가 느꼈던 인상을 내게 돌려준다면, 그 선집 편찬자를 위해 축복을 빌어주겠다. 그때 받은 느낌은, 엄격하고 종교적 열정으로 열렬한 보쉬에의 얼굴이 이교도 작가 한 명 때문에, 이교의 투사 한 명 때문에, 그토록 생생하고 그토록 아름다운 미소로 환해지는 것을 보는 행복감이었다.

----

4) 프랑수아 드 말레르브(François de Malherbe, 1555~1628)는 프랑스의 시인이다.
5) 라캉(Honorat de Bueil, seigneur de Racan, 1589~1670)은 프랑스의 시인이자 작가로서, 말레르브를 스승으로 섬겼다.
6) 오노레 뒤르페(Honoré d'Urfé, 1567~1625)는 프랑스의 작가로서 프랑스 문학 사상 처음으로 대하소설 『아스트레(L'Astrée)』를 남겼다.
7) 테오도르 아그리파 도비녜(Théodore-Agrippa d'Aubigné, 1552~1630)는 16세기 말 프랑스의 대표적 시인이자, 엄격한 신교도로서 18세에 종교전쟁에 참가하였고, 앙리 4세가 정치적 이유로 구교로 개종하기 전까지는 그를 충실하게 섬겼다. 작품으로는 서정시집 『봄(Printemps)』, 종교전쟁을 주제로 한 장대한 서사시 「비창곡(悲愴曲)(Les Tragiques)」 등이 있다.

## XIV
## 과학의 진보……

19세기가 성취한 과학의 진보…… 이 세상은 약간 어리석어졌다……. 『타이스』의 작가[1]가 한 이 말은 19세기 문학의 가장 커다란 주제 가운데 하나이다. 보들레르와 플로베르 특유의 주제이자, 루이 뵈이요,[2] 보다 가까이로는 레옹 블루아[3] 역시 개진한 이 주제는 미슐레, 에드가르 키네,[4] 빅토르 위고, 르낭 등이 개진한 무한한 진보라는 낙관적 주제와 대립했다. 그러한 주제에 대해서, 확신이라고까지는 않겠지만 어느 정도 변치 않을 그 어떤 의견을 가질 수 있을까? 이는 인상, 기분에 좌우되는 문제이다. 다 괜찮아. 다 엉망이야. 어제저녁에 "우리 불명의 생이여……"라고 해놓고 오늘 아침에는 "프랑스는 옛……!"이라고 말한다. 기계공학의

⁝
1) 아나톨 프랑스를 말한다.
2) 루이 뵈이요(Louis Veuillot, 1813~1883)는 프랑스의 언론인이자 문필가이다. 열렬한 가톨릭 신자로서 사학을 맹렬하게 옹호했다.
3) 레옹 블루아(Léon Bloy, 1846~1917)는 프랑스의 소설가・평론가・논쟁가이다. 로마 가톨릭으로 개종한 뒤 열렬한 신자가 되어 고통과 가난을 통한 정신적 부활을 설파했다.
4) 에드가르 키네(Edgar Quinet, 1803~1875)는 프랑스의 작가이자 역사가이다.

발전이 이 세상을 어리석게 만들었는가? 누가 그렇다고 말하겠는가? 어리석은 미래를 향해 나아가고 있는가? 누가 알겠는가?

하지만 "지적 수준이 낮아졌는가?"라는 첫 번째 질문은 해결이 덜 불가능해 보인다. 통계에 기초하여 오래고 꼼꼼한 조사를 한다면 어쩌면 그 문제가 해결될 것이다. 하지만 어림짐작으로 대답해야만 한다면 아니라고 답하련다. 이 답의 근거는 순간적인 인상이 아니라 최근 몇 년간 나의 경험이다.

사실, 지리, 언어, (정치, 법, 경제, 제도, 철학, 예술, 문학, 과학의) 역사 관련 서적들의 서지를 읽으면서, 독일어권, 영어권, 프랑스어권의 교양은 19세기 후반과 마찬가지로 여전히 활기차고 융성함을 확인하게 된다. 이탈리아, 스페인, 스칸디나비아의 교양은 발전한 것으로 보인다(이번에도 출간물 실적, 그러니까 출판된 책의 수와 권위를 볼 때 그렇다는 말이다). 더군다나 언어학의 새로운 분야가, 이렇게 말할 수 있는지 모르겠지만 교양의 세계로 입장한 것이다. 빅토르 베라르[5]의 『페키니아인들과 오디세우스』 새 판본에 달린 서지에는 현대 그리스어 저서가 여럿 들어 있다. 이해관계를 완벽하게 벗어난, 순수하게 지적인 성질의 학문이 계속 가꿔지고 있고 점점 더 그런 성향을 보인다는 사실이 "지적 수준"이 낮아지지 않았음을 입증하는 듯하다. 이러한 생각은, 프랑스에서 펴내고 있는 기욤 뷔데[6] 총서 같은 몇 가지 대대적 고전 편찬 사업들과 카탈로니아에서 편찬해내는 그와 유사한 또 다른 총서를 보면 더욱 확고해진다.

∴

5) 빅토르 베라르(Victor Bérard, 1864~1931)는 프랑스의 그리스어 학자이자 외교관, 정치인이다. 그의 호메로스의 『오디세이』 번역은 유명하다.
6) 기욤 뷔데(Guillaume Budé, 1467~1540)는 프랑스의 인문주의자로서 콜레주 창설을 위해 힘썼다. 뷔데 총서는 그리스어나 라틴어 고전 옆에 프랑스어를 병기한 2개어 편집을 보여준다.

요컨대 위안이 되는 의견이다. 왜냐하면 지식이 지적인 삶의 전부도 아니고 최후의 목적도 아니지만, 적어도 석학들—시인들과 마찬가지로—은 작업할 때 교양 있는 엘리트들, 다시 말해 문명의 가장 중요한 요소를 구성하는 독자들을 염두에 두기 때문이다. 이 독자층은 가장 눈에 띄지 않는 존재이기도 하다. 그리고 가장 부서지기도 쉽다. 다시 세계대전이라도 일어난다면, 이들의 손아귀에서 고삐가 완전히 빠져나가 버린 상태로 진행되는 혁명이라도 일어난다면 이들은 파괴될지도 모른다. 하지만 이 엘리트층은 개인들, 대체로 인종, 민족, 계급, 정당에 대해 편견을 갖고 있지 않은 개인들, **온 세계가 하나의 나라**(*tutto il mondo è paese*)라고 생각하는 개인들이 모여서 이루어진 것이다. 그러니까 문맹인들이 콘스탄티노플을 점령하고 난 뒤의 소수 그리스인들이랄까……(당시 터키인 가운데 교양 있는 엘리트층이 존재했다면 이 그리스인들과 터키의 엘리트들은 서로 의가 통했을 거라고 생각해볼 수 있겠다.)

# XV
# 낯섦[1]의 분위기

정말이지, 이제야말로 『시학』, 『수사학』과 끝장을 냈다고 생각한다면 대단한 착각이다. 정성 들여 위대한 작가들의 글을 조금이라도 읽어본다면, 아리스토텔레스의 진술이 생각했던 것보다도 훨씬 더 많은 경우에 보편적으로 유효하며, 시간의 흐름도 그러한 사실에 전혀 영향을 주지 못한다는 사실을 매순간 깨닫게 된다. 르메르 드 벨주[2]에서 이지도르 뒤카스,[3] 생존 페르스[4]에 이르기까지, 최고의 작가들 모두 의식적으로든 아니든 간에(이 점은 그다지 중요하지 않다) 아리스토텔레스의 가르침을 따랐던 것으로 보이고, 이러한 사실은 영국, 스페인, 그 밖의 다른 나라 문학의 경

∴

1) 'étranger'라는 프랑스어 표현은 '외국의, 이방의, 이국의, 낯선……' 등의 다양한 의미가 있다. 이 어휘를 '낯섦'과 연관시켜 번역한 이유는, 앙투안 베르만(Antoine Berman) 등의 번역이론가에 의해 현대 번역학의 주요 화두가 된 '타자의 문화의 '낯섦'을 번역을 통해 어떻게 수용할 것인가'라는 문제의식과의 연장선에 위치시키려는 의도에서 비롯함을 밝힌다.
2) 르 메르 드 벨주(Le Maire de Belges, 1473~1524)는 15~16세기에 활약한 프랑스의 기교파 궁정시인으로 분류되지만, 고대에 대한 취향, 리듬과 어휘 선택에 대한 고심, 국어 선양을 고취하는 그의 시학 속에서 플레야드의 시풍을 엿볼 수 있다.

우에도 마찬가지일 터이고, 어쩌면, 아니 더 나아가 틀림없이, 우리 문학의 유래와 아무 관련 없는 문학의 경우에도 마찬가지일 터이다. 예를 들어 말라르메는, '토 로고 크레스타이 안토노마토스(τό λόγω χρῆσθαι ἀντ᾽ ὀνόματος)'[5] 즉 명사 대신에 정의를 사용'한다는 가르침을, '중심에서부터 똑같은 거리에 떨어져 있는 모든 점들이 모여 이룬 곡선으로 한정된 평면도형'이라고 말하지 '원'이라고는 말하지 않는다는 가르침을, 시 작품마다에서 철저한 실천을 통해서 보여줬다. 그리고 말라르메의 뒤를 이어 폴 발레리 역시 같은 방법을 따르게 된다. 발레리는 자신의 '젊은 여인 파르크'에게 "나의 그림자여"라고 부르게 하고, 뒤를 이어 곧바로 그 그림자를 만들어낼 텐데, "날랜 유연한 미라", "나의 부재로 색을 입힌", "미끄러져 가라, 죽음의 조각배여" 등, 일련의 이미지들을 동원해 그림자를 정의하여 그 그림자가 우리 눈앞에 절로 떠오르게 할 것이다.[6] 이리하여 발레리 또한 "그림자"라는 이름을 드러내놓고 사용하지 않고서 넘어갈 수 있었다. 우리는 그 속성, 그 특성을 보고 그것이 그림자임을 알아보았을 테니까. 이런 식으로 모든 현대 작가들을 상대로, 『시학』, 『수사학』에서 권하는 비결 각각에 해당하는 예들을 골라내어 그 앞에 갖다놓는 것

3) 이지도르 뒤카스(Isidore Ducasse, 1846~1870)는 프랑스의 시인이다. 「말도로르의 노래(Les chants de Maldoror)」의 작가로서, 로트레아몽(Lautréamont)이라는 필명으로 더 잘 알려져 있다. 생전에는 인정받지 못하다가, 사후 초현실주의자들에 의하여 랭보에 버금가는 근대시의 선구자로 추앙받게 된다.
4) 생존 페르스(Saint-John Perse, 본명은 마리 르네 오귀스트 알렉시스 생레제 레제〔Marie René Auguste Aléxis Saint-Réger Réger〕, 1887~1975)는 프랑스의 시인, 외교관이다. 작품으로는 『추방』(1942), 『새들』(1963) 등이 있으며, 1960년도 노벨문학상을 수상하였다.
5) 라르보의 희랍어 악센트 표기(τό λόγω χρῆσθαι ἀντ᾽ ὀνόματος)가 희랍어 원문과 달라서 수정하였다. 이 표현은 아리스토텔레스의 『수사학』 제3권 6장 1절에 나온다.

제2부 예술과 직능: 고찰    211

은 너무나 쉬운 일일 것이다.

아리스토텔레스의 충고 가운데 몇몇은, 그리스어를 사용하는 작가가 아닌 다른 작가들이 따르기에는 너무 특수한 것으로 분류하여 한 옆에 밀쳐두는 게 주해자들의 전통이었기에, 현대작가들에 의해 지금까지도 부당하게 무시당해온 것이 아닐까 하는 의문이 들 정도이다. 우리는 "말"[7], "낯선 단어들"에 대해, 그리고 시와 시적 산문의 경우 글에 '낯선 분위기'를 부여하라는 권고에 대해, 요컨대 명료하면서도 가능한 한 낯설어야[8] 한다는 권고에 대해 특히 그런 생각을 한다. 이러한 권고는 그리스어와만 관계가 있다고 생각해왔는데, 그리스어는 수많은 다양한 방언으로 나뉘어 있어서 그러한 권고를 쉽사리 따를 수 있기 때문이다. 가령, 아테네 독자들은 키프로스어로 적힌 '창(槍)'이라는 단어를 만나면 당혹스러워 하는 것이 아니라 기분 좋은 놀라움을 느꼈다. 하지만 이는 한창 형성 중인 공통의 언어들일 경우 아주 제한적으로만 시학에 적용될 수 있었고, 공통의 언어가 일단 형성되고 나면 그 각각의 언어 내에서만 적

----

6) 라르보가 언급하는 부분은 폴 발레리의 「젊은 여인 파르크」중 제141행부터 148행에 해당한다. 다음은 관련 시행으로, 영원인 광휘와 죽음인 그림자 사이에서 고뇌하는 파르크의 모습을 보여주고 있다.
"오, 광휘여, 그것이 내 발치에만 있지 않다면. 적이,
나의 그림자! 나의 부재로 색을 입힌 그 날랜 유연한 미라는
힘도 안 들이고 대지를 스치듯 지나가고 있었다.
내 이곳에서 그 경쾌한 죽음을 피하려 했건만.
장미와 나 사이로 몸을 피하는 죽음이 보인다.
춤추는 먼지 위로, 죽음이 미끄러져 가고, 풀잎새 하나
건드리지 않지만, 지나가며, 곳곳에서 산산이 부서진다……
미끄러져 가라! 죽음의 조각배여……."
7) 원문에는 희랍어로 "글로타이($\gamma\lambda\tilde{\omega}\tau\tau\alpha\iota$)"라고 되어 있다.
8) 원문에는 희랍어로 "크세니코스($\xi\epsilon\nu\iota\kappa\acute{o}\varsigma$)"라고 되어 있다.

용될 수 있었다. 우리 프랑스인으로 치자면, 지방 사투리에서 어쩌다가 몇 단어를 빌리고, 캐나다, 아이티, 루이지애나 등 옛 식민지에서 여전히 통용되고 있는 몇 가지 옛날식 표현들을 쭈뼛거리며 빌리는 것이리라.

그런데 왜 그리스인들이 자기네 방언들을 바라본 방식으로 유럽 및 아메리카 문명권의 언어를 바라보지 않는 걸까? 그리하면 그 문명권에 속한 언어들은, 의미는 명료하면서도 아리스토텔레스가 요구하는 희귀함, '낯섦'의 조건을 충족할 수많은 단어와 표현들을, 저마다 나머지 다른 언어들에서 빌려올 수 있을 텐데 말이다.

사실 이런 식의 언어차용은 말과 글에서 대규모로 일어나고 있다. 프랑스어 어휘가 독일 언론을 휩쓸고 있는 모양이고, 오래전부터 프랑스의 언어순수주의자들이 프랑스의 글에 영어식 어휘와 표현이 무더기로 들어오는 것에 항의한다면, 에스파냐의 언어순수주의자들과 이탈리아의 '신(新)아카데미'는 프랑스어 관용어법의 유입에 맞서 전쟁을 치르고 있다.

아마도, 문제가 되는 것은 '무지'에서 비롯된 차용어일 텐데, 이러한 차용어들은 거의 늘 불필요한 단어들, 부정확한 어법, 통사 오용, 수용국 언어 고유의 정신과 양립할 수 없는 형식을 한 영역에서 다른 영역으로 실어 나른다. 그리고 이러한 차용어에는 상스러움의 봉인이, '천민' 특유의 저속함의 봉인이 찍혀 있어서, 그 때문에 아주 빠르게 제거된다. 하지만 적절한 차용어들도 있는데, 이들은 대부분의 경우 동화된다.

그런데 진정으로 "낯선 말"[9]은 문학적 기원을 가진, 문학적 언어에서 빌려온 말들로서, 이들이 차용국의 언어를 풍요롭게 해준다는 점에는 이론의 여지가 없다. 번역가들은 숙어, 속담, 격언, 심지어 단순한 관용어

---

9) 원문에는 희랍어로 되어 있다.

제2부 예술과 직능: 고찰　213

들과 마주하게 되면서 그런 점을 깨닫게 되는데, 이러한 표현들은 해당 등가어로 옮겨줘봐야 아무런 특색이 없는 표현이 되어버리고, 오히려 글자 그대로 옮겨줘야 원표현의 특색이 더 많이 살아난다. 물론 그 작업에는, 아리스토텔레스가 바로 '낯선 분위기'를 논하며 당부한 바 있는 솜씨, 절도, 조화에 대한 배려, 적합성이 필요하다. 다른 한편, 언어순수주의자들의 항의는 종종 민족적 편견, 가장 거칠고 가장 사나운 무지보다도 문화의 본령에 더더욱 위험이 되는 그 편협한 민족주의로 얼룩져 있다.

그런데 언어들이 빌려온 말들로 살아간다는 것은 명확한 사실이라서, 고전어를 전공하는 대학생들에게만이 아니라 유럽과 아메리카의 모든 학생들에게, 앙투안 메이예[10]가 그리스 코이네[11]의 형성과 특성에 대해 남긴 성찰을 읽어보게 하는 편이 바람직할 것이다.

하나의 특정 언어는 제한된 수의 문학적 효과만을 허용하기에, 언어를 사용하다 보면 자연스레 생겨나는 특유의 표현과 단어들의 연합을 문학이 사용해 버리고 나니, 그것들은 처음의 참신함과 더불어 표현 가치를 잃어버리게 되었고, 그래서 작가들은 온갖 기교를 부리지 않을 수 없게 된다. 사실 코이네는 아티카어와 이오니아어의 연장일 뿐이었기에, 코이네가 새로운 시적 문학의 도구를 제공하기에는 적당하지 않았다. 작가들은 그 점을 느끼고 있었다. 그래서 작

---

10) 앙투안 메이예(Antoine Meillet, 1866~1936)는 20세기 초 프랑스 언어학계의 중심 인물로서, 콜레주 드 프랑스에서 소쉬르의 강의를 들었고 소쉬르의 뒤를 이어 비교문법에 관한 강의를 맡았으며, 벤베니스트, 마르티네 등의 쟁쟁한 후학을 키워냈고, 미국의 언어학자 블룸필드에게도 영향을 주었다. 이 글에서 언급되고 있는 『그리스어 역사 개론』은 1913년에 출간되었다.
11) 코이네(Koine)는 상당히 정형화된 그리스 구어 및 문어를 말한다. BC 4세기부터 유스티아누스 황제 시대인 AD 6세기 중엽까지 그리스와 마케도니아 및 헬레니즘 문명에 동화된 일부 아프리카와 근동 지방에서 사용되었다.

가들은 코이네 같은 언어에서 끌어낼 수 없는 특색을 자신들의 작품에 부여하기 위해서, 버림받은 낡은 문학어들에 도움을 청하려고 ―당연히 아무 소용이 없었지만― 애를 썼다. 〔…〕 기교로 채워진 이 시도들은 전부, 바로 그러한 이유로 힘과 활기가 모자란다. 〔…〕 (A. 메이예, 『그리스어 역사 개론』, 191쪽)

이 글에다가 뷔퐁[12]의 「문체론」에서 뽑은 이 대목을, 아무리 자주 인용해도 과하지 않을 이 대목을 덧붙이는 것도 나쁘지 않을 것이다.

아름다운 문체에서 발견되는 모든 지적 아름다움과 그 문체를 구성하는 모든 비율은 주제의 내용을 구성할 수 있는 진실만큼 유용한, 어쩌면 인간정신에는 그러한 진실들보다 더 귀중할 수도 있는 진실들이다.

'아름다운 문체'는 생생하고 건강한, 그러니까 빌려온 말들로부터 충분한 양분을 공급받은 언어에서 나올 수밖에 없다. 극단적 의고주의자들로 인해, 프랑스어(에스파냐어, 영어……)는 자기 자신의 자산을 소비하며 근근이 생명을 유지하다가, 자신의 몸을 파먹게 되는 경향을 보인다. 이는, 메이예에 의해 드러난, 제국의 언어를 사용한 작가들에게서 보이는 비생산적 기교를 떠올리게 한다. 반대로, 머뭇거리지 않고 폭넓게, 하지만 현명하게, 직접 혹은 번역가들의 작업을 통해서 인접 영역에서 언어를 빌려오는 사람들은 모국어에 **생명으로 충만한 성분과 세포조직들을** 가져다주며, 어휘들의 **새로운 연합과 관계의 가능성을** 열어준다.

이러한 말들을 빌려오는 영역을 제한하는 것 또한 좋지 않으며, 민족적 편견을 기원에 대한 편견으로, 예를 들자면 러시아에서는 '슬라브', 스

---

12) 조르주 루이 르클레르 드 뷔퐁(Georges Louis Leclerc de Buffon, 1707~1788)은 프랑스의 철학자·박물학자이다. 그의 사상은 진화론과 일맥상통하여 진화론의 선구자로도 평가받는다. 「문체론」은 그가 1753년 8월 25일 학술원 회원으로 받아들여지던 날 학술원에서 행한 연설이다. 저서로는 『박물지』가 있다.

페인, 프랑스, 브라질, 이탈리아에서는 '라틴', 영국, 독일, 네덜란드, 오스트레일리아에서는 '색슨' 혹은 '게르만'이라는 식의, 기원에 대한 편견으로 대체하는 것 역시 그러하다. 로망어의 경우, 게르만 계통의 언어들로부터, 특히 언어의 절반이 고대 프랑스어와 현재 사용되는 생존 라틴어들로 구성된 영어로부터 언어이식이 성공적으로 이뤄질 수 있다. 문학적으로 로망어보다 더 젊은 게르만 계통 언어의 경우, 자연스러운 경향은 늘 라틴어의 영향을 더 받아들이는 것인데, 문학어로서의 영어를, 특히 제러미 테일러와 토머스 브라운[13]의 '현란한 산문'이 보여준 영어를 고려한다면, 그렇게 해서 게르만어가 잃을 것은 없을 듯하다.

끝으로, 우리가 과거에 대해 알고 있는 것들을 고려해본다면, 미래, 아마도 아주 먼 미래, 우리의 언어들이 보다 더 훌륭하게 양분을 공급받은 상태가 됐을 만큼 먼 미래를 생각해볼 때, "여전히 프랑스어인 건 틀림없지만 더는 전과 같지 않다"라고 말해야만 할 날이 결코 오지 않으리라고 그 누가 믿겠는가?

---

13) 토머스 브라운(Thomas Browne, 1605~1682)은 영국의 의사이자 저술가이다. 의학, 고고학 등 다방면에 관심을 가졌던 폭넓은 정신의 소유자로서, 본인의 종교적 성향에도 관용의 정신을 잃지 않았으며, 작가로서는 수사 및 리듬에 대한 탁월한 감각을 보여주었다. 저서로는 『프쇠도독시아 에피데미카(*Pseudodoxia Epidemica*)』(1646)가 있다.

## XVI
## "나에겐 애인이 둘 있네"

요즘 프랑스 전역에서, 음악이 나오는 기계라면 어떤 기계든지 앉아 있는 사람에게든 지나가는 사람에게든 쏟아 붓는 유행가가 하나 있다. 대중적이라기보다는 천박하다고 할 만한 노래인데, 그 후렴구의 처음이 셰익스피어가 지은 유명한 소네트의 첫 네 단어를 번역한 것과 정확하게 일치한다.

*Two loves have I……*[1]

이 유행가는 대단한 성공을 거둬서, 시골의 식당 겸 여인숙에서 일하는 여인들조차 그 노래를 발표한 가수를 "애인 둘 부인"이라는 별명으로 부를 정도였다.

이를 보고 있자면, 1900년경에 왈츠풍 노래 하나가 이보다 더 큰 성공

⁚⁚
[1] 셰익스피어의 소네트 144번으로 "Two loves I have, of comfort and despair"로 시작된다.

제2부 예술과 직능: 고찰 **217**

을 거둔 것이 생각난다. 코메디 프랑세즈 소속 배우가 그 가사를 지었는데, 라신의 표현을 베끼다시피 한 것이었다. 예를 들자면 베레니스의 대사인 "멍한 눈길"이란 표현을 찾아볼 수 있었다.

…… 난 그 멍한 시선을 외면하오.
늘 날 보고 있으면서도 결코 나를 보지 않았지.[2]

위의 대사는 얼추 아래처럼 바뀌었다.

멍한 두 눈을 들여다보며
넌 내 속을 읽어내려 들어
하지만 소용없어……[3]

이 노래가 선풍적인 인기를 끌 당시, 파리의 무도장과 카페-콩세르에서는 젊은이들이 라신의 작품에서 따온 표현을 듣고서, 그들로서는 읽어본 적도 없고 아마 그 뒤로도 결코 읽을 일이 없을 라신의 대사를 듣고서, 눈물을 글썽일 정도로 감동한 모습을 목격할 수 있었다.

셰익스피어의 네 단어, 라신의 두 단어. 이는 마치 시의 여신이 적선을 베푼 것과 같아서, 민중 전체가 미(美)의식의 암흑 속에 잠겨 있다가 갑

---

2) 『베레니스(*Bérénice*)』는 라신이 1670년 처음 무대에 올린 비극으로, 로마 황제 티투스와 팔레스티나의 여왕 베레니스의 이루어질 수 없는 사랑을 다룬 작품이다. 라신의 작가적 재능은 소재의 상투성을 넘어선 절대적이고 비극적인 사랑의 차원을 보여준다. 위의 대사는 1막 4장에 나오는 안티오쿠스의 대사이다.
3) 조르주 밀랑디(Georges Millandy)가 가사를 쓰고 조제프 리코(Joseph Rico)가 부른 〈너는 절대로 모를 거야(Tu ne sauras jamais)〉라는 노래의 후렴구에 나오는 가사이다.

자기 천상의 목소리를 알아듣고서 시적 우미(優美)에 자신을 열어준 것이다. 여기에는 뭔가 우리 마음을 움직이는 게 있어서 이번에는 우리가, 이러한 척박함, 이러한 희망 앞에서 눈물을 글썽일 차례이다.

제3부

기법 혹은 영감에서부터 인쇄술까지

# 군주의 실력 행사

장 폴랑에게

나의 친우여. 내가 쓴 「테세우스의 배」가 《코메르스》지(誌)에 실렸을 때 자네가 보여준 환대는 내게 으쓱한 기분이 들게 했고, 그 소설의 주인공인 샤를-마리 봉시뇨르에 대한 자네의 호감은 내 마음에 와 닿더군. 독자 서넛이 그러한 호감을 나눠 갖는 것을 보니, 내 소설의 주인공 역시, 아주 드물게 찾아오긴 하지만 휴식의 순간에는 시인임을 자네에게 털어놓아야겠다는 결심이 서는군. 내 소설 주인공이 본인의 나이와 성격에 아주 잘 들어맞는 시를 썼는데, 그 16행짜리 시를 여기 적어보겠네.

POUR LE JAZZ-BAND DE L'HÔTEL EXCELSIOR

*Tutti li miei pensier parlan d'Amore*

*Amour pas un instant ne m'abandonne,*
*Amour me garde et me veille endormi*
*Amour avec les Muses se tient près de mon lit*

*Au premier rai de chaque neuve aurore,*

*Frais incendie et l'argument du jour;*

*Amour ma vie illumine et décore.*

*Amour au soir demeure près de moi*

*Et en l'esprit sans cesse il me raisonne :*

*"Plus chaque jour, dit-il, aimer tu dois,*

*Et chaque jour plus et mieux que personne."*

*Je l'avais cru, à présent je le vois :*

*Amour absous du lien charnel s'accroît ;*

*Mon front se ride et ma tempe grisonne.*

*Mais tu le sais, Amour qui m'as suivi*

*Au bord neigeux de ce dernier pays :*

*Tous mes pensers parlent d'Amour encor.*

Charles-Marie Bonsignor.

*Excelsior Hotel*, Casablanca, Maroc.

### 엑셀시오르 호텔의 재즈 밴드를 위하여

오롯이 내 생각 사랑을 말하네[1]

사랑 단 한순간도 날 버리지 않네
사랑 날 바라보네 잠든 나를 지키네
사랑 뮤즈들과 어울려 내 침대 옆에 머물고
새벽마다 새로 깃든 여명의 첫 햇살에
선선한 불길 그리고 빛의 징후
사랑 내 삶 빛내고 꾸미네.
사랑 저녁에도 내 가까이 머무르며
내 정신 파고들어 줄기차게 설득하니
말하기를, "더욱더 매일 사랑해라
그 누구보다도 매일 더욱 더더욱 잘."
내 그리 믿어왔고 이젠 알겠네
사랑 육신의 끈을 끊고 커가누나
내 이마에 주름지고 옆머리 잿빛으로 물드나
알다시피, 사랑 나를 좇아왔네
이 흰 눈 덮인 땅 끝자락까지
내 모든 생각 여전히 말하네 사랑

샤를 - 마리 봉시뇨르
엑셀시오르 호텔, 카사블랑카, 모로코

자네는 이보다 더 형편없는 시를 읽은 적이 있을 걸세. 그렇지 않은가? 나도 그렇다네. 그리고 더 훌륭한 시를 읽은 적도 있을 테고. 그런데, 이 16행 가운데에서 완벽하게 봉시뇨르 씨의 창작인 것은 단 한 행도 없다는 것을, 그리고 전적으로 나의 작품인 것 역시 없다는 점을 알려주고 싶군.

"이걸 어디서 가져왔어요?" "그 사람은 이걸 어디서 가져왔을까?" 문학작품이라는 명칭에 걸맞은, 그러니까 한 번 더 읽어보거나 혹은 들어봤으면 좋겠다는 마음이 들 정도로 매력적인 작품을 읽을 때나 들을 때면 나는 늘 그런 질문들을 던져보고 싶어 하네. 그리고 "내가 이것을 어디서 가져왔더라?"는 내가 그것을 어디서 가져오는지 알 수 없을 때마다—그러니까 아주 드물게— 내 스스로에게 해보는 질문이지. 자, 그러니, 봉시뇨르 씨와 내가 이걸 어디서 가져왔는지 함께 보세.

하지만 우선, 문학에서 말하는 "공통의 표현형식(forme commune)"을 내가 무슨 의미로 사용하는지부터 말해보겠네. 이 표현은 딱히 상투적인 표현인 것도 아니면서, 수많은 시인들이 그 말을 하도 자주 사용했기에 그 누구의 말도 아니라고 할 만한 것들을 이르네. 프랑스 서정시를 잘 아는 사람이라면, 트리스탕 레르미트(Tristan l'Hermite)[2]가 자신의 시 「구걸하는 아름다운 여인(La Belle Gueuse)」의 입을 통해 들려준 이 시구

*Montre deux rangs de perles fines*(섬세한 두 줄의 진주들을 보이며)

---

1) 단테의 「새로운 인생」에 나오는 한 구절이다. 원문에는 이탈리아어로 표기되어 있다. "Tutti li miei pensier parlan d'Amore."
2) 프랑수아 레르미트(François L'Hermite, 1601~1655), 일명 트리스탕 레르미트는 프랑스의 시인이자 극작가이다.

를 읽자마자 자신이 지금 "공통의 표현형식"을 마주하고 있다는 감정을 갖게 된다네. "트리스탕 레르미트는 대체 이걸 어디서 가져왔을까?" 그게 뭐 그리 중요하겠나. 하지만 그 시구를 만들어낸 사람이 트리스탕 레르미트는 아닐 걸세. 아마도 몇 주 전만 됐어도 내 그렇게 대답했겠지. 그런데 최근에 에드몽 위게[3]가 샹피옹 출판사에서 펴낸 『16세기 프랑스어 사전』을 뒤적이다가 데 로슈 모녀[4]의 두 번째 작품집에서 따온 이 아름다운 인용문을 보게 되었지.

> *Petit baîller, messager du sommeil,*
> *Qui, defermant ces lèvres coralines,*
> *Montre à nos yeux deux rangs de perles fines*
> *Ceintes autour d'un cinabre vermeil.*

바로 이게 트리스탕 레르미트 시의 원천일세. 이 작품집은 1584년에 출간되었고 트리스탕은 1601년에 태어났거든. 데 로슈 모녀는 트리스탕의 할머니나 고조할머니뻘 될 걸세. 그런데 이 원천이 간접적인 것일까 아님 직접적인 것일까? 데 로슈 모녀는 또 그 구절을 어디서 따왔을까? 가장 확실한 대답은 "공통의 표현형식"이겠지. 자, 내가 앞에서 말했

---

3) 에드몽 위게(Edmond Huguet, 1863~1948)가 만든 이 사전은 중세어 연구의 필수적인 참고 자료로서, 위게는 10만 어가 넘는 어휘를 담고 있는 이 사전에서 어휘 의미 변천과 동시에 어휘의 탄생과 소멸을 보여준다.
4) 마들렌 느뵈 데 로슈(Madeleine Neveu des Roches, 1520~1587)와 카트린 프라도네 데 로슈(Catherine Fradonnet des Roches, 1542~1587)를 함께 지칭하는 말이다. 프랑스 푸아티에 출신의 모녀 작가로, 인문주의에 경도된 부르주아 가문에서 자랐고 활발한 문학 활동을 하였다. 여기에서 언급되는 두 번째 작품집은 1583년에 출간되었다.

다시피, 이제 내 시구들의 출처를 밝혀보지.

1행과 2행: *Amour pas un instant*…… *Amour me garde*……. 16세기와 17세기 공통의 표현형식이지.

3행: *Amour avec les Muses*……. 13음절의 시행인데, 상징주의 시가 탄생하기 전에는 불가능한 것이지. 프로페르티우스가 쓴「킨티아의 생일」에 나오는 한 구절 "Mirabar quidnam misissent……"의 무의식적 차용이든가 아님 그것의 인용이라고도 할 수 있고.

4행: *Au premier rai*……. 프로페르티우스의 "sole rubente……"의 무의식적 차용의 결과라고 할 수 있지.[5]

5행: *Frais incendie*……. 이 화려한 대조는 마리노[6] 시대의 이탈리아에서 들여왔을 수 있고. argument이라는 라틴어법은 부알로가 비난했던 것이니 그 이전 시대의 것이었을 거고.

6행: *Amour ma vie*……. 『시편』26편의 1절인 *Dominus illuminatio mea*(주님은 나의 빛). 이건 옥스퍼드대학의 교훈이기도 하지.

7행: *Amour au soir*……. 16세기와 17세기의 공통의 표현형식이고.

8행: *Et en l'esprit*……. 단테의 『새로운 인생(*La Vita Nuova*)』에서 인용

---

5) 여기서 인용되고 있는 구절은 고대 로마의 시인인 섹스투스 프로페르티우스의 『엘레기아 시집』10편의 1행과 2행이다. "Mirabar, quidnam misissent mane Camenae, // ante meum stantes sole rubente torum.(오늘 아침 첫 새벽 빛에 왜 뮤즈들이 내 침대 머리맡에 와 앉는지를 몰랐네)."

6) 잠바티스타 마리노(Giambattista Marino, 1569~1625)를 가리킨다. 마리노는 17세기 이탈리아의 시인으로서, 두운법·중의법·대구법·과장법 기어(奇語)를 시도했고, 이는 마리니즘으로 전 유럽에 전파되었다. 주요 작품으로는 『하프(*La lira*)』(1602) 『아도네(*Adone*)』(1623) 등이 있다.

한 구절.

9행과 10행: *Plus chaque jour*…… *Et chaque jour plus*……. 16세기 시의 모방이고 세브풍의 혹은 기교에 치중한 도치라네.

11행과 12행: 그 기원을 16세기의 플라토니즘에 둔 진부한 표현이자 공동의 표현형식이지. 앙투안 에로에(Antoine Héroët)가 될 수도 있겠고, 레온 에브레우(León Hébreou)가 될 수도 있겠고. 전문가들이라면 보다 정확한 원천을 댈 수 있을 걸세. 조제프 에나르(Joseph Aynard), 외젠 파르튀리에(Eugène Parturier), 에두아르 에리오(Édouard Herriot)(이 양반이 시간이 있다면 말이야)라든가 베르트랑 게강(Bertrand Guégan) 같은 전문가들 말일세…….

13행: *Mon front*……. 롱사르의 시대에서 필리프 데포르트[7]의 시대로 가다 보면 이런 표현은 오십 번 이상 보일 걸세.

14행: *Mais tu le sais*……에 대해서도 같은 말을 하고 싶군.

15행: *Au bord neigeux*…… *Dans un pays de neige et de printemps frileux*(차가운 봄과 눈의 나라에서)라고 썼던 에마뉘엘 로샥[8]을 본뜬 혹은 그것에서 암시를 받은 행이지.

16행: 제사(題辭)로 쓰인 단테 시(『새로운 인생』)의 번역이자 개작이라네.

그러니 이제, 친우여, 호텔 엑셀시오르의 재즈 밴드를 위해 만든 우리의 이 소박한 시에서 우리에게, 그러니까 봉시뇨르와 내게 남게 되는 것

---

7) 필리프 데포르트(Philippe Desportes, 1546~1606)는 프랑스의 바로크 시인이다. 편안하고 쉽게 읽히는 시들을 써서 '프랑스의 티불루스'라고 불린다.
8) 에마뉘엘 로샥(Emmanuel Lochac, 1886~1956)은 우크라이나 태생의 프랑스 작가이자 시인이다.

이 무엇인지 말해보게나. 아직도 이 시가 마음에 드는가? 자네는 여전히 그 시가 우리의 시라고 할 텐가?

  나로서는 굽히지 않고 여전히 그 시가 우리의 것이라고 하고 싶고, 가끔씩 혼자 그 시를 암송할 정도로 그 시가 상당히 마음에 든다네. 사실 내가 원천―광천학(鑛泉學)적으로 만큼이나 말 그대로―을 분명하게 들여다보기를 좋아한다면, 그리고 종종 "이 작가는 이것을 어디서 가져왔을까?"라는 물음을 혼자 묻는다면, 그것은 일단 그 답을 찾기만 하면 그런 질문이 내가 탐구하고 즐기고 좋아한 시의 본질 자체로 다가서게 해주기 때문일세. 그리고 나면 나는 **새로운 행위**와, 개인적 기여와, 그러니까 시인 자신만의 행위와, 남의 소유를 자신의 소유로 만드는 군주의 실력행사와 마주하게 된다네! 그렇다면 여기 이 시에서는, 그토록 수많은 공통의 표현형식과 모방, 무의식적 차용, 의식적 혹은 무의식적 인용, 혼성 모방, 표절을 넘어서서, 그 어디에 군주―웅장한 호텔 건물을 소유한 우리의 친근한 봉시뇨르는 호텔의 군주라고 할 만하지―의 실력행사가 있는가? 봉시뇨르도 나도 답할 수 없을 테지. 왜냐하면 "과학"이, 과학적이라고 주장하는 문학비평이 더는 나아가지 못하고 막혀버리는 곳이 바로 그곳이기 때문일세. "넌 더 멀리는 가지 못할 거야."

  하지만 물론 언젠가는 문학비평이 더 멀리, 원천을 넘어서까지 나아가야 할 걸세. 우리의 선조들이 정해놓은 경계를 넘어서거나 혹은 그 경계들을 움직여야 할 걸세. 문학비평이 광천과 그 효과에 관한 연구를 넘어서서 군주의 실력행사를 고려해야만 한다는 말이지.

# "그 나머지는 모두 문학"[1]

폴 베를렌이 "마침내 말레르브가 왔다……"[2]라는 문구와 더불어, 프랑스의 시 전체를 통틀어서 가장 많은 반향을 불러일으켰고 가장 많은 영향을 미쳤을 이 시구를 썼을 때, 그는 당대에 생산된 문학에서 이전보다 더 나쁜 것을, 그러니까 거짓되거나 혹은 과장된 감정의 억지스럽고 괴상하며 천한 표현들, 연극적 태도, 허풍, 그리고 낭만주의의 추종자들과 어중이떠중이들과 아류들의 허풍과 부풀림을 봤던 게 틀림없다. 다른 한편, 문학이라는 말의 남용을 생각해볼 수 있겠다. 얼간이들이 그 말을 노입에 달고 다녔다. 경박한 작품들에, 순전한 말장난에 불과한 것에 문학이라는 말을 갖다 붙임으로써 그 말을 타락시켰다. 그래서 문학이란 말이 온갖 종류의 엉터리 시, **가짜 문학**을 가리키게 되었다. 이리하여 차츰차츰 이 말은 지성인들의 대화 속에서 묘한 어조로 말해지면서 특별한 의미를, 경멸 섞인 의미를 갖게 되었는데, 바로 베를렌이 문학이라는 말을 그렇게 사용하여서 그 권위를 떨어뜨려 놨다. 그전까지는 볼 수 없었

---

1) 폴 베를렌이 1874년에 쓴 「시학(L'art poétique)」이라는 시에 나오는 구절이다. 베를렌은 이 시에 시, 더 나아가 문학 일반에 대한 자신의 생각을 담아내는 동시에, 라마르틴, 뮈세뿐만 아니라 파르나스파를 동시에 겨누는 듯한 내용을 담아내어 논쟁을 불러일으켰다.
2) 니콜라 부알로(Nicolas Boileau, 1636~1711)가 「시학」에서 고전주의를 찬양하며, 고전주의 시학의 대가로서 프랑스어를 갈고 다듬은 말레르브(1555~1628)에게 바친 찬사이다.

던 일이고, 이는 길고 긴 오해의 시발점이 된다.

실제로 무지막지한 인간들이, 베를렌 자신과 그와 동시대를 산 교양인들이 속물 혹은 부르주아라고 불렀던 사람들—플레야드파[3]는 자신들의 선언문에서 "무지"[4]의 이름으로 묶어버렸던 사람들—이 경멸 섞인 이 의미를 냉큼 가져가서는 가꾸고 넓히고 철저하게 써먹는 통에, 문학이라는 말의 진정한 의미와 문학이라는 말의 개념까지도 상실한 지경에, 그러니까 문명의 산물, 기호, 도구이자 쌓이고 응축된 문명의 힘, 이루다 측정할 수 없을 정도로 장구하고 그 파장이 가없이 뻗어나가는 문명의 힘이라는 측면을 거의 상실한 지경에 이르렀다. 과학만능주의가 승승장구하였다. 종교의 뒤를 이어 문학의 시대가 저물었다. "감정 꽤나 잡는다"라는 표현에 빗대어 만든 "문학 꽤나 한다"라는 새로운 상투적 표현이 생겨났다.

하지만 "문학"은 자기방어를 훌륭히 해냈다. 심지어 궁지에 몰리자 사람들이 자신에게 부려놓은 경멸의 상당 부분을 담고 있는 새로운 용어를, 그 덕분에 자신은 정화되는 새로운 용어를, 순간의 필요에 의해서 생겨났고 지속되지 않을 한시적 용어를 자신으로부터 끄집어내게 만들기까지 했다. 바로 "문학 나부랭이"라는 말이었다. 이는 문학의 치유 혹은

---

3) 프랑스의 문예부흥기에 활약했던 일곱 시인을 가리킨다. 롱사르, 뒤 벨레 등을 중심으로 모여든 이들 젊은 시인들은, 문학적 전통이 빈약한 프랑스 시의 앞날을 개척하고자 중세시와의 결별을 선언하고, 고전을 자유롭게 모방하고 받아들임으로써 새로운 시적 가능성을 열고자 했다. 이들의 주요 사상은 1549년에 뒤 벨레의 이름으로 발표된 『프랑스어의 옹호와 현양』에 잘 요약되어 있다.
4) 뒤 벨레의 『프랑스어의 옹호와 현양』 제3장 「왜 프랑스어는 그리스어나 라틴어만큼 풍요롭지 못한가」는 다음과 같은 글로 시작된다. "만약 우리의 언어가 라틴어나 그리스어만큼 풍성하고 풍요로운 언어가 아니라면, 이를 〔……〕 우리 언어의 결함 탓으로 돌려서는 안 된다. 이는 〔……〕 우리 선조들의 무지(l'ignorance de nos majeurs) 탓으로 돌려야 한다."

복권의 시작이었다.

그 뒤 반어적 의미를 담고 있는 《문학》이라는 이름의 잡지[5]가 창간되었다. 이 잡지를 만든 사람들은 "우리 잡지 이름에는 아이러니가 담겨 있다. 우리는 이 이름으로 반대의 의미를 담고자 한다. '에우메니데스'[6]처럼 《문학》에는 문학적인(이 형용사 역시 변질되었다) 것이 전혀 없으며······"라고 말하거나 혹은 그런 암시를 했다. 그리고 이런 사건이 벌어질 당시, 그리고 "문학"이 위기에서 완전히 벗어나지 못하던 그때에, 이런 말은 적어도 그 의도에서만은 사실이었다.

하지만 "가짜 문학"의 등가어로 골라낸 이 "문학"이라는 단어의 반대어가 그 잡지 발행인들에게는 무엇이었으며, 베를렌의 생각 속에서는 무엇이었을까? 아마, "시"라는 단어가 아니었을까? 베를렌은 "그 나머지는 모두 시"라고는 쓰지는 않았을 게다. 혹 그렇게 썼더라면 "시"가 피해를 보고 "문학"은 말짱했을 것이다. "입 다무시지. 시 꽤나 쓰고 계시는구먼"이라는 표현이 생겨났을 것이다. 하지만 "시"는 훨씬 더 오래전에 자리를 잡았고 덜 잘난 척하여서, 그 권위를 떨어뜨리는 것이 문학보다 훨씬 더 어렵다. 그러므로 이 당시 반어적 의미로 사용된 "문학"은 "시"나 마찬가지였다. 그것은 아이러니의 방식(소심함의 아이러니)에 의해 "시"라는 말을 하는 것이었다(실제로 그 잡지에서는 상당수의 가짜 문학들 가운데에 진정한 "시"가, 예를 들자면 클레망 팡사르[7] 등의 글이 실려 있었다). 그런데 도대

---

5) 수포, 아라공, 브르통이 모여 1919년에 창간한 잡지.
6) 원래 '선한 여자'의 뜻이지만 복수의 3여신을 가리킨다.
7) 클레망 팡사르(Clément Pansaers, 1885~1922)는 그림, 조각, 시 등 다방면에서 재능을 보인 벨기에 출신의 전위적 예술가로서, 파리의 다다 그룹과 가까웠고, 제임스 조이스, 에즈라 파운드와 교분이 두터웠다.

체 왜 대놓고 직접적으로, 통상적이며 지속적인 의미로 그저 "문학"이라고 말하지 않는가? 실제로 그 단어는 그런 의미로 말해졌고 그런 의미로 잡지 표지에 인쇄되었지, 일화적이고 한시적인 의미를 갖는 것이 아니지 않았는가.

본래적 의미의 "문학"은 가난한 사람들과 마찬가지로 늘 우리 곁에 존재할 테니, 아마 앞으로는 이 잡지에서처럼 "문학"이라는 말이 아이러니를 담은 표현임을 설명하려면 교과서에 주를 달아야 할 것이다. 폴 베를렌의 시구가 더는 사람들 머릿속에 남아 있지 않게 되면 그 시기의 프랑스 문학을 연구하는 전문가들이나 그 말에 담긴 일종의 수수께끼를 이해할 테니까.

# 맥스 비어봄,[1] 스탕달 그리고 마시용[2]

1919년경 혹은 1920년경에 《런던 머큐리(The London Mercury)》지에 실린 글에서 문학 형식으로 간주되는 소설이 앞으로 쇠락하거나 혹은 사라질 것이라고 최초로 예언한 인물이라는 공적은 맥스 비어봄에게 돌아가리라고 생각한다. 비어봄의 논리를 설명하자면, 그는 아주 교묘하게 18세기에 설교가 유행한 현상과 19세기에 소설이 유행한 현상을 비교하였다. "19세기에 소설이 노렸던 인기는 20세기에 들어서면 시들게 되어 있다. 이는 18세기에 설교가 누렸던 인기가 19세기가 시작되면서 시들해진 것과 마찬가지이다." 그의 결론은 아마도 이 비슷한 것이었던 걸로 기억된다.

얼마 전에 『파르마의 수도원』을 다시 읽을 일이 있었는데, 그때 그 의견, 아니 그 예언이 생각났다. 난 그 소설의 역사적, 지리적 배경에 초점을 맞춰서 읽고 있었기 때문에, 그러니까 스탕달의 상상의 파르마에서

---

[1] 맥스 비어봄(Max Beerbohm, 1872~1956)은 영국의 풍자화가이자 에세이스트이며 극평가이기도 하다. 옥스퍼드 머턴칼리지 재학 중 이미 수필을 발표하여 세평에 오르내렸으며, 《옐로 북(The Yellow Book)》지에 등장한 이후, 동시대의 예술계나 사교계를 제재로 신랄한 인간통찰에 바탕을 둔 정확한 묘사로 유명세를 탔다. 1910년 이후는 이탈리아에 거주했고 이탈리아의 라팔로에서 사망하였다.
[2] 장-바티스트 마시용(Jean-Baptiste Massillon, 1663~1742)은 프랑스의 주교로서 일찌감치 설교로 이름을 떨쳤으며 18세기에는 보쉬에에 비견되기도 하였다.

한편으로는 모데나[3]에 속하는 것과 다른 한편으로는 파르마 공작령에 속하는 것을 구분해보고 있었기 때문에, 파브리스 델 동고가 겪는 사건들에 정신을 빼앗기지 않은 상태였고, 그래서 『파르마의 수도원』을 읽으라고 안내해준 개인 소유의 아름다운 서재에서 이리저리 거닐다가 가끔씩 다른 책들을 집어 들고 들춰보기도 하였다. 마시용의 책 한 권이 장정 때문에 내 눈길을 끌었다. 『사순절을 위한 설교』였다. 나는 「세상의 불의」의 몇 구절을, 그다음에는 「일과표」 한 페이지를 읽다가 완전히 사로잡혔다. 표현이 얼마나 적확하고 얼마나 힘찬가! 경험이 얼마나 풍부한가! 생각이 얼마나 깊은가! 이 모든 것은 인간에 천착하고 인간을 놓지 않는다. 파란만장한 사건, 밀회, 결투, 바깥에서 부분부분 묘사해주는 파티들, 『파르마 수도원』의 이 모든 것들과는 다른 것이다. 이것들은 독자가 눈앞에 그려봐야 하는 공연과 마찬가지이니, 영화라면 이야기에서 묘사하는 이처럼 순전히 물질적 측면들을 그 못지않게, 아니 어쩌면 그보다 훨씬 더 훌륭하게 우리에게 보여줄 텐데라는 생각을 어찌 하지 않겠는가?

　모든 설교가 그렇듯이, 마시용의 설교에도 주의력이 느슨해지게 되는 대목들, 권태롭고 생기 없는 부분들이 담겨 있다는 것은 사실이다. 적어도 나처럼 엉터리 기독교 신자는 죄짓지 말고 구원을 생각하라는 훈계, 이런 종류의 글에 꼭 필요한 훈계를 그런 식으로 생각했다. 이제 나의 부족한 인내심이 (혹은 사탄일까?) 아주 불경스러운 생각들을 내 귀에 불어넣었다. 얼씨구. 그럼 그렇지. 드디어 장사에 나서는구나. 교회 냄새 나네, 등등(roba di chiesa, etc.) 하지만 마시용이 신학을 놓아버리고 당당하고 활기찬 그다운 방식으로 풍습, 인생에 대한 비평으로, 인간 연구로,

---

[3] 모데나(Modena)는 이탈리아 에밀리아로마냐 주(州)에 있는 도시이다.

프랑스의 위대한 모럴리스트의 그 아름다운 인간 해부로 돌아갔을 때는, 나는 정말이지 모스카 공작과 산세베리나 공작부인의 구체적인 사소한 이야기들로 되돌아갈 마음이 거의 사라짐을 느꼈다.

하지만 다시 『파르마의 수도원』으로 돌아갔고 내가 스탕달의 글에서 느끼는 재미가, 마시용에 대한 애정 때문에 스탕달에게 충실하지 못하게 했던 그 재미와 본질적으로 다르지 않다는 것을 곧 알게 되었다.

# 스탕달의 연옥

　30년 전부터 (보들레르는 20년 전부터) 그는 삼류 독자들, 그러니까 현대 작가들 가운데 가장 유명한 작가들 작품만을 읽는 독자들에게 잘 알려지고 그들이 즐겨 찾는 프랑스의 유일한 고전 작가이다. 그를 둘러싼 이 엄청난 독자들의 열성이, 이를테면 (작가로서의) 그의 연옥이다. 만약 라블레, 라신, 디드로, 그리고 스탈 부인에게도 같은 시기에 그와 같은 행운이 찾아왔다면, 일·이류급 독자 수가 엄청나게 증가했나보다고 생각할 수도 있을 것이다. 하지만 전혀 그렇지 않다. 라블레, 라신 등의 열렬한 독자이기도 한 스탕달의 애호가들 옆에는 벨[1] 애호가들이 있는데, 이들은 스탕달 전기의 일화(逸話)적 측면들, 일기에 나와 있는 험담거리가 될 만한 요소들에 특히 관심이 있으며, 작품에 대하여 과장되고 피상적인 찬사들을 급하게 늘어놓은 뒤 자신들이 생각하는 스탕달의 사람 됨됨이에 대해 떠들어대기 시작한다. 결국 그들 가운데 많은 사람들에게 스탕달을 읽고 나서 그에 대해 말하는 것, 그것은 문학 교양 학위를 갖고 있다는 것과 그것을 보여주겠다는 의미인데, 물론 그로 인해 발생하는 효과는 그들이 발생시키고 싶어 하는 효과와는 정반대이다. 그들에게 피에르 코르네유에 대해 말하면 그들은 메두사를 본 듯 굳어버린다. 하지만

---

[1] 스탕달(Stendhal)의 본명은 마리 앙리 벨(Marie Henri Beyle)이다.

피에르 코르네유의 작품은 스탕달의 작품보다 더욱 풍요롭고 더욱 아름답고 더욱 흥미롭다. 하지만 그들은 그런 사실을 모른다. 그들의 교양이 거기까지 가 닿지 못한다.

스탕달 본인이 이러한 찬미가들을 본다면 욕지기를 느낄 것이다. 아마도 스탕달은 볼로냐에서 자신의 존엄성이 다소 험한 취급을 받게 된 사건을 겪고 난 뒤의 파브리스 델 동고처럼, "당해서 싸. 천것들을 상대했으니"라고 말할지도 모른다. 실제로 스탕달이 손써볼 여지는 없다. 그가 이 반거들충이 교양인 무리를 상대한 것이 아니라 그들이 그를 상대한 것이니까. 앞으로 20년간 그들의 수가 줄 것 같기는 하다. 그리 되면 스탕달은 위대한 고전 작가 반열에 합류하게 되고 그 전당에는 일류 독자들만 드나들 것이며, 단테의 「연옥」 편에 나오는 스타티우스처럼, 천사들의 환호와 선택받은 자들의 아가(雅歌)를 들으며 무한의 축포가 울려 퍼지는 가운데 그가 천국으로 들어가는 것을 보게 될 것이다.

# 불타는 오열 (L'ardent sanglot)[1]
## 통계 에세이

    A.—평균 정도의 재능을 보인 시기의 20년:

       예술가로 불린 자 ——— 800

       귀 기울임을 받은 자 ——— 250

       찬양을 받은 자 ——— 50

       부나 명예를 얻은 자 ——— 7

       그중 한 명은 부를 얻었고 한 명은 명예를 얻었으며 세 명은 단지 찬양만을 받았고 두 명은 가까스로 귀 기울임을 받았다.

    B.—동시대 사람들 생각에 뛰어난 시기의 20년:

       예술가로 불린 자 ——— 1000

       귀 기울임을 받은 자 ——— 400

       찬양을 받은 자 ——— 150

       부나 명예를 얻은 자 ——— 40

       선별된 자 ——— 3

       이들은 부를 얻지는 못했다.

---

[1] 보들레르의 「등대들(Les Phares)」에 나오는 말로서 "불타는 오열"이라는 표현은 황현산의 번역에서 빌려왔다.

C.—찬란한 시기의 20년:

　예술가로 불린 자 ——— 800

　귀 기울임을 받은 자 ——— 150

　찬양을 받은 자 ——— 50

　부나 명예를 얻은 자 ——— 8

　선별된 자 ——— 20

(만약 예술가로 불렸다는 유일한 사실이 우리에게 "천사들 곁에" 있다는 그런 확신을 주지 못한다면, 이 직능〔職能〕에 대해 만정이 떨어지고 말리라!)

# 조화의 딸들

앨퀸[1](앨퀸으로 기억하고 있다)과 그 시대, 그리고 바로 그다음 시대의 몇몇 사상가들이 진지하게 시도했던 기획은 성서에서 모든 학문의 원칙과 그들이 자유칠과(自由七科)라고 불렀던 것의 완전한 설명을 찾으려는 것으로서, 고독하고 조숙하며 "사물들에 대하여 성찰하는" 아이가 꿀 법한 꿈과 흡사하다. 창세기 전체가 천문학, 우주 형상지(形狀誌), 지질학, 지리학 그리고 인류학이다. 잠언은 물론 윤리학이다. 하지만 아가(雅歌)의 논리를 끌어내기 위해서는 정말이지 집요한 상상력이 필요했다……. 그 놀이는 재미있으며, 엄청난 수의 메타포로 인해 끊임없이 새로운 방식을 낳았을 텐데, 그 엄청난 수의 메타포들은 꼭 그만큼의 수수께끼, 명제, 공식들이라고 생각해야 했다. 너무 재미있어서 자신도 모르게 그 놀이를 계속하게 된다. 예를 들어 전도서 마지막 부분의 노년에 대한 묘사에는 "…… 하모니의 딸들이 귀먹게 되면……"[2]이라는 구절이 나온다. 그 구절을 읽으면 어떻게 "기능이 기관을 만든다"라는 생물변이설의 원

---

[1] 앨퀸(Alcuin, 735?~804)은 중세 초기 잉글랜드 출신의 색슨계 신학자이자 교육가로서, 고대 학예에서 자유칠과(自由七科)인 인문법학·수사학·변증학·기하학·산술학·천문학·음악을 신학의 예비학과로 편성하였다. 저서에 『영혼의 본질에 관하여』를 비롯한 신학적·철학적 저작들이 많다.

[2] 「전도서」 12장의 한 구절로, 공동번역의 번역을 인용한다. "거리 쪽으로 난 문이 닫히듯 귀는 먹어 방아 소리 멀어져 가고 새소리는 들리지 않고 모든 노랫소리도 들리지 않게 되리라."

칙들 가운데 하나, 혹은 그 비슷한 종류의 것을 확실하게 보지 못할 수가 있겠는가?

『성서에서 이끌어낸 정치학』[3]은 온갖 지식과 온갖 철학이 튀어나오는 깜짝 상자, 재미있는 물리 상자로 성서를 만들어버렸던 그 놀이를 직접 이어받은 것이다. 단지 이제는 상상력이 잠잠해졌는데, 그러한 시도가 『율리우스 카이사르로부터 끌어낸 전략』이라는 책을 쓰려는 시도보다 더 비합리적인 것은 아니다.

성서의 시에 담긴 이 동일한 이미지들이 역으로, 앨퀸의 청중만큼이나 지적으로 계발되지 않은 독자의 머릿속에서는 성서를 파괴하는 데 사용될 수도 있다. 스코틀랜드 어떤 작은 마을에서 일요일 아침에, 거의 전적으로 성서의 메타포의 부조리에 대하여 논하는 이성적인 설교를 듣게 되었다. 아주 단정하고 거의 우아하다고 할 만한 검은색 사제복을 입은 설교자가 성당 후진에 등을 돌린 채로 거리 한복판에 서 있었고, 몇몇 구경꾼들이 빙 둘러서서 그의 말에 귀를 기울이고 있었다. 그는 청중에게 경외(經外)성서의 몇 구절을 인용하면서 그 구절의 유치함을 강조하여 청중들을 즐겁게 해주는 것으로 설교를 시작하였다. 그리고 나서는 ―아주 매끄럽게 다음 말로 넘어갔다― 신약에도 그 비슷한 종류의 부조리들이 없는 것이 아니라는 점을 말하였다. 그리고 구약으로 말하자면!…… (성당의 오르간 소리가 그의 설교에 배음으로 깔리고 있었다). 그는 적개심을 보이지 않으면서 말을 이어나갔고, 근거가 확실한 모든 신앙에 대한 자신의 존중을 내보이면서, 이성에 호소하고, 상식의 이름으로 말하며, 사람

---

3) 『성서에서 이끌어낸 정치학』은 보쉬에의 주요 저작 가운데 하나로서, 성서에 입각하여 정치와 종교 사이의 연관성을 입증하려는 시도를 보여준다.

들이 속아 넘어가지 않기를 바라는 사람으로 자신을 내세웠다. 사람들은 그의 말을 호의적으로 받아들였고, 그가 맛을 돋우려고 굵은 소금을 치듯이 연설 도중 간간히 농담을 하자 청중은 그 농담이 기호에 맞는지 웃음을 터뜨리고 가끔 지지하는 표시를 했다. 그는 의기양양했고, 그가 시편의 메타포들을 공격할 때쯤에는 사람들은 그에게 모두 사로잡힌 상태였다. "새끼 염소처럼 통통 뛰는 산들이라니!⁴⁾ 이게 대체 무슨 소린지요? 이런 어리석은 소리가요? 여러분! 여러분 중 산이 뛰어오르는 것을 본 분이 있나요?" 여기 스코틀랜드의 산사람들 가운데 그 누구도 산이 뛰어오르는 것을 본 적이 없었다. 만약 어떤 짓궂은 익살꾼이 "저요"라고 대답했다면, "봤어요. 토요일 저녁에 카바레에서 돌아오는 길에요!"라는 대답이 즉각 튀어나오리라는 짐작이 가능했다. 이렇게 성서 파괴자는 아무런 반대를 받지 않고서 계속해서 다윗을 웃음거리로 만들고, 시의 여신들을 모욕하였다. 소재가 모자랄 일은 없었다. 그가 「전도서」 마지막 장을 공격하다가 "하모니의 딸들"이라는 표현과 맞닥뜨렸을 수도 있었을 것이다. "왜 그저 단순하게 '귀'라고 말하지 않는 걸까요?" 바로 그거다. 왜 그럴까?

앨퀸의 제자 혹은 후계자가 진리를 향한 동일한 열정과 동일한 진지함을 가졌다면, "뛰어오르는 산들"에서 조산(造山)운동 법칙의 증거를 찾아냈을지도 모르겠다.

---

4) 「시편」 114편에 나오는 구절로서, 다음은 공동번역에서 인용한 것이다. "산들아, 어찌하여 너희가 염소처럼 뛰며 언덕들아, 어찌하여 너희가 양처럼 뛰느냐?"

# 역겨운 인간들

조반과 우편물을 함께 받았다. 책이 한 권 왔기에 붙어 있는 책장들을 페이퍼 나이프로 떼어내고, 차를 마시고 토스트를 먹으면서 몇 구절 읽어보았다. (이 추억은 벌써 15년 전으로 거슬러 올라간다. 책 제목과 작가의 이름은 기억이 나지 않지만 ―자연주의 계통 쪽에서 찾아야 할 것 같다― 독서 상황과 독서 내용은 아직 머리에 남아 있다.)

서문은 로랑 타이아드[1]와 옥타브 미르보[2]풍의 격렬한 독설로 점철된 일종의 선언문이었다. 서문에서 작가는 자신의 동료들을 위선자들, 음험한 놈들, 비열한 놈들, 기타 등등이라고 깎아내리면서 자신과 자신의 작품을 옹호하였다.

이러한 문학적 수법은 아주 능란하게 사용되는 경우가 아니라면, 폭력적이고 난폭한 장면들, 가령 장터에서 벌어진 싸움이나 길바닥에서 벌어진 주먹다짐이 자아내는 흥분에 자동적으로 반응하는 신경을 가진 사람들에게만 그 효과를 발휘할 수 있다고 늘 생각해왔다. "욕설은 어중이떠

---

1) 로랑 타이아드(Laurent Tailhade, 1854~1919)는 프랑스의 논쟁가이자 시인이다. 파르나스파의 영향을 받았으며 특유의 논쟁적인 글을 통해 무정부주의적이고 반교권적인 성향을 보여주었다.
2) 옥타브 미르보(Octave Mirbeau, 1848~1917)는 프랑스의 작가이자 기자이다. 전위적인 문학인과 예술인들 사이에서 높은 평가를 받았으며 대중적 인기 또한 대단했으며 기존의 그 어떤 이론과 학파에도 속하지 않는 작품을 남겼다.

중이를 위한 것",3) 천민, 통속적 기질, 쉽게 들썩거리는 사람들을 위한 것이다. 근육을 내보이고 과시하는 것은 대부분 권태롭게 여겨지고, 선거철에 오가는 욕설 섞인 고함들과 소규모 지방지들의 논쟁을 떠올리게 한다. 잠시 귀를 기울였지만 곧 주의가 느슨해지면서 다른 데 정신이 팔린다. 이리하여 곧 그 서문을 포기했는데, 기억에 남은 마지막 말은 "그들, 그 역겨운 인간들……"이었다.

조반을 마치고 나서 그 책을 다시 집어 들고, 작품이 서문에서 그렇게 시끌벅적하게, 그렇게 서투르게 내걸었던 약속을 지키고 있는지를 알아보기 위하여 장 하나를 읽어보려고 했다. "삶의 단면"이라는 공식에 따라서 쓴 중편이었는데, 그 행위가 일어나는 곳은 호텔의 주방이었고, 요리장, 보조 요리사, 설거지 담당 사이에서 벌어지는 일이었다. 그 문체는 서문에서보다 훨씬 뛰어나서 재능 있는 이야기꾼의 솜씨를 느낄 수 있었다. 하지만 이야기가 끝나기 직전 너무나 혐오스럽고 너무나 노골적인 묘사를 만나는 통에 즉시 각성제 혹은 오 드 콜로뉴에 적신 손수건의 도움을 받아야만 했고, 그러는 와중에도, 상갑판 난간에 기대 몸을 내민 승객 앞에 심연이 도사리고 있듯이, 내 앞에는 역겨운 인간들을 도살하는 자가 쓴 책이 펼쳐진 채로 놓여 있었다.

3) (원주) 폴 발레리의 표현이다.

# 선집

서점 진열대에서 보다 많은 선집을 볼 수 없다는 것이 놀랍다. 그 어떤 선집이라도 제대로 구성되어 있고, 많은 수의 텍스트를 담고 있고, 오늘날 출간되는 책들보다 더 비싸지만 않다면 쉽사리 팔릴 거라는 생각이다. 탐험해야 할 영토가 말하자면 무한대이고 그곳에서의 재단 방식은 셀 수 없을 정도이다. 역사적, 지리학적, 기술적 재단…… 이 모든 것들을 이미 조금씩 다 해봤지만, 만약

　　　새로운 것을 발견하기 위해서 미지의 깊숙한 곳까지

가는 수고를 기꺼이 한다면, 앞으로 할 수 있는 것들에 비해 지금껏 해왔던 것들은 거의 별것 아니라고 할 수 있다.

어떤 재단 방식을 채택하는가에 따라서 연구 방향이 정해질 수 있고 소중한 발견을 할 수 있으며, 범위가 한정되면 한정될수록 연구는 더욱 풍요로워질 것이다. 예를 들자면, 깊은 곳에서(De Profundis)[1](혹은 찬미하다[Magnificat][2], 등)의 프랑스어(혹은 영어, 혹은 …… 기타 등등) 판본 혹

---
1) 「시편」 130의 첫 구절이다.
2) 성모마리아 송가의 첫 구절이다.

은 각색을 생각해 볼 수 있다. 극작가들에게서 보이는 사랑 고백(혹은 결별 장면)이나, 소설가들에게서 나타난 결혼식 피로연(혹은 장례식)이나, 설교작가들에게서 나타나는 성신당건축일(부활)등, 다양한 교양어들을 예로 들 수 있다. 거창한 문학적 포부 없이 잘 만들어진 작품해제(간결한 연대기, 돌아본 지역, 관련 비평 선택)와 공공도서관에서 소장만 하고 있던 몇몇 희귀본에 분류 기호를 안겨줄 실제적 서지사항들과 필요할 경우 적당한 삽화를 곁들인다면, 가장 "교양 있다는" 인사들까지도 구입해서 들여다봐야겠다는 생각이 들게 할 입문서가 탄생하게 될 것이다. 그리고 선별 과정에서 디테일을 추구하다 보니, 독자 대부분이 이런 종류의 책에서 만나고 싶어 하지 않으며, 사람들이 알고 있는 것으로 추정되는 대목들과 위대한 작가들이 선집 속으로 당연히 들어오게 된다. 라퐁텐의 우화 하나, 시드나 페드르의 긴 독백 등이 그 속에 들어 있는 몇몇 시구 혹은 어떤 표현이 선집의 특별한 주제와 관련이 있어서 선집에 실리게 되면, 사람들은 그것들을 더 많은 관심을 갖고 읽을 테고 새로운 관점에서 바라볼 것이다.

❖ ❖ ❖

지리적 범위라는 넓은 범위 안으로는 풍경, 명소, 도시, 각국 수도의 특정 지역들에 대한 묘사나 환기가 들어오게 된다. 이런 방향으로도 뭔가 시도한 적이 있다. 스페인어로 된, 스페인을 여행한 외국 여행객들의 선집이 있다. 최근에는 가스통-E. 브로슈 씨가 『몽테스키외에서 미슐레에 이르기까지 찬란한 제노바에 관한 프랑스의 글』을 출간했다. 하지만 이 저서는 도서관 소장용 서적이나 박사논문의 외관과 크기를 갖추고 있을 뿐만 아니라, 책정된 가격이 너무 높았다. 훌륭한 선집이란 것이 풍부한 학식을 바탕으로 하는 연구서임은 맞지만, 외관이 대뜸 그렇다고 알려오면 곤란하다. 편집자는 폭넓은 독자의 즐거움 혹은 변덕스러움에 어느 정도 양보를 해야만 한다. 어쨌든, 미슐레까지만으로 한정해도, 제노바 혼자서도 두툼한 책 한 권을 가득 채울 만한 프랑스 문학 텍스트들을 충분히 제공할 수 있다는 사실은, 이탈리아의 100여 개 도시들을 이런 관점에서 탐험해본다면 수지맞는 일이 되리라고 알려주는 듯하다. 토리노, 밀라노, 베니스, 피렌체, 나폴리 각각만으로도 책 한 권이 너끈히 나오리라. 로마는 아예 미리 두 권 분량은 된다고 해두겠다. 라티움까지 포함된다면 세 권까지도.

『프랑스 문학에 나타난 로마와 라티움』이라는 세 권짜리 저서에는 프랑스어로 된 가장 아름다운 글 몇 편과 가장 아름다운 시 몇 편이 포함되리라는 건 확실하다. J. 뒤 벨레가 자리를 많이 차지할 것이다. 피에르 코르네유도 마찬가지리라.

◆ ◆ ◆

피에르 코르네유 글을 처음 보면, 이 시인이 노래하는 로마는 역사적이며 구체적인 로마라기보다는 —어쨌든 현대 로마와는 아무런 관련이 없는— 이상적인 로마, "대리석으로 다시 지은" 로마, 좀 더 윤리적이고 정치적인, 좀 더 코르네유적인 로마라는 생각이 들 것이고, 그가 고대 로마의 현실에 대해 드문드문 약간의 틈만을 겨우 열어놓는다는 말을 하고 싶은 생각이 들 것이다. 가령, 로마에 관한 『폴리왹트』의 다음 구절을 보자.

이집트의 괴물들 전부가 로마에 신전을 갖고 있구나.

스튜디오의 불빛 속에 드러난 간결한, 인위적인, 영화의 무대 장식…….
하지만 이 로마는 그 이름만으로도, 그리고 그 이름이 말해지는 상황에
의해서, 로마를 무대로 하는 코르네유의 비극들 중에서도 중심적인 위치
를 차지하고 있으며, 우리에게 그가 그린 로마를 구체적인 현실로, 우리
상상력이 구체적인 것으로 받아들이는 현실로, 가끔씩 야릇할 정도로 선
명하게 로마에 관한 우리 자신의 기억들을 모아들이는 구체적 현실로 만
들어주기에 충분하다는 것은 하나의 사실이다.
 내게는 읽는 것만으로도, 아니 마음속으로 암송하는 것만으로도 나를
로마로 이끌고, 나를 로마 안에, 현대 로마의 거리 속에, 그 거리의 소란
스러움 속에, 대로 한가운데에 데려다놓을 정도로 가장 강력한 환기력을
가진 듯이 보이고, 내게는 실제로 그런 힘을 발휘하는 코르네유의 시구
들 가운데 하나, 그것은 다음과 같다.

고국의 성벽들을 다시 본다면 기분 좋을 거요.

따로 떼어놓은 이 시구 하나에 특별히 로마의 것이라고 할 만한 게 전
혀 없다는 점을 인정한다. 표현은 거의 평범하다고 할 정도이고, 이미지
는 추상적이며 일반적이다. 하지만 『세르토리우스』의 위대한 장면 속에
자리 잡고 있기에, 이 말이 생겨난(그렇다. 마치 사건처럼 생겨난다) 곳은
젊은 폼페이우스의 말 속에서이기에, "성벽…… 이 성벽"이란 표현이 세
르토리우스의 말 속에서 다시 등장하기에, 그 순간 우리는 우리가 알고
있고 우리가 사랑하는 모습 그대로인 로마의 성벽들을 다시 보게 되는

것이다. 17세기 이탈리아의 소네트 시인들이 읊은 대로

> …… *queste antiche mura*(이 오래된 성벽들)

에는 그 외관이 보여주는 웅장한 다정함이 배어 있다. 무너진 훼손된 성벽에서는 독특한 매력이 풍기고, 그곳에선 플라타너스가 자라고 꽃을 피운다. 그 성벽들은 나름의 방식으로 살아 있는 도시에 섞여들고, 자신의 고풍스러움으로 현대적인 거리를 장식한다. 우리 이전부터 이미 수많은 세대들이 그 혜택을 누려왔듯, 지나가는 사람들을 자신의 그늘 밑에 보호한다. 성문은 여전히 도심 교통에서 중요한 역할을 담당하며 성벽 너머로 뻗어나간 커다란 신시가지들에 이름을 제공한다. 시가 전차 위에 적혀 있는 그 친숙한 이름들, 노멘타나, 살라리아, 라티나, 안젤리카, 마조레……. 그리고 이 이름에는 외곽 지역의 모습 전체가 그 특성과 함께 축약되어 들어 있다. 그 지역 주민의 유형, 풍경, 생활이 띠고 있는 색깔과 풍미. 포르타 핀치아나,[3] 등등…… 폼페이우스가 세르토리우스에게 말을 건넨다.

> 그 유감스러운 질문들에 매달리지 말자.
> 그리고 (……) 추방된 무리들이 원로원인지 아닌지도

∴
[3] 라틴명은 포르타 핀치아나. 로마의 아우렐리우스 성벽에 있는 고대 로마의 문이다. 살라리아 베투스 가도(街道)로 통하던 문으로 추측되며, 호노리우스 제(帝, Flavius Honorius, 재위 395~423) 혹은 막센티우스 제(Maxentius, 재위 306~312)가, 그때까지의 통로구였던 개구부에 탑을 붙여서 기념비적인 시문(市門)으로 만들었다. 1808년에 폐쇄되었으나 시가지의 발전과 함께 1887년 다시 개통되었다.

(―세르토리우스는 자신이 통치하는 칼라타이우드에 있는 원로원을 폐쇄―
각각 자신들의 군대를 거느리고 왕위를 요구하는 세르토리우스와 폼페이우스;
루이 18세와 콩데군을 연상시킴.[4]―)


이 개방된 성역이 당신 밑에 모아들인(……).
한 번 더 묻노니, 어떠한 길도 없는가?
그 길을 통해 내 로마로 그 어떤 기쁨도 가져다줄 수 없는가?


(―폼페이우스는 이 말을 통해 장차 평화조약으로 발전시키고자 하는 휴전
모색. 결국 세르토리우스와의 휴전에 호의적인 폼페이우스는 로마를 향해 출발
할 예정―그는 팔라티노 언덕을, 티베르 강을 다시 보게 될 터―그가 느낄 행
복; 그리고 우리는 그가 부럽다―세르토리우스 역시 그가 부러울 것이다.)


…… 그 어떤 기쁨?
그토록 위대한 어떤 인물을 시민들에게 다시 돌려줄 방법을
찾을 수 있다면 그 기쁨은 엄청나리라.


(―바로 그대, 세르토리우스, 그대가 이 "그토록 위대한 인물"이오―내가 대
표하는 술라 정권에 대한 "배반자와 반역자"인 그대, 현재의 나의 적―그대의
그 엉터리 원로원에는 공식적으로는 내가 "배반자와 반역자"인 것처럼―그대,
내가 존경하는 전쟁술의 대가; ―문학에서 군대로의 치환, 젊은 제자, 그러나 선

..
4) 콩데군(軍)은 국외로 망명한 루이 5세, 조제프 드 부르봉-콩데가 1791년에 혁명군에 맞서
  싸우려는 목적으로 창설한 군이다.

동과 병술교육에서 그가 빚지고 있음을 기꺼이 인정하는 너그러운 경쟁자;—그러더니 갑자기 —상당히 정치적인 발언— 나는 내일, 혹은 모레, 로마로 떠날 것이다— 나는 젊은 전사고 로마를 다시 보게 될 것이다.)

기분 좋을 거요…….

(내게, 그리고 세르토리우스에게도 그렇겠지;—그에게 그 사실을 말하기. 즉 유혹과 로마에 대해 그가 간직한 추억과 그가 로마에서 자주 들르던 곳들을 암시하기—내게도, 세르토리우스 그대에게도, 라고 말하리라.)

고국의 성벽을 다시 본다면 기분 좋을 거요

(—플라미니아 거리, 세르토리우스! 살라리아 성문, 토르토 성벽!—약간의 시대착오가 있어도 상관없다—에세드라 디 테르미니, 세르토리우스! 베네토 거리!!—)

군주여, 나의 목소리를 빌려서 그대에게 간청하는 것은 바로 그것은…….

(그에게 그 존재를 보여주고 난 후—두 번째로 나는 그 이름을 부르리라)

로마…….

(—여기에서 세르토리우스는 대답한다. 말을 중단시킨다. 내 마음이 약해지

게 내버려두지 않기―나의 진영―진영이라는 어휘는 나의 것. 우리는 다른 진영을 불법으로 보았다―진정한 로마는 이곳 칼라타이우드에, 임시 수도에 있다. 이곳이 바로 S.P.Q.R.〔원로원과 로마의 시민〕; 진정한 프랑스는 샤레트 진지에, 콩데의 사령부에―)

그대가 섬기는 폭군이 머무르는 곳?

(바로 이게 행복하다는 술라를 위한 것이다! 그리고 즉각 자신의 주장 설파)

나는 더는 로마라고 부르지 않는다

(여기서 세르토리우스는 "고국의 성벽을 다시 보는 것은 기분 좋은 일이다"라는 말이 줬던 타격을 받아치고, 자신의 머릿속에 로마의 이미지가 잘 저장되어 있음을 보여준다.)

…… 성벽에 갇힌 그곳
그곳은 공고(公告) 추방으로 인한 죽음이 가득하다.

(그리고 곧 다시 그곳으로 돌아가서)

그 성벽의 운명이 이전에는 그리도 아름다웠는데…….

그 뒤로 모르는 프랑스인이 단 한 명도 없는 바로 그 글귀까지 간다.

로마는 더는 로마 안에 있지 않다…….

그런데 이 글귀가 거만한 독설이나 거들먹거리는 말인 양 인용되고 있는데, 그전의 글귀가 덜 알려져 있기 때문이다. 그전의 글귀를 보자. "내 주변에"(폼페이우스는 "당신 밑에 모아들인"이라고 말했다)라고 세르토리우스가 고쳐준다……. "내게 로마 최상의 후원자들이 있다―로마는 더는 (……)가 아니다…… 등등(콩데군의 장교들은 "프랑스의 왕은 여기에 있다."라고 했다).

로마 성벽의 이미지가 이렇게 반복되면서, 우리 머릿속에서 이 대화를 끝없이 반복시킬 능력이 있는 우리 다른 독자들, 우리들은 로마에 얽힌 추억을 향해 다시 돌아간다.

고국의 성벽들을 다시 본다면 기분이 좋을 것이다…….

◆ ◆ ◆

코르네유가 이 장면을 구성할 때 빠져 있던 냉철한 통찰력과 시적 망아지경의 상태가 어찌나 강렬한지 ("우리가 훌륭하게 구상하는 것은……") 그가 보는 환각이 선명하게 ("……. 분명하게 진술된다") 전해진다. 가령 폼페이우스가 성벽들을 환기시키면서, 성벽이라는 그 단 하나의 어휘만을 가지고 세르토리우스에게 가져다주려고 하는 로마에 대한 향수가 우리를 사로잡고, 향수가 남아 있는 동안, 우리를 로마인으로 만들어주는 것은 아니지만 적어도 로마에서 행복한 삶을 살아봤기에 그곳으로 되돌아가고 싶은 커다란 열망을 느끼고, 머릿속으로는 정말로 그곳으로 이동해버린 사람으로 만들어버린다. 이러한 도취를 불러일으킨 것이 아마도 그 천재작가의 가장 커다란 성공일 것이다.

❖ ❖ ❖

『프랑스 문학에 나타난 로마와 라티움』은 만약 루이 샤두른(Louis Chadourne)의 「빌라 데스테(Villa d'Este)」를 담고 있지 않다면 불완전한 선집이 될 것이다. 앙리 드 레녜의 가장 훌륭한 시들과 비교해도 손색이 없는 시며, 작품에서 묘사하는 풍경을 이보다 더 힘차게 상기시키는 작품은 나로서는 아는 바가 없다. 게다가 이 경우 시와 풍경이 떼려야 뗄 수 없을 정도로 한데 묶여 있다. 내가 빌라 데스테[5]에 마지막으로 갔을 때, 그곳의 첫 번째 테라스에 도착하자마자 그 시들이 저절로 기억 속에 떠올랐고, 나 자신에게 그 시를 소리 높여 낭송해주지 않으면 안 될 것만 같았다. (야릇한 것은, 루이 샤두른이 「빌라 데스테」를 완성하고 난 후 곧, 내게 여러 번 그 시를 낭송해줬기에 [나의 간청을 받아들여서] 그 시를 읽어보기도 전에 이미 그 시를 알고 있었다.) 내게는, 이처럼 죽은 친구가 남긴 시를 이렇게 다시 만나서 분수 소리를 배경으로, 그에게 영감을 주었고 그가 묘사하는 그 동일한 장소에서, 큰 목소리로 낭송해보는 데에는 말로 다할 수 없을 정도로 감동적인 그 무언가가 있었다. 나는 비로소 사람들이 문학의 불멸성, 슬픔과 가치, 그 무용성과 극도의 위대함이라고 부르는 것이

∴

5) 이탈리아의 로마 근처 티볼리에 있는 영지. 건축가 피로 리고리오(Pirro Ligorio)가 1550년 에스테의 추기경 이폴리토 2세를 위해 설계했으며, 여러 건물, 분수, 계단식 정원을 갖추고 있다. 오늘날 빌라 건물 자체보다는 오히려 널찍한 공원과 2개 도관으로 특별히 물을 공급받는 수많은 장려한 분수들로 더욱 유명하다.

어떤 것인지를 그 어느 때보다도 잘 알게 되었다.

여기에 「빌라 데스테」의 마지막 구절을 베껴두고 싶다. 아름답기 때문만은 아니고, 내가 기억하기로는 그 시가 들어 있던 작품집 『화음 (Accords)』[6]에서 인쇄 실수 하나가 시의 원래 모습을 망쳐놓았기 때문이다.

> Mais un flot contenu de passion austère
> Rongeait ton cœur, Ô toi qui méditais, assis
> Au bord du long canal étroit, couleur de nuit,
> Qui dort parmi les lis et les aigles de pierre.

> 허나 엄격한 열정의 억제된 물줄기가
> 그대 심장을 갉아먹었다 오 그대 길고 좁은 운하
> 가장자리에 앉아 생각에 잠겼다 밤의 빛깔 운하
> 백합과 조각 독수리 사이에서 잠든다

---

6) Louis Chadourne, *Accords*, Gallimard, 1929.

# 태만

나는 양심에 거리끼는 이런 종류의 죄를 말 그대로 몇 번 저지른 적이 있는데, 이 자리에서 그중 두 경우를 얘기하겠다. (새뮤얼 버틀러는 엄격한 정확성은 현명한 사람들보다는 쩨쩨한 사람들에게서 나타난다고 말해줘서, 우리의 부주의에 대한 변명거리를 제공하지는 않지만 우리의 허영심에 위안거리를 제공하기는 한다.)

몇 달 전, 영광스럽게도 피렌체에서 발간되는 잡지 《솔라리아(*Solaria*)》에서 이탈로 스베보[1]에게 바치는 일종의 찬사를 써달라고 원고 청탁을 해왔는데, 그때 새뮤얼 버틀러의 이름을 인용하지 않았다는 것이 첫 번째 죄이다. 만약 그 트리에스테 출신 소설가의 유머, 정신을 어떤 영국 소설가의 정신과 비교할 수 있다면, 바로 『만인의 길』의 저자 새뮤얼 버틀러의 정신일 것이다. 그런데 난 새커리와 디킨스를 막연하게 언급했

---

[1] 이탈로 스베보(Italo Svevo, 1861~1928)는 이탈리아의 소설가이다. 본명은 에토레 슈미츠(Ettore Schmitz)이다. 국경의 항구 도시 트리에스테에서, 유대계 독일인 아버지와 이탈리아인 어머니 사이에서 태어났다. 조이스나 프루스트에 앞서 내적 독백을 담은 심리소설을 썼으며, 작품으로는 「어떤 일생(一生)」(1892), 「노년」(1898) 등이 있다. 한때 트리에스테니 베를리츠 어학원에서 스베보에게 영어를 가르치기도 했던 조이스는 「노년」을 극찬하며, 스베보가 중단했던 문학의 길로 다시 들어서는 계기를 마련해준다. 장편 「제노의 의식」(1923)은 발레리 라르보에 의해 프랑스에 소개되어 유명해졌으며, 오늘날에도 세계 문학의 걸작으로 꼽힌다.

고 저절로 떠올라야 했을 새뮤얼 버틀러라는 이름은 나의 만년필에서 흘러나오지 못했다. 내 자신의 생각에, 내 자신의 기억에 조금만 더 주의를 기울였다면 이런 실수는 피해갔을 것이다. 우리의 직업적 의무를 다하기를 게을리한 죄.

또 다른 죄는 보다 심각하다. 에두아르 뒤자르댕[2]의 『월계수들이 잘렸나갔다』의 재판에 붙일 서문에서 작가 네 명의 이름과 중요한 인용 하나를 누락한 것이다. 그 이름 넷은 다음과 같다. 드 라 파예트 공작부인(Mme de La Fayette, 『클레브 공작부인〔*La Princesse de Clèves*〕』에서, 고전극의 독백을 소설에 적용했다), 스탕달(라 파예트 백작부인이 사용한 독백과 로버트 브라우닝의 "극적 독백"의 중간쯤에 걸쳐 있는, 등장인물들의 독백), 독일문학사에서 소위 "내적 독백" 형식의 대표자인 아르투어 슈니츨러(Arthur Schnitzler), 그리고 끝으로 『코스모폴리스』에서 스탕달풍의 독백을 하고 난 주인공에게 다음과 같은 언급을 하게 만든 폴 부르제이다.[3]

∴

2) 에두아르 뒤자르댕(Édouard Dujarin, 1861~1949)은 프랑스의 작가이다. 그의 소설 『월계수들이 잘려나갔다』는 의식의 흐름 기법을 선구적으로 보여준다. 제임스 조이스는 이 소설을 읽어보라고 라르보에게 권하면서 자신의 소설 『율리시스』의 여주인공 몰리 블룸의 긴 독백은 이 소설에서 영향을 받은 거라고 말한다. 라르보는 뒤자르댕의 작품에 붙일 서문을 쓰면서 그러한 서술 기법에 "내적 독백(monologue intérieur)"이라는 용어를 부여한다.
3) 폴 - 샤를 - 조제프 부르제(Paul - Charles - Joseph Bourget, 1852~1935)는 프랑스의 소설가이다. 스탕달을 재평가하는 계기가 된 『현대심리 논총』(1883)과 소설 『제자』, 『역마을』, 『이혼』 등을 남겼다. 초기에는 성격과 풍속 연구에 치중한 작품들(『잔인한 수수께끼〔*Cruelle énigme*〕』, 1885, 『거짓말〔*Mensonges*〕』, 1887)을 쓰다가, 테제소설로 방향을 틀었으며(『제자〔*Le Disciple*〕』, 1889), 심리소설(『이혼〔*Un divorce*〕』, 1904, 『정오의 악마〔*Le Démon de midi*〕』, 1914)을 남겼고, 가톨릭에 귀의한 뒤에는 과학과 신앙의 결합을 모색하였으며, 풍속과 심리에 뛰어난 소설가로서의 재능을 당대의 사회적, 종교적, 정치적 문제에 적용하려는 시도를 보인다. 이 에세이에서 언급되는 『코스모폴리스(*Cosmopolis*)』(1893)는 그의 로마 체류 경험(1891~1892)이 낳은 작품이다.

"이 짤막한 내적 독백은 행실이 좋지 않은 어머니를 둔 처녀에게 흥미를 느낀 젊은이라면 그와 유사한 상황에서 했을 법한 **내적 독백**과 그다지 다르지 않았다."(『코스모폴리스』, 제1권, 40쪽) 그리고 내가 반드시 인용해야 했지만 누락하고 만 대목이 바로 이 대목인데, 그럼으로써 나는 뒤자르댕이 『월계수들이 잘려나갔다』에서 보여준 독백의 형식에 처음으로 '내적 독백'이라는 이름을 붙여준 사람에게 잘못을 저지르고 말았다.

드 라 파예트 공작부인, 스탕달. ―내가 뒤자르댕의 작품에 붙일 서문(어느 정도 반향을 불러일으켰다)을 쓰고 있는 동안 "조용하고 자그마한 목소리"가 내게 이 이름들을 속삭여줬었다. 그런데, 말하자면, 로버트 브라우닝에게 정신을 빼앗겨서 그만 그 이름들을 말하지 않고 넘어갔다. 하지만 스탕달 쪽으로 조금만 더 찾아봤더라면, 내가 열여섯 살에 읽었던, 그리고 스탕달에 관한 비평을 쓴 폴 부르제를 향해 나아갔을 것이다. 한번 더, 게으름―무지의 어머니. 내가 보기에 이러한 결함이 내가 쓴 글의 대부분을 망치고 있다. 그런데 나는 그 글에서, 어떤 방향에서 "내적 독백"의 기원을 찾아야 하는지를 보여주려고 노력했으며, 제롬 카르코피노[4]가 『베르길리우스와 4번째 목가의 신비』에서 너무나도 적확하게 "무식한 설명"(이것은 성 히에로니무스가 자신의 저서에 제사로 붙였던 문장 "……docere quod ignores〔네가 알지 못하는 것을 가르쳐라〕"을 자유롭게 번역한 것이다)이라고 부른 것을 그럭저럭 해내는 데 성공했던 참이었다.

"내 탓이요, 내 큰 탓이로소이다……."

---

4) 제롬 카르코피노(Jérôme Carcopino, 1881~1970)는 프랑스의 역사가로서 고대 로마사 전문이었으며 고위 공무원을 지냈다. 이 에세이에서 라르보가 언급하고 있는 저서는 1930년에 출간되었다.

다행스럽게도 바로 지금의 경우처럼 완벽한 통회를 곁들여서 이러한 문학적 죄악들을 공개적으로 고백하는 행위는 (너희 중에 죄 없는 자……) 만족을 안겨준다.

# 인용

―당신은 외국 고전 작가들을 너무 잦게 인용하더군요.―그 점에 관해서, 당신이 나의 저서들을 좀 더 주의 깊게 관찰한다면, 내가 인용을 남발하지 않는다는 것을 인정하게 되리라고 생각합니다. 당신이 생각하는 만큼 인용이 많지 않답니다. 인용이 잦다는 착각을 당신에게 불러일으킨 것은 그 인용들이 뛰어나고 정확하며 진귀하고 빛을 내기 때문입니다.―하지만 난 인용은 전혀 보고 싶지 않아요. 몽테뉴가 인용한 문장들이 아주 맛깔스럽다는 데 전문가들 모두가 동의하는데도, 몽테뉴에게서조차 인용문을 만나면 거북한 판이니, 하물며 요즘 작가들에게서야 말해 무엇 하겠습니까. 게다가 사람들은 당신이 엄청난 독서량을 과시하려든다고 생각할지도 몰라요…….

―그 말이 맞을지도 모르겠군요. 나는 아름다운 시 한줄, 아주 적절한 문장 하나를 기억해두고 있다가 종종 인용하는데, 그건 마치 내가 샀을지도 모를 예술작품이나 그림과 마찬가지랍니다. 소유주의 허영심, 감식가의 자존심, 내가 느끼는 찬탄과 즐거움을 나누고 싶은 열망이 뒤섞인 감정으로 인해 그것들을 내보이고 당신이 말하듯이 과시하게 됩니다. 내가 겸손해지려고 애쓴 결과 이런 감정을 누르게 되었다 하더라도, 두 가지 이유 때문에 계속 밀고 나가서 인용을 해야겠다는 결심을 하게 되더군요.

두 가지 이유 중 하나는 현재와, 오늘날의 독자와, 내가 그와 동시대를 살고 있고 그가 가는 서점에 깔린 신간 중에 내 책이 있기 때문에 내가 그에게 접근하는 것이 가능한 바로 그 독자와 관련된다. 나는 이 독자가, "신간" 애호가가, 이 유행 추구자가 여유가 있다며 좀 더 멀리까지 나아가기를, 문학의 영역에서 좀 더 멀리 거슬러 올라가기를 소망한다. 내가 그런 소망을 품는 이유는 우선, 그 독자를 위해서인데, 내 작품에 관심을 가져준 그 미지의 독자에게 도움이 되고 싶기 때문이고, 그의 교양이 좀 더 넓어지면 그가 행복해질 가능성이 좀 더 높아질 것이기 때문이다. 둘째, 내가 그런 소망을 품는 두 번째 이유는 내 자신을 위해서인데, 교양을 좀 더 쌓았기 때문에 내가 무슨 일을 하고 싶어 했는지를 알아봐주고 내가 한 일을 제대로 감상할 수 있는 능력을 좀 더 키우게 된 독자가 내 작품을 다시 골라내어 읽고 판단해주기를 바라서이다. 왜냐하면 솔직히 말해서, 가령 라신이라고는 읽어본 적이 전혀 없는 독자의 입에서 나온 찬사가 라신을 읽은 다른 독자의 입에서 나온 신중한 찬사보다, 현대문학의 몇몇 분야만이 아니라 심지어는 고전문학에까지도 능한 독자의 입에서 나온 완전히 나쁘지만은 않은 평가보다, 훨씬 덜 유쾌할 것이기 때문이다.

또 다른 이유는 미래와, 그 자체로서의, 일종의 절대 속에서의 나의 작품과 관련이 되는데, 그 경우, "최신", "현대", "신간"이라는 구분에 현혹되지 않는 소수 교양인들, 어쩌면 내가 앙투안 에로에와 장 드 랭장드[1]의 작품을, 그리고 피에르 마티외[2]의 4행시를, 피에르 파트릭스[3]의 시를 읽듯이 내 작품을 읽어줄 소수 교양인들의 손에 내 작품이 들어간 것을 상

---

[1] 장 드 랭장드(Jean de Lingendes, 1580경~1616경)는 프랑스의 시인이다.

상하는 즐거움을 누릴 수 있다 (이는 너무 많이 바라는 것이고 엄청나게 "앞서 가는 것"임을 나도 알지만, 자신의 소명을 의심하지 않는 모든 작가가 그러하다). 이런 관점에서 보자면, 제대로 골라낸 인용문은 한 줄기 비쳐드는 햇살에 풍광이 환해지듯, 그 인용문이 들어 있는 문장을 풍요롭고 환하게 만든다. 마치 바다에서, 혹은 코르푸[4] 만에서 바라본 이피로스 섬의 언덕들처럼 헐벗고 단조로운 풍광조차도 오후가 저물 무렵 햇살이 비쳐들면 윤곽이 뚜렷해지며 아름다워지지 않던가. 그와 마찬가지로, 이 인용 시구, 이 문장이 내가 독자 둘레로 그어놓은 지적 지평선을 넓히게 되는 것이다. 이는 부름과 떠오름이며 이미 이루어진 소통으로서, 간단하게 언급된 모든 시와 모든 문학의 보고는 그 책을 읽는 사람의 머릿속에서 나의 작품과 연관을 맺게 된다. 같은 나라. **전혀 낯설지 않은 땅**(*In no strange land*).[5]

나는 작중인물 하나에게 굳이 스타티우스[6]의 시 한 줄을 인용하게 해놓고서, 그 작중인물이 즉각 허영심을 발휘하여, 자기와 같은 환경의, 사회적 계급의 사람들 가운데 일상의 어떤 점을 놓고서 자기가 했듯 적합한 고전 인용을 찾아낼 수 있는 사람은 거의 없을 거라는 사실을 스스로 지적하게 했다. 이런 말이 그에게 어울리며 그 인물을 있는 그대로 보여

---

2) 피에르 마티외(Pierre Matthieu, 1563~1621)는 프랑스의 작가이자 시인, 극작가, 사료편찬관이다.
3) 피에르 파트릭스(Pierre Patrix, 1583~1671)는 프랑스의 시인이다.
4) 그리스 북서부 알바니아 국경 부근 해상에 있는 그리스령 섬.
5) 영국 시인 프랜시스 톰슨(Francis Thompson, 1859~1907)의 시 제목에 대한 암시이다.
6) 푸블리우스 파피니우스 스타티우스(Publius Papinius Statius, ?~40경)는 고대 로마에서 라틴어로 작품 활동을 했던 시인이다. 인물에 대해 알려진 바가 거의 없으며, 훗날 단테의 『신곡』 「연옥」 편에서 베르길리우스와 함께 안내자로 등장한다.

주고 그 캐릭터 묘사에 특색을 더해준다. 하지만 나로서는 다른 시구보다 이 시구를 인용하게 만든 이유는, 그 시가 내 마음에 들고, 그 표현, 'de perlas(진주들의)'가 내가 끼워 넣은 그 대목에 아주 잘 어울렸기 때문이다. 그러니까 내가 위에서 언급했던 그 모든 동기와 이유들 때문이었다.

  인용의 기술이란 것이 있고, 우리나라에서는 몽테뉴가 그 기술을 최고도로 보유하고 있는 것 같다. 이는, 몽테뉴 자신의 글과 인용이 어찌나 서로를 주해하고 서로를 비추고 서로를 보강해주는지, 그 인용 가운데 그 어떤 것도 들어내고 싶지 않다는 사실에서 드러난다.

  이 기술은 특별히 감명 깊었던 문장들, 구절들, 대목들을 소리를 내서든 혹은 내지 않고서든 자주 외워야만 습득할 수 있다. 감히 말하자면 임기응변으로, 전날 혹은 그 순간 우연히 집어 든 책을 이리저리 뒤적이다가 맞닥뜨린 문장을 인용하면, 왠지 모르게 깁고 덧댄 천처럼, 천박한 장식처럼 드러난다. 일반적으로 인용이 귀하고 아주 드문드문 보이는 위대한 작가들에게서 만나게 되는 인용문은 우리의 마음을 몹시도 움직인다. 마치 그 인용문들은 기를 써서 위대한 작가의 글 속으로 억지로 밀고 들어간 것 같다. 조제프 메트르가 메타스타시오[7]의 글에 흠뻑 젖었고 그 글을 사랑하지 않았다면, 온 대지를 뒤덮고 바다로 돌아갈 때까지 신음하며 흘러가는 물을 이야기하는 시구를 "이루 말할 수 없을 정도로 아름다운(나는 기억에 의존하여 인용하고 있다)" 것이라며 인용하지 못했을 것이다.

---

7) 피에트로 아르만도 도메니코 트라파시(Pietro Armando Domenico Trapassi, 1698~1782), 즉 일명 메타스타시오(Metastasio)는 이탈리아의 시인이자 18세기 유럽에서 가장 인기 있었던 오페라 세리아(정가극) 대본작가이다.

*Al mar dove ella nacque,*
*Dove acquistô gli umori,*
*Dove da'lunghi errori*
*Spera di riposar.*

처음 태어난 곳
요동치다가
긴 방황 끝에
휴식을 기대하는 그곳 바다로

이 인용 또한 몽테뉴에게서와 마찬가지로 이중으로 아름다운 인용이다. 인용된 글 자체로서도, 그리고 조제프 드 메트르가 그 글에 부여한 의미, 즉 그리스도교도의 영혼은 하느님의 품 안에서만 쉼을 얻는다[8]는 의미로서도 말이다.

조제프 드 메트르가 그 어떤 연상 작용에 의해서보다도 "riposar"란 단어를 보고서 그러한 해석에 이르게 되었을 수도 있다. "riposar"란 단어는, 그 또한 "이루 말할 수 없을 정도로 아름다우며", 시인과 작가들 모두의 고통과 염원, 기원으로 가득한 시구인 장 라신의 시구를 떠올리게 한다.

⋮
8) 조제프 드 메트르(Joseph de Maistre), 『상트 페테르부르크의 야화(*Les Soirées de Saint-Pétersbourg, ou Entretiens sur le Gouvernement temporel*)』, Librairie grecque, latine et française, 1821, 227~230쪽.

애원합니다, 주님. 당신의 선함은 우리의 무기이며
당신의 눈길로 우리의 모든 죄 씻어 순결하게 하시고
이 눈물의 거처에서 당신께 노래했듯이
천상의 쉼 속에서 당신께 노래하게 하소서[9]

하지만 보잘것없는 작가에게서는 아름답고 강렬한 인용도, 자신의 앞에 오는 것과 자신의 뒤에 오는 것 모두를 재와 폐허로 만들어버리기도 한다. 내가 아는 어떤 사람은 아름다운 인용이 갖는 이 영향력, 그 고유의 힘을 우습게 보고, 인용을 집어넣고자 하는 곳의 문맥에 의지하여 암시하는 것으로 그쳤다. 그리하여, 막 잠이 들려고 하는 어떤 남자의 내적 독백 한가운데에 그저 "So, when I am wearied……"라고, 인용하고 싶은 글귀의 앞의 다섯 글자만을 달랑 적어놓았다. 만약 독자가 그 인용문을 보고, 매슈 프라이어[10]의 「질투하는 클로에에게 보내는 최상의 답변」[11]이라는 시를 떠올리며 끝에서 두 번째 연의 첫 부분에 나오는 글임을 알아본다면, 이는 다행이기도 하고 불행이기도 하다. 그 시를 적어본다.

*So when I am wearied with wandering all day,*
*To thee, my delight, in the evening I come;*
*No matter what beauties I saw in my way:*
*They were but my visits, but thou art my home.*

∴
9) 장 라신(Jean Racine)의 「로마 성무일도서를 옮긴 시들」 가운데 「월요일, 새벽기도」에 나오는 구절이다.
10) 매슈 프라이어(Matthew Prior, 1664~1721)은 영국의 시인이자 외교관이었다.
11) 원제는 「To Chloe Jealous」이다.

하루 종일 쏘다니기에 진력이 나면,
저녁 무렵, 달콤한 당신, 그대를 향해 갑니다.
내가 도중에 만난 아름다운 여인들이 무에 중요한가요,
그 여인들 모두 스쳐 지나가나 그대는 나의 집이랍니다.

인용의 기술 옆에, 의도적으로 인용을 비트는 기술, **고의적으로** 인용을 틀리는 기술을 나란히 세워둬야 할 텐데, 이 방면에서는 『에레혼』과 『만인의 길』의 작가인 새뮤얼 버틀러[12]가 아주 뛰어나다. 하지만 이러한 기술은 조금만 연마하다 보면 곧 싫증나게 된다. 우리가 일부러 하려고 들지 않아도 절로 찾아들어서, 황제 친위대의 정예병들에게 "가족과 떨어져서가 아니라면 어디에서 평안할 수 있겠는가?(Où peut-on être mieux que *loin* de sa famille?)"[13]라고 노래하게 하지 않는가.

---

[12] 새뮤얼 버틀러(Samuel Butler, 1835~1902)는 영국의 소설가로서, 미술 연구를 하는 한편 익명으로 풍자소설 『에레혼』을 썼으며, 『만인의 길』은 그의 저작 중에서 가장 소설다운 동시에 일종의 정신적 자서전이자, 자기 만족적인 빅토리아 시대의 종교도덕에 대한 통렬한 비판을 던진 반역의 글이기도 하다.

[13] 1차 왕정복고와 2차 왕정복고 기간 동안 비공식 국가로 불리던 노래로서 주로 황실가족 앞에서 연주되었으며, 제대로 된 가사는 "가족의 품에서가 아니라면 어디에서 평안할 수 있겠는가?(Où peut-on être mieux qu'au sein de sa famille?)"이다.

# 투사 쟌
(Jhon-le-Toréador)

G. 장-오브리[1]에게

온갖 문학의 갖은 작품에서 외국어로 되어 있는 문장과 인용문들을 즐겨 변질시키고 왜곡하느라고 분주하게 움직이는 작은 악마를 그렇게 부르기로 했다. 바로 그놈이 감히 셰익스피어의 귀에 속살거리는 통에, 작품 속의 신사들이 엉터리 프랑스어를 말하게 되었다. 바로 그놈이, 조지 보로(Goerge Borrow)가 『스페인에서의 성경(The Bible in Spain)』에서 인용한 스페인어 문장들에 분탕질을 하여, 문법 및 철자의 실수를 그리도 많이 저질러놓았다. 바로 그놈이 어떤 프랑스의 작가에게 찬탄할 만한 확신을 보이며 "*después*"가 "느리게"를 뜻한다고 말하게 하며, 또 다른 작가들에게는 다음과 비슷한 종류의 문장을 쓰게 한다.

"*Esta tarda, io soy muy mas alegro che antayer.* (오늘 오우, 난 얼그제보다는 더 기분이 조흔데!)"[2] 돈 곤살레스가 말했다.

∴
1) 장-오브리(G. Jean-Aubry, 1882~1950)는 프랑스의 번역가로서 조지프 콘래드의 작품을 주로 번역하였다.
2) 이 엉터리 스페인어 문장을 제대로 고쳐 쓰면 다음과 같다. "Esta tarde, yo estoy más alegre que anteayer."

"*Ollé! Ollé!* (올래! 올래!)"³⁾ 사크라멘타 아가씨가 즐겁게 외쳤다.

"올래!" 이 즐거움의 감탄사를 내지른 자는 바로 그놈, 투사 쫜일 것인데, 아주 근사한 실수를 줄줄이 저지르게 하는 데 성공하지 않았는가. 고놈이 어느 결엔가 대서양을 건넜구나. 우루과이인지 아님 칠레인지 하는 곳에서 수필집을 하나 보내오는데, 그 안을 들여다보니 "Per me si va nella Città Dolente"⁴⁾라는 단테의 글귀에 장난질을 쳐서 "*Per mi se va nela Città dolente*"라고 해놓았다. 그러더니 미국에서는 문학잡지를 보내왔는데, 보니 말레르브의 글귀에 또 장난질을 하여 "Et les fruits passeront la promesses des fleurs"⁵⁾를 "*Et les fruits dépasseront la prémisse des fleurs*"⁶⁾라고 해놓았다.

그놈은 유럽 작가들의 저서에 들어가서 영국 시인들의 글귀에 분탕질을 할 때 특히 행복해한다는 것을 말해야겠다. "*Her lies on woshe mane was rotten in the water*", 그리고 "*Thou art the grove webre hurried love dot lives?*"라고 말한 것도 그놈이 아니겠는가?

이탈리아어 책에 끼어든 엉터리 독일어를, 독일어 책에 끼어든 엉터리 이탈리아어를 모아들이면 얼마나 근사한 모음집이 나오겠는가! 그렇지만 그놈도 일본 작가의 중국어 인용을 갖고서야 뭘 할 수 있겠는가?

그놈에 대해서 아무리 경계해도, 가장 철저한 주의를 기울여도, 최

---

3) 올바른 표기법은 다음과 같다. "Olé! Olé!"
4) 단테의 『신곡』 중 「지옥」 편 3곡에 나오는 글귀이고, "나를 지나 고통의 고을로 가고"라는 의미이다.
5) 말레르브의 「앙리 대왕을 위한 기도」에 나오는 한 구절로서, "그리고 과실들은 꽃들의 약속을 뛰어넘을 겁니다"를 의미한다.
6) "promesse(약속)" 대신에 사용된 "prémisse"는 "전제"를 의미한다.

상의 원문을 참조한다 해도, 현지인들에게 자문을 구한다 해도 아무 소용없으며, 이제고 저제고 간에 그의 희생물이 되지 않으리라는 보장이 절대로 없다. 그놈은 식자공들 가운데 강력하고 열성적인 동맹군을 갖고 있기 때문이다. 조지 보로의 글에 인용된 스페인어 글귀에 들어 있는 실수 가운데 십중팔구는 식자공의 탓이다. "느리게"를 의미한다는 그 "*después*"의 경우, 작가가 투사 촨과 지옥의 협약으로 굳게 맺어진 인쇄공을 상대로 육필 원고의 "*despacio*"[7]를 관철시키는 데 성공하지 못하여, 그렇게 바뀌었다는 것이 충분히 가능하다.

이바, 친구들, 몰 바래? 그건 헤결할 방법이 업서. 기냥 이저버려. 그개 췌선이야.[8] (그놈이라면 이 비슷하게 말하겠지.) 그놈을 무서워하자. 하지만 필요한 경우에는 그놈에게 맞설 줄도 알아야 한다. 작품이 힘차고 훌륭할진대, 이 따위 훼방꾼의 좀스러운 악의가 어떤 면에서 그 본질적 측면에 해를 끼친다는 것인가? 오히려 그런 사소한 흠에만 집착하는 좀스러운 인간을 불쌍히 여길지도 모른다. 지나다니는 사람들을 보면서 그들의 구두만 바라보는 구두닦이에 비교할지도 모른다. 그리고 셰익스피어의 프랑스어를 고쳐줬다고 자부하는 편집자를 오히려 신성모독자로 취급할지도 모른다. 자, 여기 축귀의 주문이 있다. "프랑스어로는, 위대한 작가들의 훌륭한 프랑스어로는, Velázquez를 Vélasquez라고, 그리고 Olé를 Ollé라고 쓰듯, Sancho만 Sanche라고 쓸 뿐만 아니라 Dona

---

7) 스페인어로 "천천히"를 의미한다.
8) 라르보가 고심해서 만들어낸 엉터리 스페인어 문장은 다음과 같다. "*Màs chè quieretéis, mios amicos? Cosa che non tene rimedio olvidarela est lo méjor!*" 이 문장을 제대로 표기하면 다음과 같다. "Mas, qué queréis, mis amigos Esta cosa no tiene remedio, olvidadlo, eslo mejor."

를 Done라고 쓰나니, John은 되도록 Jhon이라고 쓸 것이며, *torero*는 *toréador*라고 쓰리라."

# 성년
## (Coming of age)

　태생이 천하며 얼치기 박식함이 거들어 형성된 신조어가, 섬세하고 까다로운 사람들에게는 외면당하고 번쩍거리는 싸구려 신상품을 좋아하는 사람들의 차지이다가, 대중적인 신문 잡지에서 수 년 동안 연수를 거치고 난 어느 날 어떤 작가의 눈에 들어 쓰이게 되는데, 이런 일은 단 한 번뿐이지만 그 작가가 어찌나 똑떨어지게 적절하게 갖다 썼는지, 신조어는 돋보이고 그 사용을 받아들일 수 있게 되고, 문어에서, 좀 더 정확하게 말하자면 우리가 문학적 글이라고 부르는 탄탄한 문어에서도 받아들일 수 있게 된다. 그건 21세가 되는 해에 혈통을 인정받고 유산 상속을 누리게 된 사생아라고 하겠다. 확실한 신분 보장도 없고, 수입도 변변치 않고, 사회적 지위를 모조리 박탈당한 지독히도 가난한 인물이 어느 결에 자식임을 인정받고 성년이 된 것을 축하받는 것이다.

# 생존경쟁

오늘날, 그 어떤 프랑스 문필가가, 가령, "그는 생존 투쟁을 위한 무장이 제대로 되어 있지 않았다"라고 말하기 위해서 "*mal armé* pour……"[1] 란 표현을 쓰기를 주저하지 않겠는가? 우선, 이 표현은 상투적 표현이며, 더 나아가 시인 스테판 말라르메의 이름을 사용하는 말장난이 된다. 이 시인의 이름이 유명해지기 이전에는, "*mal armé*"를 사용하지 않으려는 이러한 이유가 존재하지 않았을 뿐만 아니라, 말라르메가 오히려 "*mal armé*" 때문에 시달려야 했는데, "*mal armé*"는 시인의 친구와 친지들 사이에서는 오래전부터 사용된 진부한 농담이었다. 이러한 상황에서 시인 베를렌이 "*mal armé*"란 표현을 시에서 사용하여 이중적인 의미의 시를 선보였던 것이다.

> *Vous n'êtes pas mal armé,*
> *Plus que Sully n'est Prud'homme,*

---

[1] 독자의 이해를 돕기 위하여 단어 대 단어 번역을 하고 그 발음을 적는다.
  "mal / armé / pour (말 라르메 푸르)"
  불충분하게 / 무장한 / ……을 위하여

쉴리가 프뤼돔이 아닌 것만큼
자네는 말라르메가 아니네

쉴리가 속물이 아닌 것만큼
자네가 무장이 덜 된 것은 아니네[2]

그런데 지금에 와서는 시인 말라르메의 기세에 눌려 "*mal armé*"란 표현이 뒷걸음질치고 있다.

입말과 글말의 세계에서 발생하는 이런 종류의 자그마한 부침들, 소소한 생존경쟁 현상들을 보여주는 또 다른 예가 있기 마련이다. 숲의 나무들처럼, 성장하면서 서로에게 방해가 되는 말들 말이다. 하나가 죽거나 시들면 그 옆에 있던 또 다른 하나가 장애물이 제거된 공간으로 가지들을 뻗어나간다. "Grâce(호의/은총)"란 말이 자연스레 떠오른다. 신학자들의 "Grâce(은총)"가 누리는 특권을 침해하지 않기 위해서, '호의'라는 의미의 'Grâce'는 오랫동안 복수의 기호를 지녀야 했고, 마지막 치장은 's'로 끝내야만 했다. 예를 들자면 "당신 덕분에……"라는 말을 하고 싶으면 "Grâces à vous"라고 하거나, 가능하기만 하다면 Faveur(호의)라는 말로 대체하여서, À la faveur de……라는 표현을 사용하였다. "Grâce(호의)"

∴
[2] 이 시의 원제는 『헌정시집(*Dédicaces*)』에 수록된 「스테판 말라르메에게(A Stéphane Mallarmé)」이다. 폴 베를렌은 이 시에서 두 명의 프뤼돔에 대해 암시하고 있다. 첫 번째는 최초의 노벨문학상 수상자이자 프랑스 한림원 회원이며 파르나스파인 시인 쉴리 프뤼돔(Sully Prudhomme, 1839~1907)이다. 두 번째는 극작가이자 풍자화가인 앙리 모니에(Henri Monnier, 1799~1877)가 창조한 캐릭터 조제프 프뤼돔(Joseph Prudhomme)이다. 발자크는 어리석고, 투실투실 살이 찌고, 순응주의자에다 거들먹거리는 '프뤼돔 씨'에 대해, "파리 부르주아들의 전형"이라고 평했다.

는 하마터면 사라질 뻔했다.

그리고 Causer(말하다). 초등교육과 '이렇게 말하고 저렇게는 말하지 말 것'류의 교재들이, 서민들이 Parler와 비슷한 말로 causer를 사용하는 경향이 있음을 보여주는 표현들을 추격하기 시작하면서, 본의 아니게 causer에게 엄청난 타격을 가하게 됐다. 가령, "C'est à vous que je cause(바로 당신에게 말하는 거예요)", "Il cause anglais(그는 영어로 말해요)" 같은 표현들. 사람들은 실수할까봐 겁을 냈고, "Nous causons(우리는 이야기하고 있다)", "Je m'étais attardé à causer avec un ami(친구와 이야기하느라 지체하였다)" 같은 표현들을 더는 쓰지 않게 되었다. 하지만 놀랍게도 여전히 "On vous cause(선생님과 말하고 싶어합니다)"라고 말하는 전화교환수가 있기는 하지만, 그 교환수가 희귀한, 유행에 뒤진 사람이다. 거의 사방에서, 자동사로 쓰이던 Causer가 Parler à, Parler avec에 자리를 내주었다. Causer는 용법이 축소되어 "Être cause de……(……의 원인이 되다/야기하다)"라는 능동적 용법으로만 사용되는데, 이 영역에서조차도 Provoquer(일으키다), Déclencher(일으키다, 폴 클로델 덕분에 힘을 얻었다)와 무시무시한 경쟁을 벌여야 한다.

하지만 자동사와 부정확한 타동사 causer는 힘든 삶을 영위하면서도, 끈기 있게 Parler에 대항하여 투쟁하고 있다. 초대받은 저명인사의 뒤꽁무니를 쫓아서 은근슬쩍 개인적인 모임에 끼어들려는 외부인처럼, Causer는 Causerie(집담회)—콘퍼런스를 대신하는 완곡어법—라는 말의 기세에 힘입어 제대로든 아니든 간에 사용해 달라며 쭈빗쭈빗 고개를 들이밀려고 한다. 이리하여 최근에 다음과 같은 문장을 신문에서 발견하게 되었다. "Tel jour à telle heure, grande soirée artistique et littéraire au Casino de Z……. Notre distingué confrère G…… y causera sur l'Idéalisme Contemporain(모일 모시, 카지노 드 Z에서의 예술과 문학의 대향연……. 우리의 저명한 동료 G……가 현대의 이상주의에 대하여 이야기합니다)."

그리고 Lettres Royaux(칙령)에서의 Royaux는 어떠한가? 이 생존자, 눈에 띄게 퇴화된 기관을 갖춘 이 늙은 괴물! 부왈로(그리 생각하지만 볼테르일 수도 있다)가 이 표현에 대해서 뭔가 아주 재기발랄한 이야기를 했었다. 이 표현의 경우, 형용사 Royaux가, 일순간 왕의 의지로 가득 채워지고 절대권력에 너무나 가까이 다가선 Lettres라는 단어를 공인해야 할 임무가 자신에게 주어진 것을 보고서는, 그만 이성을 잃고 성수(性數) 일치를 잊어버리고 만 거라는 이야기를 덧붙일 수 있겠다.[3]

---

3) 프랑스어에서는 명사의 성과 수에 맞춰서 형용사의 성과 수가 정해진다. 따라서 여성 복수형인 'lettres'에 맞추자면 형용사 역시 여성 복수형인 'royales'이 되어야 한다.

# 탄도학

    17세기 작가들의 글에서는 종종 만나는 *retardement*이라는 단어를, 몇 년 전부터인가는 사람들의 말에서도 전혀 들어보지 못했고 글에서도 거의 보지 못하였다. 이 단어는 17세기 작가들의 글에서는 『리트레 사전』에서 정의하고 있는 "늦어지게 만드는 행위"의 의미로 사용되고 있으며 *accélération*(빨라지게 하기)에 반대된다. 하지만 이 동일한 단어로 행위와 행위의 결과를 가리키는 경향이 생겨나면서, 『리트레 사전』에 나와 있는 두 번째 정의, '늦어진 상태'의 의미로도 사용된 예들을 발견하게 되는데, 이 경우 그 단어는 'retard(늦음)'와 비슷한 말이 되며, 이 'retard'라는 단어는 17세기 작가들이 'retardement'에 비해 덜 사용했던 것 같다.

    하지만 'retard'는 19세기 동안에 경쟁자의 영역을 상당히 침범하여 글말에서조차 'retardement'을 대체해간다. 'retard'가 확장된 이유는 이 단어가 짧막하고, 입말에서 'en retard(늦은/지각한)'라는 관용어가 잦게 쓰이다 보니 끝내 저울이 그쪽으로 기울어지게 되었기 때문인 듯하다. 다른 한편으로는, 단어를 정확하게 쓰기 위한 고심을 더 하게 되면서(혹은 덜 하게 되면서), 'délai(유예/연장)', 'ralentissement(억제/지연)' 그리고 특히 'atermoiement(연기/지연)'과 경쟁하던 'retardement'의 첫 번째 의미가 흐릿해졌다는 추측이 가능하다. 이리하여 우리의 조부모, 그다음에는 우리의 부모가 그 단어를 잊어갔는데, 이는 마치 요즘 우리가 유년기와 청년기에 알았던, 심지어는 최근에 알고 있던 파리의 구석구석이, 예를 들자면 라 페피니에르의 옛 병영[1]이 여전히 존재하던 시절의 생토퀴스탱 광장이 어떤 모습이었는지를 잊어가는 중인 것과 같다. 『리트레 사전』은 'retard'와 'retardement'을 똑같이 현재 통용되는 두 단어로 간주하는 것 같다. 하지만 『프티 라루스』같은 현대 상용어 사전들은 'retardement'에 '옛', '낡은'이라는 말을 붙여놓았다. 단어와 그들의 친구를 그토록 우아하게 의인화하는 아르센 다르메스테테르[2]나 혹은 어떤 다른 어학자라면 이리 말했을 텐데, 이리하여 버림받고 은퇴할 권리를 행사하라는 압력을 받은 'retardement'은 방어체제를 구축하고 매복에 나섰던 것이다. 현역에서 물러나지 않겠다고 굳게 결심한 그는 포병공창의 기술부대로 들어갔고, 상당한 자율성과 고유성을 누릴 수 있는 상황을 원하여 시한폭탄과 시한신관 분야에서 자신을 특화하였다.

   그가 막 외출, 아니 일상 용법으로의 귀환을 시도했던 것은 바로 이때부터이다. 이제 보게 되겠지만, 교묘하고 용의주도하게 진행된 귀환이다. 실제로 그 과정의 맨 첫 번째 단계를 목격했는데, 그 추이를 흥미를 갖고 우호적으로 지켜보는 중이다. 그는 문학 언어가 입말에 대해 갖는 영향력과 힘을 의식하고서,—어쩌면 그러한 영향력과 힘을 과대평가하는 것인지는 모르겠지만— 탄도학도 포함하여 여러 기술 분야에서 꾸어온 메타포들을 작가들이 좋아한다는 것을 알고서, 최상급의 가장 세련된 문학비

---

1) 왕실친위대원을 수용하기 위하여 1763년에 건축되었고, 19세기 동안 꾸준히 개축되었으며, 1925년부터 1927년 사이에 해체되었다.
2) 아르센 다르메스테테르(Arsène Darmesteter, 1846~1888)는 프랑스의 초기 의미론학자이자 문헌학자이다. 주요 저서로는 『여타 로망어 및 라틴어와 비교한 프랑스어의 복합어 형성에 관한 개론서』(1873), 『프랑스어의 신조어 생성과 그 법칙』(1877) 등이 있다.

평가에게 청탁을 하였다. 그 일이 어떻게 벌어졌는지를 이야기해보겠다.

1924(혹은 1925)년경, 프랑스어 자료 수집의 대가 중의 한 명이자 시인인 F⋯⋯가 여러 번, 그리고 여러 모임에서 얼추 아래와 같은 의견을 개진하는 것을 들었다.

"출간되자마자, 비록 거의 늘 일시적인 것이긴 하지만, 그 영향력이 즉각 느껴지는 저작물들이 있다. 그런 책들을 모방하곤 하는데, 모방하기 쉽고, 애써서 연구하지 않아도 즉각 이해되고, 또 유행하는 책들이니 모방자들이 주목하기 마련이다. 하지만 일반적으로 이런 책들이 최상의 책들은 아니며 단시간에 성공하고 수많은 독자들을 사로잡는다는 것은 그 책들이 쉽게 늙는다는 신호이다. 최상의 책들은 그 영향력이 **뒤늦게**(*à retardement*) 터져나오는, 오랜 기간 그 폭발력과 반동이 명백히 숨죽이고 있다가 작용하는 책들이다. 이러한 책들은 출간 당시 대다수 대중과 여론을 선도하는 비평가들에게 주목을 받지 못하고 지나갔다. 이 책들은 자신들과 동시에 빛을 보았으나 빠르게 잊혀간 형편없는 책 무더기와 뒤섞인 상태였다. 때문에 그 책들은 죽어 장사지낸 것처럼 보였다. 그런데 십 년, 이십 년 뒤 여전히 그 책들이 읽히며, 처음에는 그 독자 수가 미미하다가 해마다 늘어나서 이제는 현대 문학에 상당한 영향력을 행사하고 있음을 보게 된다. 스탕달, 보들레르, 로트레아몽, 랭보, 말라르메는 그처럼 **뒤늦게 폭발하는 작가들**(*auteurs à retardement*)의 전형이다⋯⋯. 그리고 이는 또한 대부분의 위대한 고전 작가들의 경우이기도 하다."

(내가 기억하기로 F⋯⋯는 자신이 이 이미지를 처음 사용한 것이 아니라고 했다. 그 또한 상징주의—오랫동안 모호하고 배타적이던 그 상징주의("알지 못하는, 하지만 아주 잘 알려진")로부터 현재 우리 문학의 최상급 작품들이 비롯되었으며, 이러한 현상은 비단 프랑스에만 국한된 것은 아니다—이론가들 중 한 명

이 그 이미지를 사용한 것을 보았다고 한다. F……가 내게 출처를 밝혔던 것 같은데, 기억이 나지 않는다.)

이 발언은 그 이야기를 직접 들었거나 혹은 전해들은 교양인들에 의하여 곧 받아들여졌고 회자되기 시작했다. 1926년과 1930년 사이에 프랑스 비평가들 가운데 소수 정예가 그러한 표현을 더 많이, 더 자주 사용했다. 뒤늦게 폭발한 영향력이며, 뒤늦게 폭발한 작품과 작가들인 셈이다.

문학비평가와 문학사가들 모두에게 유용한 표현이 더해지면서 언어가 풍요로워졌으니, 언어의 논리와 언어의 순수함이라는 측면에서 보자면 그때까지는 모든 것이 순조로웠다고 할 수 있다. 하지만, "의미 영역"이 확장되었음에도 제한적이고 한정적인 사용에 여전히 얽매여 있는 retardement 그 자신으로 치자면 그다지 좋을 것이 없었으니, 즉, 그 이미지에도 불구하고 그 기능이 여전히 기술적이며 전문적이었기 때문이다.

그런데 그때 예기치 못했던, 아주 흥미로운 그 어떤 일이 발생했다. 그 이미지는 조금씩 조금씩 퍼져나간 끝에 마침내 대중 속으로 파고들게 되었는데, 그만 **제대로 이해되지 못한 채** 받아들여지게 된 것이다. 1930년(혹은 1931년)에 신문을 읽다가 얼추 다음과 같은 글을 발견하고 깜짝 놀랐다. "프로이트 이론의 성공은 연극무대에서조차 느껴졌다……. 하지만 이 유행은 오래가지 못했다……. 그런데 여전히 무대감독이 뒤늦게 폭발하는 애송이 작가(un jeune auteur à retardement)에게서 …… 원고를 받는 일이 있다……"(정확한 표현은 심지어 "뒤늦게 폭발하는 애송이"였던 것 같다).

이 글을 쓴 저자의 머릿속에서 "à retardement(뒤늦게 폭발하는)"은 "en retard(때늦은)"과 동의어였다는 것이 분명하다. 이 무슨 착각인지! 이 무슨 오해인지! 하지만 이 오해가 이전에 제대로 이해된 표현이 퍼져나갔던 것만큼이나 빠르게 퍼져나가고 있음을 확인할 수 있다. 바로 엊

그제에는 현재의 그러한 학파 혹은 그러한 경향이 결국 "naturalisme à retardement(뒤늦게 폭발한 자연주의)"일 뿐이라는 글을 읽기까지 했다. 이 이미지가 제대로 이해받지 못하긴 했지만 사람들 마음에 들었다는 것은 분명하다. 사람들은 *à retardement*이 "en retard(뒤늦은)"이나 "attardé(뒤떨어진)"의 동의어, 새롭고 충격적이며 빈정거림이 들어 있는 동의어, 한물 간 뒤 뒤늦게 존재하거나 혹은 도착할 경우 종종 보이는 우스꽝스러움을 강조하려는 동의어라고 생각했거나 그렇게 생각하고 싶어 했다.

이 "뒤늦게 폭발한 자연주의"라는 표현을 쓴 작가(권위를 증가시킨다는 작가(auteur)의 어원〔auctor〕과는 어울리지 않으니 작가보다는 오히려 "줄이는 자"가 더 어울리려나?)에게 그가 그 표현을 잘못 사용하였다고 비난한다면 그는 아마, 그 표현은 자연주의에 들어 있다가 "뒤늦게 터진 영향력"의 결과, 효과를 자연스럽게 드러내준다고 스스로를 변호할 것 같다. 그러니까, 이는 행위를 표현하는 단어가 그 행위의 효과를 의미하기에 이르는 의미 번짐의 새로운 예인 듯하다. 하지만 그러한 주장은 그럴싸하기는 하지만 좋지 않은 동기가 불러온 필요성을 위해 꾸며댄 것이다. 왜냐하면 "*à retardement*(뒤늦게 폭발하는)"을 그런 식으로 사용하게 되면, "en retard"와 용법이 겹치게 될 뿐만 아니라 F가 퍼뜨린 이미지에 대한 몰이해를 낳게 될 뿐이다. "문외한"들은 그 표현에서 폭발의 지연만을 보지만, 기술 전문가들은 자신들이 종사하는 과학이 정복한 기술인 시한신관을 알아보고 만족을 느낀다. 마찬가지로 랭보와 말라르메의 영향을 받은 현대 문학 작품은 연대기적으로야 랭보나 말라르메의 작품보다 "en retard(늦은)"이리라. 그리고 바로 이것이 "문외한"이 바라보는 방식이다. 하지만 그 메타포를 이해하고 촉진시켰던 비평가들에게는, 그 현대 문학 작품이 이번에는 자기 스스로 시간 간격을 길게 두고 영향력을 행사할 수 있을 정도로 힘이 충분하다고 가정할 때에만 "*à retardement*(뒤늦게 폭발하는)"이라고 말해질 수 (아니, 차라리 예언될 수) 있을 것이다. 요컨대, "en retard"의 의미로 사용되는 "*à retardement*"의 용법이 정당하다고 주장하는 것, 그것은 말놀음―노름, 그리고 잃기.

하지만 그러한 패배가 retardement에게는 이로울 뿐이다. 그와 같은 오해 덕분에 기술적으로 특화된 용어인 그는 전문어들과의 결합에서부터 떨어져 나와서 너른 바다로 나아간다. 그는 박애주의자가 민중을 향해 나아가듯 구어를 향해 나아간다. 생생한 이미지는 흐려지다가 지워져버리고, 이러한 혼란을 이용하여, retardement은 자신의 오랜 경쟁자인 retard가 차지한 가장 눈에 띄는 축에 드는 지위에서, retard가 retardement에 맞서 투쟁하는 과정에서 그가 수적 우세를 차지할 수 있게 해줬던 그 지위에서 그를 몰아내고, 경쟁자 retard와의 싸움에서 승자가 되어 나온다. 프랑스어의 면적에 비하여 그가 정복한 의미 영역이라는 것이 무척이나 협소하다는 점을 생각해보면 그것은 아주 제한적인 성공이리라! 하지만 retardement이 얼마나 엄청난 실추를 겪었는지를 생각해본다면 엄청난 성공이다.

이제 그는 무엇을 하려는가? 좀 더 멀리 가기 위한 밑거름으로 이 제한적인 성공을 활용할 수 있을까? 가장 널리 읽히는 신문이 꾸준하게 그를 밀어준다고 상상해보자. 수백만 명의 프랑스어 사용자가 그를 알게 되어서, 오늘날 "en retard"나 "attardé"라고 말해지는 곳에서 "*à retardement*"이라고 말하는 습관을 붙이게 된다고 상상해보자. 이런 일은 아주 대중적인 오페레타나 희극(1920년과 1925년 사이에 등장했던『피피〔*Phi-Phi*〕』처럼)이 "Un jeune homme à retardement" 비슷한 것을 제목으로 삼는다면 그런 일이 일어날 수도 있을 것이다. 바로 이런 것들이 아주 우호적이고 거의 유토피아적이라고 할 만한 조건들이다. 하지만 "retardement"이 자신과 한 몸이 되어 붙어 다니는 전치사 "à"에서 떨어져 나오지 못하는 한 "en"에서 쉽사리 떨어져 나오는 "retard"에 맞서 성공적으로 투쟁하기란 거의 불가능하다.

"retardement"이 "à"로부터 해방될 수는 있지만 시간과 용법이 쌓여야만 가능할 것이다. 그때가 되면 마담 세비녜의 글에서 봤듯이, "les retardements de la poste(우편물 배달 지연)" 같은 표현을 다시 듣게 될 것이고 다시 일상적인 글에서 읽게 될 것이다. 하지만 현 단계에 도달한 retardement이 이 두 번째 의미로부터, 라신("Tous vos retardements sont pour moi des refus〔당신의 그 모든 꾸물거림은 내겐 거절입니다〕")[3]이나 몰리에르("Ce que j'ai à vous dire ne veut pas du tout de retardement〔당신에게 할 말이 있는데 늦출 수가 없군요〕")[4]의 작품에서 찾아볼 수 있는 첫 번째 의미로 다시 올라서기 위해서는 아직도 해야 할 일이 많을 것이다.

retardement이 유행에 휩쓸려간 다른 수많은 어휘들처럼 스쳐 지나가 버리고, 엉터리 문학어의 횡설수설에 빠져들어 스러져버릴 가능성이 훨씬 더 높아 보인다. 이런 사태는, 처음에는 호의적으로 대해줬더니 엉터리 사용법에 맞서 의미를 간직하지 못한 메타포에, 버릇장머리 없는 놈이 잘한다고 부추겼더니 거만을 떨어대는 것처럼 자신의 존엄성을 지켜내지 못한 메타포에 만정이 떨어진 박식한 비평가들이 그 메타포를 내치게 될 터이니 만큼, 무척 빠르게 닥쳐올 것이다. 이 어휘가 포병공창과 탄도학의 어휘로 다시 돌아가게 된다면 그 어휘에 대해서 정말이지 뇌관

---

3) 라신의 『앙드로마크』 제3장에 나오는 에르미온의 대사 중 한 구절이다.
4) 몰리에르의 『돈 주앙』 제6장에 나오는 엘비르의 대사 중 한 구절이다.

에 불붙이다 세월 다 갔다고 말할 수 있을 것이다. 어쨌든 현재로서는 최고 탄도점에 도달하지 않았으니 승부는 열려 있다.

# 정관사의 부침(浮沈)

이 관점에서 보자면 고대 희랍어는 찬탄할 정도로 논리적이며 우아하다. 속사(屬詞, attribut) 앞에서 한정사를 반복하는 법이 없다. 한 종류의 사물만 있으면 불필요하다고 판단하여 그 앞에 놓인 한정사를 제거한다. 이렇게 제거함으로써 추상적 언술의 보편적 성격을 강화한다. 참으로 박식하면서도 우아한 절약 방식이지 않은가!

프랑스어에서는 한정사가 성, 수, 격을 나타내는 유일한 지표로서 차츰차츰 관습적이고 필수적인 요소로 자리 잡아 갔기에, 정관사의 통사적 쓰임새가 확장되면서 정관사의 지시적 가치를 잊어버린 사람들은 정관사를 여전히 그 효력이 한창인 지시사로 대체하는 경향을 보이게 된다. 19세기 말경부터 ce, cette, ces라는 지시사가 글에 등장하는 횟수가 많아지는데, 그 지시사들의 불필요함은 확연히 드러난다. 이러한 용법은 문어, 의사(疑似) 문어에서부터 시작되었던 것 같다. 친숙한 어투로 쓰인 폴 베를렌의 시들, 그리고 특히 그의 산문들이 이러한 경향을 자극했던 것으로 보이며, 이토록 고귀한 영역에서부터 내려온 예는 신문기자들 사이에 추종세력을 낳았다. 이리하여 지시사는 일종의 강화된 관사가 되어서, 뒤이어 나오는 명사에 하나의 의도, 하나의 생각, 하나의 **사고**를 덧붙여주는 것 같다. 정관사 le, la, les의 대부분이 불필요하게 지시사 ce, cette, ces로 대체된 문장들은 **범인들**(凡人, *vulgus*)의 눈에는 문학적 표현으로 여겨졌다. 이러한 기교는 중도에서 민중의 몸짓 본능, 말하고 있는 대상을 손가락으로 가리키려는 욕구와 조우한다. 이는 지시사를 정관사와 동일시하려는 첫 번째 징조가 아니겠는가?

어쨌든 작가들은 이러한 충동에 반발해야 하며, 정관사 le만으로 충분한 곳에 지시사 ce를 쓰는 일을 결코 해서는 안 된다. 최상의 작가들은 범속함에 대하여 품고 있는 공포 덕분에 무의식적으로라도 경계심을 늦추지 않았고, 적어도 우리 시대의 훌륭한 작가들에게서 소위 "강화된 정관사"를 사용하는 빈도는 낮아지고 있다는 생각이다.

또 근래(1920~30) 정관사를 앞세우지 않고 두 실사만을 병렬시킨 제목들이 유행하고 있는데, 아마도 이 또한 또 다른 반발 징후가 아닐까 싶다. 그런데 이번에는 이 유행이 앞서 퍼져나갔던 다른 유행 모두가 밟았던 그 길을 가고 있다. 즉 그 자신이 범속하게 되어가는 것이다. 이 유행에서는 간결함의 가장, 광고 문체(광고문에다가 문체라는 말을 쓸 수 있다면) 특유의 그 무엇인가가 보인다. 모자와 넥타이(Gants et Cravates), 스포츠용품(Articles de Sports), 원피스와 외투(Robes et Manteaux)……. 이리하여 J. 뒤 벨레가 『옹호와 현양』에서 했던 언급이 여전히 시의적절한 것으로 판명된다. "우리 언어를 가장 뛰어나게 구사하는 사람들에게서조차 공통으로 나타나는 결함에 빠지지 않도록 조심할 것. 즉 관사들의 누락을 조심할 것."

다른 한편, 관사는 최신 레스토랑 메뉴판에서 다시 영예를 누리게 된다. 쌀밥을 곁들인 닭요리(*La* poule au riz), 초콜릿 수플레(*Le* soufflé au chocolat)……. 가치 하락이 또한 이 유행을 기다리고 있어서, 거들먹거리면서 범속하기도 한 이 관사는 싸구려 식당의 뼈 발라낸 가자미 요리(Les filets de limande), 말 등심 요리(Le Tournedos de cheval)에 호되게 당하게 될 것이다.

관사에 약간의 힘을 실어주기 위한 최상의 방법은 가능할 때마다 관사를 아껴 쓰고 쉬게 해주는 것이리라. 그럼으로써 간결함, 힘, 우아함이 문장에 생겨난다면 말이다. 예를 들어, 폴 발레리는 "구경꾼들에게는 욕설을(Injures sont pour la galerie)"이라고 표현하였다.

프랑스의 정관사와 비교해보면 영어의 정관사는 잘 보존되어 있고 굳건히 자기 자리를 지키고 있는 듯하다. 우리 프랑스인들이 the를 ce, cette로 번역해야만 하는 경우가 제법 있을 정도이다. 아마도 영어의 정관사가 갖는 힘은 실사라는 카테고리 전체가 관사 없이 쓰인다는 (그리스어에서처럼) 사실에서 나올 텐데, 이 때문에 사람들은 막연하게 영어의 정관사에서 행위적 가치를 떠올리게 된다. 나는 아널드 베넷이 "To shake the Creation"이라는 문장에서 예외적으로 "Creation" 앞에 정관사를 사용함으로써 생겨난 아름답고 위대한 효과에 대하여 감탄하는 말을 들었다. (Création이라는 말을 좀 더 과장해줄 부가어를 찾아서 붙이는 방법이 아니라면 이 the를 프랑스어로 어떻게 옮길 것인가? 지시사만으로 충분할까?)

스페인어의 경우, 관사가 닳아지는 것에 대한 부분적인 반발—누락과 절약을 통한 반발을 보게 된다. 우선 수많은 속담들이 가능한 한 철저하게 안쓰로폰 프쉬케(άνθρωπόν ψυχή, 인간의 영혼)[1]라는 규칙을 따른다. (Hombre prevenido······〔유비무환〕. Cosa que no tiene remedio······〔해결책이 없으면 돌이킬 수 없다〕. Papeles son papeles······〔종이가 종이고 편지가 편지이듯 폭군의 말은 다 거짓이다〕) 그리고 지금 만들어지고 있는 속담들 모두, 그리고 속담풍의 문장 모두가 그 규칙을 준수한다. 다른 한편, 최근 이삼

---

1) 이 희랍어 표현에서 관사는 생략되었다.

십 년(지시사를 사용한, '최근 이 이삼십 년'이 아니라!) 동안 수많은 국명 앞에서 관사를 없애고 있다는 점에 주목해야 한다. 프랑스나 스위스라는 국명을 말할 때 더는 정관사를 말하지 않고 쓸 때도 거의 그렇게 쓰지 않는다. (이는 스페인어 특유의 어법일까? 20세기 초엽 오랑에서 '프랑스' 앞에 관사를 붙이지 않고 "프랑스행 선박〔le bateau pour France〕"이라고 말하는 것을 들은 적이 있다. 그런 종류의 법칙 위반을 만들어냈던 "프랑스의 배〔le bateau de France〕"라는 표현을 말하고자 했던 게 아니라면 말이다.)

## 자료: 몇 가지 지명들

　소를랭그(Sorlingues) 제도를 언급하고 있는 영국발 뉴스를 프랑스 언론을 위해 정확하게 번역한 기자에게 찬사(조금 늦은 감은 있지만)를 보낸다……. 이 제도는 프랑스 사람들에게는 실리(Scilly) 제도[1]가 되어가는 중이었는데, 이는 정말이지 약간 "실리(silly)"했으며 그 제도를 우리에게서 멀어지게 했고, 말하자면 항해자들에게는 접근 불가능한 것으로, 여행자들에게는 다가가기 힘든 곳으로 만들어버렸다. 그런데 "소를랭그"라는 단어는 그대로 내버려두고 잊어버리기에는 그 자체로 너무 많은 장점을 갖고 있다. "소를랭그 제도." 그 이름에서는 연기와 역청, 그리고 파도의 물보라 내음이 피어오른다.

　프랑스에서는 프랑스의 몇몇 옛 지명들을 다시 사용하게 하는 데 애써야 할 것 같다. 앙드레 테리브[2] 씨가 그럴 생각을 하지 않았던가? 그 누가 알겠는가? 만약 신중함과 인내가 있었더라면……. 하지만 그 누가 에댕부르(Edimbourg)[3] 대신 릴부르(Lislebourg)라고, 리스(Leith)[4] 대신 프

⁘

[1] 실리 제도는 영국 잉글랜드 남서부 콘월 반도에 있는 제도이다.
[2] 앙드레 테리브(André Thérive, 1891~1967)는 프랑스의 작가이자 소설가, 기자, 문학비평가이다. 본명은 로제 퓌토스트(Roger Puthoste)이나 수많은 가명으로 활동했다.
[3] 스코틀랜드의 주도 에든버러를 프랑스식으로 발음한 것이다.
[4] 영국 스코틀랜드 동남부, 포스(Forth) 만(灣)에 면한 항구로서, 현재는 에든버러의 일부이다.

티-리(Petit-Lit)라고, 모나스티르(Monastir)[5] 대신 모네스티에(Monestier)라고 말할 것인가? 가에트(Gaète)[6] 대신 가예트(Gayette)라고 하는 것은 별다른 어려움 없이 받아들여지겠지만 그런 변화가 필요하다는 생각은 거의 들지 않는다.

여러 가지 이름으로 알려지는 것이 도시로서는 하나의 명예가 되는 것 같다. 런던의 경우 Londres, Londra. 파리는 Parigi, Parijs. 안트베르펜은 Amberes, Anvers. 제네바는 Genève, Genf, Ginevra. 베니스는 Venedig, Venice. 마르세유는 Marsiglia. 디종은 Digione. 아헨은 Aix-la-Chapelle, Aquisgrana. 바르샤바는 Varsovie. 쾰른은 Cologne. 마인즈는 Mayence……. 이러한 관점에서 보면, 리보르노(Livorno)는 유난히 운이 좋다. 영국으로 귀화시키면 레그혼(Leghorn)이며, 리오르나(Liorna)는 스페인식 이름이 될 수 있을 것이고, 프랑스식 이름 리부른(Livourne)은 프랑스의 마을 리부른(Libourne)의 쌍둥이 형제가 될 수 있을 것이다. 이처럼 다양한 이름들이 만들어져서 인정받는다는 것은 그러한 이름을 받아들인 도시와 그러한 이름을 부여한 주민들 사이의 끊어질 수 없는 관계를 보여주는 징표다. 반면, 릴부르와 프티-리는 유지되지 못했는데, 이는 프랑스 왕국과 스코틀랜드 왕국 사이에 존재했던 아주 밀접하나 한정되었던 관계들과, 예외적인 역사적 상황들과 관련이 있다. 로마라는 이름은 거의 변형될 수가 없었다. 하지만 가능한 한에서는 그 이름마저도 변형이 되었는데, 셰익스피어에게 그 이름은 "room"과 운이 맞아서 말장난의 대상이 된다.

∴
5) 튀니지 사헬의 바닷가 도시이다.
6) 이탈리아의 라치오 주(州)에 있는 도시이다.

인종과 언어가 대규모로 뒤섞인 나라임에도, 미국의 도시들은 이름이 여럿인 도시들의 수가 한정되어 있다. 무수히 많은 인디언식 이름이 유지되었다는 것, 그리고 오늘날에는 영어를 사용하는 영토임에도 불구하고 스페인과 프랑스의 초기 식민지들은 살아남았고 발음 때문에만 부분적인 변형이 일어났을 뿐이며, 그러한 변화가 철자 상으로는 나타나지 않는다는 사실은 주목할 만하다. 과거의 존중인가? 아니면 무관심이나 상상력의 결핍인가? 우선, 눈에 띄는 대로 가져다 쓴다. 그 뒤로는 아마도 과거의 존중이 습관을 공고하게 해주는 것 같다. 예를 들자면, 세인트루이스, 샌프란시스코. 사용하는 언어가 달라졌는데도 여전히 옛 이름을 사용해주는 것은 다양한 이름들을 부여받은 것만큼이나 영예이다. Texas[7]나 Oregon[8]은 La Havane에 값한다. 요크, 오를레앙, 산티아고, 코르두 등 유럽의 오래된 도시의 이름을 따르는 도시가 신대륙에 존재하면, 유럽의 오래된 도시로서는 성장한 딸을 둔 것처럼 영예로운 일이다. (특기할 만한 사실은, 그 도시들 가운데 그 어떤 도시도 해안에 위치하지는 않았다는 점이다.) 코르두를 보면, 아메리카 대륙에 정착한 딸의 이름을 프랑스식으로 바꾸지 않고 "코르도바(Cordoba)" (아니 차라리 Córdoba)라고 말하려는 경향은 나쁘지 않다. 그 덕분에, 발생했을 수도 있는 혼란을 예방할 수 있고 우리 후손들이 "아르헨티나의 코르두(Cordoue-en-Argentine)"라고 말하는 수고를 면하게 된다. 어머니 격인 도시와 딸 격인 도시 사이에 가족적 관계가 존재한다고 생각하면 재미있다. 뉴요크 시장

∵

7) 텍사스 동부에 거주하던 카도(Caddo) 인디언 언어로 친구 또는 동맹이라는 뜻이다.
8) 이 지역을 오리건(Oregon)이라 부르게 된 이유는 정확하지는 않으나 과거에는 컬럼비아 강을 허리케인이라 불렀으며, 이를 프랑스어로 'Ouragan'이라 한 데서 오리건이라는 지명이 유래되었다고 한다.

은 매년 성탄절에 요크의 시장에게 아름다운 크리스마스카드를 보내며, 라 누벨 오를레앙(뉴 올리언스의 프랑스식 발음)의 시장은 매년 1월에 오를레앙의 시장에게 연하장을 보낸다. 하지만 로스 앤젤레스(미국)의 시장은 스페인에 있는 로스 엔젤레스의 시장에게 축하 전보를 보내기를 자제한다! 로스 엔젤레스(스페인 알리칸테의 시골)는 전차가 잠깐 머물렀다 가는 곳이며 고작해야 오륙 채의 집이 있고 구청(Ayuntamiento)도 없이 달랑 여인숙 하나가 있을 뿐이다! 사실 도시 이름이 전례력이나 제례로부터 온 것이라면, 스페인과 포르투갈의 동명의 도시들과 아메리카의 동명의 도시들 사이에 반드시 혈연관계가 있는 것은 아니다. 아메리카에서는 이 이름들이 대부분 그 지역이 발견된 날짜나 도시 건립 날짜, 혹은 그 당시 통치하던 왕의 이름이나 건립자의 수호성인과 관계가 있기 때문이다······.

누에바 요크,[9] 누오바 요크.[10] 정확하고 깔끔하다. 프랑스에서는 뇌요크(Neu-York), 심지어 느비요크(Neviork)라고 발음했다가 결국 니오우요크(Niou-York)(오 발음은 아주 짧게)라고 발음하였다. 가끔 상 파울루(São Paulo)를 생폴(Saint-Paul)로 프랑스화하기도 한다. 뷔에노제르(Büenozère)라고 발음하지만 쓰기는 부에노스 아이레스(Buenos Aires)라고 쓰는데, 그 옛날 형태를 유지하는 것이 아마도 더 우아해서일 것이다 ― 어쩌면 이 또한 프랑스화하는 방식일지도 모르겠다.

끝이 없는 주제······. 체계를 세우고 목록을 작성하고 분류하고 규칙을 세우는 것이 좋겠다. 결국 지리라는 대형 상점 안에 코너 하나를, 고유명사 판매대 하나를 여는 것이 좋겠다······. 지명과 지명의 역사, 그리고 지

---

9) 스페인어로 뉴욕.
10) 이탈리아어로 뉴욕.

명들의 역사(그것들이 들려주는 이야기들). 제도와 도시 이름뿐만 아니라 하천과 호수, 산과, 지역들까지. 벽돌이나 시멘트 위에 찍힌 발자국이 우리를 감동시키는 것과 조금은 비슷하게, 시간과 공간 속에서 그런 이름들을 살펴보면서 감동을 느끼게 된다……. 베르길리우스의 「농경시」 한 구절에 향기를 부여하는 트몰로스,[11] 니코메데이아,[12] 카이사레아,[13] 그리고 아시아의 "유명한 도시들"(카툴루스). 우리가 유명한 동시에 환히 빛나는 그 도시의 모습들을 보는 것을 그 누구도 막지 못할 것이다. 특히 카이사레아. 그 이름을 보면 다른 어떤 이름보다도 훨씬 더 생생하게 최근에 지은 대도시, 근대적 도시가 떠오른다. 카이사레아! 인류의 기억 속에서 영원히 하얗게 빛나리라…….

---

[11] 트몰로스 언덕은 현재 터키의 이즈미르 주와 마니사 주에 해당하는 리디아에 있던 산 이름이다(트몰로스는 그리스 신화에 나오는, 리디아의 통치자를 가리키는 뜻도 있다). 라르보가 언급하는 시는 1편 50행부터 55행 사이의 내용으로, 각 지역의 특산물을 나열하는 부분에서 향기로운 사프란을 안겨주는 트몰로스를 언급하는 대목이 나온다.
[12] 소아시아의 도시로, 고대 비티니아 왕국의 수도.
[13] 카이사레아는 지중해와 갈릴리호 북쪽 그리고 카파도키아에 있는 세 곳의 도시 이름이며, 모두 율리우스 카이사르의 이름을 따서 만들어졌다.

# 이구아수
(Iguazú)

「아름다운 세 거지 소녀」라는 에세이[1] 끝부분에 'Iguazú(이구아수)'라는 명사를 집어넣은 연유는 다음과 같다. 소리의 울림이 좀 더 풍부해야만 하는 상황이었음에도, "un silencieux Niagara d'or"라는 표현은 '약약약 강 약약약 강'의 리듬만을 제공했기 때문이다. 그리고 "Niagara d'or"는 'silencieux(고요한)'라는 부가어를 대놓고 부정해버리는 불협화음 때문에도 사용하기가 어려웠다. 그래서 '약약약 강'과 '강' 사이에 무성 음절이 포함되어 있는 '약약약 강' 유형의 시스템을 집어넣고 싶었고, 또한 이 시스템 양옆에 쉼표를 찍어서 침묵이 머무는 자리를 마련해주고 싶었다.

그런데 몇 달 전, 아르헨티나 소설가인 마누엘 갈베스[2]의 『파라과이의 전쟁 장면들』에서 "un Iguazú de fuego"라는 표현을 읽은 적이 있었다. 따라서 나는 자연스럽게 Niagara라는 명사를 보면서, 남미 대륙의 나이아가라라고 할 수 있는 이구아수의 이름을 떠올리게 되었다. 내가 한 첫 번째 행동은 Niagara를 Iguazú로 대체하는 것이었다. 그런데 그렇게 해서 약약약 강에서는 벗어났지만, 종결부가 내 귀에 만족스럽게 들리지가

---

1) (원주) 이 책의 344~366쪽에 수록됨.
2) 마누엘 갈베스(Manuel Gálvez, 1882~1968)는 아르헨티나의 소설가이자 시인, 에세이스트이며 역사가이자 전기작가이기도 하다.

않았다. 결국, 이구아수는 나이아가라보다 훨씬 덜 알려진 폭포이어서 이구아수를 나이아가라로 설명할 필요가 있겠다는 생각을 했고, 그리하여 지금처럼, "…… un silencieux Niagara, ou Iguazú, d'or"라는 표현으로 에세이를 마무리하게 되었다.

이제, 무척이나 아름다우면서 희귀한 단어인 Iguazú는 이미 그 단어를 알고 있던 독자까지도 멈춰 세운다. 그리고 그 순간을 이용해 소리가 좀 더 풍부하게 울려 퍼지게 된다. 그리고 이구아수를 몰랐던 독자에게는 나이아가라를 통한 설명까지도 안겨준다. 그리하여 나는 이 에세이의 종결부로 '약약약 강 약약약 강 // 약약약 강 // 강'의 리듬을 갖게 된다. 이는 내가 원하던 바였다.

이러한 결과에 이르게 된 나로서는, 아직 거의 알려지지 않은 이구아수와 오래전부터 유명한 나이아가라를 결합해놓은 이 표현이 문학적 글쓰기에서 시작해서 구어적 표현으로까지 퍼져나갈 수도 있는 일이고, 그러다가 이렇게 만들어진 표현이 일종의 상투적 표현의 원조가 될 수도 있겠다는 생각을 했다. 그리되면 결국 이구아수도 나이아가라만큼 대중적이 되지 않을까…….

만약 그런 식으로 상황이 흘러간다면 미래의 연구자이며 호기심이 가득한 어떤 이는 이 글을 읽다가 이 대중적 표현의 진정한 원조는 마누엘 갈베스의 "un Iguazú de fuego"라는 표현이었음을 알아낼지도 모른다.

# 문학적 구두법

특수 구두법론은 분명 있다. 아니, 있을 것이다. 이들에 대해서 거의 알려져 있지 않기는 하다. 문법서에서는 구두법의 핵심을 짚어주고, 온점, 쌍반점, 쌍점, 줄임표, 쉼표, 따옴표, 소괄호, 나아가 대괄호와 쉼표와 그 뒤에 줄표가 잇따를 경우의 효과까지도 말해준다. 하지만 시나 문학적 산문의 경우, 이러한 기호는 단어와 마찬가지로 작가의 자유재량에 달려 있어서, 일반적 문어 따로 문학적 언어 따로 있듯이, 일반적 구두법 따로 문학적 구두법 따로 있다. 강한 개성을 타고난 작가가 구사하는 구두법은 개인적일 것이고, 일상적 용법과 문법에 의해 확정된 규칙들에서 다소 벗어나 있을 것이다. 철자법이 확립될 때까지는 대문자 사용과 마찬가지로 구두법에 관해서도 인쇄공들에게 그들만의 특수한 용법이 있을 수 있었다는 사실을 염두에 둬가면서, 인쇄술이 발명된 이래의 영어권, 프랑스어권 등등의 문학적 구두법의 역사를 집필할 수 있을 것이다. 하지만 철자법이 확립된 이후로는 인쇄공들이 보다 정확하게 원고에서 제시한 대로 구두법을 반영했을 것이다. 그리고 그들이 구두법을 자신들의 규칙에, 문법이 제시하는 규칙에 맞췄다고 주장하는 경우일지라도, 그곳에서 작가의 손길이, 주인의 흔적이 발견될 듯하다.

어떤 사람들은 구두법에 굉장히 신경을 쓴다. L.-P. 파르그[1]는 자신의 작품 『시집』의 초판본에서 흔히 사용하는 세 점짜리 줄임표 대신에 두 점짜리 줄임표를 고집하여 자신의 의사를 관철시켰지만, 이에 어려움이 없지는 않았다. 이러한 까다로움으로 얻어지는 효과는, 독자 쪽에 좀 더 주의력을 발휘하라는 부탁이라고 하겠다. 구두점 하나를 아낀 덕분에 설득력, 감동이 꼭꼭 눌려 담기게 되고, 그럼으로써 강화되기까지 한다고 말한다면, 반면에 느슨하게 점을 세 개 늘어놓는 경우 설득력과 감동은 퍼져버린다고 하겠다. 지금까지 이러한 시도를 뒤따른 작가는 없다. 어쩌면 이러한 두 점짜리 말줄임표는 『시집』에 실린 극도로 압축된 글 안에서만 자기 자리를 찾아내는 것인지도 모르겠다.

언젠가, 리카르도 구이랄데스[2]가 전통 구두법 기호들의 부족함과 부정확함에 대해 불평을 늘어놓은 적이 있었다. 그는 사분쉼표, 팔분쉼표 등의 음악기호로 구두법 기호를 대체하거나 혹은 보완하기를 원했던 모양이다. 하지만 이러한 주장을 일찌감치 포기했던 것 같다. 사실 내 생각에도, 그렇게 하자면 너무 복잡해진다. 현재 우리가 갖고 있는 기호들로 우리의 필요를 충족시키고 있으며, 요컨대 현 기호들이 갖는 쉼표 효과는 음악에서 사용하는 기호들에 상응한다.

‥

1) 레옹-폴 파르그(Léon-Paul Fargue, 1876~1947)는 프랑스의 시인으로, 음악과 미술 방면에도 뛰어난 감수성을 보였다. 레녜(Henri de Régnier)의 소개로 말라르메가 주재하는 '화요회'에 출입했으며 그곳에서 발레리, 클로델, 드뷔시, 지드 등 19세기 초의 최상급 예술인들과 교분을 쌓게 된다. 그의 친구가 된 모리스 라벨은 1929년에 파르그의 시 「꿈」을 음악으로 옮겼으며, 파르그는 라르보, 발레리와 함께 잡지 《코메르스(Commerce)》를 창간했으며, 파르그와 라르보 사이에 오간 서신 모음집이 출간되기도 했다. 작품으로는 『탕크레드(Tancrède)』(1911), 『시집(Poèmes)』(1912), 『음악을 위하여(Pour la Musique)』(1919) 등이 있다.
2) 리카르도 구이랄데스(Ricardo Güiraldes, 1886~1927)는 아르헨티나의 소설가이자 시인이다. 전위파 시인으로 출발해, 첫 시집 『수정의 방울(El cencerro de cristal)』(1915)로 유명해졌다. 대표작 『돈 세군도 솜브라(Don Segundo Sombra)』(1926)는 가우초(목동) 소설의 걸작으로 일컬어진다.

16세기에 존재하던 프랑스, 영국, 이탈리아 등등의 구두법이 있다. 17세기의 구두법 또한 존재한다. 몽테뉴, 라블레, 롱사르, 뒤르페, 소렐, 코르네유가 자신들의 구두법에 바싹 신경을 쓰지 않았다는 것은 인정할 수 있다. 하지만 모리스 세브와 말레르브처럼 꼼꼼하고 정확한 시인들이 구두법에 관여하지 않고, 당대의 인쇄 전통에서 사용되던 것에 만족했으며, 인쇄공들에게 엄격한 복종을 요구하지 않았다고 생각하기는 어렵다. 이 점에 관한 한, 지금까지 전해지는 원고들이 우리의 유일한 평가수단이 아닐까 싶다.

구두법에 관해서 작가들은 두개의 학파 혹은 두 개의 당파로 나뉜다. 관대파(무관심한 사람들과 혼동해서는 안 된다. 진정한 작가라면서 자기 작품의 구두법과 관계된 것에 무관심하다는 것은 거의 상상이 가지 않는다)와 엄격파. 첫 번째 학파에 속하는 우리 시대의 작가로는 마르셀 프루스트, 폴 클로델을 꼽을 수 있다. 이들은 일단 문장이나 시구에 균형이, 절도가, 리듬이 제대로 구현되고 나면, 특별한 경우가 아니라면 식자공들이 상용 구두법의 규칙들을 아무렇게나 자신의 글에 적용을 해도 그다지 중요하게 여기지 않는다. 이런 식으로 원고에 가해진 수정들은 인쇄상의 하찮은 실수들일 뿐인 것이, 독서 시 눈이 읽고 귀가 알아서 고쳐 듣기 때문이다. 또한 생시몽 공작의 경우, 이런 자잘한 것들까지 신경 쓰기에는 너무나 흔들림이 없고 너무나 독단적이고 너무나 귀족적인 문장가라서 관용파의 범주에 들리라는 생각이다. 아마도 그는 전문가에게 자신의 『회고록』 인쇄 준비를 맡겨놓고 나서는 그 작업을 지켜보지도 않았을 것이다.

초등학교 의무교육에 따르기 마련인 장점과 단점을 모두 통틀어서, 초등학교 의무교육으로 문학적 구두법이 망가졌으리라는 것은 확실하다. 초등교육을 받은 인쇄공이나 교정자들은 작가 개인의 구두법에서 다양성과 개성을 제거하려는 유감스러운 경향을 보여준다. 그래서도 L.-P. 파르그가 끈질기게 두 점짜리 줄임표를 얻어낸 데 대해 찬사를 보낼 수 있는 것이다. 또한 폴 부르제가 초기 작품들 출간에서부터 자주 사용했던 쉼표·줄표 도입이 어려움 없이 이루어졌다고는 생각하기 힘들다. (이는 파르그가 영국식 조판술에서 차용했을 가능성이 무척 높으며, 『제자』, 『코스모폴리스』가 대성공을 거두기 이전에는 그러한 문장부호가 보이지 않거나 보인다 하더라도 극히 예외적인 만큼, 그가 프랑스에 처음 들여왔다고 말할 수 있다.) 이것이 불필요한 도입은 아니었다. 쉼표·줄표가 한 번 쓰이면 특정 효과를 준비하는 휴지를 가리키며 그 효과를 강화한다. 두 번 쓰이면 일종의 괄호라고 할 수 있으나 배제 효과가 덜하여, 이를테면 쉼표·줄표 사이에 들어간 삽입절은 악보의 오선 위에 나타나는 셈이고, 그에 반해 괄호 안에 갇힌 삽입절은 진정한 "방백"으로서 오선 위에 나타나지 않는 것과 같다.

 내가 구두법에 관해서 학교교육이 만들어놓은 편견에 부딪혔던 적은 단 한 번이다(난 엄격파에 속한다기보다는 관대파에 속한다). 폴 드보가 삽화를 담당했던 『알렌』[3]의 호화본을 인쇄하면서였다. 이전 식자공들에게는 편지를 써 보내서, "당신은, 〔……〕가 되십시오"라는 문장을 군말 없이 받아들이게 할 수 있었다. 하지만 이번의 식자공은 규칙과 관례를 들먹이면서 이의를 제기했다. 내가 주장을 굽히지 않자 편집자 중 한 명이 주를 달아서 이유를 설명한다는 조건으로 그 문장을 받아들이게 설득했다. 난 이 협상을 받아들이긴 했지만, 순전히 상황에 몰려서 주를 달아야 했

---

3) 『알렌(Allen)』은 발레리 라르보의 1927년도 작품이다. 라르보는 '모두 함께'를 의미하는 루이 2세의 좌우명이었던 '알렌'을 책 제목으로 따옴으로써 고향 비시와 부르봉 공국에 대한 애정을 은연중에 드러낸다.

고, 유감스럽게도 작품을 무겁게 만들 뿐인 이러한 주를 다음 판본에서는 없애버려야겠다는 생각이었다. 그리고 실제로도 이 주는 특별본이 나온 뒤 얼마 되지 않아 찍어낸 일반본에서는 보이지 않는다. 나는 잠깐 존재했던 주에서, 이 쉼표의 기능은 대명사 '당신'을 강조하고 역설하는 데 있으며, 따라서 침묵 속에서 응축된 대화가 작동하는 그 순간은 "당신에 대해서 말하자면, 당신은 〔……〕가 되십시오"라는 논리를 담은 완곡한 표현과 정확하게 맞먹는다고 설명했다. 그러고도, 스페인의 구두법에서 볼 수 있는 쉼표의 역할에 대해 에둘러 말했다. 요컨대 학교 교육이 낳은 편견이 이유를 제시하라기에 그 이유들을 제시했다. 이 일을 겪으면서, 쉼표를 이런 식으로 사용하는 것이 프랑스어에서는 새로운 것임을 깨달았고, 이런 용법이 불필요한 것도 아니니까 누군가 나의 시도를 뒤따르거나, 아니면 다른 누군가가 자연스럽게 그러한 식으로 쉼표를 사용하리라고 생각해본다.

# 새 노선의 창시를 위하여

페르낭 반데렘[1]에게

페르낭 반데렘이 《라 르뷔 드 프랑스》에 문학교재에 관해 쓴 초기 글들을 기고했고, 나 역시 동시에 바로 그 잡지에서, 그가 대단한 재치와 양식을 보여주면서 다룬 그 주제와 인접 주제인 문학사 및 문헌학 연구를 다루었다.

나는 문학비평과 문학사 사이의 근본적인 차이를 강조하려고 애를 썼고, 사람들이 그 두 분야를 뒤섞어서 상당히 모호하게 그저 문헌학 연구라고 뭉뚱그려버려서 발생하게 되는 유감스러운 결과를 이야기했다.

까다로운 임무였다. 꽤 널리 읽히는 잡지의 독자들을 상대로, 외국문학의 문학사 및 문헌학의 국내 전공자들이 거둬들인 주요 성과물을 추천하고, 동시에 이러한 저작물 거의 전부에서 발견되는 몇몇 결함들, 문학사와 문학비평의 혼동에서 생겨난 결함들에 대해 조심시키는 것이었으니까.

이번에는 그러한 혼동에 대해 한 번 더 역설하고 그에 대한 대책을 찾아보고자 한다.

∴

[1] 페르낭 반데렘(Fernand Vandérem, 1864~1939)은 프랑스의 소설가이자 극작가이다.

I

 외국 고전작품이 누려 마땅한 관심을 갖고, 그리고 고전에서 이끌어낼 수 있는 온갖 혜택을 기대하며 고전작품을 읽고 싶은 생각이 들어서, 이 고전작품에 대한 완벽한 서지, 작품 형성사와 전개사, 이 작품이 자국의 언어사 및 문학사에서 차지하고 있는 위치, 미친 영향 등, 우리에게 필요한 모든 정보를 제공해주는 책 한 권을 손에 넣고 싶어 한다고 가정해보자. 이 모든 정보를 담고 있으며 가장 완벽하게 가장 잘 만들어진 책, 한마디로 이 주제에 관하여 가장 중요한 최고의 권위서가 프랑스 학자가 프랑스어로 쓴 저작인 경우가 있다. 이런 경우가 존재하는데, 영국 문학(예를 들자면)에 대한 훌륭한 서지가 프랑스인들이 생산해낸 저작에서 무시 못 할 자리를 차지해야 하게 된 지 20여 년이 되었다. 여기, 그러한 책이 있다. 열에 아홉은 박사논문이다. 박사논문에는 연구 대상인 저자의 생애에 대해서 사람들이 알고 있는 모든 것과, 우리가 방금 위에서 언급했던 그 모든 정보가 담겨 있다. 우리는 그 논문을 신뢰할 수 있다. 하지만 곧, 고전작품을 읽다가 필요해진 정보를 논문에서 찾아보는 일이 쉽지 않음을 깨닫게 된다. 목차는 충분히 상세하게 적혀 있지 않다. 우리가 찾는 정보를 얻기 위해서는 한 장(章) 전체를, 때로는 두 장 전체를 읽어야만 한다. 그러니 이 거대한 책(500페이지, 심지어 때에 따라서는 800페이지)은 가이드북이, 우리가 필요로 하는 사실들을 담은 목록집이 아니다. 그것은 차라리 장황한 '월요 한담'[2)]이다. 저자의 생애 부분은 심리소설에 버금가며, 작품 연구 부분을 보면 작품 구상 및 집필에 관한 이야기, 언어 연구, 독자 및 당대 비평가들의 반응, 작품이 주고받은 영향, 장단점에 관한 비평, 불명료한 수필이 되어버린 본능을 따른 비평, 비평풍의 여담들, 지적 저작물에 관한 일반적 고찰 등 온갖 것들이 뒤섞여 있다. 게다가 이 모든 것은 논설, 논술 형식을 취하고 있다! 그리하여 사람들은 지금 손에 들고 있는 것이 역사적 저작인지 과학적 저작인지 혹은 문학적 의도가 있는 작품인지, 더는 모를 지경이 되어버린다.

## II

실제로 속아 넘어가기도 한다. 얼마 전에 친구 하나가, 문인인데, 내 테이블 위에서 그런 종류의 박사논문을 발견했고 몇 페이지인가를 읽어봤다. "오, 하느님 맙소사." 그가 말했다. "이 박식한 신사 분들은 우리는 저리 가라로군! 우리가 어휘와 문장구조를 이미 망쳐놓은 것만으로는 충분하지 않은 모양이야! 공들여 만들었고, 우아한 데다가 잔뜩 꾸며놨군. 이 얼마나 새롭고, 얼마나 신선하며, 이미지 사용은 또 얼마나 대담한가! 보게나. 비극은 요람에 든 아기로군. 가냘프게 운다네. 그러더니 이번엔 늠름한 나무가 되는구먼. 사람들이 그 나무를 가꾼다는데. 조금 더 나아가면 이번에는 커다란 강으로 바뀌고, 그 강이 넘쳐흘러 마치 식인귀처럼 되는군. '인접 장르들을 먹어치운다'고 나오거든. 내 장담하건대, 머지않아 너무 잦은 분만으로 일찍감치 늙어버린 노파가 될 걸세. 오! 이런, 이것도 좀 들어보게나! 저런. 이 양반, 자기가 할 수 있는 한 해본 모양인

---

2) 프랑스의 문예평론가 생트뵈브(Charles-Augustin Sainte-Beuve, 1804~1869)의 평론집. 1849년부터 매주 월요일 《르 콩스티튀시오넬(*Le Constitutionnel*)》에 연재한 기사를 종합하여 전 15권으로 출판하였다. 이 평론집은 문예비평가의 비평이라고 하기에는 작가의 심리와 전기에 치우친 느낌이 강하다.

데, 결과가 참 어이없구먼."

　이런 식의 문학사 서술 방식을 채택한 사람들이 이러한 방식이 독창적이라고 주장하려는 의도를 갖고 있지 않다는 것은 분명하고, 내 친구 역시 그 사실을 알고 있었다. 그건 마치 판에 박힌 표현과 마찬가지며, 문인이라면 기를 쓰고 피해갈 그런 무가치한 이미지들을 그들은 일부러 사용하는 것이다. 문학사가들의 언어가 이처럼 쓰레기 문학 언어로 채워지는 일은 어디에서 비롯하는 것일까? 아마도, 이들은 서로가 서로를 본뜨고, 이렇게 진부한 말들과 이렇게 지리멸렬한 말들을 한 세대에서 다음 세대로 전달하는 모양이다. 하지만 이러한 결점은 보다 근본적인 결함에서 오는데, 그것은 그들이 책임진 영역인 과학과, 그들의 과학이 다루는 대상일 뿐인 **여기 이곳의** 문학 사이에서 그들이 일으키는 혼동 이외의 다른 그 무엇이 아니다. 이처럼, 그들의 박사논문은 내용은 순수하게 과학적이면서, 형식은 과거 소르본대학에서 나온 논문들의 특징인 논설, 웅변식 논증, 문학풍 글이라는 낡은 형식을 고수하고 있다.

### III

　이러한 형식과 내용의 부조화는 명백한 결과를 낳는다.
　우선, 문학사 연구에 이골이 난 학자가 문학적 소양이 없는 사람처럼 글을 쓸 수 있다는 사실을 확인하고 놀라지 않을 수 없다. 하지만 가장 심각한 것은 이 모든 문학의 찌꺼기, 우스꽝스러운 메타포, 어휘와 통사의 탈선이 엄청난 자리를 차지하는 통에 책이 두꺼워져서, 우리에게 제공되는 것이 문학사 및 저자 생애와 관련된 단순 사실이며 100여 페이지면 그 사실들을 모두 열거할 수 있다는 점에 비춰볼 때, 그에 어울리지 않는 물질적 규모를 띠기에까지 이른다는 것이다.

그것이 전부가 아니다. 저자가 사실을 기술하고 잇달아 연구 대상인 작품들의 비평으로 넘어가는 것을 보면, 과학과 문학 사이의 그러한 혼동이 더욱 뚜렷해지고 더욱 거북스러워진다. 그러한 비평과 사실 기술 사이에는 아무런 연관성이 없다. 그러한 비평이 사실 기술과 섞여 나오면 적절치 않아 보이고, 의외로 다가오고, 뜬금없이 여겨지기 마련인데, 이는 연구 대상인 저자 이름을 느닷없이 불러대거나 서정을 쏟아내는 것이 그렇게 보이는 것과 마찬가지이다. 이런 식의 비평은 "작품의 역사"라고 이름 붙인 장에서 "작가의 생애"라고 우리에게 제공되는 일종의 소설, 그 낯 뜨거운 소설과 정확하게 일치한다. 우리는 과학적 방식에 의거하여 분류된 사실들을, 그러니까 우리의 관심사와 연관시키자면, 연대기적 순서에 따라서, 또한 가능하다면 인과관계의 원칙에 따라서 분류된 사실들을 요구한다. 그 이상의 것을 요구하지 않는다. 만약 연구를 진행하면서 자신이 분류한 사실들에 대해 사유를 펼쳤고, 연구 대상인 작품들에 대해 가치판단을 내렸다면, 그 성찰의 결과를 우리에게 보여주고 자신의 판단에 대해서 알려라. 하지만 사실 기술 및 사실 분류와 뒤섞지는 말라. 그가 행한 비평이 아주 훌륭하다고 해도 과학적 저술 속에 끼워 넣으면 난데없어 보이니 별도로 출간되어야 한다. 어쩌면 부록으로, 아니면 제1권과 2권을 반드시 함께 구매해야 하는 것은 아니니, 따로 책 한 권으로 출간되면 더 좋을 것이다. 그것은 박사논문의 후속연구논문, "소논문", 즉 비평서가 될 수 있을 것이다. (어쨌든, 우리로서는 저자의 어휘 연구를, 혹은 저자의 작품 가운데 덜 알려진 작품이나 미출간 작품에 대한 주해판본을 더 선호하는데, 보통 이것이 후속연구논문이 되곤 한다. 왜냐하면 이러한 연구가 보다 유용하며, 이러한 영역에서 학자의 능력이 더 잘 발휘되기 때문이다.)

이 이야기를 한 번 더 하자. 문학사가에게는 "아름다운 작품"이나 "실패한 작품", "문학적 가치가 없는" 작품이란 없고, 있어서도 안 된다. 그저 그 중요성이 더하거나 덜한 작품만이 있으며, 있어야만 한다. 그에게 비평을 하라고 부탁하는 것, 예를 들자면 동시대인 가운데에서 재능 있는 새로운 작가를 찾아내거나 제 실력을 인정받지 못하는 천재를 발굴해내라고 부탁하는 것은, 역사가에게 행동파적 정치를 해달라고 요구하는 것에 다름없다. 그에게 비평을 하지 않는다고 비난하는 것, 그것은 역사가보고 국가원수가 아니라고, 혹은 정치에 개입하지 않는다고 비난하는 것이다.

## IV

바로 그것이 19세기 말에 문학사가들이 가르쳤던 것이다. 그들이 옳았고, 아마도 그들이 독일의 문헌학연구로부터 받아들였을 그 견해는 탁월한 것이었다. 하지만 불행하게도, 그들은 그 생각을 엄격하게 적용하지 않고서 문학사와는 상관없는 영역, 즉 그러한 견해가 가치를 갖지 못하는 문학비평의 영역으로도 가지고 갔다. 그 결과, 그들이 가르친 학생들 —우리 모두는, 고등사범학교 학생이나 고등사범학교 입시준비반 학생이었던 우리 동료 가운데에서 그들의 가르침을 받았던 사람들을 알고 있다—은 **미적 활동에 대한 무조건적인 부정**으로까지 나아가게 되었다. 이는 "우리는 글을 쓰지 않는다"라는 그 유명한 단언으로 귀착되었는데, 그 의미는 얼추 다음과 같다.

"문학작품은 종교와 마찬가지 차원에 속하는 역사적 현상이다. 텐[3]이 그 사실을 입증한 바 있다. 문학작품이란 여러 세기가 흐르면서 여기저기 존재했던 '뜨거운 머리'를 지닌 몇 사람이 우연히 만들어낸 산물일 뿐만 아니라, 인종, 환경, 시대라는 세 요소에 의하여 결정되는 것이기도 하다. 따라서 문학작품이 가치를, 논란의 여지가 없는 가치를 갖게 되는 것은 역사적 문헌으로서이다. 이 역사적 가치는, 지극히 개인적인 감상의 문제이며 우리 시대 사람들의 경우에는 열광, 유행, 집단적 환상, 감정의 문제인 '미적 가치'에 비하면, 무한히 더 중요한 것이다. 그런 만큼 이러한 미적 가치는 확정할 수 없을 뿐만 아니라 무시할 만한 것이라서, 우리는 역사가의 작업에서 벗어난 곳에서조차도 미적 가치에 신경 쓸 필요가 없다. 이러한 작품에 담긴 아름다움의 많고 적음은 그 작품들을 생산했던 '뜨거운 머리'를 지닌 인물들이 보여준 격정의 많고 적음을 나타낸다. '천재'란 존재하지 않는다. '뜨거운 머리'(이 표현은 텐의 것이다)[4]만이, 무지와 허영, 환상, 그리고 주목을 받고 싶어 하는 유치한 욕망으로 가득한 사람들만이, 다소 제정신이 아니고 비정상이며, 스스로에 속아 넘어간 상상력 넘치는 사람들만이 존재할 뿐이다. 이들은 스스로를 독창적이며 참신하다고 생각했지만 그들 작품의 기원을 찾아가다 보면 그

---

3) 히폴리트 텐(Hippolyte Taine, 1828~1893)은 프랑스의 역사가, 철학자, 비평가로서, 자연과학의 방법을 역사, 예술, 문학 등의 영역에 도입하고자 했다. 예술작품을 시대의 산물로 본 텐은 인종, 환경, 시대라는 세 요소로 예술작품을 설명하고자 했다.
4) 『영국문학사』 서론에 보면 다음과 같은 구절이 있다. "우리는 문학작품이 그저 단순한 상상의 장난, 뜨거운 머리를 지닌 인물의 예외적 변덕에 불과한 것만이 아니라, 풍습의 모사이며 어떤 정신 상태를 나타내는 신호임을 발견했다."(*L'Histoire de la littérature anglaise*, tome premier, [neuvième édition], Paris, Librairie Hachette, 1891, pp. V à XLIV.)

들보다 앞서 간 사람들의 작품을 베끼거나 표절하거나 변형시켰을 뿐임이 드러난다. 그들이 내놓는 유일한 변명이라고는, 지금의 우리야 과학의 시대로 확실하게 들어섰지만, 자신들은 이 시대 이전에 살았다는 것이다. 이제 상상력과 정신의 방황으로 이루어진 그런 놀이는 끝났다. 호머와 단테는 야만인이다. 당신이 즐겨 마지않는 라신, 볼테르, 베를렌에서 멀어지면 멀어질수록, 그들의 '정신상태'와 중앙아프리카 부족의 음악가나 조각가들의 정신상태 사이의 차이는 점점 줄어들게 될 것이다. 문학은 끝났다. 이제 유일한 '문인들'이라고는, 라흐만[5]이나 빌라모비츠-묄렌도르프[6]처럼 과거의 언어 및 문학이 낳은 위대한 기념비적 작품들을 펴내고, 그들의 역사에 대해서 쓰게 될 학자들일 것이다. 이제 '뜨거운 머리'를 지닌 사람들은 더는 없고, 과학적 정신을 지닌 사람들만이 있다. 우리는 바로 그런 존재가 되고 싶으며, 그 때문에 전국의 젊은이 가운데에서 엄선되어 최고의 문학적 교양을 쌓았던 것이다. 우리가 승승장구했던 선발시험들, 우리가 받은 학위들, 가장 뛰어난 대학 교수들로부터 물려받은 교양, 이 모든 것으로 인해 우리는 지적인 청년 엘리트로, '글을 쓰기'에, 그러니까 프랑스 문학을 이어가기에 가장 적합한 자격을 갖춘 젊은이들로 양성되었는데, 이는 자랑하기 위한 말이 아니라 명확한

---

5) 카를 라흐만(Karl Lachmann, 1793~1851)은 독일의 문헌학자로서 독일 문헌학을 확립하였으며, 처음으로 독일 중세문학에 엄밀한 문헌학적 본문비판을 보여 독일문학과 중세 연애가집의 교정 편찬에 획기적인 업적을 남겼다. 『니벨룽겐의 노래』의 원형연구로 유명하다.
6) 빌라모비츠-묄렌도르프(Wilamowitz-Moellendorff, 1872~1874)는 철학, 역사, 종교, 금석문, 파피루스학 등에 조예가 깊은 독일의 고전학 연구자이다. 그리스 고전에 대한 참신한 해석을 내놓았으며, 고전문헌학에 역사적 방법을 도입함으로써 새로운 영역을 개척하였다. 주요 저서로는 『에우리피데스와 헤라클레스』(1887), 『헬레니즘 시대의 시』(1924) 등이 있다.

사실이다. 하지만 우리는 더는 글을 쓰지 않는다. 이제는 그것이 가능하지 않기 때문이다. 이제 쓸 수 있는 거라고는 전부 해봐야 고등사범학교 준비반 학생 사이에서 고전이 된 『위뷔 왕』[7] 같은, 학생들의 조야한 풍자극 몇 작품, 아니면 패러디물들, 아니면 아마도 문학을 희생시켜가며 만들어낸 세련된 농담들, 문학이 불가능해졌고 문학의 시대는 갔으며 작가도 그 사실을 잘 알고 있고 그가 쓰는 단어 하나하나는 이를테면 남의 말을 따온 것이라는 생각이 밑에 깔린 그런 종류의 글들일 것이다. 그런데도 여전히 문학을 하게 될 사람들은 교양 없는 사람들, 가까스로 대입자격시험을 통과했을 이전의 열등생들, 어쩌면 이제 더는 글을 쓰지 않는다는 사실을 모르고 여전히 글을 쓰고 있다고 생각할 정도로 교양이 없는 농군들, 서민들일 것이다. 우리, 우리는 더는 글을 쓰지 않는다."

지금으로부터 20년 혹은 25년 전에 많은 젊은이들이 이렇게 생각했다. 그들은 자신들이 받았던 교육에서부터 그런 생각을 만들어냈고, 교육은 또 그들을 그렇게 만들었다. 그들은 모두 훌륭한 문학사가가 될 만반의 준비가 되어 있었지만 비평가는 아니었다. 사실 말이지, 미적 활동을 부정하고 있는데, 어떻게 문학비평을 할 수 있겠는가? 하지만 그들의 스승들(파게,[8] 브륀티에르[9] 등등)은 비평을 했다. 그렇다면 그들이 어떻게 학생들을 건전하고 과학적인 원칙의 남용에 맞서도록, 과학과 비평의 혼동에 맞서도록 주의를 시킬 수 있었겠는가? 그들이 쓴 교재를 보라. 몇 페

..
7) 『위비 왕(Ubu roi)』은 알프레드 자리(Alfred Jarry, 1873~1907)의 5막 산문극으로서 1896년에 초연되었다. 이 작품은 자리가 중학교 재학 중, 교사를 조롱하기 위해 쓴 글이 그 초고이다. 무대는 폴란드이며, 뚱뚱보 위비가 왕위를 찬탈하여 극악무도한 일들을 자행하다가 왕자들에게 복수를 당하고, 겨우 목숨만 건져 프랑스로 도망간다는 내용이다. 셰익스피어의 「맥베스」에 대한 암시가 잦은 패러디물로서, 부조리극과 초현실주의 운동의 선구작으로 간주되기도 한다.

이지만 넘겨보면, 이 글을 쓴 사람들이 미학에 대해서 아는 것이 하나도 없다는 것을 깨닫기에 충분하다. "사고하지 않는다", 도대체 체계라고는 없다고 비난하고 있지 않는가! 시인들에게서 나타난 사고의 결여에서 모순과 비논리를 발견하고 그 앞에서 순진하게 실망하지 않는가! 그러니까, 시인, 소설가는 거의 늘 "모자라는 인간들"[10]이란 말인가? 미의식이라고는 없는 가련한 비평가들! 교양이라고는 없는 가련한 비평가들! 사실, 우리는 그 점을 충분히 느끼고 있었지만 그 사실을 털어놓을 엄두가 나지 않았다. 문학적 소양이 있는 교양인들은 우리 열등생들이었고, 무식자들이자 교양 없는 사람들은 바로 그들 교수들이었던 것이다. 이 모든 것은, 우리는 미적 활동을 우리 안에서 느꼈고 우리 안에서 키워왔지만, 그들은 그 활동을 부인했기 —아니 어쩌면 그에 대해 말하는 것을 한 번도 들어보지 못했기— 때문이다. 누가 진정한 열등생이던가? 랭보나 라포르그[11]란 "존재하지 않으며", 그들은 "아이"들로서 그들의 작품에는 아무 문학적 가치가 없다고 확신을 갖고 말했던 사람들인가? 아니면

---

8) 에밀 파게(Emile Faguet, 1847~1916)는 프랑스의 비평가로서, 수많은 저작과 강의를 통해 당대의 대학생 세대에 막대한 영향을 미쳤다. 시대별 연구뿐만 아니라 작가 개개인에 대한 연구에서도 뛰어났던 파게는, 16세기의 『프랑스 비극』(1883), 『19세기의 정치인과 모럴리스트』(1891), 『볼테르』(1894), 『플로베르』(1899) 등의 저작을 남겼다. 지나친 이론적 접근과 사상의 일반화와 거리를 두었으며, 벨 에포크 시대의 교양 있는 부르주아 계급은 그의 아름답고 우아한 문장과 적당히 반동적인 기질과 인본주의가 뒤섞인 평론에 열광하였다.

9) 페르디낭 브륀티에르(Ferdinand Brunetière, 1849~1906)는 프랑스의 비평가이다. 문학의 발전법칙에 진화론을 적용한 '장르 진화설'을 주장하면서 인상비평과 논쟁을 벌였다. 텐(1828~1893)의 뒤를 이어 그 내용을 한 걸음 더 발전시킨 문예학자로 평가받는다. 주요 저서로는 『비평의 연구(Etudes Critiques)』(8권, 1880~1907), 『자연주의 소설(Le Roman naturaliste)』(1883), 『프랑스 연극의 여러 시대(Les Epoques du théâtre français)』(1892), 『프랑스 문학사 개론(Manuel de l'histoire de la littérature française)』(1898) 등이 있다.

10) 원문에는 라틴어로 "minus habentes"라고 되어 있다.

랭보와 라포르그가 언젠가는 중요 작가가 되리라는 것을 그때부터 알고 있던 사람들인가?

아! "우리는 글을 쓰지 않는다"고? 당신들이 옳다. 우리는 당신들이 글을 쓸 줄 모른다는 것을 알겠다.

이런 모든 생각이 머릿속에 떠올랐지만 우리는 주눅이 들고 말았다. 우리 역시, 애써볼 생각이 들기만 했다면 그런 선발시험들을 너끈히 통과할 수 있었고, 그런 학위들을 거머쥘 수 있었다고 우리 스스로에게 말하는 것은 너무나 쉬운 일이 아니던가! 하지만 여전히 모든 것은 바로 그 동일한 혼동에 놓여 있었다. 이 젊은이들은 과학적 교육을 받았고 (적어도 교수들 의도는 그랬다), 그들은 그것이 문학교육이라고 믿었고, 우리도 그랬다.

## V

그러니까, 예를 들어, F. 반데렘 씨가 그 결함을 폭로했던 문학교재에 대해서 내가 비난하려는 것, 그것은 독단적 자만으로 흐르는 경향을 보여준다는 것은 아니다. 사람들은 대학이라는 곳의 속성이 그렇다고 생각하고, 전문적으로 왜곡하는 모습을 보여주는 것도 몇몇 대학교수들에 국

---

11) 쥘 라포르그(Jules Laforgue, 1860~1887)는 19세기 프랑스 데카당스의 대표 시인이다. 죽음에 대한 강박증, 일상의 허무와 권태 등을 통사론적 규칙이나 시적 어휘에 대한 고정관념에 얽매이지 않고서 일상어, 신조어, 대중가요의 후렴구, 전문용어 등을 구사하여 표현하는 등 과감한 실험정신을 보여주었다. 영국의 천재시인 엘리엇이 그의 천재성을 먼저 알아보았고, 그 뒤 프랑스에서도 재평가되기에 이른다. 작품으로는 『대지의 흐느낌(Le sanglot de la terre)』(1901) 등이 있다.

한된다. 나는 이러저런 이름들을 빼버린다고 비난하는 것도 아니고, 보잘것없는 작가에게 열 페이지를 할애하더니 일급 작가에게는 고작 한 페이지만을 할애한다고 해서 비난하는 것도 아니다. 내가 그들에게 비난하는 것, 그것은 과학인 문학사와 예술인 비평을 뒤섞는다는 점이다. 순전히 과학적인 주제를 문학적으로 다루는 것 말이다.

이러한 혼동이 계속되는 한 어떤 일이 벌어지게 될지 짐작할 수 있을 것 같다. 그건 아주 단순하다. 이전 교재보다 좀 더 최신 정보를 담은 교재들이 등장하게 될 것이다. 새 교재에서 스탕달과 랭보는 각각 열 페이지를 배당받을 것이고, 외젠 마뉘엘[12]은 군소 시인들[13]의 긴 목록에만 이름을 올릴 것이다. 하지만 현재 35세 미만이며 나중 가서 후배들이 스승으로 간주하게 될 작가들은 잊히고, 무시되고, 제대로 대우받지 못할 것이다. 그리고 삼십 여년 후에는 다시 어떤 비평가가 나타나, 이들이 빼먹었을 작가들 명단을 작성하고, 지금은 애송이라 하더라도 그때가 되면 중요한 선구자로 간주될 그런 작가를 간단히, 비우호적인 태도로 몇 줄로 다루고 만 것을 보여주면서, 이전의 교재들을 웃음거리로 만들 것이다.

언제라도 가능한 이러한 오류를 끝낼 방법이 있을까? 그 방법은 무엇일까?

---

∙∙

12) 외젠 마뉘엘(Eugène Manuel, 1823~1901)은 프랑스의 시인이자 정치인이다. 작품에서 당시의 고전적 주제인 가족, 사랑, 불행한 사람들에 대한 연민 등을 다루었다. 작품으로는 『내면의 기록들』(1866), 『전쟁 동안』(1871), 『여행 중』(1890) 등이 있다.

13) 원문에는 라틴어로 "poetœ minores"라고 되어 있다.

# VI

그러한 방법이 어렴풋이 보인다. 바로 **형식**을 변화시켜야 한다. 그러니까 **문학적** 형식을 거부해야 한다. 과학적 주제라면 과학적 형식이 필요하다. 더는, 논설도 논술도 비평도 아니다. **논설**은 사실들을 분류한다며 오랫동안 모호하게 에둘러가는 방식이다. 분류해야 하는 것은 그저 사실들로서, 사실 이외의 그 어떤 것도 아니다. 구시대의 유물인 논설을 영원히 추방해버리자. 그것은 마르몽텔[14]에게나 맡겨두자. 비평으로 말하자면, 우리는 비평의 자리는 다른 곳에 있음을 보았다. 비평은 과학적인 것이라고는 조금도 갖고 있지 않은데, 그것을 문학사라고 팔아먹는 것은 상품을 속이는 것이다.

논설을, 솔직하고 대담하게 **목록**으로 대체하자. 목록은 간편하고 편리하며, 명확하고 **극명한** 형식으로 사실들을 진술하는 것이다. 해마다의, 달마다의, 관련 자료가 있기만 하다면 심지어 날마다의 작가의 삶을 담은 **여정기**들이 출간된 적이 있다. 연도, 나이, 정확한 날짜, 장소, 정황, 직업, 행위, 이 모든 것을 믿을 만한 자료에 의거하여 입증했다. 독서물로 치자면, 이것이 심리소설에 다름 아닌 전기보다야 훨씬 명확할 뿐만 아니라 훨씬 더 **흡인력**이 있다.

그렇다면, 연구 대상이 되고 있는 작가가 쓴 **작품의 여정기**를 만들 방법은 없을까? 날짜를 표기하고, 그 밑에 작가의 지적 성숙에 공헌한 것

---

14) 장-프랑수아 마르몽텔(Jean-François Marmontel, 1723~1799)은 프랑스의 역사가, 소설가, 극작가, 철학자, 문법학자, 시인이다. 볼테르와 가까웠으며 루소에 대해서는 반감을 갖고 있었고, 시인으로서 프랑스 궁전과 전 유럽에서 대단한 명성을 누렸다.

으로 알려졌고 입증된 온갖 사실들, 독서, 만남, 우정, 사건, 그리고 그것들이 작가의 정신적 발달에 끼쳤을 영향, 그리고 작가의 여행, 체류 등이 언급되어 있는 작품 여정기 말이다. (이리하면, 체류 기간이 길다는 이유만으로 전기적 여정기에서 커다란 자리를 차지했을 체류도 사상의 여정기에서는 그저 상기되기만 할 것이다.) 그리고 출간 작품 각각의 탈고일, 출간일, 재판일 등이 담긴 작품 여정기 말이다. 여정기, 아니 원한다면 작품의 어휘, 통사, 운율법 연보라고 해도 좋다. 이 모든 것이 실현 가능해 보이지 않을 수도 있다. 하지만 A. 카르토가 티불루스에 대해 쓴 작품[15]을 봐라. 그 작품은 부분적으로는 티불루스의 운율법에 대한 통계이다. 또한 순전히 "운율법"의 관점에서 작성된 작품 전개 과정이기도 하다. 티불루스에 접해봤던 사람이라면 누구라도 그 여정이 무척 흥미로울 것이다.

## VII

이렇게 말할 학자가 있을지도 모르겠다. "그저 내 자료카드들을 베끼기만 하라고? 그 카드들을 있는 그대로 내보이라고?"

바로 그거다! 우리가 당신에게 요구하는 것, 그건 바로 당신의 자료카드이지 그에 대한 논설이 아니다. 당신의 주제와 관련해서 알려진 모든 사실이 명확하게, 시간 순서 및 인과관계에 따라서 파악되도록, 나누고 모아둔 당신의 자료카드들. 장황한 말이 필요 없다. 아름다운 글도 필요

---

[15] (원주) 『티불루스, 술피키아, 리그다무스에게서 나타난 애가의 이행구(*Le Distique élégiaque chez Tibulle, Sulpicia, Lygdamus*)』(F. 알캉 출판사, 1911).

없다. 우리나 마찬가지로 당신도 당신의 즐거움을 위하여 그 카드들을 다루었고, "다시 훑어보고", 모아봤을 것이다. 그래, 그 놀이가 재미있었고, 때로는 너무나 흥미진진하지 않던가? 아무 설명 없이 날것 그대로인 그 카드에는 뭔가 사람을 빨아들이는 것이, 극적 흥미 같은 것이 있지 않던가? 때로는 그 카드들을 이리저리 옮겨보고 모아보다가, 작가 생애에서 그때까지 불명확하게 남아 있던 어떤 지점에 대한 설명을 발견하는 일도 있었다. 예를 들자면 여행의 동기를 혹은 어떤 대목의 유래를 모르고 있다가, 작가가 그 대목을 쓰기 일이 년 전에 읽었던 책에서 그 유래를 발견할 수도 있다. 혹은 등장인물에게 부여한 이름의 유래가 밝혀지기도 한다. 나는 그런 예들을 들 수 있고, 내 개인적 경험 가운데 몇몇을 들려줄 수도 있고, 두 개의 자료카드가 나란히 놓이자 서로를 비추며 비밀을 내어줄 때 느끼는 기쁨과 갑작스레 빨라지는 심장박동을 묘사할 수 있다. 아! 셜록 홈스여! 하지만 이 자료카드들, 그것들이 당신 앞에 드러내준 것은 당신이 연구하는 작가의 삶 자체, 그의 정신의 삶, 그가 타고난 재능의 내면생활, 그늘에 잠긴 그의 행보, 스스로에게도 드러나지 않은 동기들인 것이다! 저속으로 틀어주는 영화랄까. 그렇다. 우리에게 당신의 자료카드를 달라. 그렇다고 해서 당신 자존심이 잃을 것은 아무것도 없다. 카드들을 분류하고 모아놓다 보면, 조리 없는 낡아빠진 메타포들을 사용하는 것보다도 훨씬 더 명확하게 역사가로서의 당신의 재능이 드러나게 될 테니까.

# VIII

"그렇다면 내 작품은 책의 형식을 갖지 못하잖소. 자료 정리함이 되겠군! 서점에서는 색색가지 마분지로 칸을 나눠놓은 상자에 내 작품을 담아서, 알파벳 분류 꼬리표를 붙이고, 진녹색, 분홍색, 흰색, 빨간색, 파란색, 노란색의 화살표와 삼각형, 동그라미 표시를 해서 팔겠군. '고급판본'은, 고급 사교모임에서 사용하는 카드처럼, 가장자리에 금칠이 된 고급 광택지에 인쇄하고, 금도금 된 작은 은제 열쇠가 달린 향내 나는 나무상자에 담길 테고. 내 박사논문이 야릇한 두뇌게임처럼 보이겠소!"

"천만에요. 책의 형식을 띨 겁니다. 우리의 편의를 위해서 세우지 않고 뉘어놓은 자료카드들을, 그리고 선생의 학자로서의 명성을 위해서 이미 끼리끼리 모아놓아 논리적으로 연결되는 자료들을 원하니까요. 그 일을 하기에 아주 간단한 방법이 있는데, 몇몇 교재 끝부분에 넣어놓은 연대기 도표가[16] 잘 보여주고 있지요. 무엇보다 귀스타브 랑송의 연대기 도표가 있겠군요. 그런 도표들은 우리가 구상 중인 도표들을 초보적인 상태로나마 보여주고 있습니다. 거기에 좀 더 유연성을 부여하고, 좀 더 유희에 가깝게 만들고, 명료성을 유지하면서도 복잡성을 부여해서 좀 더 많은 것을 이야기해줄 수 있게 하면 충분합니다. 현대 인쇄술의 능력을 전부 동원한다면 가능할 겁니다. 서로 다른 수많은 활자체나, 텍스트 비

---

16) 일반역사라면, 『날짜 확인술(*L'Art de vérifier les dates*)』이 있다(원저자 주).
    샤를 클레망세(Charles Clémencet)가 중심이 되어 1750년에 '날짜 확인술'이라는 제목의 책을 출간한 뒤, 비슷한 유형의 책들이 꾸준히 출간되었다. 가령, 1783년에는 프랑수아 클레망이 '주님 탄생 이래의 역사적 사실, 헌장, 편년지, 그리고 여타 고대 기념비적 사건들의 날짜 확인술'이라는 제목의 책을 출간했다(옮긴이 주).

교연구서나 수학에서 빌어다 쓸 수 있는 그 수많은 기호 등이 있죠. 그리고 이들의 조합으로 또 다른 기호들도 만들 수 있습니다. 그건 진정한 의미의 사실분류 도표가 될 테고, 거기에 조금만 익숙해진다면 (오! 열차시각표를 읽자면 필요한 정도보다 더 많이 필요한 것도 아니에요!) 쉽게 해독할 수 있을 겁니다. 출전은 얼마든지 도표 사이사이에 끼워 넣거나 혹은 권말에 모아놓을 수 있을 겁니다. 정보를 쉽게 찾으라고, 그리고 실용적인 가이드북의 면모를 지녀야 하니 그렇게 보이라고, 종이 색깔을 서로 달리하여 사용하는 것까지 가능할 겁니다."

## IX

아! 내가 이 말을 건네자 그 학자는 분노로 몸이 빳빳하게 굳는다. 어쩌면 내가 자신과 자신의 직업을 우롱하고 있을 뿐일지도 모른다는 생각이 머리를 스쳤던 것이다. 하지만 천만에. 나는 농담하는 것이 아니다. 이 모든 일에 희극적인 것이 있다면, 그것은 문헌학연구서, 문학사연구서 (아! 툭 털어놓자면 일반역사서도 포함해서)의 익히 알려진 문학적 외양과, 우리가 원하는 실용적이며 명확하고 간편하며 문학이 철저히 배제된 가이드북 사이의 대조인 것이다. "그러니까 결국 인명부 아니오! 백화점 에젠다나, 생테티엔 무기제조소의 카탈로그나, 전화번호부인 셈이지! 역사에 상업적 방법을 도입하자는 거요!"

우리는 이런 생각을 실현하는 데 상당한 어려움이 따르리라는 것을 인정한다. 심지어 뒤로 물러설 준비까지도, 티불루스에 대해 카르토가 보여준 영웅적인 예에도 불구하고 한 작가에 대한 오랜 작업을 도표로 만드는 일을 잠시 접어둘 준비까지도 되어 있다. 하지만 앞으로 나올 교재들에서는 우리의 요구사항을 열정적으로 견지한다. 그러한 방식은 실현 가능할 뿐만 아니라 바람직하기까지 하다. 이러한 방식은 이미 일반역사에 적용되었다. 결국 우리가 소유한 요약 도표들을 보충하는 것만이 문제인 것이다. 물론 문학사를 위한 이 새로운…… 행동노선을 처음으로 만들어가는 작가들에게는 엄청난 일이 될 것이다. 하지만 그럼으로써 명료함, 독서 및 정보 찾기의 용이함, 비평의 배제 등 많은 이점도 나타날 것이다. 또한 이로 인해 대단한 발전을 이룰 수 있기 때문에, 우리는 서슴지 않고 이 에세이의 서두에 '새 노선의 창시를 위하여'라는 야심만만하고 선동적인 제목을 단다.

# 르낭, 역사, 그리고 문학비평

「새 노선의 창시를 위하여」라는 에세이를 막 발표했을 때, 《라 르뷔 드 프랑스》에서 새로운 시리즈로 에르네스트 르낭[1]의 『젊은 날의 노트』[2]를 싣기 시작했다. 그 『젊은 날의 노트』 가운데 여러 편이 문학과 문학사를 주제로 다루고 있으며, 그중 한 편은 방금 말한 에세이의 4장에서 논했던 것과 무척 밀접한 관계가 있어서, 만약 우리가 르낭의 글을 접했더라면 인용을 했을 터이고, 어쩌면 그 글에 대한 논평도 했을 것이다.

실제로도 그 글을 보면, **비평**과 **문학사**를 혼동하게 하고, 우리가 지적했듯이 미적 행위를 무시하게 하는, 아니 차라리 부인하게 하는 감정적 원인들과 심리적 메커니즘을 간파하게 될 것이다. 이러한 감정적 원인에 복잡한 것이라고는 전혀 없고 희귀한 것도 전혀 없다. 곧이곧대로 말하자면 그것은 허영심이다.

일단 이 말을 내뱉었으니, 독자들은 르낭을 헐뜯는 일련의 생각을 펼칠 모양인가 보다고, 금년에 『예수전』[3]의 저자에게 경의를 표하기 위하

---

1) 조제프 에르네스트 르낭(Joseph Ernest Renan, 1823~1892)은 셈어에 능통한 문헌학자이자 철학가, 역사가, 작가로, 프랑스의 실증주의를 대표하는 인물이다. 『기독교 기원의 역사(Histoire des origines du Christianisme)』, 『이스라엘 민족의 역사(Histoire du peuple d'Israël)』, 『종교사 연구(Études d'Histoire religieuse)』 등 다수의 저작을 남겼다.
2) 《라 르뷔 드 프랑스(La revue de France)》 1923년도 제4호와 5호에 실렸다.

여 드높이 울려 퍼진 승전가의 와중에서 홀로 튀는 독백이 시작되려나 보다고 예상하겠지만, 그러지 말기를 부탁드린다. 나는 르낭 애독자가 아니어서 좋은 쪽으로든 나쁜 쪽으로든 그의 작품에 대해 확신을 가지고 말할 처지가 아니다. 나는 헨리 페스팅 존스[4]가 편집한 새뮤얼 버틀러의 글을 번역했기에[5] 버틀러가 르낭에 대해 쓴 글을 알고 있을 뿐이고, 더구나 나로서는 그 글을 단순한 독설로 보고 있다. 버틀러의 글에는 그가 르낭의 글을 읽지 않았다는 것이 드러난다. 그렇지만 다른 한편으로는, 『생활과 습관』[6]의 저자가 『과학의 미래』[7]의 저자와 자신을 비교하는 일이 우스꽝스럽지 않다는 것을 알게 된다. 다음은 버틀러의 글이다.

"르낭. 1883년 4월 30일 자 《타임스》에 그에 관한 기사가 있다. 그 신문은 그런 종류의 신문 가운데 최악인데, 최악이라는 표현으로도 충분하지 않다. 르낭이라는 작가는 잃어버린 자신의 신앙에 대해 징징거리면서, 젊어서 그랬듯이 신을 믿을 수 있으면 좋겠다고 주장하는 듯하다. 성실한 사람이라면 자신이 믿었던 것들에 대해 좀 더 진실한 의견을 갖게 된 것을 절대로 후회하지 않는다. 르낭은 또 기독교의 기적들을 믿기를

---

3) 1863년에 출간된 르낭의 저작으로, 총 8권으로 이루어진 『기독교 기원의 역사』의 첫 번째 권이다. 르낭은 성서에 등장하는 다른 인물들과 마찬가지로 예수의 일생 역시 비판적 검토의 대상이 된다고 주장하여 격렬한 논쟁을 불러일으켰으며, 그로 인해 가톨릭계의 맹비난을 받았다.
4) 헨리 페스팅 존스(Henry Festing Jones, 1851~1928)는 새뮤얼 버틀러의 친구로서, 버틀러 사후 『에레혼의 저자, 새뮤얼 버틀러』라는 전기를 남겼다.
5) 라르보는 1917~1918에 걸쳐 새뮤얼 버틀러의 『잡문집(Notebooks)』을 번역했다.
6) 『생활과 습관(Life and habit)』은 1878년에 출간된 새뮤얼 버틀러의 저서로서, 진화설에 대한 깊이 있는 연구서이다. 초기에는 다윈의 진화론을 지지했던 버틀러가 종국에는 자연도태설을 비판하게 됨을 알 수 있다. 프랑스에서는 라르보에 의해서 번역 소개되었다.
7) 르낭이 1890년에 발표한 저서. 철학 앞에서의 과학의 우위를 주장하며 과학의 발전에 따른 민주주의적 이상사회의 실현에 대한 희망을 피력하고 있다.

거부하자면 극복해야 하는 어려움들에 대하여서도 말하고 있는데, 그것이 무슨 대단한 지적 공훈이라도 되는가 말이다. 유치하기는! 천국과 지옥을 믿어야 할 합당한 이유가 전혀 없음을 깨닫고서 고통스러워했다고 말하는 사람이 단 한 명도 없기를 바란다. 르낭에 대해 갖는 나의 경멸은 끝이 없다. (이 사람 이름의 e자 위에 악상이 있었던가? 어찌나 경멸스러운지 수고스럽게 확인해봐야겠다는 마음조차 생기지 않는다.)"[8]

우리는 르낭의 노트들을 27세짜리 청년이 썼다는 사실 또한 잊어서는 안 되고, 저자 스스로 그 글들을 출간한 적이 결코 없다는 사실 또한 잊어서는 안 된다. 이 글들은 그의 정신의 형성을 보여주는 소중한 자료이지 문학적 저작이 아니다. 더구나 그 글 가운데 몇 편은 아주 기분 좋은 독서거리로서, 그중 하나가 바로 허영심을 주제로 다루고 있는데, 라로슈푸코[9]의 후손이자 니체의 선구자인 위대한 도덕학자가 쓴 아름다운 글이다. 그는 허영심의 끈질김을 확인하면서 그것을 어디에 쓸 수 있는지를 보여준다. "허영심은 다른 사람들과 겨룰 때에만 유용하게 쓰인다……. 마음속으로 자신과 경쟁할 사람들의 범위를 그려볼 때, 이보다 더 훌륭한 방법은 없다. 그것은 그 사람을 통째로 보여준다. 그가 자신을 중심에 두고 자신의 허영심의 영역을 그리기 때문이다. 모든 것이 그가 어느 곳에 서서 바라보는가에, 아니, 모든 것이 그가 어떤 사람인가에 달려 있다. 그는 자신이 어디에 서 있을 것인지를 아주 잘 알고 있기 때문이다. 예를 들어, 대단한 학자로 자처하는 중학교 교사의 어리석은 허영

---

8) (원주) 새뮤얼 버틀러(Samuel Butler), 『잡문집(*Notebooks*)』, 337쪽.
9) 라로슈푸코(La Rochefoucauld, 1613~1680)는 17세기 프랑스의 작가이다. 간결하고 명확한 문체로 인간 심리의 심층을 파헤친 『잠언과 성찰(*Réflexions ou sentences et maximes morales*)』(1665)을 남겼다.

심, 중학교 수준의 그의 교양이 띠고 있는 빛바랜 희끄무레한 색은 어디에서 올까? 그것은 그가 아주 작은 세상 안에 자신을 위치시키기 때문이다. 그렇게 되면 그의 보잘것없는 교양도 경이로워 보여서 스스로도 그렇다고 착각하고, 문인으로 대접받기를 열망한다. 이렇게 아주 작은 동아리 안에 자기 자신을 위치시키면서 그의 교양은 시들어가고, 자라지 못하고, 허영심으로 번쩍거린다. 이 모든 것이 그 스스로 보잘것없는 사람들하고만 겨뤘기 때문이다! 그러니 당신 자신을 최고의 영역에 위치시키고, 정상급하고만 지적 교류를 가질 것이며, 실제로 그런 교류를 할 수가 없다면 적어도 부르주아 속물들을 상대하지는 말 일인 것이, "난 그들을 능가하지"라고 말하는 바로 그 순간 어느 정도의 동아리 의식을 인정하게 되는 셈이라서, 모든 것은 끝나버리게 된다. 위대한 학자는 그런 보잘것없는 교사와 겨룰 생각을 하지 않으며, 그의 영역은 가령 프랑스 학사원일 것이다."

허영심의 존재를 확인했고, 허영심은 개인의 도덕적·지적 완성을 위하여 붙잡아서 철저하게 활용해야 할 힘이라고 용감하게 인정했으니, 상당히 대담하다. 이제, 우리는 그토록 명철한 사람에게서 드러나는 허영심에 대해 말하기가 거북하지 않다. 왜냐하면 그런 식으로 강력한 의지에 의하여 통제되고 사용되는 허영심이란, 평범한 허영꾼들에게서 보일 때면 우리를 웃게 하거나 짜증나게 하는 "결점"이 더는 아니기 때문이다. 그것은 한 인간이 자신의 가치와 자신의 능력을 놓고 갖는 감정이자 자신의 지적 왕국의 원동력 가운데 하나이다. 로앙의 표현을 꾸어오자면, 왕을 할 생각은 없다. 나는 르낭이 아닌가![10] 몇 년 후, 크루제 기숙학교의 젊은 복습교사[11]는 바로 이런 생각 덕분에 자신의 영역을 프랑스 학사원보다도 더 높은 곳에 위치시키게 된다. 그렇게 생각한 지 80년이 지난 오늘에 와서는, 학사원의 폐하와 예하 제위가 깊숙이 허리 굽혀 예를 표한다.

하지만 허영심은 붙잡아두기 쉽지 않고, 억제하기 어려운 힘이다. 대단한 의지를 지닌 사람만이 엄청난 무게로 내리눌러 허영심을 고분고분하고 유용하고 유익하게 만들 수 있다(다른 곳에서는, 그러니까 대부분의 사람들의 경우, 허영심은 마음대로 솟구쳐 표면에서 넓게 퍼져나간다). 하지만 일단 한번 잡혔다 하더라도 허영심은 보다 손쉬운 출구를 계속 찾아다니다가, 금이라도 조금 갔다 싶으면 그곳으로 파고들어, 굳게 닫아걸고 싶은 내면의 삶의 영역들로 밀고 들어간다. 심지어 순전한 과학 활동의 영역(어쩌면 이곳이 허영심에 대한 경계가 가장 느슨할지도 모른다)까지도 침범하게 되는데, 우리가 지금 다루고 있는 르낭의 노트에서 허영심이 바로 그런 짓을 했음을 알 수 있다. 다음은 르낭의 노트이고, 우리의 독후감이 뒤따른다.

문학사가가 자신의 작품이 문학사의 한 흐름, 한 지류를 다루는 게 아니라 그것이 하나의 문학작품이라고 생각한다면 아주 훌륭하리라.

우리는 아주 잠시 잠깐 "아주 훌륭한"이라는 표현에 빈정거림이 담겼

---

10) 자작의 지위를 누리던 브르타뉴 지방의 명문 드 로앙(De Rohan) 가문이 앙리 4세의 호의를 입어 공작의 지위로 올라서게 되자, 드 로앙의 어머니가 "왕, 그건 할 수 없고, 공작, 그건 할 생각이 없다. 난 로앙이니까"라는 말을 했다고 전해진다. 드 로앙 가문의 자부심을 보여주는 이 말이 와전되어 가문의 좌우명으로 알려지게 된다.
11) 1845년, 르낭은 생-쉬플리스 신학교를 떠나서, 월급 대신 숙식을 제공받는 조건으로 크루제의 사립기숙학교에 자습교사로 취직한다. 이 시기에 그는 하루 두 시간의 노동시간을 제외하고는 온전히 자신의 연구에 몰두할 수 있어서 아주 만족스러워했다고 전해진다.

다고 생각할 뻔했다. 하지만 전혀 그렇지 않다. 그저 비평과 문학사를 혼동하고 있다는 것이 너무나 뚜렷이 보인다. 그러한 "문학사가"란 비평가이지 역사가는 아니며, 혹은 차라리 문학사를 핑계로 비평을 하는 사람일 텐데, 그때부터 우리는 그의 "역사"에 대해 거의 신뢰하지 못할 것이다.

문학사는 하나의 과학이며, 과학처럼 측정할 수 있고, 필연적이다.

"측정할 수 있다"! 대체 어떻게!…… 그리고 "필연적"이라고? 불가항력적이기까지 하다니! 모든 과학이 그렇듯이 말이다. 그러니 이런 문학사라는 과학을 조직하고 완성하는 일은 영웅적이고 비범하며 흥미진진한 모험이다.

하지만……

우리가 이 말 다음에 읽기를 기대한 것은 이런 말이다. "문학사는 아직 체계를 갖추지 못했고, 이제 시작인 상태이고, 겨우 라인 강 저쪽에서 몇몇 대담한 사람들이 문학사를 구축해볼 생각을 하고 있는 정도이다."
하지만 천만에.

…… 정말로, 그것이 문학적인 글들이라는 것을 반추하는 것에 불과하고, 작가들을 주물러대는 것에 불과하다면……

하지만 바로 그래야만 하는 것 아닌가? "반추"와 "주물러대기"가 체계적으로, 과학적으로 이루어진다는 조건이라면 말이다.

…… 성품이 어질어서, 대부분 과학적이지도 문학적이지도 않았던 사람들의 유골을 공손하게 뒤적이려는……

"어질어서"라는 말은 얼마나 불쾌하게 들리는가! 몸소, 학자이자 문학사가이신 내가 대수롭지 않은 문필가 나부랭이들, 당신들을 돌봐주려고 하니 나도 참말로 선량하지 뭔가. 거기에다가 "공손하게"라니! 어리석을 정도로 어질다는 말이로군. 당연히 문학사를 이야기하고 있느니 만큼, 상대할 사람들이 "과학적인" 사람들은 아니겠지만, 문학작품을 썼다는 사실만으로도 그들이 "문학적인" 사람들이라는 것은 틀림없다.

　　…… 종종, 문학적인 구석이라고는 눈곱만치도 없는 사람들……

대체 르낭은 "문학적"이라는 말에 어떠한 의미를 부여하는 걸까? 이해가 되지 않는다. 다음 구절을 보면 아마도 분명해질 것이다.

　　…… 대사관의 비서들……

아! 이제 이해가 되기 시작한다! 그런데 에르네스트 르낭은 젊은 시절의 라마르틴[12]을 생각했던 것일까? 그렇다면 심술기가 없다고는 못하겠다.

∴

12) 알퐁스 드 라마르틴(Alphonse de Lamartine, 1790~1869)은 프랑스의 시인이자 정치가이다. 젊은 시절 외교관 생활을 했는데 1826년에는 대사관 서기관으로 임명되어 피렌체로 부임했고, 1828년에는 공사의 자격으로 토스카나로 부임하기도 했다.

…… 한가한 시간에 시를 끼적거렸던 사무원들. 가련한 사람들!

이제는 이해가 너무 잘 간다. "속물 부르주아" 열 중 아홉은 정확하게 그렇게 말할 것이다. 놀랍다. 이런 문장을 쓸 수 있었던 그 사람은 어떠한 사회적 범주에 들어가는지 묻게 된다. 자, 그러니, 평범한 서민이 그리 생각하듯이 그도 사람의 직업이 바로 그 사람 자체라고 생각하는 것이다. 문필가 나부랭이는 대사관 직원일 수 없다. 이것 아니면 저것인 것이다. 이런 생각을 한 사람까지 그렇다고는 않겠지만, 이런 생각은 품위가 없다. 이런 생각은 하층계급의, "소외" 계층의 것이다. 우리는 그러한 생각을 들여다보다가 내려놓아버린다.

그리고 연구자, 그 누구보다도 우월한 사상가……

희한하게도 병치해났다. 책을 많이 읽고 자기가 읽은 것에 대해 성찰하는 사람이라면 누구나 연구자이다. 학자, "과학자", 문학비평가, 그리고 대체로는 시인, 소설가, 극작가 모두 연구자이다. "연구자"가 반드시 "그 누구보다도 우월한 사상가"인 것은 아니다. 르낭은 이처럼 어리석은 불명료한 말을 해서 특권계층을, 몇몇 세금을 면제받는 성직자 계급을 수립한 셈이다. 연구자가 되기만 하면 "그 누구보다도 우월한 사상가" 자격을 요구할 권리가 생긴다. 아무리 평범함 교수라도 실질적으로 "연구자"로 간주된다면, 자신이 '그 누구보다도 월등한 사상가'라고 쉽사리 생각하게 될 것이다. 이것은, 자신들의 논의 대상인 작가들을 위에서 내려다보며 판단하는 사람들이 쓴 개론서에서 이미 드러났던 바로 그 정신으로, 그러한 개론서들을 보면 역사와 비평 사이에서의 혼동, 미적 행위에 대한 부인 혹은 경멸이 곧이곧대로 드러난다.

　물론, 적어도 그들보다 우위에서……

옳거니! 개론서를 쓰면서 보들레르나 베를렌이 "생각하"지 않는다고 비난하는 사람들이 취하는 바로 그 태도이다. 이는 재갈을 물리지 않은, 야생 상태의 허영심에서 태어난 무지와 어리석음이다.

　그런 사람들의 환심을 사야 한다면 물론 너무나 서글픈 일이니까.

　그렇다. 대사관의 서기관이었던 라마르틴, 도서관 사서였던 뮈세 등……. 그리고 고등학교 교사였던 말라르메, 시청 직원이었던 Ch.-L. 필리프. 직업조차 없었던 사람들에 대해서는 무어라고 말할 것인가. 카페에 죽치고 있던 베를렌, 법적 후견인이 붙어 다닌 보들레르. 그리고 크루제 기숙학교의 자습교사였던 에르네스트 르낭 당신은?…… "가련한 사람들!"

　그런데 그〔문학사가〕는 자신의 손으로 다룬 것 전부보다도 우월한, 학자이자 사상가이다.

이제 우리는 자화자찬의 영역 혹은 자서전의 영역—과학에서 가장 멀리 떨어진 영역인 만큼 가장 풍부한 문학적 분야—으로 들어선 듯하다. 아마도 르낭이 말하고 싶었던 게 이것이 아닐까 싶다. "그런데 그것이 내가 생각하는 그대로의 학자이자 사상가이고, 내가 되고자 하며, 앞으로 그렇게 될 모습이다." 에르네스트 르낭을 위해서는 좋은 일이다. 하지만 이는 국립도서관 출입증이나 마찬가지로 철저하게 개인적인 이야기이다. 이렇듯 "학자이자 사상가"라는 추상적이고 불특정한 표현을 씀으로써 그는 자신의 출입증을 타인에게 빌려준 셈인데, 어쩌면 그것도 책을 훔쳐낼지도 모를 사람들에게 말이다.

상투적 표현 하나가 내 생각을 끊임없이 사로잡는다:

쌍점이 있음에도 불구하고 그것이, 그 "상투적 표현"이라는 것이 무엇과 관계있는지를 묻게 된다. 앞에 나온 말과? 아니면 뒤에 나온 다음과 같은 말?

문학사는 무엇이고, 어떤 뜻을 갖는가? 난 문학사라는 말에서 일종의 모순을 본다.

점점 더 요령부득이 된다. (순전히 개인적인 것이 아니라면 직업적) 허영심이 갑작스럽게 몰려왔고, 그 뒤를 이은 혼란으로 인해 사고가 순간적으로 흐려진 게 아닐까? 저기 써진 "뜻"이라는 말이 무엇을 의미하는가? 문학사가 역사학의 한 분야로서 다양한 언어권의 문학을 다루니 만큼(이 사실은 르낭도 완벽하게 알고 있다), 이러한 역사의 "뜻"은 정치역사, 종교역사, 경제역사 등이 갖는 뜻과 동일하다. "뜻"이라는 말로 "의미"를 말하고자 한 것일 수도 있겠다. 더 나아가 "유용성"을 말하고자 한 것일 수도 있다. 하지만 "모순"이라는 말, 이 글의 마지막 부분에 결론으로 등장하는 그 말은 다음의 두 방향으로 생각해볼 수 있다. 하나의 해석은, 르낭은 문학사에서 어떠한 뜻도 (어떠한 의미도, 어떠한 유용성도) 발견하지 못한다는 것이다. 르낭이 그랬다는 것이 우리를 놀라게 하는데, 문학사의 존재 이유는 여타 과학의, 그가 "과학"(학문 일반)이라고 부르는 것의 존재 이유와 동일하기 때문이다. 다른 하나의 해석은, 문학사가가 주목하고 검토할 만한 가치가 있는 유일한 작품 범주는 문학의 역사를 다루는 작품들이라는 해석이다. 이 두 가지 해석 말고 이런 정황에서 사용된 "모순"이라는 말을 설명할 수 있는 다른 방법은 없다.

르낭의 『젊은 날의 노트』를 전체적으로 다시 읽으니, 이 글을 그가 겪은 심리적·서정적 드라마로 바라보니, 다음과 같은 사실들이 관찰된다.

르낭은 기원법을 빌려 문장을 시작하고, 그 기원을 깔아뭉개는 단언을 하고 나서, 증거가 뒷받침되지 않은 일련의 판단을 열거한 뒤, 무지를, 어쩌면 이해 부족을 드러낼 뿐인 질문으로 자신의 모색을 끝맺는다.

결국 문제가 되는 것은 일반적 제안으로 탈바꿈한 순전히 개인적인 인상으로서, 이 인상의 바탕에 깔린 것은 그러한 인상을 느끼는 사람(르낭)의 지적 우월함에 대한 고상하고도 (적어도 서정적으로) 적절한 감정이다.

그리고 끝으로, 개인적 인상이 일반적 제안으로 탈바꿈하게 되면서 르낭이 아닌 사람들, 혹은 그의 동료들이 이용해먹을 수 있는 모호한 상황이 생겨난다.

이 글은 서정적 시에 속하지, 논리적 추론에 속하는 것이 아니다.

요컨대, 그는 문학사가에게 "그 이상의" 무언가가 되라고, 즉 비평가가 되라고 요구하고 있다. 그런데 그는 이렇게 말해야 할 것이다. "다른" 무언가가 되라고. 동일한 사람이 뛰어난 비평가이자 동시에 보잘것없는 문학사가일 수도 있고, 그 반대일 수도 있으니까. 르낭은 두 개의 활동을 혼동하고 있는데, 의도적일 수도 있다. 여기 비평가가 된 역사학자가 있다는 그의 말을 따져보자. 그렇게 되자마자 문학사가의 역할은 실제로는, 문학사의 대상이 된 훌륭한 작품들을 미학적으로 집대성하는 일이 되어버린다. 프란체스코 데 상티스가 말하고 있듯이, 문학사가는 "그 작품들과 동등해져야" 할 것이다. 하지만 이것은 하나의 이상이고, 완벽을 향해 나아가라는 충고이다. 르낭은 문학사가에게 자신이 그 작품들보다 우월하다고 느끼라는 명령을 내리지만 그것은 말도 안 되는 소리이다. 이 또한 정신(도구)과 작품 사이에서 겪는 또 다른 혼동인데, 작품은 이미 만들어진 것으로서 비평가에게나 역사가에게나 유일하게 존재하는 것이다. 사람(정신)은 작품보다 자신이 우월하다는 감정을 가질 수 없다. 어떤 작품이, 즉 사상의 표현이 다른 작품에 비해 더 우월할 수 있을 뿐이다. 그리고 실제로, 비평글이 비평 대상이 된 작품보다 훨씬 더 뛰어날 수도 있다. 바로 이것이 르낭이 말하고 싶었던 것이다. 하지만 그는 그런 단순한 가능성을 절대적 원칙으로, 특권적인 식자층, 그러니까 "연구자"에 다름 아닌 '그 누구보다도 우월한 사상가들'이 마음대로 적용할 수 있는 원칙으로 만들려고 하는 바람에 철저하게, 그리고 서정적으로 잘못을 저지른다. 현대적 정신의 소유자가, 예를 들어 단테 작품의 감춰진 모든 동기, 모든 계기, 모든 모티브, 모든 성공과 모든 실패를 발견하여 단테의 작품을 미학적으로 재구성해내는 일, 그건 꿈이다. 하지만 현실은, 프랑스 학사원을 최종 목적으로 생각하며 아카데미 프랑세즈에 받아들여지는 것을 최고의 영예로 꿈꾸는 고지식한 부르주아가 동시대의 위대한 시인을 상대로 아마추어의 평가, 부적절하고 어리석은 평가를 내리는 것으로 나타난다.

　나는 이런 문장을 쓰면서 에르네스트 르낭을 생각하지 않았다는 것을 장담한다. 나는 문학비평가로서의 그에 대해서 말하기에는 그의 작품에 대해서 정말로 잘 알지 못한다. 여기에서 나는 『젊은 날의 노트』에 실린 노트 하나만을 놓고 이야기해보려고 했다. 그 까닭은, 르낭보다 열등한 사람들에게서 나중에 무슨 일이 벌어지고야 말았는지를 이 노트가 보여주고 있어서이다. 그 열등한 인물들은 자신들이 연구 대상으로 삼은 작가들보다도 스스로가 우월하다고 쉽사리 믿어버렸다. 이들은 자신들의 허영심(르낭의 허영심처럼 규율과 통제 밑에 놓이지 않고, 학위, 성공, 패거리 정신에 의해서 줄어들기보다는 오히려 더 강화되고 더 성이 난)이 마음대로 움직이게 내버려두었다. 이들은 이러한 허영심으로 인해, 자신들이 과학적 방법론을 습득한 순간 과학적 방법론을 갖지 못했던 작가들보다 우월하다고 믿었다. (『젊은 날의 노트』를 쓸 당시의 르낭처럼 인간과 작품이 상호비교 대상이 될 수 있다고 믿으면서.) 다른 한편, 이들은 미학의 가장 초보적인 개념조차도 갖고 있지 않았고, 따라서 작가의 예술이 무엇에 놓여 있는지를 알 수 없었고, 작가가 하고자 하는 것이 무엇인지를 이해할 수 없었고, 그 성공과 실패를 올바로 평가할 수 없었기에, 이들은 자신들이 접근할 수 없는 대상을 상대로 평가한다고 주장한 것이었다.

# 에밀리오 베르타나와 비토리오 알피에리[1]

아킬레 데 루베르티스(Achille De Rubertis)는 이탈리아의 연극잡지 《리비스타 테아트랄레 이탈리아나(*Rivista teatrale italiana*)》에 실린 최근 논문[2]에서 안젤로 데 구베르나티스(Angelo De Gubernatis)의 비토리오 알피에리에 관한 연구서를 연구 대상으로 다룸으로써, 우리가 베르타나 대 알피에리 사건이라고 부를 만한 그 사건을 다시 불러낸다. 알다시피, 에밀리오 베르타나(Emilio Bertana)의 『비토리오 알피에리, 그의 인생, 사상, 예술 연구(*Vittorio Alfieri studiato nella vita, nel pensiero e nell'arte*)』의 초판 (피렌체: 수체소리 레 모니에, 1912)은 1902년, 즉 알피에리 사후 100주기를 기념하여 출간되었고, 출간되자마자 격렬한 반발을 불러일으켰다. 베

---

[1] 비토리오 알피에리(Vittorio Alfieri, 1749~1803)는 고전에 대한 해박한 지식을 지녔으며 낭만주의의 영향을 강하게 받은, 이탈리아의 시인이자 극작가이며 철학자이다. 피에몬테의 아스티에 자리 잡은 오래된 귀족가문 출신으로 스튜어트 왕조의 마지막 인물인 찰스 에드워드 스튜어트와 결혼한 알바니 백작부인을 사랑했으며, 그 사랑을 문학을 향한 열정과 결합시킨다. 뛰어난 비극 작품들을 남겼으며, 느슨하고 여성적인 글쓰기가 지배적이었던 비극의 전통을 부수고 꽉 짜인 대사, 간결하고 남성적인 문체를 선보임으로써, 그리고 불필요한 조연들을 과감하게 없애버림으로써 이탈리아 비극의 새로운 지평을 열었다. 알피에리는 평생 정력적인 작품 활동을 펼쳐서 비극 14편을 비롯하여 수많은 작품을 남기는데, 이 글에서 언급되는 『삶』은 그의 사후 발간된 자서전으로서, 알피에리의 작품 중 최고봉으로 꼽힌다.

[2] (원주) 1912년, vol. 17, fasc. 4, p. 196: 『비토리오 알피에리에 관한 새로운 연구서에 대한 고찰(*A propositio di una nuova publicazione su Vittorio Alfieri*)』.

르타나는 제2판(토리노: 뢰셔, 1904)에 붙인 서문에서 그러한 공격에 대하여 이렇게 언급한다. "사람들이 나를 때로는 성가신 축제 훼방꾼으로, 또 때로는 점잖지 못하고, 교묘하게 심술궂으며, 무모할 정도로 불경스러운 인물로, 알피에리에 대한 적개심을 끈질기게 드러내는 인물로 취급했다는 것은 사실이다. 사람들은 나의 의도가 진실을 추구하는 데 있지 않았고, 오로지 명성을 더럽히고 우리 민족의 영광을 파괴하는 데 있다고 믿는 것 같았다."[3] 그러다가 십 년 뒤 A. 데 구베르나티스의 저서(1902년과 1904년 사이에 집필했으나 최근에 다시 손 본)에서 베르타나의 책이 "가장 신랄"하다고 평가되고, 그 저자는 "가혹하고, 잔혹하고…… 극도로 비판적"인 것으로 취급된다. 끝으로, 이 논문에서, A. 데 루베르티스는 이러한 질문을 던진다. "그러니까 베르타나가 불건전하며 무모한 호기심에 끌려서 아스티의 시인의 삶과 성격을 연구했다는 것이 사실인가? 짓궂은 자기만족으로, 심지어 악의를 품고서, 그 시인을 망쳐놓고 초라하게 만들 속셈으로?" 루베르티스의 답이 무엇이든지 간에 베르타나–알피에리 사건이 다시 한 번 도마에 오른 것이다. 이는 중요한 사건이라고 할 수 있는데, 베르타나의 저서가 알피에리에 관한 가장 권위 있는 연구서여서만이 아니라 모든 비평의 전형이어서이다.

베르타나는 "비평과 역사의 성스러운 이성들(sacrosante ragioni della critica e della storia)"을 근거로 제시하며 이렇게 논리를 전개한다. "작품을 이해하기 위해서는 인간을 알아야 한다. 그렇잖아도 알피에리는 자서전을 남겼다. 그 자서전이 알피에리라는 인간에 대해서 정확한 묘사를 제공하는지를 살펴보자. 천만에. 그것은 자서전의 저자에 대한 정확한

---
3) 원문에는 이탈리아어로 되어 있고 라르보가 그에 대한 번역을 주로 제공하고 있다.

묘사가 아니다. 알피에리 당대의 사람들도 그 사실을 알아챘다." 베르타나는 알피에리의 자서전 『삶』을 꼼꼼하게 검토하면서, 발표된 혹은 발표되지 않은 알피에리의 편지들, 그리고 동시대 인물들의 증언 등과 대조하면서, 시인이 자신을 그리는 데서 얼마나 실제에서 멀어졌는지를 보여준다. 알피에리가 자신을 세미 누드로 그리고 싶어 했다면, 비평가 베르타나는 "고해하는 인간의 겸손한 포즈를 취한 알피에리"를 보여주겠다고 한다. 이리하여 알피에리와 그의 전기를 쓰려는 비평가 사이에 일종의 대화가 시작된다. 시인은 "내 동료들에게서 갈채를 구했던 적이 결코 없었다. 나는 늘 아카데미에 들어가기를 거절했으며 그곳에서 발급하는 자격증을 돌려주었다"라고 말한다. 비평가는 "여기 당신의 손으로 직접 쓴 아주 겸손한 헌사가 있군요. 게다가 필로크리오 에라트라스티코(Filocrio Eratrastico)라는 이름으로 아르카디아 아카데미 회원으로 뽑도록 내버려뒀을 뿐만 아니라 1792년에는 딜리젠테(Diligente)라는 이름으로 토리노의 아카데미아 델리 우나니미(Accademia degli Unanimi)[4]의 명예회원으로 지명되자 무척 자랑스러워했죠"라고 대꾸했다. 시인이 "나는 볼테르의 비극 한 편을 읽기 시작했다. 그런데 당시 내가 쓰던 작품의 주제를 다루고 있다는 사실을 깨닫자마자 책을 덮고 다시 열어보지 않았다"라고 말했다. "그렇다면, 그 비극에서 볼테르의 작품 중 이런 대목을 모방하고 저런 대목을 옮겨왔던데, 그건 어찌 된 일이죠?" 시인이 "누이한테 내 전 재산을 넘겨준 행위를 후회한 적이 결코 없다"라고 말했다. "죄송하지만 이 편지를 보면 그 일을 후회하며 쓰디쓴 눈물을 흘리던데요." 알피에리가 "내가 철의 의지를 지닌 인물이라는 것은 모두가 알고 있다"라고 주장

---

[4] '무명씨들의 아카데미'를 의미한다.

한다. "하지만 당신 스스로 고백하기를, 격렬한 분노와 스스로 용납하지 못하는 열정에 휩쓸렸다면서요. 당신은 본인이 나약하고 소심하다는 걸 보여주는 수많은 증거를 제공했잖습니까. 대학에서 사람들이 당신에게 가발을 씌웠을 때 선배들의 짓궂은 장난을 피하기 위해서 가발을 벗었던 것처럼, 당신은 당신의 첫 번째 작품을 무대에 올릴 때 스스로를 조롱하는 서문을 썼잖습니까."

이런 식의 대화가 두툼한 책의 근 절반에 걸쳐서 계속된다. 확고한 모순, 저항할 수 없는 심문. 비평가의 어조 자체도 적대적인 느낌을 강화한다. "당신은 알피에리의 어둠에 감사하시겠습니까? 저는 못 그럴 것 같습니다(Le gradirebbe l'ombra dell' Alfieri? Ne dubito)." 끝으로, 베르타나는 내내 의도적으로, 현혹되는 법이 없고 정확한 자료와 확실한 증언만을 상대하는 학자를 허영기 그득한 괴상한 시인 앞에 맞세운다. 이제껏 과학은 종교의 창시자, 민족의 창시자 등, 장엄한 이름에 담긴 것이 실제로 무엇인지를 보여주었다. 이제 그 과학이 유명한 시인의 이름에 담긴 것이 무엇인지를 검토할 텐데, 그것이 얼마나 별것 아닌지를 보게 될 것이다. 이제 더는 상연되지 않는 비극들, 사람들이 읽지는 않고 경원하는 책들. 그나마 사람들이 읽는 유일한 책, 그건 길고 긴 거짓말이다. 이리하여 근사한 역할은 학자에게 돌아가는데, 만약 데 루베르티스 씨가 "베르타나의 책이 특히 젊은이들에게 유해할 수 있다는 두려움은, 근거도 없을 뿐더러 과장된 것이다(Il timore che il libro del Bertana possa riuscir pernicioso, specialmente per i giovani, è esagerato, se non infondato)"라고 말할 수 있다 해도, 그 모든 것에도 불구하고 석연치 않은 점이 하나 있는데, 이후로는 더는 이전과 같은 마음으로 "위대한 아스티인(il grande Astigiano)"을 찬양하지 않으리라는 것이다.

이는 비평가로서는 근사한 승리이며, 그의 직접적인 연구 대상마저도 넘어서는 것이다. 그런 비평방법에 걸려들면 명성이 자자한 그 어떤 문학가인들 그 시련에서 무사히 살아나올 수 있겠는가 말이다.

학자는 끝까지 논리적이다. 공격에 맞선 그는 되풀이하여 "하나의 연구(uno studio)"라는 것이 무엇인지를 이해하지 못하는 사람들과 말을 섞고 싶지 않다고 말한다. "논쟁하는 것은 즐거움이자 영예이다(sarebbe un piacere e un onore discutere)"라고 한 사람들에 대해서는, 그들이 일반론에서 벗어나서, 단순한 의견과 인과율 및 추론에 의거한 결론들을 대조할 것이 아니라 사실과 사실을 대조할 때까지 기다렸다가 대답하겠다고 한다. 그는 "구체적인 문제들"을 "하나하나 따져가면서(punto per punto)" 분석적 토론을 하자고 든다. 이는 그 자신의 무오류성을 주장하는 것과 진배없는데, 그가 알피에리에 관한 모든 자료를 섭렵했기 때문이다.

어찌하여 알피에리의 삶과 작품에 대해서 스탕달이 쓴 십오 페이지 정도에 이르는 글이 보다 정확한 평가를 내리고 있으며, 베르타나의 치밀한 분석보다도 더 내면적으로 진실하다는 인상을 주게 되는가(비록 스탕달이 "철의 의지"라는 전설 같은 이야기를 믿었다고는 하지만)? 어찌하여, 알피에리의 진술에 대한 수많은 반박을 담고 있는 분석을 읽고 난 후에 다시 읽는 것인데도, 그의 자서전 『삶』은 그 예술적 가치만이 아니라 진실에 의해서도 여전히 빛나 보이는 걸까?

공정해야 한다. 베르타나에게서는 악의도 편견도 보이지 않는다. 기껏해야, 특히 유년기의 일화들(알피에리에게 "우화적 말투〔parlar fabuloso〕"의 효과를 가져다준)을 논하면서 심리분석에서 저지른 몇 가지 자잘한 실수가 여기저기 보인다고 트집 잡을 수 있을 정도이다. 알피에리의 성격 분석에서 그 자신 "약간 상상적인(un po' d'immaginativa)"이라고 부르는 것을 사용한다고 어쩌다가 비난할 수는 있겠지만, 전반적으로 그가 택한 방식의 범위 내에서는 공격할 여지가 없다.

설득력이 없는, 아니 차라리 완전하지 못한 것, 잘못 적용된 것, 그것은 방법론 그 자체이다. 이 방법론은 『삶』의 다소 의도적일 수도 있는 실수들, 망각들을 들춰내는 데에만 열을 올린다. 자서전을 수정하려고 드는데, 알피에리의 다른 초상화를 그려서 보여주는 것도 아니고 알피에리 본인이 그린 초상화를 수정하려고 든다. 이는 엄청난 작업으로서, 그 과정에서 인내심, 부지런함, 명석함이 드러나게 되며, 이는 비평가에게 가장 큰 영예가 된다. 하지만 이 작업은 그저 준비작업일 뿐이다. 그 결과는 만족스럽지 않다. 우리 앞에서 알피에리를 부인하고 조롱하며 그가 거짓말하는 현장을 보여준다. 그런데 이 모든 것이 우리에게 알피에리의 어떤 새로운 이미지를 남겨주는가? 손상당한 『삶』의 이미지? 아니다. 손질과 수정 작업은 그저 화폭의 선명함을 흐려놓았을 뿐이어서 그것을 보면서 더는 아무것도 분간하지 못하게 된다. 우리는 『삶』으로 다시 돌아가, 그 매력에 다시 빠져들 뿐이다. 우리는 그것이 진실임을 보다 뼈저리게 느끼게 된다. 비평가가 우리에게 경고하여도, 실제 삶과 이상적인 삶 사이의 갈등 혹은 간극에 대하여 말하여줘도 아무 소용이 없어서, 『삶』의 실질적 진실함에 강한 인상을 받을 뿐이다. 어째서 그러한가?

『삶』을 세세하게 검토하겠다는 생각에 온통 정신이 쏠려서 E. 베르타나는 알피에리의 삶의 본질을 담고 있는 중대한 사실을 놓치고 말기 때문이다. 이 중요한 사실들, 일반론이 아니라 이 사실들, 알피에리는 그것들을 파괴할 수 없었고 그것들은 파괴되지 않는다.

- 여행
- 작품

그리고 시인의 고귀한 표현을 간직하자면 "충분히 사랑할 만한 가치가 있는(*Degno Amore*)"으로 표현되는 것.

이 마지막 사실에 대해 비평가는 험담을 할 수 있었다. 관능과 허영심에서 시작되어 습관과 허영심으로 지속된 관계. 요컨대, 이것이 바로 베르타나가 한 말이다. 그러니까 허영심만으로는 충분하지 않았으리라는 말이다. 습관이 형성되고 지속되기 위해서는 호감이라고 할 만한 것이 있어야만 한다. 알피에리와 알바니 백작부인은 오래된 부부와 다름없었고, 대부분의 오래된 부부에게 건넬 수 있는 최고의 찬사는 결국 이것이 아니겠는가? 즉, 그들은 서로를 견뎌냈다. 명예욕, 후대의 눈에 영국 여왕의 충실한 연인으로 남기를 바라는 욕망, 이런 어리석은 생각을 극한까지 밀고 나간다 하여도 둘의 동거가 서로 서로에게 괴로운 것이었다면, 그것만으로 그처럼 오랜 기간에 걸친 관계가 유지되기에는 충분하지 않았을 것이다. 게다가 귀부인의 입증된 저속함에 대해서는 반박하지 말기를. 그렇지 않다면 J.-J. 루소의 동반녀를, 괴테의 동반녀를, 뛰어난 재능의 소유자들이 그 격에 맞지 않는 여인들과 함께 한 그 수많은 경우를 어떻게 설명할 수 있겠는가?

세 가지 중요한 사실은 흔들리지 않은 채로 살아남아서, 시인의 실제 삶에 그 이상적 의미를 부여해준다.

**여행**을 하면서 시인은 본인이 속한 소귀족계급이라는 한정된 환경에서 벗어나 유럽의 대귀족 반열로 올라서게 된다. 여행의 효과는 그가 "고향 피에몬테를 벗어나서" 실제로 이탈리아 특유의 정신으로까지 올라서게 되는 것에서도 발휘된다.

**작품**을 통해서 시인은 자신의 삶에 목적과 존재 이유를 부여한다. 그는 작품을 위하여 대지주의 평화로운 삶을, 고향에서 누리는 호평을, 유리한 결혼을, 휴식을 포기한다. 유치한 명예욕이라고 말하는 사람들도 있다. 그런 면도 있지만, 그 영광에 값하는 행동, 즉 뛰어난 자질과 재능을 갈고 닦는 것이기도 하다.

끝으로 "충분히 사랑할 만한 가치가 있는(Degno Amore)"으로 표현된 것을 통하여 그는 자신의 사생활에 통일성을 부여한다.

알피에리의 삶에 발생한 이 세 가지 중요한 사실 사이에, 한 인격의 변화와 발전이, 그리고 어느 순간까지는 발전과 성장이 있다. 왜냐하면 결국, 알피에리의 경우 주목할 만한 것은 바로 이것, 즉 순리대로 하자면 부유하나 무지하며 이름이 알려지지 않은 사르디니아 군대의 용감한 장교에 그쳤을 피에몬테의 소귀족 출신이, 근 20여 년간 프랑스의 연극작품들과 겨룰 만한 작품들을 이탈리아 연극에 가져다주고, 현저하게 이탈리아 문학을 풍요롭게 해줄 문학작품을 생산하고, 19세기 초반 30여 년간에 걸쳐 전개되는 문예운동을 창시하기에 이르렀다는 것이다. 이 결과를 앞에 두고, 취약점, 비겁함, 허영심 혹은 사리사욕에 의한 저열함이라는 비난은 그 중요성을 상실한다. 그런 결점을 지닌 존재가 바로 인간, 가련한 인간이며, 그것은 우리 가운데 그 누구라도 될 수 있다. 이 점을 제거하면 알피에리가 남게 된다.

베르타나의 책이 보여주지 못하는 것이 바로 이런 흐름인데, 우리는 이러한 흐름을 베르타나의 책이 아니라 알피에리의 자서전 『삶』을 통해서 발견하게 된다. 베르타나는 『삶』을 너무 근거리에서 쫓아가는 바람에, 그 자서전을 반박하면서도 그것에 당하고 말았다. 사실 자서전에서 알피에리가 우리가 이야기한 그러한 흐름을 고려하고 있지는 않다. 어느 순간 다른 유명인들에게 벌어졌던 일이 그에게도 벌어졌다. 즉 병에 걸리듯 오만에 빠졌다. 그는 자족감에 안주했고 본인의 위대함을 물끄러미

응시했다. 그때부터 그는 현재에서처럼 과거에서도 늘 같은 모습으로 비쳐지기를 원했다. 이 시기가 바로 그가 자서전 제1부를 집필하던 시기였다. 그리하여 자서전에서 두 명의 알피에리, 영예를 얻기 전의 알피에리와 영예를 얻은 뒤의 알피에리가 뒤섞이게 되었다. 영예를 얻기 이전의 알피에리를 분리해내어 재구축하는 것은 독자의 몫이요, 비평가의 몫이었을 것이다. 우선, 자신의 환경에서 달아난 뒤 의도적으로 계급을 벗어던지고 유럽 전역을 떠돌며, 열정, 막연한 슬픔, 넘쳐나는 에너지로 가득하며, 미래의 모습을 품고 있는 젊은이.

그 뒤를 이어 소명에 응하여 단호하게 풋내기 문인의 길로 들어서서 중단했던 공부를 다시 시작하고 자신에게 닥친 감각의 교란에도 불구하고 작업에 몰두하는 시인의 모습. 끝으로 희미하게 밝아오는 작품의 여명, 열정적으로 추구하고 감미롭게 받아들인 격려, 겸손하게 수용한 평가들, 놀라울 정도로 겸허하게 따른 충고들. 이리하여 규범을 충족시키기 위하여 수정하고 다시 쓴 작품. 영광을 알고 난 뒤의 알피에리는 무척이나 감동적인 이 모든 과거에 대해 이야기하면서 그 과거의 진정한 위대함이 어디 있는지를 알지 못했다. 무지하고 방탕했으나 본인의 의지만으로 위대한 시인이 된 인간이라는 말도 안 되는 전설을 퍼뜨렸다. 전투에서 이겨 왕국을 구하려고 통음난무를 벗어던진 왕세자 할처럼[5] 알피에리는 자신의 무지를 과장하고, 그가 방황하던 시기(Wanderjahre) 아무 일도 안 하고 세월을 보냈다고 과장하지만, 그 시기에 그는 독서를 통

---

5) 셰익스피어의 『헨리 4세』 제1부를 보면, 폴스타프 무리와 어울려 방탕하게 놀던 왕세자 할, 즉 헨리 4세가 홋스퍼의 반란을 물리치기 위해 아버지의 군대를 이끌고 용감히 싸워 이긴다는 내용으로 되어 있다.

해 처음으로 희곡을 배우기 시작했다. 베르타나는 가끔씩, 시인이 그렇게 하면 자신이 더 위대해 보이리라고 생각하여 스스로에게 손해를 끼치는 짓을 한다는 것을 알아차린다. 하지만 그러한 관찰로부터 중요한 사실들로 거슬러 올라가서, 그 의미가 무엇인지, 그 사실들이 서로 어떻게 연결되는지를 밝혀내지는 못한다. 베르타나가 연구하는 것, 그것은 『삶』이라는 제목의 근사한 소설 주인공이다. 그것은 갑작스레 만들어진 위대한 인물로 비쳐진 알피에리, 오만한 모습으로 굳어지고, 도도하며, 또한 피로해하기도 하는 알피에리, 속마음은 그렇지 않다 하더라도 가족 간의 애정이 문제가 될 때, 일이 문제가 될 때는 혼란스러운 세계와의 접촉을 피하려고 하는 알피에리, 교양 있는 장군에게든 혹은 보잘것없는 엉터리 배우에게든 거칠게 문을 닫아버리는 알피에리이다. 따라서 비평가의 가장 큰 장점은 거짓을 발견해냈고 속임수를 고발했다는 것이다.

그런데 베르타나의 저작이 갖는 가치는 오로지 그 점에만 있다. 그것은 시인 사후에 그를 공격하기 위해 만들어진 팸플릿도 아니고 비방도 아니다. 그의 글을 통해 보잘것없어진 것은 아무것도 없다. 그는 해롭지(pernicioso) 않다. 그가 부숴버린 것은 아무것도 없다. 그는 이 "민족의 영광"을 고스란히 놔둔다. 그는 우리에게 『삶』의 상대적 진실성에 대해서만 알려준다. 우리는 그의 저작 덕분에 특히 알피에리가 자신의 삶을 이야기하면서 스스로에게 행했던 부당함을 전후 사정을 잘 살펴 바로잡아 줄 수 있게 된다.

하지만 그는 스스로 연구 대상이라고 천명한 알피에리 그 자신에 대해서는 간접적으로만 건드리게 된다. 바로 이 지점에서 그의 방식은 실패한다. 그 방식은 스스로 내건 약속들을 지키지 못한다. 그 방식은 철의 의지라는 전설을 파괴하지만 문학계 신참이 기울인 대단한 노력을 밝혀내지는 못한다. 이 방식은 『삶』에 허풍이 들어 있다고 빈정거리지만 그 노력을, 피에몬테 출신의 귀족이 새로운 이탈리아의 비극적 시인으로 발전해가는 모습을 설명해주지는 않는다. 세 가지 중요한 사실, 그러니까 이 사람의 본질을 가려내지 못한다. 우리는 여전히 알피에리에 대한 과학적인 —이렇게 부르는 것이 베르타나의 마음에 든다면— 연구를, 적어도 완성된 연구를 기다린다. 그 연구가 나오기를 기다리면서 우리는 그 작품에, 『삶』에 감탄을 보낼 새로운 이유를 갖고서 되풀이 읽을 것이다.

그러면 그 영웅은, 격정과 재능을 타고났으며 노동을 마다하지 않는 그 영웅은, 가장 오만한 말들을 길들이며 가장 고귀한 여인들을 유혹하며 가장 아름다운 비극들을 쓴 그 영웅은, 그의 약점이 무엇인지 잘 알고 있는 우리 앞에 우뚝 설 것이다. 그리 되기만 한다면 호메로스 기사단의 훈장의 빛이 바랜들,[6] 몽펠리에에 있는 파브르 미술관의 진열대 안에서 먼지로 뒤덮여가든, 무엇이 중요하겠는가?[7]

⋮

[6] 알피에리는 『삶』에서 자신이 좋아하는 작가 12명의 이름이 새겨진 목걸이를 만들고 거기에 호메로스의 얼굴이 새겨진 카메오를 달고 싶다는 말을 한다. 그리고 카메오 뒤에 "알피에리는 스스로를 호메로스의 기사로 만듦으로써 왕의 계급보다도 더 신성한 계급을 만들었노라"라는 글귀를 찬사로 새겨 넣겠다고 말한다. (http://fr.wikisource.org/wiki/M%C3%A9moires_de_Victor_Alfieri,_d%E2%80%99Asti/Suite_de_la_quatri%C3%A8me_%C3%A9poque, p. 495)
[7] 화가 프랑수아-그자비에 파브르(François-Xavier Fabre, 1766~1837)는 알바니 백작부인이 사망하자 고향 몽펠리에에 정착한다. 그가 기증한 개인 소장품을 바탕으로 1828년 파브르 미술관은 문을 열게 된다. 알피에리와 결혼한 알바니 백작부인을 사랑했던 파브르는 알피에리와 알바니 백작부인의 초상화를 그리기도 하였다.

# 아름다운 세 거지 소녀

장-루이 보두아예에게[1]

 진정 "과학적"이며 없어서 아쉬운 문학비평서, 그것은 페트라르카부터 출발해서 근대 서정시인들에게서, 그리고 특히 15세기와 16세기의, 그리고 18세기 초까지의 서구 시에서 그토록 자주 만나게 되는 테마들을 정리해놓은 일종의 목록집이다.
 '비문(碑文)', '화해', '쾌락', '원한' 등 테마가 다루는 주제에 따라 분류한 총칭들은 존재했었다. 우리가 생각하는 목록집의 어떤 카테고리들에는 이러한 총칭이 제목이 될 수 있겠지만, 또 다른 카테고리에는 엄밀한 의미에서의 테마들이 가리키는 요체에서 제목을 빌려와야 할 것이다. 가령, '심정 교류', '백발도 비켜가는 정절', '달콤한 꿈', '영원의 약속', '삶의 무상 논증', '순진한 놀이'('장미꽃이 활짝 벌어진 듯한 입술을 가진 아가씨'라는 너무나 상투적인 테마처럼), '잔인한 여인', '거짓말쟁이 여인', '교태 부리는 여인', '오만한 여인', '거울 보는 여인', '기도하는 여인', '여인과 공작새', '회개하는 여인', '수다스러운 여인', '여인과 벼룩', '아름다운 귀머거

---
[1] 장-루이 보두아예(Jean-Louis Vaudoyer, 1883~1963)는 프랑스의 소설가이자 시인이며 예술사가이다.

리 여인', '눈 먼 아름다운 여인', '배은망덕한 벙어리 여인', '순례하는 아름다운 여인', 그러고도 테오필 드 비오[2]의 사실주의적 항의가 있고 나서 만큼이나 있기 전에도, 신화적 이름과 흡사한 이름을 빌려서 지치지도 않고 찬미 대상이 되어오던 그 매력적인 소소한 인물들을 들 수 있다. 그런데 이처럼 사실성에 대한 요구조차도 사실은 잘 알려진, 그리고 닳고 닳은 시적 테마에 포함되어 있어서, 우리의 테마 목록집에서는 그 테마를 네레이스[3](필리스[4] 혹은 클로린다[5])보다는 마리(잔느 혹은 페론느)라고 이름 붙일 수 있을 것이다.

이 목록집은 이를테면 명사 인명록과 흡사할 텐데, 그 목적은 18세기 초까지의 유럽 근대 서정시를 대상으로 그 테마들의 계보를 정리하는 데 있을 것이다. 라캉은 종교적인 시에서만큼이나 세속적인 시에서도, 그리고 라퐁텐 역시 자신이 쓴 거의 모든 콩트에서, 그리고 거의 모든 우화에서, 일부러, 의식적으로 여러 테마들을 다루고 있다. 근대 극작법에 등장하는 인물 가운데 여럿이 직접적이라고 할 수 있을 정도로, 서정시의 인물-테마들에서 비롯된다고 생각해도 무방하다. 그 인물들은 첫 출연을, 그러니까 일종의 연수 기간을 서정시에서 가졌던 셈이다.

⋮

[2] 테오필 드 비오(Théophile de Viau, 1590~1626)는 프랑스의 시인이자 극작가이다. 17세기에 가장 널리 읽혔던 시인이나, 고전주의 비평가들의 관심을 받지 못했다가 고답파 시인 테오필 고티에에 의해 재발견되었다. 20세기 이래 바로크적이며 자유사상을 지녔던 시인으로 평가받고 있다.
[3] 그리스 신화에 나오는 님프들.
[4] 16, 17세기경의 전원시나 연애시에 자주 등장하던 이름이다.
[5] 16세기 이탈리아 시인 타소의 「해방된 예루살렘」(1581)에 등장하는 여주인공 이름이다.

◆ ◆ ◆

'비문'이나 '잔인한 여인' 대신, 트리스탕 레르미트(Tristan l'Hermite) 덕분에 프랑스 문학사에서 '구걸하는 아름다운 소녀'라는 명칭으로 알려진 '아름다운 거지 소녀'를, 이 놀라울 정도로 순진한 무명의 여성을 테마의 예로 들어보도록 하자.

*Ô que d'appas en ce visage*
*Plein de jeunesse et de beauté*
*Qui semble trahir son langage,*
*Et démentir sa pauvreté!*

*Ce rare honneur des Orphelines,*
*Couvert de ces mauvais habits*
*Nous découvre des perles fines*
*Dans une boîte de rubis.*

*Ses yeux sont des saphirs qui brillent,*
*Et ses cheveux qui s'éparpillent*
*Font montre d'un riche trésor:*

*À quoi bon sa triste requête,*
*Si pour faire pleuvoir de l'or,*
*Elle n'a qu'à baisser la tête?*

얼굴에 깃든 넘치는 매력

젊음과 아름다움이 가득하여

소녀의 말씨와 어울리지 않고

그 가난과도 어그러지는 듯


혈혈단신 소녀들 속의 이 진귀한 영예

누더기를 걸쳤구나

보이네 섬세한 진주알들

벌어진 루비 사이로


두 눈은 반짝이는 사파이어

흘러내리는 머리채는

풍요한 보물을 자랑하네


서글픈 구걸이 무슨 소용이랴

황금 소나기를 내려주려면

머리만 수그리면 되는데


    이것이 우리의, 프랑스의 '아름다운 거지 소녀'이다. 하지만 이 여인이 유럽 서정시에 등장하는 유일한 거지 여인은 아니다. 이 여인은 자신과 놀라울 정도로 흡사하며, 당연히 똑같은 루비와 똑같은 황금으로 장식한 이국의 여인들을 자매로 두고 있다. 우리로서는 그러한 여인을 둘 알고 있다. 한 명은 클라우디오 아킬리니(Claudio Achillini, 1574년에 볼로냐에서 태어나서 1640년에 사망하였으니까, 생존 시기가 1601년에서 1655년까지인 트리스탕 레르미트보다 27세가 더 많다)의 작품에 등장하는 이탈리아 여인, 또 다른 한 명은 필립 에어즈(Philip Ayres, 1638~1712)의 작품에 등장하는 영국 여인이다. 다음에 인용한 시가 클라우디오 아킬리니의 "구걸하는 여인"으로, 내 생각에는 우리의 "아름다운 거지 여인"보다 앞선 것이다.

> *Sciolta il crin, rotta i panni e nuda il piede,*
> *donna, cui fe' lo ciel povera e bella,*
> *con fioca voce e languida favella*
> *mendicava per Dio poca mercede.*
> *Fa di mill' alme, intanto, avare prede*
> *al fulminar de l'una et l'altra stella;*
> *e di quel biondo crin l'aurea procella*
> *a la sua povertà togliea la fede.*
>
> *"A che fa" le diss'io "si vil richiesta*
> *la bocca tua d'oriental lavoro,*
> *ov'Amor sul rubin la perla inesta?*
> *Chè se vaga sei tu d'altro tesoro,*
> *china la ricca e preziosa testa,*
> *chè pioveran le chiome i nembi d'oro."*

이번에는 필립 에어즈의 영국 여인을 소개한다. 그의 「아름다운 거지 소녀에 대하여」는 우리의 「구걸하는 아름다운 소녀」보다 뒤에 나왔을 테지만, 트리스탕 레르미트의 거지 소녀보다는 아킬리니의 거지 소녀에 더 가깝다.

> Barefoot and ragged, with neglected hair,
> She whom the Heavens at once made poor and fair,
> With humble voice and moving words did stay,
> To beg an alms of all who pass'd that way.
> But thousands viewing her became her prize,
> Willingly yielding to her conquering eyes,
> And caught by her bright hairs, whilst careless she
> Makes them pay homage to her poverty.
>
> "So mean a boon", said I, "what can extort
> From that fair mouth, where wanton Love to sport
> Amidst the pearls and rubies we behold?
> Nature on thee has all her treasures spread,
> Do but incline thy rich and precious head,
> And those fair locks shall pour down showers of gold."

헝클어진 머리와 맨발에 누더기를 걸친 채
가난과 아름다움을 타고난 그녀
공손한 목소리에 심금을 울리는 말로
길을 지나는 모든 이에게 적선을 베풀라 청하네
그녀를 본 수많은 이들 그녀의 포로 되어

저항하기 힘든 그 두 눈에 기꺼이 빠져들고
그 눈부신 머리채에 사로잡혔지. 허나 그 무심한 모습에
사람들은 그녀의 가난에 경의를 표하네

내 말했지, 그토록 수줍은 부탁일진대 그 아름다운 입에서 나오는
어떤 말이 강요일 수 있으며 우리 눈에 보이는 진주와 루비 가운데
음란한 사랑의 신이 희롱하는 것이 어디 있단 말인가?
그 자연스러움으로 그녀의 모든 보물들이 빛을 발하니
그저 그대의 풍요롭고 소중한 머리를 수그려라
그러면 그 아름다운 머리채에서 황금 소나기가 쏟아져 내릴 터이니.

자, 이제 이 세 편의 소네트를 낳은 원작은 대체 누구의 것이며 어느 시기의 것인가? 우리가 문학사에 대하여 아무리 아는 것이 적다 하더라도 이 세 작품 가운데에서 가장 오래된 것—여기서는 이탈리아의 시일 가능성이 가장 높다—이 나머지 두 편의 유일한 원형이라고 증거도 없이, 지레 믿기는 쉽지 않다. 이탈리아의 소네트와 영국의 소네트는 마치 "공관복음서"[6] 같은 반면, 프랑스의 소네트는 다른 모델에서 왔을 것으로 추정되는 요소들을 담고 있다. '아름다운 거지 소녀'라는 테마의 원형, 그것을 발견하자면 어디까지 거슬러 올라가야만 하는 걸까? 트리스탕은 아킬리니를 모방했고, 에어즈는 아킬리니를 길게 늘여 쓴 듯하다. 그런

---

[6] 공관복음서(共觀福音書)란 수많은 공통점과 일치점을 보여주는 마태복음서, 마가복음서, 누가복음서를 일컫는 말이다. 공관복음서는 이 세 텍스트 사이의 상호종속 관계를 밝히려는 학문적 노력으로 이어졌다.

데 "모든 것은 이탈리아에서부터 왔기"를 바라는 그 원칙이 현장에서 항상 실제로 입증될 수 있는 것은 아니다. 이번 경우에 그 원칙이 실제로 증명된다면, "아킬리니 그 자신은 거지 소녀의 모델을 어디서 발견했을까?"라는 새로운 질문이 떠오를 것이다.

따라서 누더기를 걸친 이 세 아름다운 소녀 앞에서 우리가 얼마나 무지한지 느끼지 않을 수가 없으리라! 그리고 결국 체념하며 그 사실을 받아들이리라. "그런데 아름다운 거지 소녀는 마르티알리스[7]와 오비디우스의 작품에 이미 등장한다네. 그리고 카툴루스[8]의 작품에는 '아름다운 거지 소년'이라고 할 만한 인물이 등장하지." ······ "고전작품들을 아주 제대로 읽었구먼." "그런데 마르티알리스와 오비디우스, 그들은 또 어디에서 모델을 발견했을까? 멜레아그로스[9]의 유산일까? 아나크레온[10]의 제자일까?" "아, 그 거지 소녀가 이번에도 우리 손아귀에서 빠져나가버리는군. 이런 거지 같은 일이 또 있나!"

∴

7) 마르쿠스 발레리우스 마르티알리스(Marcus Valerius Martialis, 40?~104?)는 에스파냐 출신의 고대 로마 시인으로서, 당대 문인 유베날리스, 퀸틸리아누스, 플리니우스 등과 교우를 맺었다. 남아 있는 14권의 작품은 거의가 경구(警句)로서 인간의 통속성에 대한 통렬한 풍자를 담고 있다.
8) 가이우스 발레리우스 카툴루스(Gaius Valerius Catullus, BC 84~BC 54)는 고대 로마 공화정 말기의 서정시인이다. 사랑과 실연의 감정을 노래한 시로 훗날 엘레기아(elegeia) 시인들의 선구가 되었고 서사시 「펠레우스와 테티스의 결혼」을 비롯하여 알렉산드리아파 기법에 의한 몇 편의 시를 남겼다.
9) 멜레아그로스(Meleagros, BC 140~BC 60)는 시리아 출신의 그리스 시인으로서, 당대 시인과 선배 시인들의 작품을 선별하여 『화관』이라는 시선집을 구성한 것으로 유명하다. 어떤 의미로는 최초의 시선집 편집인이라고 할 수 있다.
10) 아나크레온(Anacreon, BC 570?~BC 480?)은 고대 그리스의 서정시인이다. 사모스의 참주(僭主)인 폴리크라테스의 아들에게 음악을 가르쳤으며, 후에 아테네의 히파르코스에게 부름을 받아 만년까지 그를 섬겼다. 주로 향연시와 사랑시를 썼다.

❖ ❖ ❖

그러니, 그러한 목록집이 없어서 만들어지기를 기다리고 있는 현재 우리가 할 수 있는 말의 전부, 그것은 '아름다운 거지 소녀'가 한때 전성기를 누렸고, 그 시기는 우리도 제법 잘 알고 있는 17세기라는 점이다. 그 당시 그 '거지 소녀'는 유럽의 위대한 문학 중 세 나라의 문학에서, 아니 어쩌면 서구의 여섯(혹은 일곱) 나라의 문학 전부에서 ─왜냐하면 에스파냐와 포르투갈의 '아름다운 거지 소녀', 더 나아가 네덜란드의 '아름다운 거지 소녀'(영국의 '거지 소녀'와 거의 비슷한 시기에)란 것이 생각해볼 수도 없는 일은 아니기 때문이다─ 우아하면서도 자극적인 모습을 드러냈다. 그리고 트리스탕 레르미트의 '거지 소녀'가 우리 서정시의 역사에서 우리가 소유하고 있는 유일한 '거지 소녀'는 아니라는 것 또한 불가능하지 않을 뿐만 아니라 그럴 법한 일이기 때문에, 우리는 그 '거지 소녀'의 수가 불어났으며, 근대 문학 여기저기로 흩어진 '아름다운 거지 소녀들'의 2세대 혹은 3세대, 그러니까 이탈리아인 딸들, 프랑스인과 에스파냐인인 손녀들, 영국인인 증손녀들 등등이 존재한다고 생각해볼 수 있다. 이들은 아무리 늦춰 잡아도 16세기 말에 살았을 어떤 어머니로부터 퍼져 나왔겠지만, 우리(특별히 문학사에 조예가 깊지 않은 대부분의 교양인들)로서는 그 어머니를, 코페투아 왕이 사랑했던 우리의 오랜 친구, 그 거지 소녀[11]의 선조일지도 모르는 그 어머니를 알지 못한다.

⋮
11) 코페투아 왕과 거지 소녀는 중세 로맨스로서 코페투아 왕의 거지 소녀에 대한 사랑 이야기를 담고 있다. 이 소재는 빈번하게 문학작품이나 그림의 소재가 되었다. 셰익스피어, 앨프리드 테니슨, 쥘리앵 그라크 등이 소재로 삼았고, 번 존스의 그림 또한 유명하다.

◆ ◆ ◆

하지만 이에는 억측의 위험이 도사리고 있을 수도 있다. '아름다운 거지 소녀들'의 유일한 원형이 근대 라틴어 소네트일 수 있으며, 역시 근대 라틴어에 속하는 직계 자손들(이본, 모방, 운율 구성에 다양한 변화를 준 표절[12])이 그로부터 나왔을 것이고, 그러다가 통속어였던 과거를 벗어던지고 지금은 문명어의 반열에 올라서 언어들의 환한 빛 속에서 번성했을 것이다. 이와 유사한 경우들을 이미 알고 있다. 다른 한편, 근대 라틴어의 원형을 넘어서까지 거슬러 올라가면 '아름다운 거지 소녀들'을 낳은 그 고귀한 어머니의 가계에서 서민 출신 선조를 발견―이 또한 본적이 있다―하지 않으리라고 그 누가 장담하겠는가? 그 선조는 랑그도크의 언어, 프로방스의 언어, 이탈리아의 방언, 고대 프랑스어일 수 있지 않겠는가? 방언으로, 혹은 아직 제한된 영역에서만 사용되고 있고 그 위엄을 떨치고 있지 못한 통속어를 사용한 근사한 작품을 발견했다면, 그러한 발견을 한 사람은 아마도 그 발견물에 보다 많은 위엄을, 보다 많은 광휘를 부여하고 싶어졌을 것이고, 라틴어라는 고착제를 뿌려서 범유럽화하고 싶어졌을 것이다. 이도 아니라면, 라틴이든 그리스든 간에 고전에 그 기원을, 출처를 두고 있었는데, 르네상스 시기를 맞아 그곳에서부터 근대 라틴어 원형이 튀어나왔을 수도 있다.

하지만 문학적 테마의 삶도 인간의 가계가 그러하듯이 상대적으로 한정된 테두리를 가져야만 한다. '아름다운 거지 소녀'라는 테마를 구성하

---

12) (원주) 17세기에 독일과 네덜란드에서는 여러 국가―헝가리와 덴마크까지 포함된―의 『시의 기쁨(*Deliti Poetarum*)』들을 편찬해냈다. 아마도 이런 쪽으로 찾아봐야 할 것이다.

는 아이디어 대부분을 담고 있는 시가 문학사의 어느 순간엔가 처음으로 나타났으리라는 것은 틀림없다. 그리고 그 시를 거슬러 올라가면 우리가 발견할 수 있는 거라고는 이제 원천들, 그러니까 동일한 아이디어 가운데 몇몇뿐일 것이다. 그러니까 여기저기 흩어져 있어서 여기서 세 개, 저기서 단 한 개, 그것도 테마의 배아, 씨앗은 될 수는 있으나 —이리 말해도 된다면— 성숙한 어른이 된 테마라고는 할 수 없는 아이디어 단 한 개, 이런 식으로 말이다. 이번에는, 원형 속에 모여 있는 아이디어 대부분을 담고 있는 것으로 알려진 마지막 시—그 계보의 마지막 자손[13]—를 지나쳐서 시간의 흐름을 따라 내려간다면, 그 테마의 잔존물들만을 발견하게 될 터이고 그 테마의 문학사적 존재는 완성된 것으로 간주될 수 있을 터이다. 그리하여 이 잔존물 가운데 이런 혹은 저런 잔존물을 놓고 이것의 기원이 이런 혹은 저런 거지 여인이라고, 혹은 그 잔존물에 담긴 테마의 삶이 시작되도록 해준 것이 '아름다운 거지 소녀'라고 단언하

---

13) (원주) 아마도 위르뱅 슈브로(Urbain Chevreau)의 「구걸하는 아름다운 소녀, 스탕스(La Belle Gueuse, stances)」가 그 계열의 마지막 시일 것이다. 「새벽에 일어난 아름다운 소녀(La Belle Matineuse)」와의 유사성은 놀라울 정도이다. 17세기에 메나쥬(Mènage)가, 그리고 오늘날에는 에밀 파게(Emile Faguet, 『프랑스 시의 역사』, 제III권, 206~211쪽)가 밝혀낸 계보를 참조할 것. 이 추적의 시발점은 키케로가 인용하고 있는(키케로, 『신에 관하여〔De Natura Deorum〕』) 카툴루스의 경우인 것 같다. 하지만 에밀 파게는 그리스 고전이 원형일 거라고 상정하는데, 설득력이 없지 않다. 일련의 「새벽에 일어난 아름다운 소녀」들을 쓴 작가 가운데 한 명인 말빌(Malleville)은 루이즈 카르파가 『17세기 프랑스 시의 주제들(Themen der Französischen Lirik im 17)』(Hambourg‑Saar, 1934)에서 언급하고 있는 「구걸하는 아름다운 소녀(La Belle Gueuse)」를 쓴 적도 있다. 루이즈 카르파의 저서는 에른스트 로베르트 쿠르티우스(Ernst Robert Curtius) 교수의 암시로부터 착상되었으며, 그 작품의 아이디어는 우리가 에세이에서 표현하고 있는 희망사항에 대해 이렇게 답한다. "연구를 위한 중요한 자극이 된 「아름다운 세 거지 소녀(Trois Belles Mendiantes)」라는 에세이는 본질적으로 다른 관점에서 출발하고 있다."(11쪽)

는 것은 어려울 뿐만 아니라 위험하기까지 하다. 그런 잔존물의 예를 들라면, '귀여운 소녀'를 들 수 있지 않을까?

❖ ❖ ❖

따라서 이런 식으로 고려해볼 때 테마라는 것을 다음과 같이 정의 내릴 수 있을 것이다. 비교적 정확하게 밝힐 수 있는 두 시기 사이에서, 그때까지는 표현된 적이 없었거나 혹은 그와는 다른 형식으로 표현되었던 인간적이라고 할 만한 시적 감정에 의해 포착되고 전달된 형식. 여기서 이야기되는 '아름다운 거지 소녀'의 경우, 그것은 한 인물 속에 모여 있는 아름다움과 가난함 사이의 대조에 의해 촉발된, 찬탄과 관능이 뒤섞인 놀라움이며, 이러한 놀라움은 과장되게 상반되는 아이디어들에 의해 표현되고 있고, 동시에 관능적 찬탄은 "대조적 특성들"과 뒤섞여 묘사됨으로써 표현되고 있다. 물론 이러한 지적 구조물은 어휘, 소리, 리듬이 어우러진 유일무이한 하나의 생명체를 낳을 뿐이다. 바로 여기에 토머스 미들턴(Thomas Middleton)이 무척이나 시적인 방식으로 얘기하는 시의 유일한 신비가 존재한다. 토머스 미들턴의 이야기를 들어보자.

...... *a cunning poet*
*Catches a quantity of every knowledge,*
*Yet brings all home into one mystery,*
*Into one secret, that he proceeds in.*

영리한 시인은

온갖 앎을 풍성히 포착하되

모든 것을 하나의 신비로

하나의 비밀로 돌려보내 그 안에서 나아간다

'아름다운 거지 소녀'라는 테마는 어느 정도 폭넓게 다뤄질 수 있을 것이다. 라캉, 라퐁텐은 그 테마를 폭넓게 다루고 있다. 트리스탕 레르미트, 클라우디오 아킬리니, 필립 에어즈는 자신들의 테마를 아주 엄밀하게 다뤘던 것 같다. 하지만, 이제 "대체로 인간적인 시적 감정", 잠재태로만 존재하는 이 시적 감정을 살펴보자. 아킬리니, 트리스탕 레르미트, 필립 에어즈가 다루고 있는 테마 속에서는 그러한 감정이 온전히 드러나고 있지 않다는 점은 분명하다. 그리고 그들이 암시하고 있는 그 영원한 '아름다운 거지 소녀'의 존재 앞에서, 그리고 그 감정을 겪는 인간에 의해서, 그러한 시적 감정은 관능을 배제한 순수한 동정이 끼어들 때 변화되고 다른 특징을 띨 수 있게 된다는 점 또한 분명하다. 혹은 관능이 다소간 배제될 수 있고, 그뿐만 아니라 이러한 관능이 (보다 미묘한 그 어떤 것을 추구하지 않는다면) 정의에 대한 열망 혹은 종교적 생각(프란체스코의 "가난이라는 부인"[14]) 같은 속속들이 인간적인 개념으로 승화되는 것까지도 가능하다. 그리고 이 각각의 마음의 상태가 하나의 시적 표현, 특별한 하나의 테마를 낳는 일이 늘 가능하다.

예를 들자면, 놀람과 관능적 찬탄을 넘어서는 감정을 갖는다면 ─소

---

14) 프란체스코 성자는 『마태오복음』 제10장 9절의 "전대에는 금도 은도 구리돈도 지니지 마라. 여행 보따리도 여벌 옷도 신발도 지팡이도 지니지 마라"라는 말씀의 의미를 깨달은 후 "'가난'이라는 귀부인과 결혼하기로" 결심했다고 한다.

녀의 육체적 매력을— 가난한 소녀의 육체적 아름다움을 최소화할 것이다. 그 여인은 햇볕에 탔고 더럽고 단정하지 못할 테지만, 헐벗고 아무런 보호막도 없으며 가난 때문에 세상의 경멸을 받는 피조물이라도 그 정신적 아름다움으로 환히 빛날 것이다. 주요 인물은 늘 '아름다운 거지 소녀'일 테지만, 테마—그 여인 안에 들어 있는 또 다른 종류의 아름다움—는 완전히 달라질 것이다.

따라서 그 어떤 실수라도 피해가기 위해서는 형식적 테마들(우리가 알고 있는 세 명의 '아름다운 거지 소녀들'에서 다루고 있는 테마처럼)과, 형식적 테마들을 낳았으며 그 외의 다른 테마들도 언제라도 낳을 수 있는 본질적 테마들을 구분하는 것이 중요하다. 고고학자들이 파피루스에 적힌 혹은 돌에 새겨진 이집트의, 아시리아의, 혹은, 그 누가 알겠는가, 토하라의 '아름다운 거지 소녀들'을 발견하는 것이 가능하며, 우리에게 알려진 형식적 테마와는 아무런 관계가 없는 형식적 테마에 속한, 폴리네시아의, 마다가스카르의 혹은 2500년대 신(新)헬라스의 '아름다운 거지 소녀들'을 예견하는 것 역시 가능하다.

◆ ◆ ◆

본질적 테마들. 이 분야는 너무 광활해서 검증을 거친 목록집이 허용하는 테두리를 넘어서지 않을까! 그저 "여성 신체 찬양시"에서 출발하여, 여러 분류 항목 가운데 별 볼일 없는 분류 항목인 머리카락이 어떤 결과를 낳을 수 있는지를 생각해보는 것으로 충분하다. 17세기만 보기로 하고, 트리스탕 레르미트에서 출발해보자.

*Beau poil, votre franchise est une trahison:* ……
*Faut-il qu'en vous montrant vous me cachiez ma Dame?*[15]

아름다운 머리채여, 그대의 두드러짐은 배신이오. (……)
그대를 내보임으로써 그대는 나의 그녀를 내게서 감춰야만 하는가?

J. 라신:

Les nœuds de ses cheveux devinrent mes liens.
그녀의 굽이치는 머리채 나를 묶는 끈이 되었다.

('머리카락'이라는 본질적 테마에서 파생한 '사랑하는 여인의 머리카락을 질투하는 연인'이라는 형식적 테마가 있는데, 아킬리니와 동시대 인물인 빈첸조 지토의 "La chioma sciolta"는 그 견본이 될 만하다.

*Scherzava a l'aura errante*
*il lucido crin d'oro*
*di Lilla, il mio tesoro.*
*Or nel terpo volava,*
*or nel seno colava.*
*Lasso, qual simulacro a l'alma mia*
*formo la gelosia!*

---
15) 트리스탕 레르미트의 소네트 「금발(Cheveux Blonds)」 제2연에 나오는 구절.

*Temei che, divenuto il gran tonante*

*di sue bellezze amante,*

*trasformato si fosse in aureo nembo*

*e, nova Danae, la piovesse in grembo!*

아마도 이 시의 프랑스어판이 존재할 것이다.)

그리고 19세기로 들어오면 네르발의 시가 있다.

*Aux raisins noirs mêlés avec l'or de la tresse……*[16)]
땋아 늘인 머리채의 황금빛과 뒤섞인 검은 포도알들

그리고 보들레르의 "Ô toison moutonnant…… (오 굽이치는 머리채)"[17)] 우리는 이제 순수하고 단순한 묘사로 이루어진 형식적 테마에 도달한다. 말라르메의 "머리카락, 불꽃의 비상……" 그리고 '황금'을 설명하기 위한 앙리 J.-M. 르베[18)]의 "컬트적인" 재주.

*En tes cheveux, l'ombre dès sa source est tarie!*
네 머리카락에선 어둠의 그림자라고는 그 원천부터 말랐구나!

⁖
16) 네르발의 시 「미르토(Myrtho)」.
17) 보들레르의 시 「머리채(La Chevelure)」.
18) 앙리 장-마리 에티엔 르베(Henry Jean-Marie Étienne Levet, 1874~1906)는 프랑스의 시인이다. 여행을 좋아해서 외교관의 길을 택했으며, 33세에 요절하였다. 시인의 사후, 잡지에 실렸던 시 11편을 모아서 라르보와 파르그가 재출간하였다.

20세기에 들어서면 특정 사물과 주변 사물들 간의 관계를 상기시킴으로써, 그리고 유사모음의 절묘한 반복을 통해서 그 특정 사물을 재창조하게 된다. 이 시에서는 a, e, v, l이 반복되는데, 이는 정확하게 시인의 이름인 Valery의 첫 네 글자와 맞아떨어진다.

*Si loin que le vent vague et velu les achève,*
*Longs brins légers qu'au large un vol mêle et soulève.*

("La Jeune Parque")

미미한 부드레한 바람에 실려 저 멀리서 잦아드는 난바다에서 날아오르니 뒤섞여 일렁이는 길고 가벼운 새순들

(『젊은 파르크』)

· · ·

"그럼 보들레르의 「적갈색 머리칼의 거지 여인에게」는?[19] 그것도 생각해봤나?" 장-루이 보두아예가 내 말을 듣고 있다가 물어온다. "그 작품의 어조와 리듬이 비록 17세기의 플레야드 시대에 더 가깝기는 하지만 트리스탕의 소네트에 대한 기억이 아닐까? 그 소네트를 거의 의식하고 있는 것 같진 않지만 말이야. 하지만 그 시는 "옛 취향"을 빌린 장난이 틀림없어. 그리고 방빌(Banville)[20]풍이기도 하고 말이야. 방빌이 '적갈

---

19) 「적갈색 머리의 거지 여인에게(À une mendiante rousse)」는 『악의 꽃』「파리 풍경」 편에 실린 보들레르(Charles Baudelaire, 1821~1867)의 시이다.

색 머리의 거지 여인'을 좋아했을 거야. 그래서 방빌도 그 여인을 찬양했고 자신의 시집 『나의 추억』[20]에서 그 여인 얘기를 하고 있는 걸 테고. 보들레르의 초상화를 그렸던 드루아[22]는 '적갈색 머리의 거지 연인' 초상화를 그렸는데, 그 초상화가 지금 베르사유에 있지. 누가 그 초상화를 보여주겠다고 약속했는데……."

맞다. '적갈색 머리의 거지 여인'을 잊을 뻔했다! 트리스탕, 아킬리아니, 에어즈가 우리에게 금발머리만을 보여주기 때문인 모양이다…….

보들레르의 그 시를 다시 읽어보니 그 시에서 다루고 있는 테마는 이렇게 요약될 수 있겠다. 오로지 시인만이 숨어 있는 아름다움을 알아보고 숭배할 수 있을 정도로 겸손하면서도 신과 같다. 이는 낭만적인 테마로서, 영감의 절대성과 동정심이 놀람과 관능보다 우위를 차지한다. 그러니까 '아름다운 거지 소녀'라는 본질적 테마에서 나온 새로운 형식적 테마라고 하겠다.

하지만 어떤 오래된 형식적 테마가 보들레르 작품의 원천 가운데 하나나 혹은 주요한 원천일 가능성도 있다. 보들레르가, 혹은 방빌이 '아름다운 비렁뱅이 여인'이나 혹은, 내가 여태 만나지 못했거나 지금으로서는 생각이 나지 않는, 같은 가계에 속하는 어떤 다른 시, 그러니까 17세기 시들의 선조 격인 시를 읽었을 수도 있다. 이 경우 「적갈색 머리의 거지 여인에게」에 등장하는 벨로(Belleau)와 롱사르(Ronsard)라는 이름이 그 원천을

---

20) 테오도르 드 방빌(Théodore de Banville, 1823~1891)은 프랑스의 시인이자 극작가, 언론인이다. 낭만주의, 상징주의, 파르나스 유파와 관련이 있다.
21) 『Mes souvenirs』(1882).
22) 에밀 드루아(Émile Deroy, 1820~1846)는 프랑스의 화가이다. 들라크루아의 제자였으며 방빌과 샤를 보들레르의 친구였다.

암시할 수도 있다. 다른 한편, 제8연 3행에 등장하는 "galants mis aux fers(네게 사로잡힌 바람둥이 사내들)"는 아킬리아니를 떠오르게 한다.

*Fa di mill' alme, intanto, avare prede,*

그리고 제12연에서는 '진주', '황금' 단도, '구걸하면서'라는 단어를 만나게 된다.

*Cependant tu vas gueusant*
*Quelque vieux débris……*

그런데도 너는 구걸하려는구나
오래된 음식 찌꺼기들을……

그리고 제1연에서는 "pauvreté"와 "beauté"가 각운을 이룬다. 하지만 루비는 등장하지 않는다. 그리고 '이 진주들'도 쪽 고른 이들과는 아무런 연관이 없다. 그리고 대조법, 장식적 문체는 두 개의 병렬 묘사로 대체된다. 정리하자면, 「적갈색 머리의 거지 여인에게」라는 보들레르 시를 구성하는 요소는 다음과 같을 것이다. 롱사르파(派)의 어떤 시 작품을 자유롭게 모방한 시 한 편. 「구걸하는 아름다운 소녀」에 관한 모호하고 확실하지 않은 기억들. 이 또한 확실하지 않지만, 아킬리아니나 에어즈의 흔적들. "……풍의"라는 형식을 취한 테오도르 드 방빌에게 바치는 존경. 그리고 끝으로, 이 모든 것을 지배하고 이끌며, "유일무이의 신비"를 구성하는 것, 즉 보들레르다운 요소. 우리는 보들레르와 방빌다운 의도, 그리고 옛 취향을 빌린 장난을 명확하게 구분한다. 하지만 어떻게 우리가 그저 그렇겠거니 추측할 뿐인 그 원천을 확신을 갖고 밝힐 것인가? 그러자면 방빌의 시 혹은 시들을 검토해야 할 것이다.

친애하는 보두아예, 자네의 언급에서 얼마나 많은 문제가 줄줄이 야기되는지 보게나. 그리고 또한 자네의 언급이 새로운 형식적 테마들의 탄생에 대해서, 그리고 그 새로운 형식적 테마가 경험에서 자양분을 공급받고 삶에서 직접 길어 올린 천재적 창작품에 의해 다시 다루어질 때 본질적 테마로 되태어나는 현상에 대해서도 얼마나 많은 것을 밝혀주는지도! 라캉과 라퐁텐은 자신들이 선택했던 테마에 대해서 바로 그런 일을 했다네. 그런데 이런 것들에 대해서야 자네가 나보다 훨씬 잘 알고 있지 않은가.

◆ ◆ ◆

다시 우리의 '아름다운 세 거지 소녀'(여인숙 간판으로 그만일 텐데!)로 돌아가면, 비록 형식적 테마가 안겨주는 한도 내에서이기는 하지만 이 소녀들이 굉장히 매력적이며, 이탈리아의 소녀와 프랑스의 소녀 중 누가 가장 사랑스러운지를 말하기란 특히 어렵다는 사실을 고백해야만 한다. 이미 앞에서도 말을 했지만, 육체적으로 이 소녀들은 자매처럼 흡사하며, 그리고 이 소녀들은 반드시 금발이어야만 하는데, 왜냐하면 마지막 삼행시에 나와 있듯이 "황금 소나기를 내려"줘야만 하기 때문이다. 차이는 두 작품의 표현과 리듬의 질에서 결정된다. 이탈리아의 거지 소녀는 아주 정교하고 아주 인위적인, 그런 이탈리아어의 매력을 보여주는데, 이러한 이탈리아어는 인문주의자들, 예를 들자면 폰타누스[23]의 라틴어와 흡사한 점이 없지 않은 이탈리아어, 그러니까 소네트에 아주 어울리는 이탈리아어로서, 어말음 탈락과 파격마저도 대담하게 분식해놓아서, 첫 행부터 어찌나 라틴어 문법처럼 현학적인지 우리는 일상적이고 평범한 언어의 테두리를 벗어난 곳으로 절로 끌려간다.[24]

이탈리아 시를 자유롭게 번역한 것으로 볼 수도 있고, 프랑스어 시에 아무것도 빚진 게 없는 것처럼 보이는 영국 시는 약간 느릿하며 태평스럽다. 3행으로 이루어진 셋째 연의 첫 행에서 필립 에어즈는 자신이 모델로 삼은 시에 등장하는 "보물(tesoro)"[25]을 간직하고 싶어 했고, 그래서 앞서 표현되었던 생각을 되풀이했다. 이로 인해 "rich and precious"라는 중복이자 과잉인 표현이 되고 만다. 에어즈의 소네트는 모호한 동시에 군더더기가 많아서, 이 마지막 연의 절반 정도는 논리적 설명으로서 시의 속성과는 완전히 반대된다.

사실, 언뜻 보기에, 영국의 '아름다운 거지 소녀'는 프랑스의 '구걸하는 아름다운 소녀'와 달리, 구불거리는 머리카락의 황금 소나기를 쏟아져 내리게 하기 위해서 소네트의 마지막 부분까지 기다려야 한다는 이점을 갖고 있다. 그런데 실제로는, 프랑스의 '구걸하는 아름다운 소녀'의 머리채 역시 소네트의 마지막 부분에서 쏟아져 내리는데, 그것도 머리카락이라는 개념을 분명하게 표현하지 않고 넌지시 가리키고만 있어서 시적으로는 훨씬 더 강한 인상을 남긴다. 머리카락의 쏟아져 내림, 그 황금빛 낙하는 우리 머릿속에서 완성된다. 그 이유는 셋째 연에 잘 나타나 있다.

※
23) 종종 라틴 이름 폰타누스로 불리는 조반니 폰타노(Giovanni Pontano, 1429~1503)는 라틴어로 글을 쓴 이탈리아의 정치가이자 문필가이다.
24) (원주) 오비디우스의 『변신』 VII, 188을 연상시킨다.
25) '보석, 보물'을 의미한다.

*Et ses cheveux qui s'éparpillent*
*Font montre d'un riche trésor,*

흘러내리는 머리채는
풍요한 보물을 자랑하네

이 부분에서 구걸하는 아름다운 소녀의 머리채가 명명되고, 묘사되고, 우리 뇌리에 각인된 만큼, 예고된 황금이 고요하게, "머리"라는 마지막 행의 마지막 단어를 읽고 난 다음에 찾아오는 절대적 침묵 속에서 쏟아져 내리기 위해서는, "머리를 수그"리는 것으로 충분할 것이다.

하지만 이 사소한 결함에도 필립 에어즈의 소네트는 소리의 울림이 풍부하고, 나머지 두 소네트에 비해 한 단계 높은 음악적 자질―소프라노의 목소리―을 보여준다. 연가의 가락은 잊어버렸을지 몰라도 그 가사가 남아 있기라도 한 듯, 우리 기억에서 떠나지 않는다.

❖ ❖ ❖

따라서, 영국의 '아름다운 거지 소녀'가 기억에서 떠나지 않고 19세기 말의 위대한 비평가이자 영국의 교양인이며, 필립 에어즈의 가장 최근 편집인(캐롤라인 시대의 시인들)인 조지 세인츠버리[26]의 상상력을 유혹했

---

[26] 조지 에드워드 베이트먼 세인츠버리(George Edward Bateman Saintsbury, 1845~1933)는 영국 문학사가 겸 비평가이다. 그리스·로마 등 옛날부터 현대까지의 비평을 대상으로 쓴 『비평사』, 『프랑스 소설사』 등 광범위한 지식을 구사한 주요 저서는 지금도 생명력을 유지하고 있다.

다는 것은 놀랄 일이 아니다.

  세인츠버리는 트리스탕 레르미트의 「구걸하는 아름다운 소녀」도 아킬리니의 「구걸하는 소녀」도 만난 적이 없었다. 그는 필립 에어즈가 이 인물을 창조했다고 말할 수도 있을 거라고 생각했다. 하지만 박식했던 그 비평가는 조심을 했고, 에어즈의 「아름다운 거지 소녀에 대하여」가 충실한 번역임을 발견하게 될지라도 어쨌든 이 소네트에 대한 그의 찬탄에는 변함이 없을 거라고 말하여 미리 예방 조치를 취했다. "이 소네트에는 진정 매력적인 표현의 흔적이 남아 있어서 만약 이 소네트가 어떤 시를 거의 번역해놓은 것이나 다름없다는 것이 밝혀지더라도 나로서는 여전히 그 시를 높게 평가할 것 같다." 이런 단언을 통해 세인츠버리는 형식적 테마의 문화를 정당화하고, 시적 창작은 형식적 테마의 창작과는 구별되는 것임을 보여준다. 또한 우리가 "고전주의"라고 부르는 것의 진정성에 대해서, 그리고 테마들과 모델에 의거해 작업한 고전주의 시대 시인들이 모델로 삼은 작품과 아주 흡사한 작품을 만들었을 때조차도 그 모델이 무엇인지에 대해 언급하지 않은 채 자신의 작품이 독창적이라고 말할 수 있는 권리에 대해서, 우리가 품을 수도 있는 의심을 거둬간다. 그리고 마침내, 당연한 결과지만, 역사가가 아닌 일반 독자에게조차 시의 형식적 테마의 목록집이 어떤 도움을 줄 수 있을지를 알려준다. 이 목록집 덕분에 우리는 '아름다운 거지 소녀들' 간에 비교를 할 수 있을 것이고, 단지 세 거지 소녀뿐만 아니라 일군의 거지 소녀들, 아니, 어쩌면 모든 국가와 여러 시기의 (하지만 모두들 영원히 소녀인) '아름다운 거지 소녀들'의 합창을, 윗부분에서 새벽빛이 반짝이는 살아 꿈틀거리는 머리채, 모욕당한 아름다운 시선들의 별무리, 황금빛으로 쏟아져 내리는 고요한 나이아가라, 아니 이구아수를 관조할 수 있을 것이다.

# 그라나다의 카르투하 수도원

1932년 1월, 잡지 《문학 폴란드》에서 다수의 교양인들을 상대로 회람을 실었다. 다음은 그 회람에서 뽑아온 문장들이다.

"…… 오늘날, 평화 보장의 적절한 수단 강구는 인류의 주요 관심사이다……."

"폴란드 정부는 정신적 군비 축소에 관한 견해서의 검토를 군비축소위원회에 올렸다. 이 견해서에서는 입법, 언론, 교육 및 예술의 제 분야에 적용할 일련의 조치를 제안하고 있다……. 그 조치들 가운데 가장 특징적인 것들을 선정해본다.

1)…… 2)…… 3) 외국인에 대한 증오를 불러일으킬 만한 내용을 모두 없애기 위한 교과서 개정 및 초중고를 위시한 모든 학교에 국제연맹의 목적과 조직에 관한 수업 도입……."

이 글귀들을 읽다보면, 특히 교과서 개정과 관련된 내용을 읽다보면 절로, 그라나다 수도원이 내 기억 속에서 차지하고 있는 영역으로 생각이 방향을 틀게 되는데, 여기에 아무 논리가 없는 것은 아니다.

그라나다를 방문하는 사람들은 모두 이 수도원을 알게 된다. 스페인 여행객을 위해 펴낸 여행 안내 책자마다 기념물이자 볼거리로 소개하여 별표까지 붙여놓았으며, 그 경치는 종종 여러 소설가들이 묘사하고 여러 화가들이 재현하여왔다. 또한 그 수도원의 경내에는 비첸테 코르두에토

(Vicente Cordueto)와 산체스 코탄[1]이 제작한 일련의 프레스코화가 있는데, 지나가며 얼핏 봤다 하더라도 그 그림들을 한번 본 사람이라면 그 주제와 기법을 기억하지 않을 수가 없다. 그 프레스코화에는 헨리 8세 치하에 런던의 수도원에서 자행되었던 고문 행위가 끔찍스럽고 충격적인 사실주의 기법으로 재현되어 있다. 결국, 그것은 박해에 희생된 사람들에게 바친 기념물로서, 영국의 종교개혁 과정에서 발생한 그 박해로 인해 신앙심과 로마 교회에 대한 충성뿐만 아니라 재능과 지성의 가치에 의해서도 주목을 끌던 다수의 인물들이, 그중에서도 특히 유토피아의 저자인 토머스 모어 경, 피셔 추기경(헨리 8세 때 수장령에 항거했다는 죄목으로), 그리고 엘리자베스 여왕 치하에서 활동했으며 동반 순교한 사람들과 함께 최근 성인품에 오른 시인 로버트 사우스웰[2](1560~1595) 등이 세상을 떴다. 이는 가톨릭 신자들의 입장에서는 "영국의 순교자들"이다.

이러한 박해는 합법성을 완벽하게 갖추었으며, 백주에 이루어졌다. 이는 로마 가톨릭에서 떨어져 나온 지 얼마 안 되며 점점 더 그 거리를 넓혀가던 영국 교회를 보호하고 옹호하기 위한 것이었다. 영국 왕실은 당시 모든 문명국가에서 통용되던 억압 수단, 재산 몰수, 고문치사 등을 사용하여 열성적으로 그 일을 수행하였다. 한편, 그라나다 수도원의 벽에 묘사되어 있는 끔찍스러운 행위들은, 일명 블러디 메리인 메리 1세 통치 당시 벌어졌던 신교도 박해 과정에서 자행된 처벌의 끔찍함으로 상쇄되었다. 이리하여 가톨릭 수도원 경내에 이러한 그림들이 있다는 것은, 옥

∴
[1] 프라이 후안 산체스 코탄(Fray Juan Sánchez Cotán, 1561~1627)은 스페인의 화가이다.
[2] 로버트 사우스웰(Saint Robert Southwell, 1561~1595)은 영국 예수회 소속 사제이자 시인이었다. 반역이라는 죄목으로 교수형에 처해졌으나 가톨릭 신자들에게는 신앙을 위해 죽은 순교자로 알려져 있다. 1970년에 성인품에 올랐다.

스퍼드 광장에 신교도 순교자들을 기리는 기념물이 있는 것만큼, 혹은 아그리파 도비녜가 『비극시집』에서 신교도 순교자들을 예찬하는 만큼이나 자연스럽고 논리적이다.

◆ ◆ ◆

따라서 그라나다의 수도원을 방문하는 영국의 식자층 여행객들이 이 프레스코화 앞에서 갖게 되는 마음은, 예를 들자면, 생-바르텔레미 신교도 대학살 혹은 프랑스혁명에 얽힌 어떤 잔혹한 이야기들을 담은 화폭 앞에서, 혹은 고야의 〈전쟁의 참상〉 앞에서, 어떤 프랑스의 식자층 여행객이 갖게 되는 마음과 비슷하리라고 생각해볼 수도 있겠다. 이 프랑스 여행객은 분노나 선입견에 사로잡히지 않고 자신의 심미적 활동에만 관심을 기울이며, 설령 그가 어쩌다가 그러한 작품들의 주제에 대해서 윤리적 판단을 내린다 하더라도 그것은 역사, 인간의 잔혹성 등에 대한 일반적, 철학적 층위의 성찰일 것이라고 생각해볼 수 있다.

하지만 천만의 말씀. 그럴 리가 없을 것 같음에도, 그라나다 수도원을 방문하는 수많은 영국인 여행객들은 그 프레스코화들을 보고 극도로 윤리적인, 혹은 민족적이거나 애국적인 판단을 내린다. 이 그림들을 보고 무척 기분이 상한 영국인 여행객들은 그 그림이 기리는 사건들이 실제로 발생했다는 것을 부인하고, 예술가들, 그리고 그러한 그림들을 주문했던 성직자들, 그리고 그 그림들을 여태껏 보존한 스페인 국민을 엄청난 사기꾼 혹은 광신적인 정신병자 취급을 하면서 확실한 반대 입장을 취한다. 그들 가운데 몇은 빈정거림이 묻어나는 우월감 밑에 자신들의 상한 기분을 숨기려고 들지만 그들이 기분이 상했다는 것은 사실이고, 그 장면을 목격한 사람들로서는 그것이 재미있기도 하다. 내가 현장에서 직접 들은 말 속에서도 그러한 감정을 확인했을 뿐만 아니라 그라나다를 묘사하고 있는 영국의 저서들을 읽으면서 알아챈 것도 여러 번이었다. 19세기와 20세기에 활약한 영국의 작가들이 남긴 글들 가운데에서, 그러한 분노가 뚜렷이 드러나 있으며 귀중한 표본 노릇을 하여 『빗나간 민족적 자긍심에 관한 선집』을 풍요롭게 해줄 글귀 십여 개를 모아놓는 것이 그리 어렵지 않으리라고 생각한다.

프랜시스 엘리엇[3]의 『한가한 여인의 스페인 일기』를 보면 그런 예문이 하나 있다. 이 "빈둥거리는 여인" 혹은 "한가한 여인"은 단순하게, 그리고 놀라울 정도의 에너지와 완강함을 보여주며 16세기와 17세기의 영국에서 벌어진 가톨릭 신자들에 대한 박해가 실제 발생한 일임을 부인한다. 그 격렬한 부인 밑에 한 민족의 상처 입은 허영심으로 인한 순진하며 눈물겨운 원한이 있다는 것을 알아채지 못한다면, 그 남아도는 시간의 일부라도 국사 공부에 쓰는 것이 좋지 않았을까 하는 생각을 하게 될 수도 있다.

어쨌든 그 책은 거기에 묘사된 스페인, 19세기의 마지막 15년 혹은 20년 사이의 스페인을 알았던 사람에게는 기분 좋은 독서거리이다. 하지만 그 책의 초기 독자 가운데 어떤 이는, 저자가 영국의 순교자들에 관하여 무지를 가장하는 것에 화가 나서 그 스페인의 한가한 여인에게 그녀의 신앙, 즉 그녀의 애국주의를 직시하게 해줄 영국의 국사 교과서를 보냈을지도 모른다는 상상을 해봄 직하다.

⋮
[3] 프랜시스 민토 엘리엇(Frances Minto Elliot, 1820~1898)은 영국의 다작 작가였으며 이탈리아, 스페인, 프랑스의 사회상에 관한 논픽션을 주로 썼다.

◆ ◆ ◆

 물론 그런 독자에 대한 나의 평가는 아주 박할 테고, 그 독자가 가정교육이 좀 소홀한 집안에서 자랐다고 생각하기 쉽다. 내가 이러한 독자를 상상해본 이유는 오로지 교과서를 고를 때 그가 겪을 당혹스러움을 보여주기 위함일 뿐이다. 사실 영국의 순교자들을 희생양으로 삼은 박해 사건들을 정확하게, 그리고 곧이곧대로 끔찍하게 묘사한 교과서라고는 단 하나도 알지 못한다. 교과서마다 언급은 하지만 공을 들이지는 않는다. 기껏해야, 옥스퍼드에서 출간한 저자 미상의 『학생용 영국사』처럼, 헨리 8세 치하의 종교적 사건들을 기술하면서 "여러 교단 가운데에서도 가장 존경스럽고 가장 신심이 깊은 런던의 샤르트르 수도회의 수도사들은 왕권 우위를 인정하기를 거부했고, 그로 인해 그들 가운데 다수가 교수형에 처해진다"라고 언급할 뿐이다. 실제로 "교수형"에 처해지긴 했다! 허나, 이것이야말로 완곡어법의 근사한 예이며, 내 감히 말한다면 그들이 겪은 고통의 사후 당의(糖衣) 처리 같은 것이라고 하겠다.

 이렇게 교과서에서는 엘리자베스 치하의 박해 사건과 헨리 8세 치하의 박해 사건에 관한 이야기는 뒷전으로 물러나고, 학생들은 그에 관한 흐릿한 기억만을 갖게 된다.

 또 다른 예를 원하는가? 아무 교과서나 하나 들여다보자. 헨리 8세와 그의 의회가 로마를 상대로 수행한 싸움의 결과, "근대 민족주의가 교황청에 대하여, 속(俗)이 성(聖)에 대하여, 국가가 교회에 대하여 승리"를 거두게 되며, "대규모 재산 몰수의 대상이 되었던 가장 막강한 단체들(여러 수도회)의 부(富), 공공복지에 쓰여야 할 부는 국가의 손을 거쳐서 벼락부자들의 손으로 넘어가게 되었다"라고 되어 있다. 이것이 헨리 8세 치하에 대한 기술이다. 에드워드 6세 치하에 대해서는, "다시 교회 재산을 약탈하였고, 그와 더불어 신교 교리를 도입하기 위한 시도들이 행해졌다"라고 되어 있다. 엘리자베스 치하에 대해서는 "에스파냐는 네덜란드에서 신교도를 박해한 알바 공작, 그리고 곧 민족의 적을 휩쓸러 간 예수회 수도사들과 함께 반종교개혁의 챔피언으로 나섰다"라고 말한다. ("순식간에 지나간" 예수회 수도사들의 "영국 침략"이 벌어졌던 이 시기는 영국의 법이 가톨릭 제례 실천과 대역죄를 동일시하던 바로 그 시기이다.)

이 교과서의 저자가 공정하기를 원하고 스스로 그러하다고 생각한 것이 확실하며, 그가 16세기 사람들의 정쟁에 끼어들어 어느 한쪽 편을 드는 우스꽝스러운 짓을 피하고 있다는 것 또한 확실하다. 또한 그는 신교의 민족적 성격과 로마 가톨릭의 국제적 성격을 대비시킴으로써 통찰력을 보여주고 있다. 하지만 헨리 8세와 에드워드 6세 치하 말고 다른 시기에 행해진 가톨릭 박해에 대해서는 단 한마디도 하고 있지 않는 반면, 신교도 순교자들에 대해서는 한 문단을 할애하고 있다. 저자가 그런 식으로 의견 표명을 하는 바람에 독자들은 그가 언급하고 있는 예수회 수도사들—그들 가운데에는 로버트 사우스웰이 들어 있다—이 대부분 스페인 국적이었다고 믿어버릴지도 모른다는 점을 지적하지 않을 수 없다.

◆ ◆ ◆

가톨릭 계열의 역사가들이 쓴 책 이외의 다른 경로를 통해 영국의 가톨릭 순교자들에 대한 언급을 듣기 위해서, 이 반역자들(미사를 올렸거나 미사에 참여했기에 유죄인)의 처형이 어떠했는지, 남녀를 가리지 않고 선동에 휩쓸린 사람들이 형리들을 부추기고 도와가며 적극 가담했던 이 고문의 향연이 어떠했는지를 알아내고자 한다면, 접근하기에 다소 어려울 뿐만 아니라 자료도 없는 만큼, 영국의 현대 역사가 가운데 최고의 역사가들이 직접 오랜 기간을 들여 쓴 저서들을 읽어야만 한다. 하지만 그들 또한 이러한 박해 사건을 상세히 묘사하느라고 지체하는 법이 거의 없으며 희생자의 수와 사형의 공포에 대해 간단히만 언급하고 있다. 반면 메리 여왕 치하에서 박해에 희생된 삼백여 명의 처형과 크랜머, 후퍼, 리들리, 래티머의 화형에 대해서는 상대적으로 많은 분량을 할애하고 있음을 깨닫게 될 것이다.[4]

그렇게 된 이유는, 이 역사가들 대부분이 실제로 정신적 독립을 누리고 있고 객관적 연구방식을 택했음에도 불구하고, 그 결과가 덜 중요했거나 혹은 그렇게 보이는 사건과 사회운동들의 비중을 줄이려 했고, 거기에서 맥락 없는 사건의 연속만을 보려 했기 때문이다. 그리하여 역사적 현실 속에서 실종된 명분들은 그러한 현실에 대한 이 역사가들의 묘사 속에서 뒷전으로 물러나게 되어 다시 한 번 실종되는 경향이 있다.

따라서 역사가들의 저서를 요약 반영하고 있는 모든 교과서에서 그러한 역사적 사실들이 거의 완벽하게 사라지는 것에 놀랄 것도 없으며, 사실상 이러한 역사 교과서를 바탕으로 역사 교육을 받은 사람들이 자기네 국가의 과거에 대한 상대적 무지 속에서 살아가면서, 여러 세기에 걸쳐 이루어진 자기네 민족의 성격, 문명, 역할에 대한 이상화된, 근거 없

---

[4] 토머스 크랜머(Thomas Cranmer, 1489~1556)는 영국의 종교개혁가로서 영어 성서인 『크랜머 성서』의 사용에 앞장섰고 성직자의 결혼을 허용하는 등 영국 성공회의 기초를 닦았으나, 메리 1세(재위 1553~1558)의 가톨릭 반동시대에 화형당했다. 존 후퍼(John Hooper), 니컬러스 리들리(Nicholas Ridley), 휴 레티머(Hugh Latimer) 등도 메리 여왕(메리 1세) 치하로 들어서면서 박해를 당한 신교의 주교이다.

는, 왜곡된 생각을 갖게 되고, 그라나다의 수도원 벽화를 보고 수많은 영국인들이 놀라듯이 그런 경우를 당해 희극적일 정도로 불쾌한 놀라움을 느끼는 것 또한 놀랄 일은 아니다. 아마도 그런 사람들에게는 엘리자베스 여왕[5] 치하의 관습이나 빅토리아 여왕[6] 치하의 관습이나 다를 바 없을 것이다! 그러니 그들에게 "어차피 영국인들이잖은가. 그럼 같은 사람들 아닌가?"라고 말해줄 사람이 아무도 없었다. 결국, 내가 알기로 프랑스의 교과서 또한, 나폴레옹 보나파르트의 명령에 따라서 혹은 그의 묵인하에, 이탈리아의 성당에 보존된 귀중품과 박물관을 약탈한 사실에 대해서는 얼렁뚱땅 지나가고 있는 만큼, 이탈리아에 간 프랑스의 관광객들이 안내인이나 성당 관리인에게서 "프랑스인들에 의해 약탈된 (rubato dai Francesi)"이라는 말을 들으면 놀라움과 분노를 느낄 수도 있을 것이다……. 

이런 분노에 대해서 웃어넘길 수도 있지만, 그러한 오해가 "외국인에 대한 증오를 불러일으키거나" 혹은 계속 그러한 증오를 품게 하므로, 폴란드 정부가 견해서에서 문제의 근원을 찾아 정치사 교육과 교과서로까지 거슬러 올라가는 것은 타당하다.

---

[5] 엘리자베스 1세(Elizabeth I, 1533~1603)의 재위 기간은 1558~1603년이었으며, 이 시기는 영국 절대주의의 전성기였다. 엘리자베스 1세는 국교의 확립을 꾀하고 종교적 통일을 추진하였으며 화폐제도를 통일하고 중상주의 정책을 펼쳤다. 빈민구제법에 의하여 토지를 잃은 농민의 무산화를 방지하였고, 영국의 동인도회사를 설립하였다.

[6] 빅토리아 여왕(Queen Victoria, 1819~1901)이 통치하던 시기(1837~1901)에 영국은 자본주의 선진국이 되었으며 2대 정당제 의회정치를 발전시켰다. 또한 '국왕은 군림하되 통치하지 않는다'는 원칙을 따라 오늘날의 영국 군주의 패턴을 확립시켰다.

◆ ◆ ◆

나의 생각이 이렇게 흘러가고 있을 즈음《문학 폴란드》에 실린 오스버트 시트웰[7]의 소설을 읽다가 공교롭게도 어떤 구절이 눈에 띄었다.「자기 자신을 잃어버린 사나이」라는 소설의 행위는 대부분 그라나다에서 펼쳐지며, 소설은 그 도시에 대한 아름다운 묘사를 담고 있고, 여름이 시작될 무렵 런던의 모습 또한 감탄스러울 정도로 잘 보여준다. 또한 그 소설에는, 내가 기다렸고 다가오는 것을 지켜보고 있었던 그라나다의 수도원 방문에 관한 이야기가 있다. 번역은 다음과 같다. 그 대목에 스페인 독자의 자긍심을 건드릴 만한 내용은 전혀 없음을 알아차릴 것이다. 민족적 편견이 안겨준 놀라움과 반응이 유머에 섞여서 기술되고 뚜렷하게 드러나 있으며, 작가는 곧 그러한 놀라움의 원인과 그러한 편견의 기원을 지적하고 밝혀낸다. 그러한 점은 내가 강조해놓은 문장에 특히 잘 나타나 있다. 단지 유감스러운 것은 작가가 "감리교 혹은 성공회에서 새로이 정교하게 다듬은 고문 방법"이라고 말하면서 "구세군"은 언급하지 않았다는 점이다.

"지나가는 김에 한마디 하자면, 수도원 경내는 그림들로 장식되어 있는데…… 성공회와 그 비슷한 종교 기구의 신도들이 막상막하의 잔혹성을 내보이며 에스파냐의 성인들에게 정교한 고문을 가하는 모습을 다채롭게 보여준다. 이 프레스코화를 그린 화가가 성인(聖人)들을 고문할 때 이교도 여인들이 커다란 역할을 했다는 사실에 엄청난 충격을 받았음을

---

[7] 오스버트 시트웰(Osbert Sitwell, 1892~1969)은 영국 시인이자 소설가로, 풍자적인 경향을 보여준다. 시집 『불꽃으로부터』, 『영국의 재생』 외에 몇 편의 자서전이 있다.

알 수 있었다. 실제로 프레스코화마다 감리교 혹은 성공회에서 새로이 정교하게 다듬은 고문 방법을 실험 중인 여성을 적어도 한 명은 보여주고 있다. 처음에는, **영국에서 교과서를 통하여 역사를 배웠던 사람들이라면**, 기숙학교의 무시무시한 여선생들(이들은 그라나다에 잠깐 머무는 영국의 노처녀들이다)의 잔혹성을 겪어보지 못한 경우, **이런 사실에 접하여 무척 놀랄 수도 있었을 것이다**. 하지만 그 잔혹성을 최근에 겪어봤던 우리들은 그런 종류의 무슨 짓이든 그런 여성들이 할 수 있음을 믿을 수 있었다."

자연스럽게 흘러나온 이 증언은 귀중하며, 이 소설의 작가가 폴란드 정부가 군비축소위원회에 심사를 의뢰한 의견서를 지지하리라는 것을 확신할 수 있다. 사실, 물질적 군비 축소를 향해 나아가기 위한 준비 단계인 "정신적 군비 축소"가 실효를 거둘지에 대해 의심을 품을 만하다. 하지만 사람들이 자신들이 이룩한 사회의 과거와 그 사회의 이익, 그 사회의 근본적 통합 개념을 보다 정확하게 파악하는 데 도움이 되는 것이라면 그것이 무엇이든지 찬성할 수밖에 없다는 점도 확실하다. 우선 그 시작으로, 미국과 유럽에서 정치적 통합 개념에 바탕을 둔 공정한 역사 교과서 ―전 세계를 다스리는 하나의 왕국, 하나의 정부라는 생각이 늘 살아 있고, 이러한 생각을 전 세계에 제안하며 가끔씩은 부분적으로라도 실현하겠다는 생각을 결코 놓는 법이 없는, 비근한 예를 들자면 '멕시코 왕립·교황립 대학'[8] 같은 이중으로 로마적이라고 할 수 있는 교육기관의

∴
8) 왕립·교황립 멕시코 대학교는 멕시코가 에스파냐의 통치를 받던 1551년 9월 21일 당시 펠리프 왕자(펠리페 2세)가 부왕인 에스파냐 왕 샤를 1세의 칙령을 받아 세웠다. 이 대학은 에스파냐 국왕과 로마 교황의 원조를 받아 신학·법학·의학을 중심으로 운영되다가 1867년 베니토 후아레스 정부에 의해 폐교되었다. 지금의 멕시코 국립 자치 대학교는 이 대학의 후신이다.

이름에서 드러나는 그러한 생각을 결코 놓는 법이 없는 역사 교과서―개발을 위한 연구는, 수많은 학생을 이러한 통합 개념으로 이끌 테고, 학생들의 손에 쥐어주는 현재의 국사 교과서를 이끄는 동시에 왜곡하고 있는 역사관과 정치적 이상보다 훨씬 더 현실적인 역사관과 훨씬 더 고상한 정치적 이상을 제공할 수 있을 터이다.

◆ ◆ ◆

이제 다시 그라나다의 카르투하 수도원으로, 박해라고 명명된 그 집단 범죄 가운데 하나를 천진하게 보여주고 있는 매수 불가능한 증인에게로 돌아가보자. 이 수도원이 영국인 관광객들에게서 불러일으키는 분노, 그리고 이 분노가 표현된 작품을 읽은 에스파냐 독자들이 느끼게 되는 원한, 이 두 감정이 그들만의 힘으로 두 국가 사이의 갈등에 간접적이나마 하나의 원인이 되는 일은 거의 있을 법하지 않다. 에스파냐가 영국이 속한 혹은 속할 수 있는 동맹체제와 대립각을 세우는 동맹체제에 속해 있는 동안일지라도, 그러한 전쟁이 발발할 위험이 있다는 생각은 비현실적일 것이다. 하지만 그러한 전쟁의 진정한 원인이 존재하게 되는 날, 이러한 박해의 증언과 그로 인해 주고받은 모욕적 언사들이 유발한 오해들은 갈등의 감정적 준비 단계에서, 그리고 그 갈등을 유지할 목적의 선동 과정에서 나름의 역할을 수행하게 되리라는 것은 분명하다. 아마도 그건 별거 아닐 것이다. 애국심을 가볍게 자극하거나 국제적 차원의 증오를 가볍게 주입하는 정도이리라. 하지만 당장 지금부터, 관련된 두 나라 국민에게 그럴 일을 피하게 하는 것이 낫다. 그러기 위한 유일한 방법은, 스페인을 여행하는 영국인 여행객에게 카르투하 수도원의 프레스코화들을 만나서 놀라지 않게끔, 바라보면서 분노—끔찍해 하기는 할지라도—하지 않게끔 준비시키는 것뿐이다.

역사 교과서들을 청소하는 것만이, 역사교과서들에서 "외국인에 대한 증오를 일깨우는 모든 것"을 사라지게 하는 것만이 능사는 아니며, 지금은 불필요하다는 판단에서 제외한 정확한 정보들과 침묵으로 지나쳐 버릇하는 사실들을 역사 교과서에 집어넣는 것이 필요함을 알 수 있다. 이 말은 결국, 유럽의 모든 나라에서 교육을 통해, 초중고 학생과 대학생들에게 가능한 한 완벽하게 역사적 진실을 담아낸 도표들을 보여주도록 애써야 한다는 말이다.

◆ ◆ ◆

그런데 어디에서 그런 도표들의 모델을 구할 것인가? 분명히 말할 수 있는 것은, 출처가 명확한 자료들에서 길어 올렸다고는 하지만, 곧 체계적이고, 종종 교묘하며, 뛰어나고, 유혹적이나 —역사학의 다양한 분야의 전문가들 스스로 고백했듯이— 흔히들 말하듯 빨리 늙어버리는 해석 속에 기꺼이 혹은 억지로 학문과 진리의 가치를 끌어들임으로써, 소위 그 소중한 개념들을 흐려놓고 마는 현대의 위대한 역사가들의 저서에서는 아니라는 것이다.

마르셀 티에보(Marcel Thiébaut)는 텐 사상의 형성에 관한 앙드레 슈브리용[9]의 최근 저서에 그 출발점을 두고 있는 연구에서, 현대 프랑스의

---

9) 앙드레 슈브리용(André Chevrillon, 1864~1957)은 프랑스의 작가이다. 이폴리트 텐의 조카인 그는 소르본에서 역사학 학사학위를 받았지만 1894년 이후로는 문학에만 전념한다.

위대한 역사가 중 한 명인 앙드레 슈브리용의 저서가 부분적이나마 그처럼 조로하는 원인과 조건을 보여주며 분석했다. 그것은 거짓임이 판명된 사실을 주장해서가 아니다. 혹은 새로 밝혀진 사실로 인해 그 역사가의 이론이, 체계가 흔들렸기(이런 일은 종종 발생한다) 때문도 아니다. 무너져 내린 것은 이론이고, 시스템이다.

그리하여 여러 해가 흐르고 난 뒤, 사실과 이론 사이의, 현실과 해석 사이의 모순이 두드러지게 되면, 그 누구도 정보나 지식을 얻고자 그러한 저서를 읽을 생각을 더는 하지 않게 되고, 그 저서들을 칭찬했던 교육계에서는 그 저서들에 대해 학생들을 경계시킨다. 그리고 어떤 저서들이 살아남았다면, 아직도 독자가 있다면, 그것은 역사 연구와는 아무런 연관이 없는 학문 외적인 자질 덕분이다. 이 저서들이 작성된 언어권에서는 문학의 기념물들, 가끔은 너무나 아름다운, 불멸의 기념물이기 때문이다. 이는 19세기 유럽과 아메리카의 위대한 역사가 대부분이 남긴 저서들을 검토해보면 인정하게 될 것이다. 사람들이 도서관에서 잠자도록 내버려두지 않는 저서들은 가장 정확하고 가장 치밀하고 가장 과학적인 저서가 아니라, 예술성과 가끔은 정열이 깃든 문체를 보여주는 저서이다.

따라서 교육의 관점에 서자면, 내가 유럽과 아메리카 대륙의 학생들 손에 공통의, 통합 유형의 교과서를 쥐어주자고 넌지시 제안했듯이, 그런 방식의 역사 교과서에 요구될 너무나 미묘한 편집의 문제가 대두될 때, 문학 선집용에 적합한 역사가들은 피해야 할 모델들이다.

그렇다면 누구에게 호소할 것인가? 이렇게 대답하고 싶다. 원(原)자료체 자체라고. 물론 이 원자료는, 그럼에도 불구하고 사회가 지향하는 것으로 여겨지는 통합 개념, 여러 번에 걸쳐서 부분적으로 실현될 정치적 통합 개념 이외의 다른 그 어떤 지배 개념이 없이, 그리고 해석도 없이,

가능한 한 인과관계의 원칙에 따라서, 그리고 연대기순으로 정리된 사실들의 리스트라는 형식을 취해야 할 것이다.

　사람들은 그러자면 엄청난 작업이 필요하고 아주 오랜 기간이 걸릴 거라고 말할지도 모른다. 아마 그럴 것이다. 하지만 나는 그것이 우리 시대의 역사적 과제가 되기를 원한다. 엄청난 과제, 인내의 작업, 아니 차라리 거의 겸손의 작업이라고 말하겠다. 왜냐하면 공동 작업이 될 테고 오로지 과학적 행위만이 요구될 테니까.

　어쩌면, 교과서들부터—일단은 모델 노릇을 하게 될—, 그러니까 이미 알려지고 검증된 역사적 사실을 단순하고 진정 과학적인 방식으로 분류하는 것부터 시작할 수 있을 것이다.

　하지만 바로 여기에서 우리는 이 작업의 원형 및 선구자를, 그러니까 전혀 혹은 거의 늙지 않은 저서를 남긴 역사가들을 발견하게 된다. 포르루아얄과 베네딕트파 수도사들 쪽에서 그런 역사가들을 만나게 될 텐데, 르 냉 드 티유몽[10] 같은 사람, 그리고 동 모르-프랑수아 당틴[11]과 『날짜 확인술(L'art de vérifier les dates)』 집필의 조력자와 후계자들처럼 위대하고 겸손한 진리의 봉사자들 말이다.

---

10) 루이-세바스티앵 르 냉 드 티유몽(Louis-Sébastien Le Nain de Tillemont, 1637~1698)은 프랑스의 역사가이다. 포르루아얄 출신으로, 정보의 진위를 가려내어 신뢰할 수 있는 역사적 자료를 활용했으며, 단순하고 문학적 꾸밈이 없는 문체를 선호하였다.
11) 『날짜 확인술』은 베네딕트파인 동 모르-프랑수아 당틴(dom Maur-François Dantine, 1688~1746)의 주도하에 샤를 클레망세, 프랑수아 클레망, 위르생 뒤랑 등이 참가하여 집필한 역사서로, 당틴 사후에 출간되었다.

# 인쇄업자들에게 부치는 편지

베르트랑 게강[1]을 위하여

말을 잘한다는 혹은 글을 잘 쓴다는 칭찬 다음으로는,
인쇄를 분명하게 잘한다는 칭찬이 으뜸가는 칭찬이다.

올리비에 파트뤼,[2]
엘제비르 가문의 사람들,[3] 그리고 그 밖의 인쇄업자들의 이름으로
리슐리외 추기경에게 보내는 헌정사

파리, 5월 6일(생-장-포르트-라틴).

---

1) 베르트랑 게강(Bertrand Guégan)은 프랑스의 문인, 역사학자, 비평가로서 라시렌 출판사 (Edition La Siréne)의 예술부 편집국장이었다. 미식가로도 유명하여 『프랑스의 요리사 혹은 과거와 현재의 최상의 요리법(Le Cuisinier Francais Ou Les Meilleures Recettes D'Autrefois Et D'Aujourd Hui)』이라는 저서를 남기기도 하였다.
2) 올리비에 파트뤼(Oliver Patru, 1604~1681)는 프랑스의 변호사이자 작가이다. 한림원 회원이기도 하였다.
3) 엘제비르(Elzevier)가는 서적 발행과 인쇄로 유명한 네덜란드의 가문으로, 1581~1712년에 가문의 15명이 이 일에 종사했던 것으로 알려져 있다.

가장 최근 작품의 교정쇄를 보내와서 막 읽은 참이다. 마치 프랑스어로 쓴 나의 원고가 스칸디나비아나 불가리아의 식자공들 손에 떨어지기라도 했던 것처럼, 얼토당토않은 실수들, 잘못 읽은 단어, 잘못 놓인 구두점 투성이다. 나는 정당한 분노에 들끓다가, 스스로를 다독이고 위로할 셈으로 샤를 보리외[4]의 최근 저서인 『프랑스어 철자의 역사』 제1권을 꺼내들었고, 그 책의 213쪽에 나와 있는 주를 읽다가 장 부셰의 글에서 따온 다음의 구절을 발견하였다.

> 당신네 인쇄업자들 가운데에서 어떤 이들은 방해요소이니,
> 당신네 멋대로 어울리지 않는 고약한 것을 내용에 덧붙여서
> 운문을 망치기 일쑤고
> 산문 또한 마찬가지여서…….
> 더 고약한 건, 작가의 의견을 손상시키는 것,
> 그건 모욕이자 모독.
> 인쇄업자 여러분, 그러니 조심하시오…….
> 내 이런 글을 쓰는 이유는, 나를 위해서만도 아니요,
> 프랑스어로 썼든 라틴어로 썼든, 수많은
> 아름다운 책들이 그러한 악행으로 망가지는 걸
> 흔히 보기 때문이라오.

이걸로 충분했다. 카타르시스 효과로 벌써 기분이 좀 풀린 것 같았다.

---

[4] 샤를 보리외(Charles Beaulieux, 1872~1957)는 프랑스 파리약학대학 도서관과 소르본 도서관 등에서 사서로 근무했으며, 문학박사로서 문헌학과 어학에 많은 관심을 보였다.

인쇄업자 여러분, 16세기에 살았던 나의 동업자가, '우리 사상의 방해자들, 어울리지 않는 고약한 것을 내용에 덧붙이는 자들, 운문과 산문의 파괴자들, 책을 망치는 자들 혹은 날림으로 해치우는 자들이여, 식탁 다 차려놨으니 오셔서 드십시오'라는 말을 하려고 여러분에게 위의 글을 보낸 것이 아니다. 그리고 또, 아, 그렇지! 여러분의 "변덕"도 있다. 저자에게 교수형이나 총살형을 불러올 수도 있는데, 우리가 긍정으로 말한 것을 부정으로 만들고, 적확하며 진귀한 단어를 그와 가장 흡사하나 평범하고 진부한 단어로 바꿔쳐버리는 여러분의 그 서글픈 변덕! 그리고도 이게 다가 아니다. 장 부셰는 약간 서슬을 누그러뜨리긴 했지만 그렇다고 여러분의 자존심을 존중해주는 것은 아니어서 여러분에게 이러한 충고를 한다.

훌륭한 식자공들을,
활자는 충분히,
그리고 훌륭한 교정자들을 늘 곁에 두시오.
거기에는 돈을 아끼지 마시오……

아주 좋은 충고로군. 뛰어나다. 식자공들의 월급을 올려줘서 책에 오류가 하나도 없게 된다면 난 식자공들의 월급 인상을 지지한다. 부셰의 말을 계속 들어보자.

지난번 내가 가장 최근에 쓴 책들에 대해서 애원컨대, 만약 그 책들이 당신들의 손에 떨어진다면, 전의 책들에서 그랬듯이 수도 없는 실수들을 저지르지 않도록 조심하시오. 두 손은 보다 신중하게 놀리고, 또한 두 눈은 내 원고에서 떼지 말기를……

나 역시 이렇게 말하련다. 여러분이 두 손을 신중하게 놀리지 못했기 때문에 내 책에 그다지도 많은 실수를 저지르지 않았소! 그 실수가 어찌나 잦은지, 불쾌한 기분이 치밀어오를 때면 가끔씩 스스로에게 이렇게 묻는 일이 생길 정도였다. 지금까지 출간된 나의 책들을 초고로 간주해야 하는 게 아닌지, 그리고 나의 책들이 충분한 생명력과 충분한 장점을 갖고 있어서, 내 책들의 저작권이 사라지고 난 먼 훗날, 여가와 재력을 소유한 어떤 사람이 앞장서서 초고나 다름없이 인쇄된 그 책들을 나의 원고들과, 타자로 치고 나서 내가 교정을 봤던 원고들과, 어떤 경우에는 출간되기에 앞서 잡지나 공동문집에 실렸던 나의 글들과 일일이 대조하여 내가 수년에 걸쳐서 계획하고 심고 가꿨던 이 정원들에 여러분이 찰나에 그 씨를 뿌리고만 잡초들을 솎아내주기를 소망해야 하는 게 아닌지.

라몬 고메스 데 라 세르나는 인쇄 오류에 대해서, "인쇄업자가 작가의 머리에 씌워주는 가시 면류관"이라고 했다. 그러고는 고작 몇 밀리미터짜리 세로선이 "적 혹은 심술궂은 인간"의 눈에는 삼 센티미터 혹은 그 이상의 세로선으로 보임으로써 인쇄 오류가 발생하게 되는 과정을 꼼꼼하게 보여주었다. 우리의 실수를 고쳐준다는 생각으로 우리가 'sujétion(복종)'이라고 써놓은 곳에 일부러 고집스럽게 'suggestion(암시)'을 대신 집어넣음으로써 여러분은 우리들의 생각을 왜곡만 한 것이 아니다. 여러분이 저지른 태만의 간접적인 결과로서 우리는 온갖 굴욕을, 자존심의 손상을, 그리고 그보다 더한 것을 겪게 된다.

예를 들자면, 내가 옮긴 번역서가 막 출간되었는데, 300페이지가 넘는 책이다.[5] 번역을 털고 나서 기분이 가뻐진 나는 센 강 좌안에 위치

---

[5] 새뮤얼 버틀러(Samuel Butler), 『에레혼(*Erewhon*)』, 1920.

한 한 서점에서 친구들, 지인들과 함께 빈둥거리려는 참이었다. 그러다가 곧 깨닫게 되었는데, 나와 함께한 사람들 사이에서는 일부러, 자꾸, 'vénéneux(신랄한)'라고 해야 할 곳에서 'venimeux(독성의)'라고 말하고 있었다. 이전에는 이 두 단어의 혼용이 부정확한 것이 전혀 아니어서 'serpent vénéneux'라고 쓰기도 했다. 그래서 이 사람들 가운데 누가 최근에 옛날 텍스트를 읽었고, 그래서 이런 농담을 하나보다고 생각했다. 그러다가 뭔가 수상한다는 생각이 들기 시작했고, 이 농담이 무엇을 겨누고 있는지 재빨리 깨달았다. 이 농담은 나와 관련된 것이고, 나를 향한 것이었다. (내 자신도 별 생각 없이 다른 사람들 흉내를 내느라고 그렇게 말하기도 했었다.) 이 농담의 시작은 내가 쓴 책이었다. 실제로 'vénéneux'라는 단어가 내 책에 한 번 나왔는데, 보나마나 인쇄업자가 그 단어 대신에 'venimeux'를 집어넣은 모양이었다. 그걸 누군가 발견해서 다른 사람들에게 얘기를 했고 그래서 그들이 지금 나를 놀려대는 듯했다. 화가 난 김에 서점에서 나왔는데, 집이 가까워 올수록 점점 더 불안해졌다. 두 단어를 혼동한 것이 나일지도 모른다는 생각이 들기 시작한 때문이었다. 자존심의 손상과는 다른 문제지 않은가! 나는 불안했다. "만약 나의 기억력이 이울고 있는 거라면, 내가 목도하는 것이 나의 신체 기능의 감퇴라면……. 오, 하느님, 당신의 뜻이 이루어지소서!" 말은 그리 했지만, 분명히 기억하고 있는 원고를 여는데, 그리고 그 실수를, 아니지, 그 중세를 내게 확인시켜줄 페이지를 찾아서 책장을 넘기는데, 손이 덜덜 떨려왔다. 얼마나 안심이 되던지! 나는 vénéneux라고 제대로 썼던 것이다. 그렇다면, 그 엄청난 실수는 인쇄업자들이 저질렀다는 말인가? 책을 뒤적였지만 그런 실수는 보이지 않았다. 대신 책을 처음부터 끝까지 읽어 내려가는 동안 내 원고에도, 그리고 타자로 친 원고에도 없는 수많은 실수를 발견했다. 빼먹은 단어, 성과 수의 불일치, 활자의 뒤섞임, 뒤섞인 문장, 별별 이해하기 힘든 방식으로 뒤틀린 문장. 1년 365일 만큼이나, 모르비앙 만의 자잘한 섬들만큼이나 실수는 부지기수였다……. 왜 그런 농담을 했는지 알아봤더니 그 농담의 진짜 출처는 이러했다. X가 Y에게 "저이가 쓴 책은 오류투성이야. 심지어 'vénéneux'라고 써야 할 곳에 'venimeux'라고 썼더라구"라고 말했고, Y가 Z에게 그 말을 옮겼던 것이다. 물론, 그 정도로 큰 사고는 치지 않았지만 실제로 오탈자의 수가 너무 많아서, 악의적이고 신랄한 —어쩌면 독기 또한 품었을 수도 있는— 독자라면, "적 혹은 심술궂은 인간"이라면, 내 책이 전반적으로 문맹인의 작품으로 보였을 수도 있었을 것이다.

자, 인쇄업자 여러분, 이런 종류의 것들이 당신들로 인해 내가 겪게 되는 고통이자 고뇌이다.

그러고도 아직 남아 있는 것. 실망이다. 'insinnuendo'[6]라는 단어는 번역하기 어려웠던 만큼 짜릿하기도 했다. 사실 그 말은 틀린 말이다. 소설의 등장인물인 서민계층의 영국 여자 하나가, 런던내기 아낙네인데, 그 말을, 그러니까 영어가 받아들인 동사 'innuere'의 동사적 명사인 innuendo(빈정거림)와 insinuation(암시)을 뒤섞은 그 말을 입에 올린다. 나는 장장 며칠에 걸쳐 이 말의 등가어를 찾아 헤맸고, 그 역시 두 단어(suint〔양의 몸에서 배어나오는 기름기〕, suinter〔배어나오다/스며나오다〕)를 뒤섞은 말인 insuination을 생각해냈을 때는 순간 진정한 행복을 느꼈다. 나는 그 단어를 잘 보이라고 또박또박 썼다. 미리 얘기를 해뒀기에, 타자수는 그 단어를 그대로 쳤다. 식자공들이 그 단어를 고쳐놓을 테니, 첫

∴
6) (원주) 새뮤얼 버틀러(Samuel Butler), 『만인의 길(Ainsi va toute chair)』에 나옴.

번째 교정쇄를 받을 때 미리 대비를 하고 있어야겠다는 생각이었다. 첫 번째 교정쇄를 받아보니, 아니다 다를까, 그 단어를 고쳐놓았다. 나는 이번에는 오자를 되돌려놓으면서, insuination을 이탤릭체로 강조해버렸다. 두 번째 교정쇄가 왔다. 보니까, 이번에는 제대로 이해를 한 모양이었다. 그런데 나는 그 단어를 계속 이탤릭체로 강조할 생각이 없었다. 원작에서는 동일 인물이 입에 올린 다른 틀린 말들을 강조하지 않았으니 나 또한 내 번역에서 그 말들을 강조해서는 안 되었기에, 다른 틀린 말과 달리 그 말만 더 강조되어서는 안 되는 것이다. 나는 이런 사정을 그 단어 바로 앞의 여백에다가 노트를 달아서 설명한다. 세 번째 교정쇄가 왔다. 모든 게 다 잘됐다. 이탤릭체가 사라졌다. 그리고 최종 인쇄물을 받아들었다. 어머나! insinuation(암시)!!!

그렇다. 교정자가 이 표현을 검토했고, 무의식적 실수라고 생각하여 고쳐버린 것이었다. 이 단어를 찾아내기 위하여, 바로 그 실수를 저지르기 위하여, 몇날 며칠에 걸쳐 애를 썼던 나의 작업은 무위로 돌아갔고 나의 즐거움은 망가졌다. 이만하면 작가를 화나게 할 만하지 않은가? 작가를 실성할 지경까지 몰고 갈 만하지 않은가? 오, 할 수 없다. 그렇게 고통스러워한들 무엇 하랴. 이 모든 제약을 떨쳐버리기로 한다. 심지어 철자법 준수조차 그만두련다. **철짜뻡**이라니, 그 무슨 선입견인가! 그 무슨 미신인가! 철자법이 정해진 뒤로 모든 문학유파가, 심지어 혁신을 표방하는 유파조차도 그 규칙을 준수했다고 생각하는가! 좋다. 이제부터는 장난삼아서, 혹은 친구들을 즐겁게 해줄 요량으로 가끔씩 그랬듯이, '쿠울한 철짜뻡'으로 글을 써야겠다. 그래야 교정자는 자시늬 존재 이유를 가께 될 거시니, 인쇄업짜 여러부운! 아라서들 하시오.

하지만 그럴 수는 없다. 여러분이나 우리나 미약한 존재 아닌가. 서로에 대해 조금이나마 자비심을 품기로 한다. 사실, 우리 "글쟁이들"에게도 잘못이 있다. 적어도 나의 경우는 그러하다. 나는 교정쇄가 오면 꼼꼼하게 검토하지 못한다. 인내심이 없어서, 오류가 보이기 시작하면 성질을 내고, 낙담하고, 이 지긋지긋한 일을 얼렁뚱땅 해치워버리는데, 나의 글을 제대로 인쇄하기 위해서 누군가 애를 썼다는 게 보인다면 좀 더 주의력을 기울일 것이다. 게다가 보통은, 나는 번역하는 텍스트를 암기하고 있는데도, 열 번을 지나가면서도 오자 ― ô pages! ô plages! ― 를 잡아내지 못하는 경우도 있다. 오자를 보면 머릿속에서는 저절로 바로잡는 바람에 교정쇄에 인쇄되어 있는 대로 보지 못했던 것이다.

나의 원고가 완전무결하다고 감히 스스로 단언할 수 있을까? 그리되어야 할 것이다. 내 적어도 최소한의 교양은 갖췄고, 문학학사이기까지 하니까. 그런데, 대학교수 자격자, 문학박사, 유명한 학자, 그리고 유명한 작가들이 서명한 자필원고들이 우리 집 수납장에 잔뜩 들어 있는데, 그 글들을 읽다보면 시골 학교 교사라면, 초등학교 교사라면, 문법을 군사이론처럼 배웠던 사람이라면, 1개 국어만을 사용하며 15세기에 작성된 프랑스어 텍스트라고는 단 한 번도 읽어본 적이 없는 사람이라면, 우리 모두 기를 쓰고 피해가려고 하는 제3공화국의 공식 현행 프랑스어를 완벽하게 쓰는 사람이라면, 기겁을 할 실수들이 눈에 띈다. 그런데 이러한 실수는 지식이 부족해서가 아니라, 차라리 지식이 과해서 생겨난다. 사고의 흐름이 빠르고 그에 맞춰 글도 빨리 쓰다보니 성수 불일치가 발생한다. 여성명사를 적고 있는 찰나의 순간에 머릿속으로는 그 명사의 동의어인 남성명사 또한 생각하고 있었고, 실제로는 사용하지 않았던 그 남성명사에 맞춰서 뒤따르는 형용사나 과거분사를 일치시킨 것이다. 우리 머릿속의 생각이, 이전 시대의 언어든 외국어이든 간에, 다른 언어들과 유사해서 철자표기가 틀리기도 한다. 그리스어 전문가라면 "rythme"이라고 쓰는 대신 "rhythme"이라고 쓸 것이고, 영어 전문가라면 "tendance"라고 쓰는 대신 "tendence"라고, 심지어는 "littérature"라고 쓰는 대신에 "litérature"라고 쓸 것이다……. 나의 원고에도 이런 종류의 실수들이 가끔씩 있을 수 있다. 나보다 더 훌륭하고 더 박식한 사람들도 그런 실수들을 하는 판이니 말이다. 게다가 신조어도 있고, 어휘를 놓고 장난하는 법이 없는 그 교사에게는 오류로 보이겠지만, 우리가 의도적으로 사용하는 변형된 단어와 틀린 단어들도 있다. "그 법을 가결했잖습니까." 어느 날, 그 교사가 내게 서글프게 말했다. "그렇다면 탈가결하면 되잖습니까!" "부결이라고 말하시고 싶은 거지요." 천만에! 나는 "탈가결"이라고 말하고 싶었다. 그런 표현을 생각해내서 만족스럽기까지 했다. 바로 이런 것이 초등학교 교사와 소르본 출신 학사 간의 오해란 것이다.

　이런 종류의 오해는 타자수의 작업에서도 만나게 된다. 타자수는 이해를 안 하거나 이해를 못 하고, 자신이 베끼고 있는 글에 관심이 없다. 그래서 오류(우리의 오류에 더해서), 빼놓은 단어, 제멋대로 찍은 구두점, 대체로 진부하고 말도 안 되는 단어로의 변형이 발생한다. 그리고 바로 이 타자로 친 원고를 놓고 여러분이 우리 작품의 인쇄 작업을 하니 만큼, 인쇄업자 여러분, 타자 일을 책임진 이 사람에게 여러분이 저지른 "악행"의 일부를 정당하게 떠넘길 수 있다.

　그런데 타자수 자신도 타자기를 원망할 수 있는데, 그게 덜 정당하다고 할 수도 없는 것이, 시간을 절약하기 위해서 발명된 "속도의 악마"는 맡은 일을 제멋대로 후다닥 해치우게 만드는 법이라서, 그 "악마"가 내부에 장착된 기계 대부분이 그렇듯이 까다롭고, 불편하고, 짜증나는 기계를 조작하느라, 타자수는 자신이 베끼고 있는 글의 의미에 집중할 수가 없다. 산책하는 속도로 결코 오랜 시간을 운행하는 법이 없으며 소화도 못 시키면서 주행거리를 꾸역꾸역 먹어치울 생각만 하는 자동차와 마찬가지인 셈이다. 또한 시간과 공간을 동시에 절약할 목적으로 발명된 만년필과도 흡사하다. 만년필은 갑옷으로 무장하고 황금투구(백만장자라면)를 쓰고 있다 하더라도 한탄스러운 버릇들을 갖고 있다. 우리의 호주머니 속에서 심각한 내출혈을 일으킨다는 것이다. 그 목구멍 또한 섬세하여 종종 목이 쉰 상태로 글을 쓴다. 여러분은 만년필이 잉크병에 대해 품고 있는 천한 애정을 알아챘는가? 만년필은 마치 두 푼짜리 소박한 펜대라도 되는 것처럼, 잉크병을 보자마자 달려든다.

그럼 라이노타이프는![7] 그건 당신이 사용하는 '시간 절약 기계'인데, 당신이 저지른 실수들 대부분은 당연히 그 탓으로 돌릴 수 있다. 내 추측컨대, 만약 장 부셰가 라이노타이프를 알았더라면 그는 그 기계를 '방해하는 기계'라고 불렀을 것이다. 만약 한 글자씩이 아니라 한 행씩 주조하는 라이노타이프로 작업할 경우, 어떤 행에 오류가 있어서 고치려고 한다면, 보나마나 뻔하다. 고쳐놓은 동일한 줄에서 곧 또 다른 오류가 나오게 되어 있다. 만약 라이노타이프 스스로 기꺼이 나서서 떠맡은 작업으로 인해 그 자신의 명예가 실추된다면 결투를 신청해야 할 상대는 그 자신이리라. 라이노타이프는 정신적 오물들을 만들어낸 뒤 매일 새벽 사람

⁚

[7] 라이노타이프는 독일 출신의 미국인 오트마르 머건탈러(1854~1899)가 발명한 기계로, 1886년 뉴욕 트리뷴 신문사에서 처음으로 사용, 공개하여 세계적인 센세이션을 일으켰다. 모노타이프와는 달리 한 글자씩이 아니라 1행씩 활자를 주조하는 방식으로, 오식(誤植) 등이 있을 경우에는 그 줄 전체를 들어내어 다시 주식해야 한다. 특히 신문, 잡지의 조판에 많이 사용되었다.

들 머리 위에 쏟아 부어주고, 사람들은 퐁튀스 드 티아르,[8] 타위로,[9] 마클루 드 라 에[10]를 읽는 대신 별수 없이 그 오물들을 소비하고 있지 않은가.

 자, 이렇게 우리들을 변호해 보았다. 나의 부주의와 나의 태만은 예술가로서의 나의 기질 탓으로 돌리고 나의 소르본 학사 학위기 뒤로 숨김으로써, 그 두 결점에 그럴듯한 색채를 입혀봤다면, 당신들의 부주의와 태만은 그 검은색 시간 절약 기계들의 탓으로 돌려봤다. 하지만 나에 대한 변명은 사실 대단한 가치가 있는 것이 아니다. 교정쇄들의 교정에 좀 더 주의해야 하는 것은 당연하니까. 그리고 당신들을 위한 변명도 아무런 가치가 없는 것이다. 왜냐하면 타자기와 라이노타이프가 나오기 이전에도 당신들은 늘 실수를 저질러왔기 때문이다. 당신들의 희생물이 된 사람들의 하소연을 모은다면 두툼한 선집이 탄생할 것이다. 장 부셰 얘기는 들려줬고, 르메르 드 벨주도 항의한 적이 있고, 샤를 소렐[11]은 당신들이 저지른 짓들을 모아놓았다. 1623년 판 『프랑시옹』에 그가 붙인 서문에는, monstres(괴물) 대신 maistres(주인)를, grandement(고결하게) 대신 gourdement(어설프게)을, pécunieux(현금이 많은) 대신 pernicieux(유해한)를, cocuage(오쟁이진 남편 신세) 대신 courage(용기)를, fanfaron(허풍선이) 대신 faux(가짜) furons(족제비 새끼들)을 잘못 넣은 예들이 모여 있다. 그리고 앙투안 고도[12]는 "작가에게 천국은 글을 쓰는 것이다. 작가에

---

8) 퐁튀스 드 티아르(Pontus de Tyard, 1521~1605)는 프랑스의 성직자이며, 작가이자 시인이기도 하다. 또한 플레야드파의 일원이었다.
9) 자크 타위로(Jacques Tahureau, 1527~1555)는 르네상스 시기에 활동한 프랑스의 시인이다.
10) 마클루 드 라 에(Maclou de la Haye)는 16세기의 프랑스 시인이다.
11) 샤를 소렐(Charles Sorel, ?~1674)은 17세기에 활약했던 프랑스의 소설가이자 작가이다.
12) 앙투안 고도(Antoine Godeau, 1605~1672)는 프랑스의 문필가이자 주교이다. 1634년에 아카데미 프랑세즈의 초기 회원 중 한 명이 된다.

게 연옥은 자신의 글을 다시 읽고 손질하는 것이다. 그런데 그에게 지옥은 인쇄업자의 교정쇄를 교정하는 것이다"라는 말을 남겼다. 라퐁텐은 두 번째 우화집의 머리말에서 (나는 이 글을 읽어서 베끼고 있는데, 이는 라퐁텐에 대한 경의를 표하기 위함이다) 이렇게 말하고 있다.

"정오표를 만들라고 시켰다. 이는 엄청난 결함에 대한 가벼운 처방이다. 만약 이 작품을 읽으면서 즐거움을 느끼고 싶다면, 각자가 자신의 책에다가 자기 손으로 오류를 정정해야 할 것이다."

이처럼 당신들은 그도, 그러니까 우리의 장(Jean)[13]도, 그리고 그의 『우화집』, 그러니까 우리의 『일리아드』도 예외로 두지는 않았다. 아, 서투르기는! 아, 엉터리 족제비 같은 인간들! 확 줄 그어버려 마땅한 인간들!

하지만 라퐁텐의 원고가 알아보기 좋은 원고가 아니었을 수도 있고(그도 주의 깊지 못했다!), 17세기를 살다 간 여러분의 동업자들이 일하던 작업장은 조명이 환하지 않았을 것이다. 그리고 내게는 여러분을 욕할 권리가 없는 것이, 내 스스로 나의 태만함에는 변명의 여지가 없음을 인정하지 않았던가. 어중이와 떠중이 사이의 말다툼이나 마찬가지이리라. 그저 내가 말하고 싶은 것은, 두툼한 종이에 인쇄된 거대한 교정쇄 뭉치 대신, 낱장에 인쇄된, 그리고 여백이 충분하여 메모를 할 수 있는 교정쇄를 보내온다면 아마도 내가 내 교정쇄를 가장 잘 교정할 수 있으리라는 것이다. 또한 교정자가 나보다 앞서 교정쇄를 검토하며 가장 명백한 오류들, 가령 구두점과 성수 일치 실수, 뒤집힌 활자와 뒤섞인 활자들, 이런 것들은 손봐놓은 상태여야 할 것이다. 내가 이 엄청난 작업들을 하지 않아도 되기에, 나는 진정 어려운 문제에 정성을 쏟을 수 있을 것이다. 가

---

13) 장은 라퐁텐의 이름이다.

령 Sujétion이나 Insuination과 유사한 종류의 문제들 말이다. 그리고 마지막으로, 교정자가 마지막 교정쇄를 갖고 나를 보러 와서—나는 순조롭게 작업이 진행됐던 하루를 마무리하려고 교정자에게 함께 저녁을 들자고 청하리라—, 궁금한 것에 대한 설명을 마음껏 요구하고, 그가 판단컨대 적절하다고 생각되는 본인의 의견을 내게 들려주기를. 나는 내 능력이 허용하는 한, 그가 알려주는 오류 하나하나에 대해 사례금을 지급할 생각까지 있다. 이는, 인쇄술에 몸담은 사람과 함께, 모든 직종 가운데 가장 고상한 직종의 대표자와 함께, 정신의 동반자와 함께 여러 시간을 보내게 되어서 무척 흐뭇해하며, 내가 기꺼이 참여할 소박한 게임이나 마찬가지이다.

왕과 함께 하는 동반자들. 왕을 보위하는 백작들. 바로 당신들이 이러한 존재이다. 귀족은 귀족답게 처신해야 한다. 당신들 직종의 문장(紋章)과 당신들을 상징하는 색깔들의 영예로움을 생각해보라. 과거 인쇄술의 지난한 개척기 때, 당신 조합의 조합원들이 몸에 지녔던 그 색깔들. 잉크의 상징인 검은색, 그 잉크가 퍼뜨리는 지적 광채의 상징인 노란색.

이 화해의 말을 남기며, —앞으로는 교정쇄가 오면 제대로 교정하겠다는 굳은 결심과 더불어—, 결국에는 무지를 씹어 삼키고 말 수백만 개의 검은 이빨을 보유한 영주들이여, 결국에는 무지와의 전쟁을 종결짓고 말 스물다섯 개의[14] 납 병정들을 지휘하는 대장들이여, 당신들에게 예를 올리며 나는 이만 물러나련다.

∴

14) 구텐베르크는 26개의 납활자에 빗대어 "인쇄술은 납병정 26개로 구성된 군대로서, 이들과 더불어 세상을 정복할 수 있다"라는 말을 남겼다. '25개의 납병정들'이란 표현은 라르보의 착각에서 비롯된 듯하다.

## 색인

　색인은 지금 이 책과 같은 종류의 저서에 잘 들어맞는다. 색인이라는 지적 작업은 도서관에서 벌어지거나 혹은 우리를 도서관으로 이끈다. 색인 자체도 도서관의 서적목록, 개인 소유의 소규모 도서관, 아니면 연구실을 생각나게 하는데, 그 장소에서는 여기저기 작가들 이름 사이로 보이는 화가 한 명의 이름이 벽에 걸어놓은 그림이나 유리 상자 안에 들어 있는 조각들을 떠오르게 하며, 이는 마치 음악가 한 명의 이름이 구석에 놓인 피아노나 소형 오르간을 연상시키는 것과 마찬가지이다. 책은 아파트, 빌라, 혹은 성에 비유를 할 수 있고, 색인은 바깥으로 나가기 위해서는 거쳐 가야만 하는 아파트, 빌라, 혹은 성의 마지막 방과 같다. 내벽에 새겨진 명단을 본 독자는 발걸음을 돌려서 막 자신의 관심을 잡아끌었던 이름이 나타나 있는 대목을 다시 읽기도 한다.

　태평스럽거나 혹은 의심이 많은 책 애호가는 책을 처음으로 방문하면서 무엇을 다루는지는 몰라도 누구를 다루고 있는지를 알아볼 요량으로 끝에 붙어 있는 그 장소에서 시작하여 출구를 입구로 만드는 일 또한 있다. 사실, 이름, 시대, 나라, 장르, 학파가 뒤죽박죽 섞여 있는 색인이 무겁고 긴, 늘 너무 긴 서문보다 종종 훨씬 더 매력적인 측면을 보여준다. 게다가 만약 그 책을 뒤적이는 사람이 작가와 동시대의 교양인이라면, 자신의 이름이 색인에 올라 있는지 알아보려 곧바로 색인을 향해 갈 수도 있는 일이다.

색인 구성은 마지막 교정쇄를 교정하고 난 후에 착수하는 편안하고 쉬운 작업, 아니 차라리 게임에 가깝다. 게임을 하고 나서 점수를 계산하는 것, 게임하는 동안 따온 혹은 지켜낸 에이스와 나머지 카드의 숫자를 세어보는 것과 흡사하다. 이 작업을 하면서 치기 어린 자만심을 만족시킬 수도 있다. "우리의 독서량이 얼마나 어마어마한지 보여주게 될 테고, 그 빈번한 언급이 우리의 단단하고 섬세한 교양을 드러내주는 징표 노릇을 하는 작가들을 우리가 얼마나 많이 알고 있는지를 보여주게 될 것이다." 성숙한 자만심은 그런 치장에 더는 거의 민감하지 않다. 자신이 갖고 있는 것을 자랑하기에는 자신에게 부족한 게 무엇인지를 너무나 잘 의식하고 있다. 하지만 다른 이들이 그런 식으로 자랑하는 것은 인정하는데, 책을 많이 읽었다는 것, 그리고 서로 다른 언어권의 수많은 작가들을 섭렵했다는 것이 훌륭하며 부러워할 만한 일이라고 믿기 때문이다……. 알파벳 순서로 배열하다 보니 서로 나란히 놓이게 된 두 작가로 인해, 색인 놀이에서 가끔은 재미난 뜻밖의 놀람을 맛보게도 된다. 예를 들자면, 두 명의 적, 두 명의 친구, 어떤 시인과 그 시인을 격렬하게 비판하는 평론가, 차가운 아름다움을 보이는 고전주의 작가와 아방가르드풍의 신진 작가가 짝을 이루기도 한다.

색인은 또한 문학사가에게는 상황증거이기도 하다. 만약 색인이 달린 작품이 자신이 연구 중인 작가의 작품이라면, 색인을 통해 그 작가의 "도서관"에 대한 소중한 정보를 얻게 된다. 그리고 작품의 발간일 덕분에 확실하고 중요한 여러 자료들로 그 작가의 "지적 자서전"을 풍부하게 만들어줄 수 있다. 그 시기에 그 작가가 이런저런 작가의 작품을 읽었다거나 혹은 이러저런 작가와 접촉을 했다는 사실을 알 수 있으니 말이다. 이것은 자서전의 주요 요소 가운데 하나이지만 종종 작가를 둘러싼 사회적·역사적 자료들에 희생당해왔다. 나로서는 작가에 대한 진정한 전기라면 절반 이상이 그가 읽었던 책 리스트에 달려 있다고 기꺼이 말할 텐데, 이는 마치 화가에 대한 진정한 전기라면 절반 이상이 그가 감상했던 그림 리스트에 달려 있는 것과 마찬가지이다.

다른 한편, 어떤 작가 그룹이나 학파, 시대를 연구하는 경우라면, 색인을 참조함으로써 그 그룹, 학파, 혹은 시대에 속하는 작가들이 가장 자주 인용하는 작가들이 누구인지를 알 수 있다. 이들이 자발적으로 가장 많이 읽었던 작가들이며, 그들의 머릿속을 가장 많이 차지하고 있는 작가들이었다. 색인이 없는 경우라면 색인을 만드는 것이 확실히 좋을 것이다. 이런저런 작가에게서 인용된 작가들의 일반 색인은 이러저런 선집이나 문학적 저서에서 인용된 이름들의 색인과 마찬가지로 대단히 유용할 수 있다.

우리가 관심을 갖는 작가 혹은 작가들이 특정 시기에 보인 호의 혹은 관심의 분명한 자취를 보게 될 것이다. 또한 색인 읽기에는 교훈적이며 우수를 자아내기까지 하는 그 무언가가 존재한다. 옛 선집의 색인들을 예로 들 수 있겠다. 1773년에 출간된 어떤 프랑스 선집의 색인에서 G 항목을 보자. 주네(Genest), 질베르(Gilbert), 고도(Godeau), 곰보(Gombauld), 그레쿠르(Grécourt), 그레세(Gresset), 기예(Guyet). 이번에는 역시 동일한 선집의 B 항목을 훑어보면서, 이제는 더는 사람들의 입에서 흘러나오지 않는 이름들과 여전히 우리 가운데 가장 교양이 풍부한 사람들의 기억 속에는 남아 있는 이름들, 그리고 이제는 우리가 그 문학적 불멸성을 거의 믿게 된 이름들을 눈여겨보시라. 바라통(Baraton), 바르두(Bardou), 바르트(Barthe), 뱅스라드(Benserade), 베르나르(Bernard), 베르니스(l'Abbé de Bernis), 베르토(Bertaut), 베르트랑(Bertrand), 비예트 드 파리에르(Billette de Farrière), 블랭(Blin), 부알로(Boileau), 부이예(Bouhier), 부용(Bouillon), 부르소(Boursault), 브레뵈프(Brébeuf), 브레(Bret), 뷔시-라뷔탱(Bussy-Rabutin). 이제는, 부탁드리니, 이 책의 색인을 보시라.

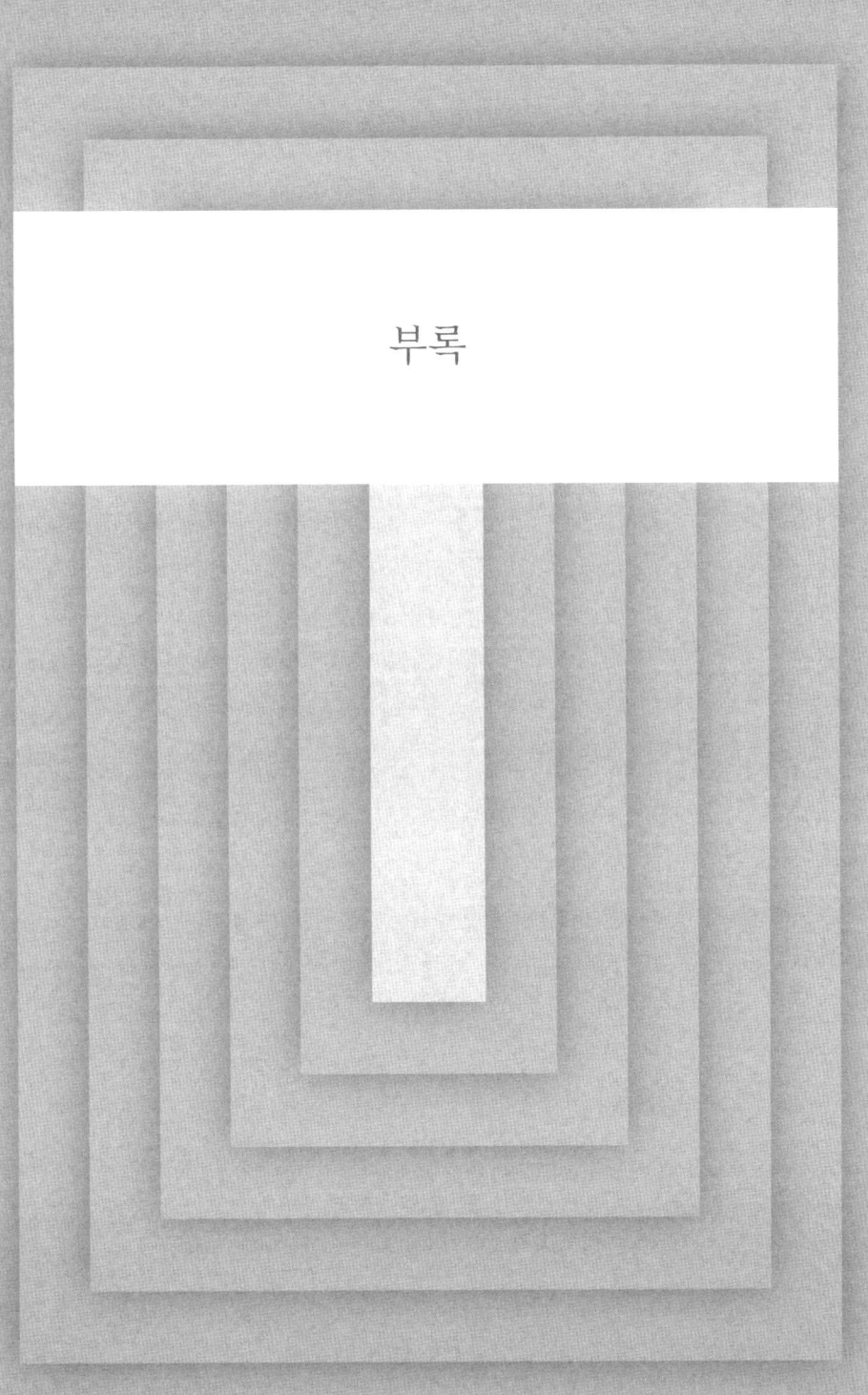

부록

# I[1]
# 월터 새비지 랜더[2]:
# 『이탈리아의 높고 낮은 계층』[3] (일부[4])

『아름다운 고서적들을 읽으면서(*En lisant les beaux vieux livres*)』[5]라는 제목이 참 마음에 든다. 그 책에서 뮈세를 다루고 있다는 말을 들었는데, 마침 나도 그 책을 사려던 참이었다. 호손덴의 드러먼드,[6] 존 서클링,[7] 리처드 러블레이스[8] 등, 몇몇 시인들의 작품을 느긋하게 읽고 더 잘 이해하

∴

1) (원주) 《라 팔랑주(*La Phalange*)》지(誌), 제62호, 1911년 8월 20일.
2) 월터 새비지 랜더(Walter Savage Landor, 1775~1864)는 영국 시인이자 산문작가이다. 주요 작품으로는 서사시 「게비르(Gebir)」(1798) 「시모니데어(Simonidea)」(1806)와 『상상적 대화편(*Imaginary Conversations*)』(1824~1853) 『페리클레스와 아스파시아(*Pericles and Aspasia*)』(1836), 『펜타메론(*Pentameron*)』(1837) 등이 있다.
3) 랜더는 이 작품을 《먼슬리 리포지터리(*Monthly Repository*)》지(誌) 1837년 8월 호부터 1838년 4월 호까지에, 「High and Low Life in Italy」라는 제목으로 띄엄띄엄 연재했다. NCSE(The Nineteenth-Century Serials Edition) 홈페이지에서 연재물 일부를 참조할 수 있다.
4) (원주) 프랑스어 번역, 파리, V. 보몽 출판사, 1911.
5) 비평가이자 문학사가인 에밀 파게의 저서(1911년)로서, 호메로스, 베르길리우스, 라블레, 몽테뉴, 코르네유, 라신, 몰리에르, 부알로, 보쉬에, 라 브뤼에르, 뷔퐁, 몽테스키외, 볼테르, 루소, 샤토브리앙, 라마르틴, 비니, 위고, 뮈세, 발자크를 다루고 있다.
6) 윌리엄 드러먼드(William Drummond, 1585~1649)는 스코틀랜드의 역사가이자 시인으로 '스코틀랜드의 페트라르카'라는 별호를 갖고 있다. 호손덴은 그의 출신지이다.
7) 존 서클링 (John Suckling, 1609~1642)은 영국 찰스 1세 때의 궁정시인 겸 극작가이다. 주요 저서에는 『혼례의 노래』, 『시인의 회의』 등이 있다.
8) 리처드 러블레이스(Richard Lovelace, 1618~1658)는 영국 시인으로서, 전형적인 왕당파 서정시인이다.

고자 서점에서 "아름다운 고서적들"을 헌책으로 내놓는 기회를 이용하기로 했다. 고서적들은, 출간된 지 2세기쯤 지나서 완벽하게 잊힌 뛰어나지 않은 작품일지라도 거의 모두 어느 구석인가는 아름답기 마련이며, 적어도 우리에게 그것들을 재발견하는 즐거움을 안겨준다.

최근에 그런 즐거움을, 뛰어난 작품임에도 알려지지 않았던 고서적 한 권을 세 민족에게 알리는 만큼 보다 증폭된 즐거움을 누릴 기회가 있었다. 영국에서 작품 전체에 대한 주석 작업을 거친 판본이 나오기를 기다리는 동안 나는 그 작품을 소개했고, 가장 생생하고 가장 특징적인 부분을 프랑스어로 번역하였다.

나의 번역에 결함이 없는 것은 아니다. 특히 시 번역이 제대로 되지 못했는데, 랜더가 그 시의 작가라고 내세운 시인에게 약간은 현학적이고 약간은 진부한, 아주 특별한 어투를 부여했음에도 원문의 그 어투도 리듬감도 살리지 못했다. 하지만 내 생각에 가장 언급할 가치가 있는 것, 그것은 불완전한 이 번역이 거둬들인 상당한 성공이다. 프랑스, 영국, 이탈리아에서 보내온 편지들에서, 세 국가의 몇몇 신문이 그 번역에 자발적으로 지면을 할애한 소개기사에서, 그 오래된 월터 새비지 랜더가 여전히 유럽의 교양인들 사이에서 관심을 불러일으킨다는 것을 느꼈다.

천재성의 소유자에게 국한된 특이한 경우라고 하겠지만, 이 천재성이 지금까지 간직될 수 있었던 것은 오로지 문학에 대한 그의 사랑에 의해서이다! W. S. 랜더의 성격을 옹호하는 것은 어렵지 않으며, 나도 그 사실을 알고 있다. 하지만 반대로 공격하는 것 역시 어렵지 않다. 그런데 그런 행위가 무슨 소용이 있겠는가? 작품이 저기, 우리의 행복을 위해서, 우리의 완성에 기여하기 위해서 존재하고 있고, 우리가 작가를 존중하고 작가에게 고마움을 표시해야 하는 성스러운 의무를 다하기 위해서는 그것으로 충분하다.

사실, W. S. 랜더는, 19세기에 여러 나라를 떠돌던 대부르주아 축에 끼었고, 전 세기의 대혁명과 "철학적 정신"의 세례를 받은 자였다. 그는, 특히 그가, 제멋대로이고 폭력적이고 고집불통이며 옥스퍼드에서 수학하던 시절부터 광적인 자코뱅 당원이었고, 훗날 질책과 충고의 편지를 유럽의 군주들에게 보내곤 했었다. 또한 그 시대의 다른 부르주아들과 마찬가지로 자기 소유의 사륜마차를 타고 수행원을 거느린 채 유럽을 누볐으며, 이탈리아의 호텔업자들은 그에게 '밀로르도(milordo, 각하)'라는 호칭을 사용했다. 그랬다. 그는 괴짜였고 우스꽝스러웠다. 그는 한평생 순진하게가 아니라 극도의 오만함으로 "고대 로마의 기사 계급에 속한 시민 세 명의 재산을 합친 것과 동일한" 재산을 소유하고 있다고 (혹은 소유했다고) 자랑스러워했다.[9] 그리고 유명한 선조들을 두고 있다고(여자들 쪽으로) 늘 뽐냈다. 말년에 이르기까지 성 잘 내고 열정적인 성격은 자유분방한 집안에서 자란 아들다웠다. 폴 클로델의 「인질」 이후로 세상 사람들이 쿠퐁텐 부류와 튀르뤼르 부류로 나뉜다면, W. S. 랜더는 튀르뤼르, 그것도 무시무시한 튀르뤼르 부류에 속한다.[10]

하지만 이 튀르뤼르는, 결코 고상해지지는 못했지만, 문학에 대한 사

⁂

9) 고대 로마의 기사들은 감찰관이 선별한 가장 재산이 많고 가장 영예로운 시민들이었다. 기원전 2세기부터 제국 초기까지를 보면 이들은 최소한 40만 세스테르티우스 은화를 소유한 재력가였다.
10) 『인질(*L'Otage*)』은 폴 클로델의 3막짜리 극작품으로 『쿠퐁텐(*Les Coûfontaine*)』 3부작 중 첫 번째 작품이다. 인질이라는 제목은, 혁명을 겪으면서 집안이 풍비박산이 난 귀족 가문 쿠퐁텐 출신의 여인 신뉴가 결혼하기로 했던 사촌 조르주를 포기하고, 평민 출신이지만 나폴레옹 제국에서 출세한 튀르뤼르와 어쩔 수 없이 결혼을 할 수 밖에 없는 상황을 암시한다.

랑으로 구원받은 튀르뤼르이다. 그리하여 오늘날, 이 튀르뤼르에 의해 그 가치를 가장 인정받지 못했던 작품 가운데 하나가, 보들레르, 스윈번, 랭보, 프랜시스 톰슨을 읽었으며 낭만주의는 그저 문학사의 한 용어라고 간주하는 교양인들의 감탄을 불러일으킨다.

아니, 서두에서 언급했던 에밀 파게의 표현은 매력적이기는 하지만 정확하지는 않다. 아름다운 서적들은 늙는 법이 없으며, 『이탈리아의 높고 낮은 계층(Hautes et basses classes en Italie)』이라는 이 발췌 번역본에 대해 권위 있는 비평가들이 보여준 반응은 그 최상의 증거이다.

나는 이 문제를 놓고 종종 친구와 얘기를 나눴다. 친구는 "자네의 교양을 통해서 자네에게서는 라신이 풍겨 나온다고"라고 말한다. 하지만 그렇지 않다. 자네가 괜찮다면, "내 교양을 통해서"가 아니라 "내 교양 덕분에"라고 고쳐주겠네! 나는 라신의 작품들을 직접 맛보며, 라신과 나 사이에는 그 어떤 것도 끼어들지 않는다. 라신의 『앙드로마크』를 좋아하기 위해서 17세기 남자의 "영혼을 뒤집어쓸" 필요도, 그 무미건조한 텐 씨가 그랬듯이 루이 14세풍의 의상을 입고 있는 오레스트와 필라드를 상상할 필요도 없다.[11] 마찬가지로 W. S. 랜더의 발췌 번역본에 대해 내게 고마움을 표시하고자 했던 사람들은 랜더의 작품을 직접 맛보았다. 그들은 그 끔찍한 연도 1830년 때문에도, 1830년대의 어투 때문에도, 파란 눈의 젊은 피렌체 소녀가 치켜든 손바닥 위에 소녀가 애지중지하는 새

---

11) 실증주의 관점에서 문학에 접근했던 이폴리트 텐은 1865년에 『신 역사 및 비평 에세이(Nouveaux Essais de critique et d'histoire)』를 펴낸다. 텐은 발자크와 라신을 주로 다루고 있는 이 저서에서, 발자크의 사실주의적 창의력을 높이 평가한 반면, 라신의 작품에서는 고전주의 문화와 궁정의 예의범절에 대한 섬세한 표현만이 있을 뿐이라고 평가함으로써, 라신의 명성과 프랑스 비극의 평가를 둘러싼 논란을 불러일으킨다.

한 마리가 앉아 있는 모습을 새긴 타원형 부조 때문에도 거북해하지 않았다.[12]

발레리 라르보

---

12) 라르보가 번역한 랜더의 『이탈리아의 높고 낮은 계층』은, 이탈리아에 왔다가 이탈리아 아가씨와 결혼하고 싶어하는 영국인 청년 에드워드 탈보이즈와 에드워드의 구애 대상인 순진한 10대 이탈리아 아가씨 세레나, 그리고 이 둘의 주변 인물인 친인척들 사이에서 두 사람의 결혼을 둘러싸고 오고간 서한들로 구성된 작품이다. 라르보가 언급하고 있는 대목은 에드워드가 세레나에게 직접 써서 보낸 자신의 시 「연인과 카나리아」이다. 이 시는, 사랑에 빠진 청년은 애인이 예뻐하는 새에게마저도 질투를 느끼게 된다는 내용을 담고 있다.

## II
## 영문학: 영어식 표현의 문제[1]

    기분 좋은 놀람거리를 소개하겠다. 영어식 표현 사전이 나왔다. 이 책을 구매하고 싶어하는 독자들을 위해 우선 여기에 제목을 베껴둔다. "에두아르 보나페(Edouard Bonaffé), 프랑스어에 들어온 미국 영어식 표현과 영국 영어식 표현, 영어식 표현의 어원적·역사적 고찰 사전, 페르디낭 브뤼노 씨의 서문, 파리, 들라그라브 출판사, 수플로 가 15, 1920." 이리하여 우리는 대뜸 이 사전이 전문적인 문헌학자의 작품이라는 인상을 갖게 되었다. F. 브뤼노의 서문은 대중에게 아주 뛰어난 소개장 노릇을 하기 때문이다. 게다가 사전 첫머리에 실린 작가의 글을 읽으면서 적어도 이러한 인상이 틀리지 않았음을 확인할 수 있었다.

    E. 보나페 씨의 서문에서 몇 대목을 인용하고, 필요하다면 그에 대한 나의 의견을 개진하겠다. 최근 들어 영어식 표현의 문제가 현안이 되어서 그 반향을 일간지에서까지 발견하게 되기 때문이다.

    저자는 프랑스어에서 영어로 들어간 차용어가 영어에서 프랑스어로 들어온 차용어보다 훨씬 더 많다고 말하고 난 뒤 이렇게 덧붙인다. "우리 쪽은 언어 동화 능력 면에서 유동성도 그만한 용이성도 없다. 반면에, 그 자체로는 설명할 길 없으나 반세기 전부터 사회의 중간 계층까지 집어삼

---

1) (원주) 《누벨 르뷔 프랑세즈(Nouvelle Revue française)》, 제84호, 1920년 9월 1일.

킨 어떤 열광으로 인해 상당수의 스포츠 용어, 소위 '하이-라이프(high-life)'한 표현들이 채택되었는데, 이 표현 가운데 완전히 불필요한 것들이 가끔 있었고, 그 대부분은 프랑스 사람 특유의 영어 발음 때문에 원래 모습을 알아보기조차 힘들었다."

아주 정확하다. 그런데 그러한 열광을 설명하는 것이 그렇게 힘든가? 『코린 혹은 이탈리아』라는 마담 드 스탈의 작품에 나오는 두 남자 주인공들은 알다시피 영국 남자 한 명과 프랑스 남자 한 명인데,[2] 어느 대목에선가 프랑스인이 영국인에게 ―기억에 의지해서 인용하겠다― 유럽 민족을 통틀어서 독특한 용모와 눈에 띄는 개성을 지닌 사람들은 그들뿐이라고, 그러니까 영국 남자와 프랑스 남자뿐이라는 말을 한다. 그래서 이 "무슈(Monsieur)"에게, 코린이라는 아름다운 영국 여인은 "독일의 대공이나 스페인의 어떤 귀족"의 넋을 빼앗을 수 있을지 몰라도, 보다 까다롭고 덜 순진하며 보다 약삭빠른 프랑스 남자나 영국 남자의 눈에는, 수많은 다른 사랑스러운 여인들 가운데 한 명일 수밖에 없는 것이다. 그런데 마담 스탈이 그려보인 이런 영국 남자와 프랑스 남자가 여전히 존재하고 있다. 오늘날에도 그때나 마찬가지로 두 남자들은 서로를 존중하고 서로에게 놀라움을 금치 못한다. 중간 정도의 교양을 지닌 프랑스 남자는 영국 남자에게 감탄하고, 반면에 영국 남자는(그런데 이 경우에는 오로지 교양이 아주 풍부한 영국 남자만 해당된다) 프랑스인에게서 프랑스인 자신은 자신에게 있는지도 모르는 온갖 자질들을 보고 감탄한다. 예를 들자면, 문학 형식에 대한 감성이나 예술과 관련된 것이 화제에 오르면 그

⁂

[2] 마담 드 스탈의 『코린 혹은 이탈리아(*Corinne, ou l'Italie*)』에는 요양차 이탈리아에 온 영국의 귀족 오스왈드 넬빌 경과 프랑스의 데르푀이 백작이 등장한다.

것이 무엇이든지 내보이기 마련인 진지함이다. 아마도 이런 이유로, 영국 어휘들이 프랑스 대중의 눈에 그토록 대단한 매력을 가진 걸로 보였을 테고, 마찬가지로 프랑스의 어휘들은 영국 식자층에게 그렇게 보였을 것이다. (예를 들어보겠다. 약간 거드름을 피우는 영국의 "메리〔Mary〕"들은 자신들을 "마리〔Marie〕"라는 프랑스식 이름으로 부르게 했다. 그리고 프랑스어의 표현들—소위 "럭셔리한" 어휘들—을 텍스트 속에서 어찌나 정확하지 않게 사용해댔던지 그 텍스트들을 프랑스어로 번역이라도 할라치면 거기에서 차용하고 있는 프랑스어 표현들을 그대로 간직하기가 불가능할 정도이다.) 어쨌든 이로써 우리는 이와 같은 현상 설명의 어려움을 조금 뒷걸음치게 만들었을 뿐이다. 이제는 우리의 이웃이 우리에게 행사하는 매력의 이유들과 우리가 그들에게 끼치는 매력의 이유들을 설명하는 것이 문제이리라. 하지만 그러자면 문헌 비교 연구에서 벗어나야 하리라.

다른 이야기지만, E. 보나페는 이러한 영어 심취 광풍이 "중간 계층까지 집어삼켰다"라는 이야기를 하면서 아주 중요한 사실 하나를 강조하고 있는데, 그로부터 야기될 수 있는 결과들을 이끌어냈어야만 했다. 사실, 이렇게 영어 심취 열풍이 확산된다는 것은 그 현상이 곧 **종말**을 맞으리라는 소리이기도 하다. flirt와 flirter는 이 영어식 표현 사전에 들어 있기는 하지만 이미 거의 고풍스러운 말투에 속한다. 이제 그런 말들은 시골이나 혹은, 지적 그룹과의, 그리고 언어와 이데올로기의 관점에서 볼 때 지적 그룹에 달려 있는 최상 계층과의 접촉이 전혀 없는 사회계층에서 말고는 거의 들을 수 없다. Up to date와 그 비슷한 또 다른 표현들도 곧 머지않아 그 유행이 지나가버리게 될 것이다. 해체 작업이 지금 우리 눈앞에서 한창 벌어지고 있는 중이다. 상당수의 영어식 표현 가운데 많은 표현들이 심리소설 유파의 작가들에 의해 처음 사용되었는데, 이 표현들이 범속한 표현이 되어버렸거나 혹은 그렇게 되는 중이다. 꼭 집어 말하자면, 보나페 씨도 지적하고 있는, 프랑스에서 만든 이 엉터리 영어식 표현들(footing, rallye-paper, recordman)을 들 수 있다. 이런 표현들은 사라졌거나 사라지게 될 터인데, 25년 혹은 30년 전의 프랑스보다 지금의 프랑스가 영어를 훨씬 더 잘 알고 있기 때문이다. 오페라 극장 부근에서 보였던 엉터리 영어로 적어놓은 간판들, 가령 "Modern'……(바, 레스토랑 등등)"풍의 간판들은 이미 변두리 지역에서 말고는 보이지가 않는다. 이름과 성 사이에 끼워놓은 그 놀라운 속격("Arthur's Dupont")과 파리 상인들에게 엄청난 매력을 발산했던 것으로 보이는 "'s"의 남용—대중은 아마도 거기에서 거침없음과 대담함으로 가득한 축약 형식을 보았던 모양이다—도 마찬가지이다. 생 토노레 거리의 대형 모피 매장 쇼윈도에 몇 년 동안 금색 글씨로 "Furs taken care off(그대로 베껴 적었다)"라고 적어놓은 것을 볼 수 있었다. 어떤 재기 넘치는 여성이 몇 년 전에 분명히 보았다며 우리에게 알려줬던 "Five o'clock à toute heure"[3]라는 문구는 더는 유제품 가게 진열대에서 찾아볼 수 없다. 보다 많은 프랑스인들이 이제는 영어를 알고 있다. 그래서 영어를 알고 있다는 것이 예전보다는 덜 "시크(chic)"해 보인다. 게다가 이들은 영어를 전보다 더 잘 알고 있다. 그래서 이들은 상인들을 몽땅 사로잡은 열광과 감탄에서 벗어났고, 어휘들을 더 잘 알고 있고 어휘들이 더 친숙해서 영어 어휘들을 덜

∴

[3] 글자 그대로의 의미를 적으면 'Five o'clock'은 '다섯 시', 'à toute heure'는 '매시(每時)'를 의미한다. '매시 다섯 시'라는 이 희한한 표현이 전달하려고 했던 의미는 "언제라도 밀크티를"이다. 오후 다섯 시면 티타임을 갖는 영국 문화에서 'five o'clock'은 오후의 티타임을 의미하게 되었고, 이 표현이 프랑스로 건너오면서 "Five o'clock à toute heure"라는 우스꽝스러운 표현을 낳게 된 것이다.

존중하며, 그와 동일한 프랑스어 표현들을 선호한다. 소위 "하이-라이프"하다는 표현 가운데 대부분은 패션과 관련된 용어이니 입말이든 글말이든 간에 언어 속에 오래 머무를 운명은 아니다. 어쩌면 보나페 씨는 그런 어휘들을 사전에서 배제해버리거나, 혹은 인쇄할 때 안정적인 영어식 표현들, 그러니까 사회의 전 계층에서 빈번하게 사용되며 도입된 지 적어도 반세기가 되는 영어식 표현들보다 더 작은 크기로 인쇄했더라면 좋았을 뻔했다. 어쨌든 드 보귀에(M. de Vogüé) 씨(보나페가 서문에서 인용하고 있는)의 다음과 같은 예측이 실현될 가능성은 거의 없다. "만약 신이 우리에게 20년 후에도 생명을 허하신다면, 우리는 피카딜리와 거의 다를 바 없는 대로를 활보할 것이다." 아마도 사람들은 우리에게 이렇게 물을지도 모르겠다. "그런데, 영어 광풍 대신 그 뒤를 이어 어떤 언어 광풍이 휩쓸까요?" 우리는 이렇게 답할 것이다. "감히 예언을 해보자면, '갈리아어 광풍', 그러니까 프랑스 고어 가운데 상당수가 살아나서 영예를 누리지 않을까 싶네요. 예를 들자면 manager대신 ménager (d'hôtel)을 쓰게 될 겁니다. 하지만 우리가 원하는 것이 반드시 벌어지지는 않겠지요. 그리고 영어 광풍이 하강곡선을 완전하게 그리려면 시간이 한참 걸릴 겁니다. 순수주의자들의 눈과 귀가 아직도 더 고생해야 할 겁니다."

이리하여 얼마 전에 우리는 파리 한복판에서 프랑스인—영화설명가—이 한 시간 동안 "réaliser"란 단어를 영어 "realize"의 의미로 열두 번 혹은 열다섯 번 사용하는 것을 듣게 되었다. "탐험가들은 자신들에게 닥친 위험이 어떤 것인지 깨닫는다. 섀클턴은 절망적인 상황을 깨닫는다……. 기타 등등." 그 다음 날 혹은 다음다음 날 우리는 영향력 있는 일간지에서 "독일은 자신의 패배를 아직도 깨닫지 못했다"라는 글귀를 읽었다.

재미있는 점은, 바로 며칠 전에 동일한 일간지에서, 누군가 영어식 표현에 대해 항의를 했고, 하자 있는 어휘와 표현을 들여와서 모국어를 타락시키는 "애송이 작가들"을 비난했다는 것이다.

"réaliser"는 물론 그 부정확한 어법의 전형이다. "realize" 자체도 이미 훌륭한 언어에 속하는 어휘는 아니며 우리 역시 논술시험에서 그런 단어를 쓸 생각은 결코 하지 못했으리라. 하지만 프랑스어로 "réaliser"는 하나의 의미만을 갖고 있으며 그럴 수밖에 없다. 즉 "실재하게 만든다"라는 의미를 갖는다. 우리는 어떤 "애송이 작가"가 이 단어를 들여왔을지 (보나페 씨는 "새로운 어의는 새로운 어휘에 값한다"라는 브레알의 말을 인용하고 있다) 생각해봤다. 그러다가 영어식 표현 사전을 입수하자마자 별 기대는 하지 않고서 사전에서 문제의 단어를 찾아봤다. 그런데 그 단어가 들어있지 않은가. 누가 그 단어를 프랑스에 도입했을 것 같은가? 바로 폴 부르제였다! 1895년에. 그러니 오, 순수주의자여, 문제의 그 단어에 대해서는 폴 부르제를 떠올리고, "애송이 작가들"—적어도 "réaliser"라는 단어와 관계해서는—은 평화롭게 내버려둬라. 하지만 폴 부르제에게는 변명거리가 있다. 그가 "réaliser"라는 단어를 사용하고 있는 곳은(보나페 씨에 의할 것 같으면 두 번 사용했다) 『바다 저편에(Outre-Mer)』라는 작품에서이다. 미국에 관한 작품에서 미국 영어에서 차용한 프랑스어가 나오는 것은 어색하지 않다. 그건 약간의 지방색, 텐이 예를 보여주기도 했었던 바로 그 정당할 뿐인 문학적 장치라고 하겠다. 일이 꼬이기 시작한 것은 어떤 프랑스 사람이 이 "réaliser"를 『바다 저편에』서부터 끌어냈을 때부터이다. (『새 영어사전(New English Dictionary)』—문헌학자들을 위해서 N.E.D.—에 따르면, "이해하다, 포착하다, 깨닫다……"라는 의미로 'realize'를 쓰기 시작한 것은 미국에서부터였고, 바로 그 때문에 19세기 중반쯤 영국 작가들이 그러한 용법을 종종 비난했다." 이러한 용법은 시인 코퍼의 친구인 존 뉴턴[4]의 『카르디포니아 혹은 마음의 소리(*Cardiphonia: Or, the Uttereuce of the Heart*)』에서 1775년에 처음으로 발견된다. 의미론적 관점에서 보면, 영어에서는 이러한 의미를 향한 꾸준한 움직임이 있었고 그 연속적인 변화 과정이 보인다. 하지만 프랑스어에서는 전혀 그렇지 않다.)

보나페 씨의 서문을 계속 읽어보자. "플랜태저넷가(家) 치하에서, 우리 이웃과 그토록 가까이 붙어서 싸우게 했던 백년전쟁에도 불구하고, 우리 이웃들이 이 기간을 통틀어서 그다지 많지 않은 수의 어휘만을 전해줬을 뿐이라는 사실은 지적할 만하다." 이런 내용을 읽고 있으니, 약간 상상력이 풍부하기는 하지만 독창적인 정신을 소유한 문헌학자이자 저명한 영국전문가로서 자취를 남겼으며 보나페 씨도 종종 인용하는 필라레트 샬의 의견은 그렇지 않았다는 사실이 생각난다. 그는 어디에선가 흥미로운 어원을 여럿 제시했는데, 솔직히 말해서 확인하기 상당히 어렵지만 백년전쟁 때부터 시작된 영어식 표현의 리스트를 늘려줄 만한 것들이었다. 그 어원 가운데 하나가 보나페 씨의 사전에는 나오지 않는 "guilledou" ("courir le guilledou〔여자/남자의 뒤를 따라다니다〕")의 어원이다. 하지만 보나페 씨가 그 어원의 영어식 기원이 너무 수상쩍다고(그렇긴 하지만?) 생각한 나머지, 혹은 여성 독자들의 정숙함에 충격을 줄까봐 두려워한 나머지 사전에 넣지 않았을 수도 있다. 마치 새뮤얼 존슨처럼 말이다. 어느 날 어떤 귀부인이 새뮤얼 존슨에게 선생님이 만드신 사전에서 그 "고약

---

[4] 존 뉴턴(John Newton, 1725~1807)은 영국의 프로테스탄트 목사이자 찬송가 작가이다. 18세기 영국의 신앙 각성운동의 지도자이기도 했던 그는 정규교육을 받은 일은 없었으나 친구인 시인 W. 쿠퍼와 함께 『올니 찬송가집(*Olney Hymns*)』(1779)을 지었다.

한 어휘들"을 제외하신 것은 참 잘한 일이라고 칭찬하자, 그 훌륭한 학자는 "아! 부인, 그러니까 그런 단어들을 찾아봤었군요?"라고 대꾸했다고 한다.

"19세기부터는 침략이 시작된다." 그렇다. 하지만 앞서 그에 대한 우리의 생각을 말했듯이 20세기에 들어서게 되면 보나마나 영어식 표현의 종말이 닥치게 될 테고, 따라서 오래된 영어식 표현(1800년 이전의 표현들)과 기술 관련 어휘만이 남을 것이다.

"위의 열거를 통해 깨달을 수 있었겠지만 전쟁 동안 영국과 미국 군대의 오랜 프랑스 체류도 우리의 어휘에 뚜렷한 영향을 준 것 같지는 않다. 사실 우리는 아직 사건들과 지나치게 가까워서, 그 사건들이 미친 언어적 영향을 진단해보려는 시도가 쉽지 않다. 하지만 3년 반 동안 영국군 주둔지에서 철로대(隊) 장교로서 연합군과 함께 움직였던 우리는 북쪽 주민들이 카키색 군복 차림의 손님들에게서 받아들인 어휘와 표현이 정말 소수라는 사실에 무척 놀랐다."

아마 그랬을지도 모르겠다. 하지만 영어식 표현들이 유입될 수 있었던 것은 영국과 미국 군인들을 통해서가 아니었다. "북쪽 주민들"이 그런 영어식 표현을 입말에 받아들였을지도 모른다. 그런 표현들은 형식 면에서 엄청난 변화를 겪었을 테고, 우선은 그 지역 말에 포함된 뒤 방언이 됐을 것이다. 결국 지방에서 오랜 연수 기간을 거치고 나서, 파리 지역의 은어가 됐을 가능성이 크고, 그리고 나서야 프랑스어 안으로 들어올 수 있었을 것이다. 하지만 그렇게 올라오는 도중에 얼마나 많은 위험을 겪었겠는가! 그런데 아니다! 전쟁 때의 영어식 표현 대부분—어휘와 통사(특히 통사)의 영어식 표현들—은 신문, 단어 대 단어 식으로 번역된 성명서, 대서양 건너편에서 들어온 선전글, 급하게 다듬을 시간 없이 번역된 외교 문서들을 통해서였다. 그리고 끝으로, 정도는 아주 약하지만, 국적이 서로 다른 교양인들 사이의 대화를 통해서였다. 이 영어식 표현들에 대해서는 작년에, 《누벨 르뷔 프랑세즈》(1919년 7월)에서 이미 의견을 말한 적이 있다. 우리 생각에, 그러한 표현 가운데 상당수는 우리에게 다시 반환된 옛날식 프랑스어 표현들이었다. 그리고 또 다른 말들은 순수한 라틴어식 표현들이니, 프랑스어에서 완벽하게 받아들여질 수 있었다.[5] 그리고 몇몇 표현은 어찌나 프랑스어화되었는지 그것들이 프랑스어 어휘나 통사에 끼어드는 것을 보면서 기뻐하지 않을 수 없었다.

보나페 씨의 사전을 상세하게 검토하자면 시간이 너무 걸릴 것이다. 그러고 싶은 생각이야 굴뚝같지만 독자들이 너무 지겨워할까봐 걱정된다. 어쨌든 그의 저서를 훑어보는 동안 우리의 관심을 끌었던 단어들에 대한 몇몇 주해를 적어보겠다.

우리 생각에, cosy와 cosy corner는 지나가는 영어식 표현, 유행을 타는 영어식 표현으로서, 곧 시골로 가서 flirt의 운명을 따르게 될 것이다. (사람에게 적용된 flirt라는 단어—"She is a flirt": "C'est une coquette", —는 프랑스에 알려지지 말았어야 했는데.)

Lunch. 이 어휘는 살아남을까? 어쨌든 저자는 우리에게, "lunch"는 영국에서는 통속적인 어휘가 되었다는 사실을 알려줘야 할 것이다. 영불해협의 특급열차에서 식당차의 종업원이 복도를 지나가면서 "Lunch ready!"라고 알려대면 영국 사람들은 웃음을 머금는다. 종업원이 그 말을 이상하게 발음해서가 아니다. "lunch"가 이제는 마지막 소시민의 말

---

5) (원주) 라틴어 동사 evolvere에서 유래한 'évoluer(진화하다/변화하다), évolution(변화/진전)'과 같은 유형.

로서 더는 통용되지 않기 때문이다.

    Snob. 영어와 프랑스어에서 동일한 어의를 갖지 않는다. 만약 영국 사람이 내게 "You are a snob"라고 말한다면, 나는 모욕 받은 느낌이 들 테고, 기분에 따라서는 대화가 불쾌하게 끝나서 마음의 평화가 침해당할 수도 있다. 반면에 만약 프랑스인이 내게 "자, 넌 스노브일 뿐이야"라고 말한다면, 난 아주 상냥하게 그가 잘못 생각하고 있다는 사실을 보여주려고 애를 썼을 것이다. 마찬가지로 내가 영어를 몰랐던 시절에는 영어로 그 말을 들었더라면 차라리 우쭐했을 것이다. 사전에서 이런 의미 차이를 일러뒀어야 했다. 게다가 snob는 문학적 의고투의 상태로 옮겨가게 될 가능성이 크다.

    몇 가지 망각과 누락을 지적하겠다. 가령 "ouate"(프랑스어에 안착한)의 누락. 그리고 이미 그것이 지칭했던 춤과 함께 사라진 "rag-time"의 누락. 그리고 이미, 그것도 오래전부터 존재하던 프랑스어 명사들을 대체했던 ─일시적이기를 바라자─ 일련의 영어 고유명사들의 누락. 가령, 캉토르베리(Cantorbéry) 대신 캔터베리(Canterbury), 소를랭그 제도(îles Sorlingues) 대신 실리 제도(îles Scilly) 등등. 이 주제에 관해서는, 스페인의 경우에는 Cordoue라고 적고 아르헨티나 공화국의 경우에는 Córdoba라고 적는 지리학자들의 본을 받아서, 만약 우리가 영국 도시에 대해서 말하면서 늘 "Cantorbéry"라고 말하고 적는다면, 뉴질랜드의 도시에 대해서 말하면서는 "Canterbury"라고 말하고 적는다는 사실을 지적해두는 것이 부적절하지 않다.

    돌누아 백작부인(Comtesse d'Aulnoy)의 이름은 이 사전의 색인에 오르지 못했다. 하지만 보나페 씨는 그녀에게서 흥미로운 어휘나 형식들(무엇보다도 "barge"와 Charing Cross 대신 사용된 "Cherincras")을 발견할 수 있었을 것이다. 끝으로, 전반적인 사항을 지적하자면, 보나페 씨가 한편으로는 다수의 번역가들(1875~1900년에 활동했던 소설가들과 마찬가지로 여러 영어식 표현을 도입한 책임자들), 또 다른 한편으로는 『종의 기원』이 출간된 뒤에 나온 일반생물학 저서들로까지 조사를 확대했어야 하지 않았나 싶다. 'sport' 항목을 살펴보다가 "갑작스러운 변이의 산물"의 의미로 사용된 "sport"라는 실사가 없는 것에 굉장히 놀랐던 것도 그런 이유에서다. 이에 관해서는 보나페 씨에게 내가 『생활과 습관』의 어떤 대목을 번역하면서 새뮤얼 버틀러의 생각을 정확하게 옮기기 위하여 "sporter"("갑작스러운 변이의 원인이 되다"라는 의미로)라는 동사를 사용해야만 했다는 사실을 알려드리고자 한다. 자, 이는 내가 전적으로 책임을 져야 하는 영어식 표현으로서 나는 그 표현이 호의적으로 받아들여지기를 —L. 블라랭젬[6] 씨의 허락을 받고서— 감히 바란다.

이제 이만하면 충분하다. 마무리를 짓자면, 이 저서, 매력적인 동시에 유용한 이 저서는 맞춤하게 왔다고 말하고 싶다. 이 저서는 거의 확정적으로 프랑스어 안에 자리 잡은 영어 단어와 잠깐만 머물게 될 영어 단어들—족히 3분의 1은 될 것이다—의 목록인 셈이다. 영어 광풍이 사라지기 직전에 —우리말을 믿어도 좋다— 조사된 영어 표현 목록이다.

발레리 라르보

---

[6] 루이 플로리몽 조제프 블라랭젬(Louis Florimond Joseph Blaringhem, 1878~1958)은 프랑스의 식물학자로서, 새뮤얼 버틀러와 마찬가지로 진화 문제에 관심을 보였다.

### 영어식 표현의 옹호[7]

  1914~1918년의 정치적 사건들은 상용 프랑스어에 상당수의 영어식 표현을 끌어들이는 결과를 낳았다. 그 목록은 무척 길 것이다. 사실 그런 경우를 여기저기서 조금씩 만났다. 평화회담의 연설에서만큼 승리의 마들롱(La Madelon de la Victoire)[8]에서도 말이다. 순수주의자들이 사방에서 자신들이 침입, 언어의 타락이라고 부르는 것에 반대하여 항의하였다. 열성이 너무 지나친 나머지 그들의 항의가 늘 정당화되지는 못했다. 사실, 언어에 대한 어떤 취향, 게다가 대단한 재치, 섬세한 감각이 이러한 영어식 표현들의 선별과 유통을 지배하고 있음을 알아보기 힘든 것은 아니다. 우선, 가장 많은 수의 영어식 표현을 썼던 국가원수[9]는 그 가치를 잘 알고 있었다. 그가 특히 다윈 저서에서, 그리고 다윈 시대의 진화론자 문학에서 사용된 문학 영어를 습득했다는 인상을 받았다. 그 유명한 "noble candour"라는 어휘는 『종의 기원』의 저자가 여전히 논쟁에 휘말려 있던 시대에 종종 사용되었다. 찰스 다윈의 "perfect candour"는 다윈주의자들의 범할 수 없는 도그마 중 하나였고 다윈주의 문학의 가장 커다란 상투적인 표현 가운데 하나였으며, 그 당시에 "진화"론의 반대자

---

7) (원주) 《누벨 르뷔 프랑세즈(*Nouvelle Revue française*)》, 제71호, 1919년 8월.
8) 1914년에 샤를-조제프 파스키에가 만든 대중가요로 프랑스에서 크게 유행했다.
9) (원주) 조르주 클레망소(Georges Clemenceau).

들―드 카트르파주[10] 자신도―도 흔하게 사용하던 표현이기도 했다. 그 다음, 신문에서, 일상에서, 대중 가운데에서, 받아들인 영어식 표현을 프랑스어로 만들려는 끈질긴 경향, 귀에도 프랑스어의 정신에도 충격을 주지 않을 영어식 표현만을 받아들이려는 끈질긴 경향이 눈에 띄었다. 그리하여 새로운, 그리고 순수주의자들의 반발을 불러일으킨 수많은 영어식 표현은 결국, 15, 16, 17세기에 영어에 도입되었다가 프랑스어에서 일상적으로 사용하게 되면서 옛날 자신의 자리를 되찾게 된 예스러운 프랑스어 특유의 용법들이었다. 예를 들자면, "avoir le meilleur"란 표현은 (항의나 다툼에서) 처음에는 영어의 단어 대 단어 번역으로 보일 수도 있다. 마찬가지로, 이 표현을 사용하는 사람은 자신이 영어 표현을 프랑스어화한다고 생각할 수 있다. 실제로는 완벽하게 프랑스어 특유의 어법이다.

그런데 대량으로 쏟아놓는 것을 조심해야 할 또 다른 부류의 영어식 표현이 있다. 그것은 영어라는 수단을 통해서 우리 이웃들의 언어 속에 최초의 순수하고 정확한 의미를 간직하고 있던 라틴어들을 다시 받아들인 영어식 표현들이다. 프랑스어는 라틴어를 함부로 대한다. 인문주의자들 덕분에 누리게 된 수많은 라틴어를 그것들이 지니고 있는 최초의, 실제 의미에서 빗나가게 사용하려는 이상한 경향이 우리에게 있다. 그러한 사실을 깨달으려면 사전을 넘겨보는 것으로 충분하다. 라틴어가 저기 있다. 그걸 가져와서 매일 사용한다. 그런데 로마의 작가들에게는 전혀 익숙하지 않았던 두 번째 의미 혹은, 심지어 세 번째 의미로 사용해댄다.

∴

10) 장 루이 아르망 드 카트르파주(Jean Louis Armand de Quatrefages de Bréau, 1810~1892)는 프랑스의 생물학자이자 동물학자이며 인류학자이기도 하다. 인간에게 진화론을 적용하는 것을 거부하였다.

그런데 영어에서는 게르만어와의 접촉에도 불구하고 ―혹은 어쩌면 접촉 때문에― 그 똑같은 어휘들이 완전하며 고전적인 의미를, 플라우투스와 카툴루스가 사용했던 그 의미를 간직하였다. 우리가 소유하고 있는, 학술적으로 도입된 라틴어 자산이 이렇게 영어식 표현들 덕분에 갱신되고 강화되는 것은 나쁘지 않다.

## 문학 잡지와 문학 간행물

오래되고 잘 알려진 몇몇 정기 간행물들이 지나친 어려움 없이 1914~1918년이라는 기간을 통과하고 난 뒤, 새로워지고, 확장되고, "새로운 공기"가 유입―이렇게 말할 수 있다면―되면서 최근에 이뤄낸 발전을 확인하는 일은 즐겁다. 가장 먼저 《더 타임스 리터러리 서플먼트(The Times-Literary Supplement)》[11]를 언급해야겠다.

알다시피 그것은 일반적으로, 한 작가에 대한 제법 긴 논문이나 혹은 중요한 문학적 문제를 담고 있는 주간지이다. 그리고 영국이나 외국의 신간에 대한 보다 짧은 논문, 가장 최근에 발간된 문학 관련 저서, 즉 소설, 연극, 고전 재발간 등에 대한 서평, 예술과 학문 분야의 온갖 종류의 문제들을 다루고 있는 《서플먼트》의 독자들이 보내온 흥미로운 서신, 끝으로 이번 주 신간 리스트를 담고 있는 상당히 완벽한 서지 또한 찾아볼 수 있다. 독자들은 최근 마지막 14주 혹은 15주 동안 발간된 기사와 서평

---

11) (원주) 주소: The Publisher, Printing House Square, London E. C. 4. 해외 1년 구독료는 13실링.

중 몇 가지를 살펴보는 것만으로도, 문학 관련 "비평"과 "정보"의 관점에서, 현재 집필되는 방식대로의 《서플먼트》가 불러일으키는 흥미를 즉각 깨닫기에 충분하다. 이 주간지에서 현대 프랑스 문학이 차지하는 위치와 《리터러리 서플먼트》의 집필자들(이 출간물의 절대 원칙에 따라서 모두 익명이다)이 얼마나 주의 깊게 신간 흐름을 쫓고 있는지를 알 수 있다. 1919년 4월 17일: 과학자 W. N. P. 바벨리온(Barbelion)의 『어느 실의에 찬 사람의 일기(*The Journal of a Disappointed Man*)』에 관한 기사. 5월 1일: 에르네스트 셀리에르(Ernest Sellière)의 『정열적 신비신앙의 단계들(*Les Étapes du mysticisme passionnel*)』에 관한 서평. 5월 8일: 앙드레 스피르(André Spire) 씨의 시와 베네데토 크로체의 최근 저서에 관한 논문. 5월 22일: 소설 일반에 관한 논문, 영국 잡지 《코우터리(*Coteri*)》 창간호에 관한 논문, 몇몇 외국 저서(프랑스 5권, 스페인 1권)에 관한 짤막한 서평. 5월 29일: 앙리 게옹(Henri Ghéon)의 『개종한 사람의 증언(*Témoignage d'un converti*)』에 관한 연구. 6월 5일: 슈투트가르트의 궁정극장의 감독이자 폰 클룩 장군이 지휘하는 독일 1군의 장교인 발터 블룀(Walter Bloem)의 소설 『진군(*Vormarsch*)』에 관한 기사. 카미유 모클레르(Camille Mauclair)의 『제3공화국 치하의 프랑스 독립예술(*L'Art indépendant français sous la Troisième République*)』을 다룬 서평. 6월 12일: 올라르(Aulard) 씨의 최근 저서와 앙리 바르뷔스(Henri Barbusse)의 『클라르테(*Clarté*)』에 관한 논문, 찰스 킹슬리(Charles Kingsley)에 관한 긴 논문. 6월 19일: 조지프 에디슨(Joseph Addison)에 관한 논문 그리고 스페인 신간에 관한 기사. 6월 26일: 세인츠버리 교수의 『프랑스 소설사』 제2권 출간에 관한 「프랑스 소설과 프랑스 전통」에 관한 긴 논문과 프랑시스 잠과 앙드레 지드에 관한 기사. 7월 3일: 아서 시먼스(Arthur Symons)의 『장난감 수레(*The toy Cart*)』에 관한 기사, 그리고 프랑스 잡지(《메르퀴르 드 프랑스》와 《누벨 르뷔 프랑세즈》)에 관한 기사. 《리터러리 서플먼트》가 순전히 문학적인 주제만 다루는 것이 아니라 학술, 역사, 생물학, 철학, 지리학 저서에 관한 정보도 제공한다는 것을 덧붙여야겠다. 우리가 살펴본 최근 호들에는, 최근의 독일 문학에 관한, 그리고 영국의 문학사와 사회사의 어떤 시기를 다루고 있는 영국, 이탈리아, 프랑스의 저서들에 관한 아주 훌륭한 기사들 또한 있음을 알려둬야겠다. 《디 아울(*The Owl*)》 같은 신간 잡지들에 관한, 혹은 『레몬나무 재질의 장롱(*L'Armoire de Citronnier*)』 같은 선집들에 관한, 혹은 새뮤얼 버틀러의 『만인의 길(*The Way of all Flesh*)』 같은 이미 고전이 되었으나 다시 펴낸 저서들에 관한 단평도 있다. 툭 털어놓고 말하자면, 비평의 관점에서 이보다 더 잘 집필되고, 독자들에게 영국, 미국, 이탈리아, 독일, 스페인, 그리고 프랑스 문학의 흐름에 대해 이보다 더 잘 알려주는 주간지는 없다.

최근에 창간된 영국의 월간지 가운데 가장 흥미로운 것은 헨리 D. 다브레와 J. 루이스 메이가 함께 발행하는 《디 앵글로 프렌치 리뷰(*The Anglo-French Review*)》/《라 르뷔 프랑코-브리타니크(*La Revue franco-britannique*)》이다. 이 잡지는 정치, 문학, 예술, 과학을 다루며 프랑스어와 영어로 쓰인 글들을 제공한다.[12] 지금 내가 보고 있는 4월 호에는 아벨 르프랑이 셰익스피어 논쟁의 장에 센세이션을 일으키며 입장했음에 관한 뛰어난 기사가 들어 있다. 『프랑스 회화의 테크닉 현황』에 관한 카미유 모글레르의 논문, 리처드 올딩턴,[13] A. 페르디낭 에롤드[14]와 존 스틸

∴
12) (원주) 이 잡지는 J. M.당 부자 서점(J. M. Dent et fils, 케 데 그랑-조귀스탱 33번지)에서 구입할 수 있다.

(John Still)의 시들도 찾아볼 수 있다. 영국과 프랑스의 신간(예를 들자면, 아나톨 프랑스의 신간 소식을 담은 헨리 메너링의 영어 기사, 두 권의 신간인 영국 시선집에 관한 이본 뒤세르의 프랑스어 기사)에 관한 아주 훌륭한 기사도 있다. 끝으로 허버트 앤트클리프[15]가 작성한 플로랑 슈미트[16]에 관한 기사가 있다.

---

13) 리처드 올딩턴(Richard Aldington, 1892~1962)은 영국의 작가이자 시인이다.
14) 앙드레 쥘 페르디낭 에롤드(André Jules Ferdinand Hérold, 1865~1940)은 프랑스의 작가로서, 상징주의 유파와 가까웠다.
15) 허버트 앤트클리프(Herbert Antcliffe, 1875~1964)는 영국의 음악학자이자 작곡가이며 저널리스트이다.
16) 플로랑 슈미트(Florent Schmitt, 1870~1958)는 프랑스의 작곡가이다.

## III
## 발레리 라르보가 루아예르에게 보내는 서한[1]


발레리 라르보

첼시, 1911년 7월 4일

친애하는 루아예르[2]

자네의 앙케트에 대한 나의 답변일세.

문학어로서 프랑스어의 위기는 없네. 아나톨 프랑스는 여전히 글을 쓰고 있고 폴 클로델의 재능은 한창 때이지 않은가. 하지만 구어로서의 프랑스어는 위기이고, 이로 인해 참담한 결과가 생길 수 있지. 우리의 어휘가 해가 갈수록 빈약해지고 있어. 자동차나 비행기를 따라 들어온 몇 가지 새로운 어휘를 갖느라고, 수많은 단어와 숙어들, 아주 귀중한 프랑스어 특유의 어법들이 사라지는 것을 멍하니 보고 있잖은가. 내 주장을 입증하기는 아주 쉽네. 나이 든 사람들, 우리 할머니나 우리 어머니들은 이

---
1) (원주) 《라 팔랑주(La Phalange)》, 제62호, 1911년 8월 20일.
2) 라르보의 친구였던 장 루아예르(Jean Royère, 1871~1955)는 《라 팔랑주》지(誌)를 주도적으로 발간하였으며, 라르보는 『어떤 문학 캠페인, 장 루아예르와 팔랑주지(誌)』라는 소책자를 내기도 했다.

야기를 나눌 때 우리는 사용할 줄 모르는 보다 많은 어휘와 표현법들을 사용하시지. 내 생각에, 이처럼 어휘가 빈약해지는 현상과 그리스·라틴 고전어문학이 실제로 쇠락해가는 현상 사이에는 아무런 연관이 없어. 왜냐하면 살아 있는 언어들의 전달은 오로지 여인들에 의해서 이루어진다는 것은 확실하니까. 그리고 우리 프랑스인들에게 "우리 어머니의 라틴어"가 여전히 라틴어인 점은 변함없으니까. 원인은 훨씬 더 심각해. 그건 프랑스어의 특질인 섬세함이 약화되기 때문이야.

라틴어가 작가 양성에 필수적인 것은 아니야. 아니고말고. 시인은 타고나는 법이지.[3] 하지만 신사 양성에는 필수적이지. 라틴어는 역사, 유럽 문명, 그리고 최고 교양의 집약체로서, 그 풍미는 즐거움을 안겨주고 또한 완벽하게 내 것으로 만들 수 있지 않은가. 그 안에서 과거와 현재가 만나며 기독교 세계의 국가들이 그 안에서 서로 공감하게 된다네. 라틴어는 베르길리우스에서 루카누스까지, 유베날리스에서 아폴리나리우스에 이르기까지, 찬탄을 불러일으키는 문학의 보고를 열어준다네. 라틴어는 외국어 4개와 방언 20개의 열쇠이며, 철학과 정치학의 어휘 전부를 담고 있지. 그 언어는 깨우침을 주며 우리 모두의 정신을 도야한다네. 그 언어는 프랑스인을 유럽인으로 만들어주며 시골 사람을 세계인으로 변모시킨다네.

《레 마르주(*Les Marges*)》지(誌)에서 주도한 청원에 서명하였던 것은 바로 이런 이유에서지.[4]

∴

3) 원문을 보면 "Poeta nascitur"라는 라틴어 표현을 사용하고 있다.
4) 프랑스에서는 1902년, 1907년, 1910년에 교육 프로그램 개혁이 있었고, 그 결과 고전어문학의 비중이 줄자 이를 둘러싸고 논쟁이 발생하였다. 당시 이 편지의 수취인인 루아예르가 대표로 있던 《라 팔랑주》지와 외젠 몽포르(Eugène Montfort)가 이끌었던 《레 마르주》지는

하지만 사실 유년기의 그 암울한 시기에 국어 수업 시간을 혹은 라틴어 수업 시간을 몇 시간 더 하고 덜 하고의 문제는 아니라고 봐. 상황은 절망적이고, 정교분리와 공교육에 입각한 중등교육은 가장 위험한 페스트균이나 마찬가지로 싸워 물리치고 격파해야 해. 외젠 몽포르[5]는 잘못 생각하고 있는데, 문제는 아주 정치적이지. 팔루법[6]을 지지하는 후보자는 내 표 하나는 확실히 챙긴 걸세.

나는 프랑스 학교생활에 대해 폭넓은 경험을 했지. 사립학교 하나, 파리의 고등학교 둘, 시골 고등학교 하나를 거쳤거든. 사립학교에 대해서는 아주 좋은 기억들을 갖고 있지. 고등학교에 대해서는 사립이고 공립이고 간에 소년원, 사회복지시설 지부, 부랑아집합소라는 인상을 갖고 있지. 나는 내가 그런 곳을 드나들었다는 것이 창피하고 화가 나. 내가 고등학교에 대해 갖고 있는 유일하게 아름다운 기억은 '루이 르 그랑'[7]에서 퇴학당하는 데 성공했다는 거지.

난 그곳에서 배운 게 하나도 없어. 내가 읽고 도움을 받았던 유일한 책들은 교칙이라는 어리석음 때문에 숨어서 읽어야만 했던 것들이었어.

∴

서로 반대되는 입장을 표명하였다. 《레 마르주》지는 고전어문학의 축소를 낳은 교육개혁의 결과로 국어에 위기가 닥친 만큼 고전어문학의 비중을 다시 늘려야 한다는 입장을 견지하였는데, 라르보는 이러한 원인 분석에는 찬성하지 않지만 나름의 이유로 《레 마르주》지의 청원에 서명을 하게 되었다고 해명하고 있다.
5) 외젠 몽포르(Eugène Montfort, 1877~1936)는 프랑스의 작가로서 이 글에서 언급되고 있는 《레 마르주》지를 이끌었다.
6) 팔루법은 프랑스 제2공화정 때 공표된 법으로, 당시 공교육 장관이던 알프레드 드 팔루(Alfred de Falloux)의 이름을 딴 법이다. 이 법은 특히 종교재단에서 설립한 사학을 배려한, 교육의 자유에 관한 조항들로 유명하다.
7) 루이 르 그랑 고등학교는 앙리 카트르 고등학교와 더불어 그랑제콜 준비반으로 유명한 유서 깊은 명문 고등학교이다.

사립학교 덕분에 나는 육체적으로 성숙할 수 있었고, 라틴문화에 대한 튼튼한 자산을 소유하게 되었고, 명예가 무엇인지를 알게 되었지. 고등학교에서는 그저 게으름과 절망의 나날들을 알았을 뿐이고.

외국인들은 우리가 그 끔찍한 해[8]를 겪고서도 살아남았다고 축하하지. 하지만 우리는 그보다 더 굉장한 일을 했다네. 고등학교에서도 살아남았잖은가.

문학사 발레리 라르보

---

8) 프랑스-프로이센 전쟁(보불전쟁)과 내전으로 얼룩졌던 1870년을 가리키는 "끔찍한 해(l'Année terrible)"는 빅토르 위고의 시집 제목이기도 하다.

## IV
## 프랑스 문학과 외국 문학 사이의 상호영향[1]

장 드 본퐁[2] 씨는 우리 프랑스의 문체와 정신의 전통에 기꺼이 부합하는 아이러니 가득한 댄디즘을 발휘하여, "외국의 영향"에 대한 본인의 의견을 이렇게 피력한다.

유일하게 책장수들이나 "현재 가장 많이 읽히는" 외국책이 무엇인지 알 수 있을 것이다. 나는 혹시라도 그것이 어떤 얼간이, 이름과 국적을 잊어버렸는데, 그 얼간이가 쓴 탐정소설들일까봐 염려된다.

프랑스에서 영향력을 발휘했던 외국인들은 라틴 사람과 그리스 사람들이다. 이들은 우리의 르네상스와 루이 14세의 치세를, 그리고 우리의 고전극과 옛 프랑스어의 당당한 화법을 일궈냈다.

독일 작가들—심지어 괴테마저도—은 스탈 부인[3]을 통해서만 프랑스에서 영향력을 발휘했다. (독일 철학은, 문학과는 완전히 다른 양상을 보인다.)

프랑스의 낭만주의는 온통 단테, 세르반테스, 셰익스피어로 무장한 채

∴
1) (원주) 《뢰롭 누벨(*L'Europe Nouvelle*)》, 1920년 11월 14일.
2) 장 드 본퐁(Jean de Bonnefon, 1866~1928)은 프랑스의 작가이자 뛰어난 언론인이다. 특히 가톨릭의 종교문제에 정통하였고, 볼테르풍의 아이러니를 능란하게 구사하여 종교계나 사교계의 일화들을 들려줬다. 일설에 따르면, 프랑스의 정교분리 법안 작성 시 결정적 역할을 했다고 한다.

태어났다. 프랑스의 낭만주의는 이 대부들의 재능 자체에 짓눌려서 민족적이 되어보지도 못한 채 죽음을 맞았다.

전쟁이 벌어지기 전에 젊은 세대에 속했던 프랑스인들이 영국의 영향을 받았을까? 혹은 그저 영국인들이 택했던 오솔길과 나란히 뻗어나간 오솔길을 따라갔을까? 나로서는 알지 못하며, 미래의 젊은이들이 어떻게 행동할지에 대해서는 더더욱 알지 못한다. 하지만 그들의 문체와 사상이 전쟁이 뒤흔들어놓은 전후의 프랑스 영토로부터 솟아나기를 바란다. 나는 그들이 외국 문학에 영향을 주기를 바라지, 외국의 현대 문학이 그들에게 영향을 주기를 바라지는 않는다. 프랑스의 예술이 끔찍스러운 무국적 궁전을 닮아서는 안 되니까.

장 드 본퐁

이상은 장 드 본퐁의 의견이다. 다음은 『에레혼』[4]을 기가 막히게 번역해낸 작가의 의견으로, 장 드 본퐁의 의견과는 조금도 부합하지 않는다.

---

3) 프랑스 루이 16세의 재무대신이자 은행가인 네케르의 딸로 태어난 스탈 부인(Anne-Louise Germaine Necker, baronne de Staël-Holstein, 1766~1817)은 대혁명을 통과하게 되는 격동기의 프랑스에서, 정치인·예술인·지식인 등이 모여드는 살롱의 안주인 노릇을 한다. 문학적·정치적 영향력을 행사하던 스탈 부인은 나폴레옹과의 불화로 독일로 망명하게 되고, 그곳에서 괴테·실러·슐레겔 등의 독일 지식인들과의 교류를 통해, 독일에서 막 꽃핀 낭만주의에 접하게 된다. 훗날 『독일론』(1818)을 출간하여 프랑스에 독일의 낭만주의를 소개하게 된다.
4) 새뮤얼 버틀러의 작품 『에레혼』을 번역한 발레리 라르보를 가리킨다. 라르보는 1912년에 칸에서 만난 영국 작가 아널드 베넷(Arnold Bennet)을 통해 버틀러의 작품에 접한 뒤로, 꾸준히 버틀러의 작품 번역과 소개에 힘썼다. 그 결과 1920년에 『에레혼』, 1921년에 『만인의 길』이 번역 출간되었다.

I. 현재 프랑스에서 가장 많이 읽히는 외국책이 무엇인지 알아낸다는 것은 아주 어렵다. 하지만 현재 출간되는 번역물의 수만 가늠해보아도, 통계상 앞자리를 차지하는 것은 영어권 책일 것 같다. 문학 출간 시장이 전쟁의 영향을 받은 것 같지는 않다.

II. 외국 문학이 국내 문학에 미친 영향에 대해서는, 그것이 국문학만큼이나 오래된 현상임을 지적하겠다. 이러한 영향이 다행스러운 것이라고도, 혹은 치명적인 것이라고도 말할 수는 없다. 그저, 그것은 존재하며 앞으로도 쭉 존재할 것이다. 영국 철학이 볼테르에게, 볼테르는 바이런에게, 바이런은 A. 드 뮈세에게, 이런 식으로 영향을 주고받는다.

영국문학사를 논하면서 벨의 사전[5]을 무시할 수 없고, 프랑스문학사를 논하면서 월터 스콧의 소설을 무시할 수 없다. 이렇듯, 영국은 막 랭보를 자기네 시인으로 취급하기 시작했고, 새뮤얼 버틀러[6]는 프랑스 비평계가 작가로서의 자신의 신임장을 검토하기를 기다리고 있다.

III. "당신이 가장 즐기는 외국 작품들은 무엇입니까?" 경솔한 질문이

---

5) 이 글에서 언급하고 있는 사전은, 프랑스의 철학자이자 비평가 피에르 벨(Pierre Bayle, 1647~1706)이 1684년에 첫 선을 보인 『역사비평 사전』을 의미한다. 2,500여 인물과 200여 항목을 담고 있는 이 사전은 일반적인 사전이라기보다는 짧은 논문들의 모음집에 가깝다. 벨은 충실한 주석을 달아 중요한 철학적 이슈 및 종교·신앙에 대해 나름의 평가와 견해를 밝히면서 오류를 수정하고 있는데, 이 사전이 유럽 사상계에 영향을 미칠 수 있었던 것은 바로 이러한 주석 때문이다. 그의 사전은 당시 유럽의 지식인 사이에서 전 시대를 통틀어 가장 중요한 회의론적 저작으로 각광받으면서, 합리론자들, 프랑스 백과전서파, 흄, 버클리 등 18세기 거의 모든 중요한 사상가 및 사상 조류에 큰 영향을 미쳤다.
6) 19세기의 영국 작가 새뮤얼 버틀러에게 명성을 안겨준 대표작 『에레혼(Erewhon)』은 그가 1872년에 이름을 밝히지 않고 발표한 작품이다. 'Nowhere'라는 말의 철자를 바꾸어 만든 작품의 제목 '에레혼'은 그 어디에도 존재하지 않는 이상적인 국가를 가리키며, 빅토리아 시대에 대한 풍자를 담고 있다. 역시 빅토리아 시대의 위선에 대한 신랄한 공격을 담고 있는 버틀러의 『만인의 길』은 그의 당부대로 사후에 발표되어 곧 그의 대표작이 되었다.

라 하겠는데, 어쨌든 나의 대답은 초서의 이름으로 시작해서, 여러 이름으로 두 단을 쭉 채운 뒤, 로건 피어설 스미스[7]와 그의 산문시집인 『트리비아』(1919)로 끝을 낼 것 같다. 그래도, 라몬 고메스 데 라 세르나[8]와 가브리엘 미로[9] 같은, 꽤 많은 에스파냐 작가들의 이름은 면해준 것이다.

IV. 서로 다른 민족이 문학적 영향을 주고받는 것을 통제하는 것은 불가능하다는 생각이다. 우리가 할 수 있는 일이라고는 보다 쉽게 상호작용이 일어나도록 하는 것이리라. 번역가들의 용기를 북돋워주고, 아메데 피쇼[10]의 《라 르뷔 브리타니크》[11]나 《라 르뷔 제르마니크》[12] 같은 전문잡지를 창간하고, 대여도서관과 뒤퓌트렌가(街)에 있는 '셰익스피어 앤드 컴퍼니'[13] 같은 책방들을 여는 것을 생각해볼 수 있다. 이런 점에서, '지성(知性)의 영사관'이라는 아이디어는 아주 훌륭하다. 나는 적어도 유럽과

∴

7) 로건 피어설 스미스(Logan Pearsall Smith, 1865~1946)는 영국에서 활동한 미국 출신의 수필가이자 비평가이다. 버지니아 울프, E. M. 포스터 등 1904년부터 제2차 세계대전 시기에 런던의 블룸즈버리 지역을 중심으로 활동했던 블룸즈버리 그룹(Bloomsbury group)과 가까웠으며, 덕분에 울프 부부가 운영하던 호가스 프레스(Hogarth Press)라는 작은 출판사에서 작품을 여럿 내기도 했다. 버지니아 울프의 소설 「올랜도」(1928)에 등장하는 니컬러스 그린 경은 그를 모델로 했다고 한다.
8) 라몬 고메스 데 라 세르나(Ramón Gómez de la Serna, 1888~1963)는 스페인의 작가로서, 1918~1939년 스페인과 중남미 아방가르드 문학에 많은 영향을 미쳤다. 작품으로는 「미덥지 않은 박사」(1922), 「투우사 카라초」(1926) 등이 있다.
9) 가브리엘 미로(Gabriel Miró, 1879~1930)는 스페인의 작가이다. 모더니즘 산문의 대가로서, 작품으로는 「묘지의 앵두」, 「우리의 신부 산 다니엘」, 「문둥병 주교」 등이 있다.
10) 아메데 피쇼(Amédée Pichot, 1795~1877)는 프랑스의 소설가, 역사가이자 번역가이기도 하다. 특히 영문학사에 뛰어났고, 《라 르뷔 드 파리(La Revue de Paris)》와 《라 르뷔 브리타니크(La Revue britannique)》의 편집인이었다. 왕성한 번역 활동을 펼쳤던 그는 바이런, 디킨스, 새커리 등의 작품을 번역하였다.
11) 《라 르뷔 브리타니크》는 1825년에 창간된 정기간행물로서, 문학뿐만 아니라 과학 분야의 잡다한 글들을 실었다.

아메리카의 수도마다에, 프랑스 대학이 하나씩 생겨나기를 기대한다.

어쨌든 지금으로서는 번역물이 많이 출간되어, 플랑드르어, 루마니아어, 체코어, 현대 그리스어 등으로 쓰인 작품들을 알아가고 있다. 스칸디나비아의 작품 총서를 출간 준비 중이고, 러시아 총서도 새로 출간될 거라고 한다. 우리에게 알려진 것은 타고르의 작품뿐이지만, 최상급 작가들이 서넛은 될 것 같은 벵골의 현대문학에 대해서도 요즘에는 많이들 이야기하고 있다. 벵골 총서라고 출간되지 말란 법이 있겠는가?

발레리 라르보

---

12) 《라 르뷔 제르마니크(*La Revue germanique*)》(1905~1939)는 1905년에 창간된 잡지이다. 창간 당시 표방한 목적은 "프랑스의 식자층에게 영국, 독일 등에서 일어나는 모든 지적 사건들의 소식을 전하는 것"이었다. 정기적으로든 부정기적으로든 이 잡지 제작에 참여하는 사람들은 248명에 달했고, 그 대부분은 외국 문학, 특히 독일 문학 혹은 앵글로색슨 문학, 가끔은 스칸디나비아나 헝가리 문학을 가르치는 교육자들이었다. 1924년에 들어서면서 방향 전환이 일어나 영어권 문학이 제외되었고, 그 뒤 잡지는 독일어권의 전유물이 되다시피 했다. 프랑스의 지식인계와 학계에 독일 문화 및 영국 문화를 알리는 데 지대한 공헌을 하였으며, 독일학에도 많은 영향을 미쳤다.

13) 셰익스피어 앤드 컴퍼니(Shakespeare and Company)는 미국 여성 실비아 비치(Sylvia Beach, 1887~1962)가 1919년에 뒤퓌트렝가(街) 8번지에 세운 서점으로, 파리에 생겨난 최초의 영어권 서적 전문서점이다. 1921년 여름에 오데옹가로 이사한 서점은 파운드, 조이스, 헤밍웨이 등 당대 최고의 작가들에게서 큰 사랑을 받았고, 특히 조이스의 소설 『율리시스』 초판본을 출간한 곳으로 유명해졌다. 조이스의 소설이 프랑스에서 먼저 출간될 수 있었던 데는 라르보의 역할이 컸다. 1920년에 비치에게서 조이스를 소개받고 나서 곧 그의 작품에 매료된 라르보는, 오귀스트 모렐을 번역가로 추천했고, 그의 번역을 손수 감수했으며, 1929년 책이 출간될 때까지 힘이 되어주었다.

# V
## 앵글로색슨 문학[1]

몇몇 신간 번역서에 대해서. ─번역가의 책임, 역할 그리고 존엄성. ─2세기하고도 반세기가 되어 가도록 유지되어온, 프랑스 문학과 영국 문학 사이의 접촉. ─영어권 번역작가 선집. ─현대 번역가들의 활동. ─M. 오귀스트 모렐이 번역한, 영국의 위대한 시인 프랜시스 톰슨. ─M. 루이 파뷜레[2]가 번역한, 미국의 위대한 산문작가 H. D. 소로.

프랑스에서 최근 몇 달간, 영국의 주요 저작들의 번역서 몇 권이 출간되었다. 이와 관련해서, ─그중 몇몇 번역서에 관한 이야기를 시작하기 전에─ 원서에 접근할 수 없으나 외국 문학에 관심을 갖고 있는 프랑스 독자들(우리 모두 이 경우에 해당하는 것이, 현대 유럽 및 미국 문학 전부를 꿰고 있자면 열두어 가지 언어를 알고 있어야 한다)에게 서지목록(월간이 안 된다면 적어도 계간이라도)이 얼마나 유용할지, 번역 및 외국 문학에 관한 일반 혹은 특수 연구 분야의 출간물 정보를 전부 담고 있는 서지목록이 얼마나 유용할지를 지적하고 싶다. 어떤 적극적인 출판사가 이런 서지목록

---

1) (원주) 《라 르뷔 드 프랑스(*La Revue de France*)》, 1922년 8월 1일.
2) 루이 파뷜레(Louis Fabulet, 1862~1933)는 프랑스의 작가, 번역가로이다. 러디어드 키플링의 『정글북』, 헨리 데이비드 소로의 『월든 혹은 숲속 생활』을 번역하였다.

을 펴내야 할 텐데, 그 목록이 제대로 만들어지고, 쉽게 읽히고, 정보 갱신이 이루어진다면, 틀림없이 식자층의 환영을 받게 될 것이다. 그럴 것이, 현재 출간되는 서적들 전부를 꿰고 있자면, 예를 들어 영어권 서적의 번역물과 영어권 작가에 관한 연구서들을 알고 있자면, 본격적으로 검색 작업을 해야 하고, 출판사 도서목록들을 읽어야 하고, 잡지 목차들을 샅샅이 훑어봐야만 한다.

영문학 분야로 말하자면, 서평, 소식란, 서지, 잡지 리뷰가 실리는 《라 르뷔 제르마니크》가 있다는 것을, 그리고 이 잡지가 일 년에 네 번 발간된다는 것을 잘 알고 있다. 잡지의 프로그램을 보면 다음과 같다. 프랑스 독자들에게 독일어, 영어, 스웨덴어, 덴마크어, 노르웨이어, 플랑드르어, 네덜란드어로 쓰인 문학(넓은 의미로, 시, 역사, 철학 등) 동향에 대해 정보를 제공한다는 이 잡지의 프로그램은 식자층의 우호적 관심을 끌만큼 제대로 만들어져 있다. 불행히도, 《라 르뷔 제르마니크》는 이 근사한 프로그램의 일부만을 충족시킬 수 있는데, 이는 오로지 재정이 부족해서이다. 이 잡지는 훌륭하고 진지한 전문가용 잡지가 갖춰야 할 온갖 요소를 갖추고 있으며, 이 잡지의 조력자들은 프랑스 대학의 엘리트층에서 뽑아온 사람들이나, 예산 때문에(이 잡지 조력자들조차도 구독료를 내고 있다) 이 잡지가 있어야 할 자리에 있지 못하고 있다. 이리하여 이 잡지에서 제공하는 서지와 잡지 리뷰가 충분하지 못한 것이다. 자신이 받아보는 잡지 목록만을 싣기 때문에, 그리고 상호대차 서비스가 프랑스 잡지들과의 사이에서조차도 한정되어 있기 때문이다. 하지만 그럼에도 바로 이 잡지가 우리에게 부족한 외국문학 서지목록, 아니면 적어도 "게르만"어권의 문학[3]과 관련된 국내 번역 및 출간물에 관한 서지목록을 발간하기에 가장 적합하다. 정부에서 보조금을 지급하거나 후원금을 받게 되기를 희망한다. 내가 이렇게까지 말을 했으니 이 잡지 경영진의 주소를 제공해도 된다는 ―그 누가 알겠는가?― 생각이 든다. 주소는 '릴, 브륄-메종 65번지'이다. 우리는 바로 이쪽, 그러니까 이 잡지 조력자들 중 그 누군가가 번역, 연구 작업, 박사논문, 비평 및 자료 조사 분야의 성과를 망라하는 훌륭하고도 완벽한 서지목록을 완성하리라고 기대하고 있는데, 적어도 프랑스 쪽에서는, 그러니까 영문학의 기념비적 저작들을 국내에 소개한 프랑스 번역가와 프랑스 비평가들 입장에서는 이러한 성과들 덕분에 영문학과 불문학 사이의 접촉이 효율적으로 유지되었다. 지금까지 우리에게 영어권 작품의 번역 서지 및 연표에 관한 정보를 제공한 것은 귀스타브 랑송의 『불문학 서지 개론』[4]밖에 없고, 그것도 이 저서의 극히 일부만이기 때문에 이 정보들은 당연히 간략하고 불완전하다.

    이런 종류의 서지에서는 번역이 당연히 으뜸가는 자리를 차지하게 될 것이다. 외국 작가에 대한 비평 연구는 아무리 훌륭하고 아무리 완벽하다 할지라도 이 작가의 작품을 간접적으로만 알려준다. 그 작가의 저작 가운데 하나를 정확하게 번역한다면 프랑스 독자들은 그 작품을 누리게 되며, 때때로 뛰어난 번역, 진정 문학적인 번역이 탄생한다면 그 작품은 자신이 번역된 나라의 문학에 편입되어 그 나라의 문학에 영향을 줄 기회를 갖게 된다. 그리하여 번역가는 문학사에서 외국의 비평가나 석학에 비해 이루 말할 수 없을 정도로 능동적이고 눈에 띄는 역할을 한다. 그래서 우리의 문학사에서, ―프랑스에서만, 그리고 영어권 작품을 번역한

---

3) 독어, 영어, 스칸디나비아어, 네덜란드어 등이 게르만어에 속한다.
4) 『불문학 서지 개론(*Manuel bibliographique de la littérature française*)』은 귀스타브 랑송이 폴 튀프로와 함께 1929년에 발표한 저서이다.

번역가들만을 예로 들어보자면, ─오시안을 처음으로 번역 소개한 데기용 공작부인[5]과 월터 스콧을 번역한 드포콩프레[6] 부자가 《에튀드 앙글레즈》[7]에 글을 실은 그 어떤 저자도 요구할 수 없는 (완전히 예외적인 경우를 제외하면, 그러니까 《에튀드 앙글레즈》에 글을 실은 저자가 볼테르나 텐처럼 중요한 작가인 경우를 제외하면) 자리를 차지하는 것이다.

그리고 이 점에 관하여, 식견을 갖춘 독자들에게서조차도 아주 흔하게 발견되는 실수를 짚고 넘어가고 싶은데, 우리가 읽는 번역서 대부분은 불성실하게 잇속만 차리거나 엉터리로 얼렁뚱땅 해치우는 사람들 혹은 무능한 아마추어들의 작품이며, 교양인들 사이에서 훌륭하다고 정평이 난 작가들(예를 들자면 앙드레 지드나 폴 클로델)이 아주 최근 들어서, 그리고 아주 예외적으로, 번역가 노릇을 하기 시작했다고 착각하는 것이다. 실제로, 프랑스어로 번역된 영문학 고전 총서─초서에서 조지프 콘래드에 이르기까지─는 전반적으로 상당히 준수하다. 몇몇 번역가들, 그러니까 볼테르, 아베 프레보, 샤토브리앙, 보들레르 등은 그들 자신이 불문

---

[5] 데기용 공작부인(Marie-Madeleine de Vignerod, Madame de Combalet, duchesse d'Aiguillon, 1604~1675)는 리슐리외 추기경의 조카로 문학에 대한 조예가 깊고 교양이 풍부했으며 4개 국어를 구사하고 코르네유의 『르 시드』를 최초로 옹호한 인물이었다. 오시안의 시들을 부분적으로 번역 소개하였다.

[6] 오귀스트-장-바티스트 드포콩프레(Auguste-Jean-Baptiste Defauconpret, 1767~1843)는 프랑스의 작가이자 번역가로서 파리대학에서 수학한 후 런던으로 건너가서 25년간 그곳에서 살았다. 그의 문학 활동 대부분은 영국과 프랑스 사이의 교류에 바쳐졌으며, 월터 스콧의 영향이 농후한 소설들을 남겼고, 스콧, 찰스 디킨스, 헨리 필딩, 워싱턴 어빙 등의 작품들을 번역하였다.

[7] 《에튀드 앙글레즈(Études anglaises)》는 《라 르뷔 앙글로-아메리켄(la Revue anglo-américaine)》의 뒤를 잇는 잡지로서 1937년에 창간되었다. 국내외적으로 폭넓은 독자를 보유하고 있는 이 잡지는 1년에 4번 발행되며, 국내외 영문학자, 영어권 문학 및 문화 전문가 등의 성과를 소개한다.

학의 고전작가들이기도 하며, 다른 번역가들은 마담 리코보니[8](마리보가 미완으로 남긴 『마리안느의 일생』을 완성하는 영광을 누렸다)와 자크 들릴[9]처럼 상당히 존경할 만한 작가이거나 아니면 경험도, 솜씨도, 그뿐만 아니라 프랑스어에 대한 감각까지도 부족함이 없는 직업 번역가들로서, 아세트 출판사의 총서에 들어 있는 디킨스나 새커리 작품들을 옮긴 번역가들을 예로 들 수 있다. 요컨대, 우리는 영문학의 기념비적 작품 거의 모두에 대해서 준수한 번역을, 가끔은 아주 뛰어난 번역―애드거 앨런 포(보들레르의 번역[10])와 대니얼 디포의 『몰 플랜더스』(마르셀 슈보브[11]의 번역)의 경우가 그렇다―을 갖고 있다고 하겠다. 이에 관하여는, M. A. 코

---

8) 마리-잔 리코보니(Marie-Jeanne Riccoboni, 1713~1792)는 프랑스의 배우이자 소설가이다. 다수의 소설과 몇 편의 운문, 한 편의 희곡을 남겼으며, 라르보가 언급하고 있는 『마리안느의 일생』의 뒤를 잇는 속편은 1761년에 내놓았다. 번역가로서는 데이비드 개릭, 조지 콜맨의 희곡 등 5편의 희곡을 번역하였다.
9) 자크 들릴(Jacques Delille, 1738~1813)은 프랑스의 시인이자 번역가이다. 베르길리우스의 「농경시」를 번역하여 유명해졌으며, 특히 농경시에 붙인 역자 서문은 번역의 기교 및 번역의 어려움에 관한 재기발랄한 에세이이다.
10) 보들레르는 1846에서 1847년 사이에 포의 작품을 알게 된다. 자기가 쓰고자 했으나 머릿속에서 아직 구체화되지 않은 이야기들을 포가 먼저 썼다고 말할 정도로 포와의 정신적 친화성을 느낀 보들레르는 직접 그의 작품을 번역하기에 이른다. 보들레르는 1865년까지 포의 번역에 매달렸는데, 보들레르가 프랑스에 포를 최초로 소개한 번역가는 아니지만 그의 번역은 최고의 번역으로 손꼽힌다. 1852년에 『기이한 이야기(Histoires extraordinaires)』, 1857년에 『새로운 기이한 이야기(Nouvelles histoires extraordinaires)』, 1865년에 『어서 고든 핌의 모험(Aventures d'Arthur Gordon Pym)』, 『유레카(Eureka)』, 『그로테스크하고 진지한 이야기(Histoires grotesques et sérieuses)』를 번역 소개한다.
11) 마르셀 슈보브(Marcel Schwob, 1867~1905)는 프랑스의 시인이자 번역가로 클로델 등의 상징주의자들과 가까웠다. 산문시와의 경계에 위치한 콩트를 발표했고, 이때 그가 보여준 새로운 문학기법들은 지드, 포크너, 보르헤스 등에게 영향을 준다. 번역 작품으로는 1895년에 디포의 『몰 플랜더스(Moll Flanders)』를 출간한 바 있고, 외젠 모랑과 공역한 셰익스피어의 『햄릿』 등 다수가 있다.

쥘(Koszul)이 쓴 『영문학 선집』[12]을 참고하면 유익하고 흥미로울 텐데, 이 선집은 어떤 의미로는 즈느비에브 샤플랭(1625: 필립 시드니 경)[13]에서부터 클로드 로레(1909: 셸리),[14] 그리고 메르퀴르 드 프랑스[15]와 누벨 르뷔 프랑세즈[16] 그룹에 이르는, 영문학 번역작품 선집이기도 하다. 끝으로, 비록 이 선집에 누락된 번역 작품들이 있고(『휴디브라스』를 남긴 17세기 작가 새뮤얼 버틀러나 『에레혼』을 남긴 19세기의 작가 새뮤얼 버틀러는 이 선집에 실리지 않았다). 이 선집이 완성된 시기인 1912년 혹은 1913년에서 내용이 끝나고 있지만, 영문학에 관한 한 우리가 갖고 있는 최상의 선집임은 확실하며, 그리고 영문학을 전반적으로 알고 싶어 하나 텍스트를 직접 읽을 수 없는 사람들이라면 텐의 저서[17]와 에드먼드 고스[18]의 『영문학사』 (H. D. 다브레 번역) 개론을 읽는 것만큼이나 이 선집을 읽는 것이 필수이다.

∴

12) (원주) 파리, 들라그라브 출판사, '팔라스 총서', 제2권.
13) 즈느비에브 샤플랭(Geneviève Chappelain)은 프랑스의 귀부인으로 1624년과 1625년 사이에 장 보두앵(Jean Baudoin)과 함께, 16세기 영국의 정치가이자 시인, 평론가였던 필립 시드니 경의 목가적 로맨스 『아케이디아(*Arcadia*)』(1580 완성, 1590 출간)를 번역했다.
14) 클로드 로레(Claude Lorrey)는 본명이 이렌 일렐-에르랑제(Irène Hillel-Erlanger, 1878~1922)로 1909년에 시집을 출간했다. 시집 일부가 셰익스피어, 말로, 키츠, 셸리를 다양하게 각색한 작품들이었다.
15) 메르퀴르 드 프랑스(*Mercure de France*)의 기원에는 도노 드 비제(Donneau de Visé)가 17세기 말에 창간한 《메르퀴르 갈랑(*Mercure Galant*)》이라는 잡지가 있다. 수많은 잡지가 그랬듯이 메르퀴르 역시 20세기 들어서면서 출판 활동을 시작하여, 상징주의 글들과 최초의 니체 번역을 출간하며, 지드, 클로델, 콜레트, 아폴리네르의 작품을 펴낸다. 훗날, 앙리 미쇼, 피에르 르베르디, 피에르-장 주브, 루이-르네 데 포레, 피에르 클로소프스키, 외젠 이오네스코, 이브 본느푸아가 이 출판사에서 작품을 출간하게 된다. 1958년에 갈리마르 출판사에 합병된다.
16) 《누벨 르뷔 프랑세즈(*Nouvelle Revue française*)》는 문예비평 잡지로서 앙드레 지드의 후원으로 1908년에 창간되었으며 첫 호는 1909년 2월에 발간되었다. 1911년, 가스통 갈리마르가 편집장이 된 뒤로 이 잡지는 갈리마르 출판사의 가장 귀중한 자산이 된다. 1999년부터 월간에서 계간으로 바뀌었다.

그리고 이 선집이 번역 현황을 정확하게 보여주고 있지 못하다고 해도 봐줄만 한 것이, 이 선집이 발간되고 나서, 특히 최근 20년간, 영어권 문학의 프랑스어 번역 작품 수가 어마어마하게 늘어났고, 프랑스 독자들이 전에는 이름만을 들어 알고 있던 주요 작가들 작품을 읽을 수 있게 되었기 때문이다. 시인 가운데에서는 로버트 브라우닝과 프랜시스 톰슨을 들 수 있다. 소설가로는 조지 메레디스(한 작품만이 번역되어 있었는데, 그 "번역"이란!)와 조지프 콘래드를 들 수 있다. 끝으로 영국 고전 가운데 가장 최근 작품으로는 새뮤얼 버틀러를 들 수 있겠다. 한편, 공공 도서관이나 사설 도서관의 도서목록에는 R. L. 스티븐슨과 토머스 하디, 잭 런던, 아널드 베넷에 관한 색인카드가 새롭게 덧붙여졌다. 아셰트 출판사, 사빈 출판사, 메르퀴르 드 프랑스 출판사가 19세기 후반에 발간한 양질의 번역작품 장서에 스톡 출판사, 크레스 출판사, 르네상스 뒤 리브르 출판사, 베르나르 그라세 출판사, 라 누벨 르뷔 프랑세즈 출판사에서 출간하는 이미 구색을 갖춘 총서들과 신생 출판사에서 내놓기 시작한 총서들이 덧붙여진 지 얼마 되지 않았다. 영문학자들이나 알고 있던 현대 시인과 산문작가들까지도 우리나라에서 번역되어, 로건 피어설 스미스의 『트리비아』[19](필립 네엘)가 '레 카이에 베르' 총서[20] 목록에 덧붙여졌고, 이는 머지않아 적어도 맥스 비어봄의 선집을 갖게 되리라는 희망과, 엄청난 공백이 메워지는 것을 보게 되리라는 희망을, 훌륭한 사설 도서관에 비치

∴

17) 텐은 1863년 5권짜리로 이루어진 『영문학사(*Histoire de la littérature anglaise*)』를 발표하여 엄청난 성공을 거두게 된다.
18) 에드먼드 윌리엄 고스(Edmund William Gosse, 1849~1928)는 영국의 시인, 작가, 번역가이며 스칸디나비아어 전문가이자 비평가이다. 『18세기 문학사(*A History of Eighteenth Century Literature*)』(1889), 『현대 영문학사(*History of Modern English Literature*)』(1897) 등의 저서가 있다.

된 도서목록을 보면 조지 무어라는 그 유명한 이름 밑에 마침내 작품 제목 몇 개가 올라가는 것을 보게 되리라는 희망을 안겨준다.

❖ ❖ ❖

이러한 번역작품 전부를 일일이 거론한다는 것을 불가능하고, 그중 몇몇 작품은 G. 장-오브리, 필립 네엘 (각각 조지프 콘래드와 토머스 하디를 프랑스어로 번역한 영예를 나눠 갖는다) 같은, 우리나라 최고의 번역가 가운데 몇몇 작가의 번역 작품이다. 그런데 오늘은 특히, 새로 나온 번역 작품 가운데에서 두 작품을 독자들에게 소개하고 싶다.

하나는 우리에게 프랜시스 톰슨의 시 다섯 편을 제공해주는데,[21] 「천국의 사냥개」, 「대지의 찬가」, 「가을의 포도덩굴」(프랜시스 톰슨의 장시 가운데에서 일반적으로 가장 중요하다고 꼽히는 것들이다)이 실려 있다. 나머지 시 두 편은 그 유명한 애가 「고(故) 웨스트민스터 추기경에게」와 「조금도 낯설지 않은 곳에서」라는 제목이 붙은 유작이다.[22] (「가을의 포도덩굴」은 이미 폴 클로델이 번역해서 작년에 앙드레 로트의 삽화를 곁들인 호화 장정본으로 출간한 바 있다. 동일한 시에 대한 두 가지 번역을 자세히 비교해보면 재미있을

---

19) 필리프 네엘(Philippe Neel)이 번역한 로건 피어설 스미스(Logan Pearsall Smith)의 『트리비아(*Trivia*)』에는 라르보의 서문이 달려 있다. 이 번역 작품은 1921년에 그라세 출판사의 유명한 총서 레 카이에 베르(Les Cahiers verts)에 그 이름을 올렸다.
20) 레 카이에 베르 총서는 1921년에 그라세 출판사에서 기획하여 대중적 성공을 거둔다.
21) (원주) 프랜시스 톰슨(Francis Thompson), 『천국의 사냥개(*Le Lévrier du ciel*)』 등, A. 모렐(A. Morel) 번역, 파리, 라 메종 데 자미 데 리브르, 오데옹가, 7, 1922.
22) 라르보가 언급하고 있는 톰슨의 시 다섯 편의 원제를 언급된 순서대로 적는다. 「The Hound of Heaven」, 「An Anthem of Earth」, 「A Corymbus for Autumn」, 「To the Dead Cardinal of Westminster」, 「In No Strange Land」.

것이다. 두 번역 모두 뛰어난데, 하나는 좀 더 "클로델"답고, 다른 하나는 좀 더 "톰슨"답다고 말한다면 너무나 간략한 평가를 내리는 게 될까봐 염려스럽긴 하다. 어쨌든 오귀스트 모렐이 번역한 다섯 편의 시로 되돌아가겠다.)

내가 방금 언급한 번역가는 다행스럽게도 시 선집 서두에, 영문학자들이 최근 20년간 출간된 가장 뛰어난 전기 가운데 하나로 꼽는 윌프리드 메넬이 쓴『프랜시스 톰슨의 생애』[23]를 실은 생각을 했다. 번역에는 오귀스트 모렐 자신의 생각과 주가 달려 있다. 이를 남용하면 위험할 수 있지만, 나로서는 찬성하는 관례이다. 나는 독자로서, 어려운 구절을 설명해주고 다시 읽어보게 만드는 역자 주를 책 말미에서 발견하면 기쁘다. 요새는 되풀이해서 읽는 습관이 사라져가는 듯하고 급하게 독서를 끝내는 경향이 있는 것 같은데, 이는 식사를 혹은 다른 종류의 쾌락을 대충 해치우는 것만큼이나 애석한 일이다.

이 시 선집 덕분에(발행부수가 아주 적어서, 이미 귀한 서적이 된 것이 아니라면 곧 그렇게 될 것이다), 프랑스 독자들은 이제 영국의 위대한 시인 가운데 최근 작가의 작품과 재능에 대해 짐작할 수 있게 되었다. 로버트 브라우닝, 테니슨, 코번트리 팻모어, 스윈번의 뒤를 이어 프랜시스 톰슨이 왔고, 우리는 이제 W. B. 예이츠[24]로, 그리고 3, 4세대에 걸쳐 있는 현대 시인들에게로 넘어가게 된다. 로버트 브라우닝은 예외일지 모르겠는데, 모두들 프랑스에서 꽤 알려져 있다. 계관시인인 테니슨은 오래전부터 우리나라의 중등교육과정에 들어 있다(유럽에서는 덜 유명하고 영국에서는 테

---

23) 윌프리드 메넬(Wilfrid Meynell, 1852~1948)은 영국의 신문 발행인이자 편집인으로, 프랜시스 톰슨을 발굴하고 후원한 공이 크다.
24) (원주) 예이츠 시의 상당 부분이 잔느 리슈네로비츠(Jeanne Lichnérowicz) 양의 번역으로 소개되었다. 그 중 몇 편은 이런저런 잡지에 실리기도 했다.

니슨보다 덜 "공인된" 로버트 브라우닝은 중등교육과정에 들어 있지 않으며, 아주 최근에서야 대학교육과정에 들어간 것으로 알고 있다). 스윈번은 번역이 되었고, 프랑스의 시인들이 호감을 갖고 읽었다. 끝으로 1912년, 프랑스 독자들은 폴 클로델이 코번트리 팻모어의 『미지의 에로스』에서 추려내어 번역한 시편들을 통해서 영국에서는 오랫동안 무명 상태였던 이 위대한 가톨릭 시인을 알게 되었다. 그러니 이제 우리로서는 프랜시스 톰슨을 알아가는 일이 남은 것이다. 이 글을 쓰고 있는 이 사람[25]은 자신이 프랑스 독자들에게 이 시인에 대해서 처음으로 이야기했고(1909년이나 1910년, 시인이 세상을 뜨고 나서 몇 년 뒤에서야 《라 팔랑주》에서) 그의 시를 부분 번역했다고(아주 불완전하기는 하지만) 생각한다. 그 뒤를 이어 외국인들이 프랑스어로 쓴 두 저작(처음 나온 것은 K. 루커의 『프랜시스 톰슨』으로 파리대학의 박사논문이다)이 짧고도 파란만장한 삶을 살다간 시인을 우리에게 소개해줬다. 끝으로 M. 플로리스 들라트르가 낭만주의에서 프랜시스 톰슨에 이르는 영국 시 전반에 관한 중대한 저작을 내놨다.[26] 그러니까 오귀스트 모렐의 시 선집은 적절한 시기에 등장했고, 우리가 그 시 선집을 기다리고 있었다고 말할 수도 있겠다.

하지만 우리의 기다림에 약간의 두려움이 없지는 않았다. 우리는 시인들이 번역되는 순간 얼마나 잃는 것이 많은가를 알고 있었고, 특히 프랜시스 톰슨 같은 시인이 잃게 될 것을 잘 알고 있었다. 어떤 의미에서는 그의 스승이라고 할 수 있는 셸리만큼이나, 그리고, 셸리를 넘어서서 영

---

25) 라르보는 발행된 잡지 《라 팔랑주》 1909년 6월 호에 프랜시스 톰슨의 시 가운데 몇 편을 골라서 번역 소개한 바 있다.
26) 1914년, 《누벨 르뷔 프랑세즈》 제65호에는 플로리스 들라트르(Floris Delâttre)가 쓴 「바이런에서 프랜시스 톰슨까지」라는 글이 실렸다.

국의 16세기나 17세기의 신비주의자들과 가톨릭 시인들이 결부되어 있는 만큼, 어쩌면 그보다 더 잃게 될지도 모른다. 이 시들을 번역하자면 시인이, 풍요롭고 폭넓은 어휘를 보유한 시인이 필요했다. 프랜시스 톰슨에게, 그리고 우리에게도 다행스럽게, 오귀스트 모렐이 이러한 조건을 충족시켜줬다. 그의 번역이 원문의 리듬을 희생시킨 측면이 있을지도 모르지만, 어휘를 정확하게 재현하고 있으며, 우리가 프랜시스 톰슨의 시를 읽을 때 받는 인상과 유난히도 근접한 인상을 안겨준다. 우리는 가톨릭 시에서 발견되는 특징, 제의처럼 다가오는 그 무언가(그의 시의 주요 특징이다)를 번역에서 다시 만난다. 프랜시스 톰슨에게서는 자연을 다룬 시들조차도, 빛, 벽걸이 천, 황금붙이, 어둠 속에 쌓인 호사로움, 음악이 넘치는 대성당 특유의 그 무언가를 갖고 있다. 그리고 스테인드글라스로 장식한 천장도. 그리고 단어들도, 이 모든 것을 암시하는 영어 단어들도 일상의 말과 너무나 동떨어져 있어서 그 말들을 알아보기까지 멈칫거리게 되고, 어떠한 마술을 부려서 이 말들이 이렇게, 그러니까 제의용 라틴어처럼 호화로우며 그 어떠한 범속함도 미칠 수 없는 낯선 언어가 되었는지를 묻게 된다. 조금씩, 조금씩만 이러한 어둠, 이러한 인공적인 빛에 익숙해지며, 이러한 찬란함과 친숙해진다. 그러고 나면 비로소 노래가, 단순하고 순수한 인간의 목소리가 솟아올라서, 이 "길디긴 창공의 사바나"를, 우리 모두이기도 한 "내면의 인간"의 무한한 전망을 모조리 우리 안에 펼쳐놓는 소리가 들린다. 진정, 기이한 "현대적 시인"이 아닌가! 한편으로는 단테의 세계를 향해 수월하게 나아가는가 하면, 또 다른 한편으로는 랭보를 만나게 된다.

오귀스트 모렐이 대단한 인내심을 기울여서 텍스트를 연구하고 번역했고, 텍스트의 그러한 인상을 살려냈다는 것은 그의 대단한 공적이다.

모렐은 영국의 또 다른 위대한 두 신비주의 시인인 존 던과 윌리엄 블레이크의 작품 선집을 내겠다고 한다. 그러한 시도에 따를 어려움 앞에서 전율이 인다. 하지만 모렐에게서 대단한 용기가, 그리고 지금까지는 사실상 다행이다 싶은 용기가 보이기 때문에, 우리나라에서는 사실상 거의 알려져 있지 않은 영국의 가톨릭 신비주의 시 선집을 부탁하고 싶다. R. 사우스웰, 본, 크래쇼 등, 영문학자라면 모두 소중하게 여기는 이 이름들을 여기 나열하는 이유는, 오귀스트 모렐, 그대를 유혹에 빠트리기 위함이다.

최근에 번역 발간된 또 다른 책은 전혀 다른 성격을 보여준다. 미국문학의 고전인 H. D. 소로[27]의 『월든』[28]으로, 번역가는 루이 파빌레로서, 그는 고인이 된 로베르 뒤미에르, H. D. 다브레와 함께 러디어드 키플링의 작품을 프랑스 독자들에게 안겨준 영예를 나눠 갖는 번역가이다.

이렇게 중요한 책은 30년 전부터 프랑스어로 번역되어야 했을 텐데, 그 당시라면 미국의 출판사들뿐만 아니라 영국의 출판사들도 이 책의 저작권 시효가 이미 만료된지라 자신들이 발간하던 고전 총서와 "세계 문학 걸작" 시리즈에 포함시켜서 다시 찍어내던 때이다. 독일에서도, 그리고 내가 알기로는 덴마크에서도 20여 년 전에 이 작품이 번역되었으니, 그 나라에서 이 번역작품이 어떤 영향을 미쳤는지를 연구해보면 흥미로울 것이다. 확실한 소식통에 의하면 프랑스에서는 1899년과 1902년 사

---

27) 헨리 데이비드 소로(Henry David Thoreau, 1817~1862)는 미국의 에세이스트, 철학자, 회상록 작가이자 시인이다. 특히 기술문명과 동떨어진 단순한 삶에 대한 성찰을 모아놓은 『월든』과, 부당한 정권에 대한 개인의 저항을 설파한 『시민 불복종』으로 유명하다.

28) (원주) H. D. 소로(Thoreau), 『월든 혹은 숲속 생활(*Walden, ou la vie dans les bois*)』, 루이 파빌레 번역, 누벨 르뷔 프랑세즈 출판사, 파리, 1922.

이에, 몇몇 젊은이들이 이 작품의 존재를 알고 원서를 구해 읽었으며, 그들은 이 작품에서 정신적 영향을 받았고, 이 작품이 그들의 작품에도 상당한 문학적 영향을 끼쳤다고 한다. 이들 젊은이들은 월트 휘트먼을 막 발견한 참이었고, 미국 시인과의 최초의 접촉에서 오는 흥분에 잠겨 포에서부터 당시의 최신 작가들에 이르기까지, 미국 문학을 공부하기 시작했다. 그리하여 그 와중에서 우선 R. W. 에머슨을, 곧 그 뒤를 이어서 H. D. 소로와 그의 작품 『월든』을 만나게 되었다.

그런데 스무 살짜리 젊은이로서는 『월든』을 읽는 것이 그 무엇과도 비교할 수 없는 축제인 셈이다. 이는 설교를 시적으로 주해한 글이라고 하겠다. 유년기를 박차고 나와서 삶을 누리시오! 작가는 열정과 집요함, 풍부한 이미지와 항거할 수 없는 강력한 아이러니를 동원해 독자에게 이렇게 말한다. "여러분 자신을 믿어라. 스스로 살아가라. 당신 윗세대가 한 말들에 귀 기울이지 마라. 여러분 스스로의 삶만을 믿어라. 전통과 상식적인 의견이 여러분에게 강요하는 의무들은 함정이다. 복종하지 마라! 현대적 삶의 이기들은 함정이다. 그것들 없이 지내는 법을 배워라! 부자가 되려고 평생을 그토록 힘들게 수고했고, 자유인으로서가 아니라 노예로서 삶을 영위했던 여러분의 아버지가 짓게 한 이 집이 여러분에게는 필요가 없다. 필요 없는 정도가 아니라 방해가 된다. 그 집은 여러분의 감옥이다. 그것은 우스꽝스러울 정도로 거대하고 무거운 여행가방이어서 여러분이 여행을 떠나고자 할 때 어떤 철도회사도 실어다주지 않을 것이다. 여러분은 그 가방 때문에 어쩔 수 없이, 여러분이 이 세상의, 이 우주의 시민으로 태어났을 당시 살았던 바로 그 도시에서 계속 살아가야 한다. 재산을 불리거나 사무실에 갇혀서 일한다는 것이 우리 인간에게 얼마나 이상한 일이며 얼마나 얼토당토않은 일인가! 여러분은 자유롭도록, 그리고 여유를 누리도록 태어났다. 여러분의 처지가 어떠하든지 간에 자유와 여유로 이끌 가장 짧은 길을 찾아내야 한다는 생각만 해라. 여러분이 이 두 가지를 발견하면 그때에 비로소 자신의 영혼을 오롯이 차지하게 되고 인간이라는 이름에 진정 어울리는 사람이 된다. 집을 팔고, 농장을 팔아라. 그 무게에 짓눌려 여러분의 영혼이 파멸에 이를 그런 재산보다야 돈이 실어 나르기가 보다 쉽다. 그리고 나서 돈을 상대하라! 가능한 한 빠르게 돈을 써서 없애라. 돈으로 얻을 수 있는 쾌락, 돈으로 생겨난 습관, 돈이 안겨준 사회적 지위들은 노예 상태의 또 다른 형태일 뿐이다. 또한 시민이라는 자격이 여러분에게 안겨준 이러한 권리를 거부하고 그러한 자격이 여러분에게 강요하는 의무에서 해방되라. 국가를 신뢰하지 마라. 그것은 여러분의 천적이다. 그 폭군에게 무기를 주지 마라. 세금을, 군 복무를, 배심원 제도를 거부하라. 사회를 배척하고, 국가를 배척하라. 이 두 폭군에게 격렬히 저항함으로써, 불멸의 영혼의 구원이라는 보상을 받게 될 것이다. 지금 여러분에게 말을 건네고 있는 이 사람은 그런 일을 해봤다. 나는 이처럼 전적인 무관심에 따라서, 내가 몸담고 살아가나 실용주의에 물든 천박한 이 사회에 대한 완벽하며 마음 깊이에서 우러나는 초연함에 따라서, 내 안에 있었고 여러분 모두의 내면에 들어 있는 반항정신에 따라서 행동했다. 하지만 여러분은 나약하고, 욕망으로 가득하며 겁쟁이어서, 때로는 유혹에 끌려가고 때로는 위협에 굴복한다. 나는 사회와 여론, 그리고 국가를 딛고 일어서는 데 성공하여서, 근사한 연못 근처의 숲 속으로 들어가, 합법적으로 점유할 권리가 없는 대지 위에다 빌린 도구들을 이용해서 직접 오두막을 짓고 2년간 살았다. 나는 내게 필요한 것들을 최소화하여 생필품을 스스로 충당했기에, 노동의 법칙에서 완벽에 가까울 정도로 벗어날 수 있었다. 늘 자연을 바라보며 벗 삼아 지냈고, 친구들 혹은 지나가던 사람들의 방문을 받았고, 인도와 중국의 경전들을 읽고 성경과 호메로스 작품을 읽었으며, 사냥을 하고, 낚시를 하고, 채마밭을 조금 일궜으니, 바로 이러한 행위들이 나의 유일한 관심거리이자 주요 소일거리였다. 이 두 해가 내게는 건강과 행복, 충만으로 점철된 두 해, 즉 자유의 두 해였다. 나는 우리의 정신 건강과, 우리의 "자아"의 완전함을 해치는 정신적·사회적 구속들을 모두 끊어버렸다. 이리하여 나는 나 자신을 되찾았다. 그 뒤, 변덕이 일어서 인간들 사이로 되돌아오자 세금을 내지 않았다고 옥살이를 했는데, 나로서는 상당히 웃기는 일이었다."

이러한 발언이 팔팔한 젊은이의 정신에 미치는 효과에 대해서는 의심할 여지가 없다. 특히 그 발언이 다음과 같은 결론으로 끝이 난다면 말이다. "…… 그러니 어떠한 연줄도 만들지 말고, 그 어떤 직업적 경력도 쌓지 말 것이며, 오로지 이 세상의 영예로운 인물들 가운데 하나가 될 생각만을 하라." 끝없이 이어지는 박수! 이것은 학창 시절의 반항을 하나의 원칙으로 끌어올린 것이다. 반항을…… 더 나아가서는 단순한 "소란"을 철학적으로, 종교적으로 정당화하는 것이다. 어쨌든, 이것은 자신의 인격과 성격의 뼈대를 튼튼히 하기 위해, 자기 자신에 대한 믿음을 강화하기 위해, 자신의 성향을 보다 분명하게 파악하기 위해, 그리고 자신의 길을 찾기 위해, 젊은이가 필요로 하는 바로 그런 연설이다. 대부분의 경우에 인생살이가 젊은이의 반항 충동을 약화시키게 되는데, 그런 일은 곧 닥치게 될 것이다.

경험이 풍부한 사람이 『월든』을 읽으면 그 안에서 서로 충돌하는 잘못된 생각과 올바른 생각들을 쉽게 가른다. 그는 삶 일반과 마찬가지로 사회적 삶은 특히나 적응 문제임을, 그러니까 맞바꿈과 타협의 문제임을 알고 있다. 소로는 사회가 완전하지 못하다는 것을 알고 있기 때문에 ― 지적으로 여전히 영국의 속국인 뉴잉글랜드와 미국이 보여주는 사회의 이미지를 보았기에, 당시 영국 대중의 정신 속에서 보다 저열하게, 보다 위선적으로, 보다 감정적으로 드러나는 실용주의적인 그 어떤 것을 보았기에, 소로는 고상하며 섬세함이 넘쳐흐르는 영혼의 소유자로서 그것을 끔찍스럽게 여겼을 것이다― 소위 사회계약을 고발하는 한편 일종의 금욕주의를 설파한다. 어김없이 적응의 장애물로 작용하며 소로의 주장을 헛된 것으로 만드는 금욕주의는 실천하기가 어렵다는 점에서는 "단순한 삶"과 맞먹는데, 소로 역시 그 최초의 전도자 축에 낀다고 할 수 있는 단순한 삶은 때때로 돌아오는 일종의 유행과 같다. 하지만 다른 한편으로는, 인간 안에 들어 있는 보다 고귀한, 보다 고양된, 그리고 행복에 보다 민감한 그 모든 부분을 향해 열렬한 호소를 보내고 있다. 이 시적 대(大) 주제는 소로의 뒤를 이어 바로 디오니소스적인 도취로, 니체에게서는 초인의 도래로 나타나는데, 그 기원을 순전히 그리고 오로지 기독교에 두고 있다. 그러니까 "그리스도를 따르기 위해서 모든 것을 버려라"인 것이다. 어떤 신학자가 이렇게 말할지도 모르겠다. "그렇다고 칩시다. 그런데 선생이 말하는 그리스도는 대체 무엇을 의미하지요?" 그런 질문에 소로라면 이단이라고 할 만한, 초기의 그 케케묵은 이단, 오래전에 장렬하게 전사한 뒤로 사람들이 죽은 걸로 생각하는 이단이라고 할 만한 답변을 할 것 같다. "그대가 생각하는 바로 그 그리스도"라고 대답하지 않는 한 빠져나갈 길이 없을 테니, 교회의 신학박사들과의 문제는 소로가 알아서 하게 내버려두자.

이뿐만 아니라 『월든』은 아주 아름다운 작품이기도 하다. "어찌나 신나는 음악이 흐르는지, 제도권에서 이에 저항한다는 것이 놀랍다." 이 말은

H. D. 소로의 능변에 완벽하게 들어맞는데, 그의 능변은 정치적 능변이 아니라 수준 높은 시다. 한편 그에게서, 그리고 이 책에서 (그의 다른 저서에서도 마찬가지인데, 적어도 『케이프 코드』와 4계절을 제목으로 하는 책 네 권에서는[29]) 보이는 것은 자연을 읊는 위대한 시인, 뉴잉글랜드의 비견할 데 없는 풍경화가이기도 하다. 그리고 그에게서는 몽테뉴풍의 에세이 작가도, 스스로를 연구하고 친숙하게 자기 얘기를 하는 사람도 보인다. 『수상록』과 월든 사이의 이러한 연관성은 20년 전 처음 월든을 읽었을 때에는 그다지 명확하게 드러나지 않았다. 첫 인상으로는, R. W. 에머슨과 뉴잉글랜드 그룹 전체는 (그러니까 19세기 중후반의 미국 철학 전반) 특히 독일 낭만주의 철학에 가까운 듯했다. 그 뒤 레지 미쇼의 연구[30] 덕분에 에머슨에 대한 몽테뉴의 영향이 피히테나 헤겔의 영향만큼이나 컸음이 분명하게 드러났다. 몽테뉴가 H. D. 소로에게 미친 영향은 부인할 수 없다.

프랑스에서는 그 이름이 이미 키플링이라는 이름과 불가분의 관계를 맺고 있는 M. 루이 파뷜레가 온갖 정성을 다 기울이고, 우리가 원하는 열정을 쏟아부어 『월든』을 번역했다. 그가 번역 전반에서 일관되게 사용하고 있는 통사상의 몇몇 영어식 표현은 처음에는 조금 위험한 듯 보인다. 하지만 결국에는 이러한 표현 덕분에, H. D. 소로의 문체와 특유의 말투가 주는 느낌이 상당히 정확하게 구축된다. 훌륭한 학생이라면, 아

---

29) 라르보가 이 구절에서 언급하고 있는 소로의 작품은 다음과 같다.
　『케이프 코드(Cape Cod)』(1865), 『매사추세츠의 이른 봄(Early Spring in Massachusetts)』(1881), 『여름(Summer)』(1884), 『겨울(Winter)』(1888), 『가을(Autumn)』(1892).
30) 레지 미쇼(Régis Michaud)의 관련 연구서로는, 『에머슨을 둘러싼 미국의 사상(La Pensée Américaine Autour D'Emerson)』(1924), 『에머슨의 미학, 자연, 예술, 역사(L'Esthétique d'Emerson, la nature, l'art, l'histoire)』(1927), 『에머슨의 계시받은 삶(La vie inspirée d'Emerson)』(1930) 등이 있다.

주 희미하게라도 영어식으로 보일 수 있는 표현 전부보다도 닳고 닳은 프랑스식 표현을 선호한다. 훌륭한 번역가라면 "그보다 더 잘할 줄 알"아서, 영어식 표현이 생생하고 활기차다면 서슴지 않고 그 표현을 채택한다. 독자는 자신의 번역에 서문을 쓰고, 프랑스어판『월든』서두에 근사한 소로 옹호론을 쓴 루이 파빌레에게 고마워할 것이다.

발레리 라르보

# 옮긴이 해제

## 1. 작가 및 작품 소개

발레리 라르보(Valery Larbaud, 1881~1957)는 20세기 전반기의 프랑스에서 작가, 번역가, 평론가로 왕성한 활동을 펼친 인물이다. 유복한 환경에서 태어나 어려서부터 유럽 각국의 문물과 언어에 접할 기회가 잦았고, 이러한 유년기는 그에게 영어, 이탈리아어, 스페인어, 독일어 등 다양한 언어를 구사할 수 있는 능력과 타자의 문화의 낯섦을 포용할 수 있는 능력 또한 키워주었다. 요컨대 번역가에게 필수적인 두 가지 자질을 모두 갖춘 이상적인 경우였다.

라르보는 평생을 책읽기[1]와 글쓰기로 자신의 삶을 채워나갔으며, 책읽기를 통해 발굴한 작가를 번역이라는 글쓰기를 통해 자국의 독자들에게 적극적으로 소개하였다. 특히, 본국에서 출판에 어려움을 겪고 있던 제임스 조이스의 『율리시스』를 프랑스에서 출판할 수 있도록 고군분투하던 셰익스피어 & 컴퍼니 서점 주인 실비아 비치를 적극 도우면서, 자진

---

[1] 라르보는 영어권 작품과 불어권 작품을 소개하는 저술을 1925년과 1941년에 각각 발표하였다. 두 저술의 공통된 제목인 『이 처벌받지 않은 죄악, 독서』는 문학에 대한 그의 무궁한 애정과 독서 마니아로서의 그의 면모를 잘 보여준다.

하여 번역 감수를 맡고, 조이스 작품의 문학성에 대한 프랑스 문단의 인정을 이끌어낸 일은 유명하다. 라르보의 번역을 거쳐 프랑스 독자들에게 소개되는 행운을 누린 작가들로는 새뮤얼 버틀러, 새뮤얼 테일러 콜리지, 라몬 고메스 데 라 세르나 등을 꼽을 수 있다.

라르보는, 창작에 비해 번역이라는 글쓰기의 열등성에 대한 이데올로기가 이미 확고하게 뿌리내린 20세기에 작가로서의 뛰어난 재능을 서슴없이 번역에 바친 거의 유일한 인물이다. 그는 라틴어역 성서『불가타』를 남긴 성 히에로니무스를 번역가들의 수호성인으로 추앙했지만, 번역실천과 번역이론 양 분야에서 남긴 커다란 족적을 고려해볼 때 라르보 자신이야말로 20세기의 성 히에로니무스라고 칭할 만하다.

『성 히에로니무스의 가호 아래(Sous l'inovocation de Saint Jérôme)』(1944)는 번역에 대한 발레리 라르보의 무한한 애정과 번역 경험에서 길어 올린 번역에 관한 진지한 성찰, 그리고 그만의 문학관과 폭넓은 독서 경험이 뒤섞여 있는 독특한 성격의 에세이집이다. 번역학의 고전이라고 할 수 있는『성 히에로니무스의 가호 아래』의 구성에 대해 잠시 소개하겠다.

## 2. 구성

이 저서는 3부로 구성되어 있다.

1부는 번역가들의 수호성인으로 알려진 성 히에로니무스에게 전적으로 바쳐진 글로서, 히에로니무스에 관한 전기적 사실과 그가 남긴 텍스트들을 바탕으로 구성되었다. 에세이적 문체 때문에 이 글의 연구 논문적인 성격이 많이 가려졌으나, 라르보 스스로 해석 이전에 정확한 사실이 바탕이 되어야 한다는 주장을 늘 펼쳤던 만큼 이 글이 그 어떤 연구 논문보다도 치밀한 고증을 바탕으로 하고 있다는 점은 특기할 만하다. II부 「예술과 직능」은 '번역에 대하여'와 '고찰' 두 부분으로 나뉘어 있다. III부는 「기법 혹은 영감에서부터 인쇄술까지」라는 제목을 달고 있다.

비록 3부의 구성을 갖췄지만, 그 성격이 확연히 다른 I부를 제외하면, 번역, 국내 및 국외의 문학, 예술, 여행, 역사, 출판 등 잡다한 주제를 가리지 않고 다루고 있는 길고 짧은 에세이들을 묶어 놓은 II부와 III부 사이에 본질적인 차이는 없다. 에세이 발표 순서로도, 내용 면으로도 명확한 체계를 거부하고 있는 이러한 구성방식은 라르보의 저서가 비체계적이며 무질서하고, 전문가답지 못하다는 인상을 강화시켜주지만, 역으로 라르보의 자유분방한 정신과 일맥상통하는 지점이기도 하다. 어떤 면에서는, '딜레탕트'라는 수식어가 평생 따라다녔고, '아마추어리즘'을 본래적 의미로 받아들여서 자신을 기꺼이 아마추어로 인정했으며, 형식이나 틀, 권위에 얽매이기를 싫어했던 라르보라는 인물 자체를 생각해보면, 이러한 구성의 부재를 보여주는 구성 방식에는 라르보의 정신이 잘 반영되어 있다고 볼 수 있다.

### 3. 번역이론가들의 평가

라르보의 번역에 대한 사유는 번역이론가들에게서 대체로 긍정적인 평가를 받아왔다. 물론 늘 그들의 긍정적 평가에는 이론적 체계성의 부족이라는 단서가 달려 있었다는 점을 감안해야만 한다. 하지만 이론의 진정한 가치가 일부 현대 번역이론들에서 나타나는 기계적인 도식화를 의미하는 것이 아니라면, 라르보의 번역에 관한 사유가 보여주는 깊이와 폭은 그러한 단서 조항들이 비본질적임을 보여준다.

언어학적 관점에서 번역에 접근한 조르주 무냉(George Mounin)은 라르보에 대하여 "따라서 번역에 의해 제기된 문제들에 대한 성찰은 20세기 초반까지 작가들의 특권적 영역으로 남아 있었다. 번역 자체가 문학, 미학, 문체론, 비평의 문제로 간주되었으며, 결코 언어학적 독서를 통한 정보를 갖추지 못한 상태였다. 1945년 이후 문학적이며, 풍요롭고, 감수성이 있지만 서로 어울리지 않으며, 종종 언어학적으로 잘못된 배경을 지닌 이런 모든 경험들이『성 히에로니무스의 가호 아래』라는 저서로 집결되었다"라는 평가를 남겼다. 번역학은 언어학의 하위 분야이며 언어학을 통해서만 번역의 본질적 메커니즘을 과학적으로 증명할 수 있다고 생각한 언어학 만능주의자다운 평가라고 할 수 있다. 무냉의 평가가 갖는 가장 큰 약점은 라르보의 텍스트 자체에서 출발하여 라르보의 번역에 관한 사유를 평가한 것이 아니라 언어학자의 입장에서 출발하여 언어학의 틀을 가지고 라르보의 사유를 재단한다는 점이다.

조지 스타이너(George Steiner) 역시 무냉이 라르보에게서 봤던 한계를 똑같이 지적하고 있다. 그 역시『성 히에로니무스의 가호 아래』에 대해 번역사와 철학적·시학적 관점에서 보면 탁월하나 "엄밀성은 결여"되어 있다고 평가한다. 스타이너가 말한 엄밀성의 결여와, "서로 어울리지 않으며, 종종 언어학적으로 잘못된 배경을" 동원하고 있다는 미셸 발라르(Michel Ballard)의 비판은 그 궤를 같이한다.

반면에 앙투안 베르만(Antoine Berman)은 소위 '이론'의 면모를 갖추지 않았다는 동일한 사실을, 그러니까 기존의 어떠한 이론적 틀로도 번역을 가둬두지 않으려고 했던 라르보의 성향을, 번역실천과 번역이론이 어우

러진 번역현상이 독자성을 지닌 나름의 학문적 영역을 구축하고 있다는 점을 의식적으로든 무의식적의로든 깨닫고 있었기 때문인 것으로 해석한다.

### 4. 발레리 라르보는 의미중심 번역론자인가?

프랑스의 번역이론가 미셸 발라르는 『번역가들의 초상(Portraits de traducteurs)』에서 발레리 라르보에게 한 장을 할애하고 있다. 발라르는 의미중심 번역이론을 지지하는 입장에 서 있는 만큼 라르보를 의미중심 번역이론가로 소개하면서, 의미중심 번역이론을 격렬하게 비판하는 베르만이나 앙리 메쇼닉(Henri Meschonnic)과 대척점에 서 있는 번역가로 인식시키려고 애를 쓰는데, 때로는 이것이 지나쳐서 왜곡과 해석의 경계에서 흔들리고 있다는 느낌을 준다.

가령 『성 히에로니무스의 가호 아래』에 실린 「뾰족한 연필심(Pointes de crayons)」이라는 에세이의 한 구절을 해석할 때 그러한 경향이 뚜렷이 나타난다. 발라르는 "내가 원저자의 경구풍 문장을 좀 더 프랑스적인 표현으로 옮기려고 애를 쓰는 순간들"이라는 구절에서 프랑스적인 표현으로 옮긴다는 발언을 라르보가 의미중심 주의자인 주요 증거로 내세운다. 이 에세이는 번역가 라르보가 새뮤얼 버틀러의 『잡문집(Note-Books)』 번역을 다시 손보는 과정에서 탄생했다. 발라르가 인용한 그 구절은 그저 번역 재교 작업을 의미할 뿐이며, 에세이 결론 부분에 가면 심지어 발라르의 해석은 완전한 왜곡임이 드러난다. 라르보는 소위 "프랑스적인 표현으로 옮기려고 애쓴" 결과물을 보면서, 그 결함을 발견하게 된다. "감탄부호가 너무 많다. 이는 감탄부호를 거의 쓰지 않는 새뮤얼 버틀러의 글투가 아니다."요컨대 라르보는 자신의 번역이 지나친 의역으로 인해 원저자의 텍스트를 훼손하는 결과를 낳고 말았다고 생각한다. 그는 원저자가 "이 글을 쓰면서 느끼는 기쁨은 내향적이고 내밀한데, 감탄부호로 말미암아 너무 튀고 너무 요란스러운 것이" 되었다고 지적하면서 자신의 지나친 의역과 그 한탄스러운 결과를 "나는 경구를 번역하면서 심을 너무 뾰족하게 갈려고 했고, 그 바람에 심이 부러져버렸다"는 말로 돌려서 표현한다. 요컨대 '뾰족한 연필심'은 오히려 우리식의 표현이 지나치면, 지나치게 뾰족한 연필심이 부러지고 말듯이, 번역이 '부러질 수 있음'에 대한 경고이다.

발라르는 라르보의 번역에 관한 사유를 아전인수 격으로 해석하는 경향이 있음에도 불구하고 의미중심 번역론과 반(反)의미중심 번역론의 대결구도에서 벗어나서 라르보의 사상을 평가할 때는 비교적 정확하다. 그가 라르보에게 할애한 장을 어떻게 마무리 짓고 있는지 살펴보자. 발라르는 "물론 번역에 관한 그의 성찰들이 지니는 다소 '뒤죽박죽인' 측면이 오늘날의 번역학 관점에서는 놀라운 일이며, 심지어는 짜증날 만한 것일 수도 있다. 하지만 과연 현재의 법으로 어제를 재단할 수 있는가? 〔……〕 몽테뉴의 수상록이나 폐허가 된 고대의 유적들처럼 라르보의 사유들은 몇몇 결핍과 무질서함으로 인해 거슬릴 수도 있는 게 사실이지만, 그것이야말로 경계를 폐기할 수 있는 정신으로부터 나온 결과물이기 때문에 인본주의적인 성찰을 이끌어내는 데 있어 아주 탁월하기도 한 것이다."라고 라르보에게서 번역학의 선구적 이론가로서의 면모를 부각시켜준다.

## 5. 번역학의 시원(始原)에서

『성 히에로니무스의 가호 아래』에는, 훗날 번역에 관한 이론적 성찰이 번역학이라는 이름으로 제도권 내에 자리 잡고 난 후 여러 갈래로 뻗어 나가면서 다루게 될 그 모든 주제들이 거의 다 담겨 있다. 단지, 동일한 주제를 놓고서도, 현대의 다양한 번역학 이론들은 비전공자의 접근을 쉬이 허락하지 않는 전문적인 언어를 휘두른다면, 라르보는 유려한 문체와 고아한 언어를 구사하며, 그리고 박학다식하나 현학적이지 않은 인간적인 면모를 내비치며, 독자에게 지적 즐거움을 안겨준다는 점이 다르다고나 할 것이다. 여러 가지 의미로, 번역학의 시원에 존재하는, 그 번역사적 의미가 거대한 작품이라고 하겠다.

# 찾아보기

## ㄱ

가르니에, G.(G. Garnier) 91, 99
가우덴티우스(Gaudentius) 40
갈베스, 마누엘(Manuel Gálvez) 295, 296
게강, 베르트랑(Bertrand Guégan) 229, 381
고도, 앙투안(Antoine Godeau) 391
고메스 데 라 세르나, 라몬(Ramón Gómez de la Serna) 384, 430, 452
고비(Govi) 197
고야, 프란시스코 데(Francisco de Goya) 369
괴테, 요한 볼프강 폰(Johann Wolfgang von Goethe) 55, 118, 160, 161, 166, 339, 427
구베르나티스, 안젤로 데(Angelo De Gubernatis) 333, 334
구아 드 말브(Gua de Malves) 사제 98
구이랄데스, 리카르도(Ricardo Güiraldes) 298
기조(Guizot) 97
기조 마담(Mme Guizot) 99
기프레, J.(J. Guiffrey) 99

## ㄴ

나리슈키나, 나탈랴 키릴로브나(Natayla Kirillovna Naryshkina) 181
네로(Nero) 44
네르발, 제라드 드(Gérard de Nerval) 147, 359
네포티아누스(Nepotianus) 35, 73
노디에, 샤를(Charles Nodier) 97
니체, 프리드리히(Friedrich Nietzsche) 23, 322, 437, 447

## ㄷ

다르메스테테르, 아르센(Arsène Darmesteter) 279
다마수스 1세(Saint Damasus I) 11, 18, 20, 35, 39, 44, 52
단테, 알리기에리(Alighieri Dante) 37, 46, 160, 178, 226, 228, 229, 239, 264, 270, 309, 331, 428, 442
달랑베르, 장 르 롱(Jean Le Rond d'Alembert) 124
당틴, 동 모르-프랑수아(dom Maur-François Dantine) 380

데 로슈, 마들렌 느뵈(Madeleine Neveu des Roches) 227
데 로슈, 카트린 프라도네(Catherine Fradonnet des Roches) 227
데 상티스(상크티스), 프란체스코(Francesco De Sanctis) 77, 88, 89, 121, 158, 160, 161, 178, 331
데기용 공작부인(duchesse d'Aiguillon) 98, 435
데모스테네스(Demosthenes) 66, 121
데샹, 장(Jean Deschamps) 99
데카르트, 르네(René Descartes) 33
데포르트, 필리프(Philippe Desportes) 229
데퐁텐, 피에르(Pierre Desfontaines) 97
도나투스(Donatus) 66
도메니키노(Domenichino) 45, 50
도비녜, 테오도르-아그리파(Théodore-Agrippa d'Aubigné) 206, 369
도스토옙스키, 표도르(Fyodor Dostoyevsky) 167
돌레, 에티엔(Étienne Dolet) 121, 124
돌바크, 폴 앙리 디트리히(Paul Henri Dietrich d'Holbach) 97
두아디, 쥘(Jules Douady) 111
뒤 벨레 → 벨레
뒤르페, 오노레(Honoré d'Urfé) 205, 299
뒤자르댕, 에두아르(Édouard Dujardin) 259, 260
뒤카스, 이지도르(Isidore Ducasse) 210
드 라 파예트 공작부인(Mme de La Fayette) 259, 260
드라이든, 존(John Dryden) 200

드록키니(Derocquigny) 111
드루아, 에밀(Émile Deroy) 361
드 방빌 → 방빌
드보, 폴(Paul Devaux) 300
드 포콩프레, 오귀스트-장-바티스트(Auguste-Jean-Baptiste Defaucompre) 99, 100, 435
들릴, 자크(Jacques Delille) 97, 436
디드로, 드니(Denis Diderot) 97, 238
디디무스(Didymus the Blind) 59, 60
디킨스, 찰스(Charles Dickens) 99, 258, 430, 436

ㄹ

라 베돌리에르, 에밀(Émile de La Bédollière) 99
라 아르프(La Harpe) 97
라 플라스, 피에르-앙투안 드(Pierre-Antoine de La Place) 98
라로슈, 뱅자맹(Benjamin Laroche) 99, 322
라로슈푸코(La Rochefoucauld) 322
라마르틴, 알퐁스 드(Alphonse de Lamartine) 326, 328
라므네, 펠리시테 로베르 드(Félicité Robert de Lamennais) 55
라브(Rabbe) 100
라블레, 프랑수아(François Rabelais) 238, 299
라살, 앙투안 드(Antoine de La Salle) 193
라신, 장(Jean Racine) 65, 98, 166, 218, 238, 263, 266, 267, 284, 309, 358, 404

라우렌티우스(Laurentius) 49
라캉(Honorat de Bueil, seigneur de Racan) 205, 206, 345, 356
라파엘로(Raffaello Sanzio) 45, 47
라포르그, 쥘(Jules Laforgue) 311, 312
라퐁텐, 장 드(Jean de La Fontaine) 119, 174, 205, 248, 345, 356, 363, 392
라흐만, 카를(Karl Lachmann) 309
락탄티우스, 루시우스 카이킬리우스 피르미나우스(Lucius Caecilius Firmianus Lactantius) 14, 29, 54, 75
랑송, 귀스타브(Gustave Lanson) 100, 120, 124, 317, 434
랜더, 월터 새비지(Walter Savage Landor) 179, 401, 402, 403, 404
랭보, 아르튀르(Arthur Rimbaud) 40, 210, 280, 282, 311, 313, 404, 442
랭장드, 장 드(Jean de Lingendes) 263
레녜, 마튀랭(Mathurin Régnier) 171
레녜, 앙리 드(Henri de Régnier) 298
레스탕, 시외르 드(Sieur de l'Estang) 121, 124
레오 13세(Leo XIII) 177, 178
레오파르디, 자코모(Giacomo Leopardi) 19, 77, 85, 86, 88, 118, 160
레타(Laeta) 74
로버트슨(Robertson) 98
로샤, 에마뉘엘(Emmanuel Lochac) 229
로쿠르, 엘리 드(Élie de Laucourt) 98
로크, 존(John Locke) 89, 90, 98
로트레아몽(Lautréamont) 210, 280
로티, 피에르(Pierre Loti) 173, 174
롱사르, 피에르 드(Pierre de Ronsard) 229, 299, 361, 362
루베르티스, 아킬레 데(Achille De Rubertis) 333, 336
루소, 장 자크(Jean Jacques Rouseau) 96, 156, 202, 339
루이 11세(Louis XI) 193
루이 18세(Louis XVIII) 252
루이스, 찰턴(Charlton Lewis) 109
루이스-쇼트(Lewis-Short) 109, 110
루치아(Lucia) 49
루카누스, 마르쿠스 안나에우스(Marcus Annaeus Lucanus) 34, 424
루크레티우스(Lucretius, 정식 이름은 Titus Lucretius Carus) 205
루피누스(Tyrannius Rufinus) 56, 58, 59
르 냉 드 티유몽, 루이-세바스티앵(Louis-Sebastien Le Nain de Tillemont) 380
르메트르(르메스트르) 드 사시(Louis-Isaac Lemaistre (ou Lemaître), sieur de Sacy) 170
르 프랑 드 퐁피냥(Le Franc de Pompignan) 97
르낭, 조제프 에르네스트(Joseph Ernest Renan) 207, 320, 321, 322, 324, 326, 327, 328, 329, 330, 331
르메르 드 벨주, 장(Jean Lemaire de Belges) 210, 391
르베, 앙리 장-마리 에티엔(Henry Jean-Marie Etienne Levet) 359
르클레르, 장(Jean Leclerc) 98
르투르뇌르, 피에르(Pierre Letourneur) 98, 99, 100

르페 → 뒤르페
르플라제이으(르플라제유) - 수베스트르 마담(Mme Leplazeilles-Souvestre) 99
리처드슨(Richardson) 98
리코보니, 마리 - 잔(Marie-Jeanne Riccoboni) 98, 436
리턴, 에드워드 조지 불워(Edward George Bulwer Lytton) 99
리트레, 에밀(Émile Littré) 106, 107, 193

□

마네, 에두아르(Édouard Manet) 195
마뉘엘, 외젠(Eugène Manuel) 313
마담 드 퓌지외 → 퓌지외 마담
마담 르플라제이으(르플라제유) - 수베스트르 → 르플라제이으(르플라제유) - 수베스트르 마담
마롤(Marolles) 사제 124
마르몽텔, 장 - 프랑수아(Jean-François Marmontel) 314
마르미에, X.(X. Marmier) 97
마르첼라(Marcella) 23, 46
마르티알리스, 마르쿠스 발레리우스(Marcus Valerius Martialis) 351
마리노, 잠바티스타(Giambattista Marino) 228
마시용, 장 - 바티스트(Jean-Baptiste Massillon) 235, 236, 237
마클루 드 라 에(Maclou de la Haye) 391
마키아벨리, 니콜로(Niccolò Machiavelli) 160
마티외, 피에르(Pierre Matthieu) 263, 264

막시미누스, 갈레리우스 발레리우스(Galerius Valerius Maximinus) 16
만초니, 알렉산드로(Alessandro Manzoni) 160
만치니, 지안나(Gianna Manzini) 202
말라르메, 스테판(Stéphane Mallarmé) 33, 211, 274, 275, 280, 282, 328, 359
말레르브, 프랑수아 드(Francois de Malherbe) 171, 205, 231, 270, 299
맹트농 부인(Mme de Maintenon) 181
머레이, 제임스(James Murray) 106, 108
메나주(Mènage) 354
메리메, 앙리(Henri Mérimée) 176, 177
메이예, 앙투안(Antoine Meillet) 143, 145, 214, 215
메지리악, 바셰 드(Bachet de Méziriac) 121, 124
메타스타시오, 피에트로(Pietro Metastasio, 본명은 Pietro Armando Dominico Trapassi) 265
메트르(메스트르), 조제프 드(Joseph de Maistre) 89, 91, 177, 265, 266
멜레아그로스(Meleagros) 351
모랭, 동(Dom Morin) 39
모어 경, 토머스(Sir Thomas More) 368
모퇴(Motteux) 125
몰리에르(Molière) 22, 107, 284
몽 모 랑시 - 라발(Mme de Montmorency-Laval) 마담 98
몽테귀, 에밀(Émile Montégut) 99
몽테뉴, 미셸 드(Michel de Montaigne) 126, 180, 262, 265, 266, 299, 448
몽테스키외(Montesquieu) 32, 107, 248

무어, 토머스(Thomas Moore) 99
뮈세, 알프레드 드(Alfred de Musset) 231, 328, 401, 429
미들턴, 토머스(Thomas Middleton) 37, 38, 335
미르보, 옥타브(Octave Mirbeau) 245
미슐레, 쥘(Jules Michelet) 207, 248
밀턴, 존(John Milton) 109


ㅂ

바라니나(Baranina) 30
바레니우스(Varenius) 99
바르디, G(G. Bardy) 23
바르베락, J.(J. Barbeyrac) 98
바르비에, 오귀스트(Auguste Barbier) 97
바사리, 조르조(Giorgio Vasari) 32
바울(Paul) 18, 29, 31, 39, 53, 67, 152
바이런, 조지 고든(George Gordon Byron) 55, 99, 429
바이예, J.(J. Baillet) 121
바이이, 아르망-프랑수아-레옹 드(Armand-François-Léon de Wailly) 99
바퇴(Batteux) 사제 125
반 에펜(Van Effen) 98
반데렘, 페르낭(Fernand Vandérem) 302, 312
발덴스페르괴르, 페르낭(Fernand Baldensperger) 152
발라시(발라쉬), 발린트(Bálint Balassi) 181
발레리, 폴(Paul Valéry) 36, 121, 141, 195, 211, 212, 246

발레스, 쥘(Jules Vallès) 202
발자크, 오노레 드(Honoré de Balzac) 161, 166, 275
방 티겜, 폴(Paul Van Tieghem) 176, 182, 183
방빌, 테오도르 드(Théodore de Banville) 360, 361
버니, 미스(Miss Burney) 99
버틀러, 새뮤얼(Samuel Butler) 98, 126, 127, 129, 130, 258, 259, 268, 321, 322, 384, 386, 416, 421, 428, 429, 437, 438
베넷, 아널드(Arnold Bennett) 288, 428, 438
베돌리에르 → 라 베돌리에르
베라르, 빅토르(Victor Bérard) 208
베르길리우스(Publius Vergilius Maro) 17, 34, 53, 54, 78, 85, 86, 88, 89, 142, 260, 294, 424
베르나데트(Saint Bernadette of Lourdes) 26
베르너, 아브라함 고틀로프(Werner, Abraham Gottlob) 99
베르타나, 에밀리오(Emilio Bertana) 333, 334, 336, 337, 339, 340, 342, 343
베를렌, 폴(Paul Verlaine) 129, 231, 232, 233, 274, 275, 286, 309, 328
베스파시아누스, 티투스 플라비우스(Titus Flavius Vespasianus) 12
베아트리스(베아트리체, Béatrice) 37
베이컨, 프랜시스(Francis Bacon) 89, 178
벨, 피에르(Pierre Bayle) 23, 429
벨랑제, 쥐스탱(Justin Bellanger) 121

벨레, 조아생 뒤(Joachim du Bellay) 121, 124, 232, 287
벨로, 레미(Rémy Belleau) 361
벨록 마담, L. Sw.(Mme L. Sw. Belloc) 99
보니파키우스(Bonifacius) 75
보두아예, 장-루이(Jean-Louis Vaudoyer) 344, 360, 363
보두앵, 장(Jean Baudoin) 97, 437
보들레르(Baudelaire) 97, 180, 207, 238, 240, 280, 328, 359, 360, 362, 404
보라진, 자크 드(Jacques de Voragine) 23
보로, 조지(Goerge Borrow) 269, 271
보리외, 샤를(Charles Beaulieux) 382
보쉬에, 자크-베니뉴(Jacques-Bénigne Bossuet) 9, 10, 65, 206, 235, 243
보카치오(Boccaccio, Boccace) 178
볼테르(Voltaire) 22, 23, 89, 98, 101, 126, 167, 309, 311, 335, 429, 435, 436,
봅, 프랑수아(François Bopp) 143
뵈이요, 루이(Louis Veuillot) 202, 207
부르봉, 니콜라(Nicolas Bourbon) 177, 178
부르제, 폴-샤를-조제프(Paul-Charles-Joseph Bourget) 259, 260, 300, 411
부셰, 장(Jean Bouchet) 382, 383, 391
부아시에, 가스통(Gaston Boissier) 36
부아예, 아벨(Abel Boyer) 111
부아이요, 펠릭스(Félix Boillot) 111
부알로, 니콜라(Nicolas Boileau) 228, 231, 397
부우르, 도미니크(Dominique Bouhours) 185, 186, 188, 189
뷔데, 기욤(Guillaume Budé) 208

뷔퐁, 조르주 루이 르클레르 드(Georges Louis Leclerc de Buffon) 215, 401
브라우닝, 로버트(Robert Browning) 179, 438, 440
브라운, 토머스(Thomas Browne) 32, 216
브란데스, 게오르 모리스 코헨(Georg Morris Cohen Brandes) 176
브레알, 미셸(Michel Bréal) 108, 143, 411
브로슈, 가스통-E.(BROCHE (Gaston-E. Broche) 248
브루노, 조르다노(Giordano Bruno) 178
브뤼노, 페르디낭(Ferdinand Brunot) 406
브륀티에르, 페르디낭(Ferdinand Brunetiére) 159, 310, 311
블래실라(Blaesilla) 15
블루아, 레옹(Léon Bloy) 192, 202, 207
비어봄, 맥스(Max Beerbohm) 235, 438
비오, 테오필 드(Théophile de Viau) 345
비용, 프랑수아(François Villon) 171
빌라모비츠-묄렌도르프(Wilamowitz-Moellendorff) 309
빌리에 드 릴라당, 오귀스트 드(Auguste de Villiers de L'IsleAdam) 192, 194

ㅅ

사도 바울 → 바울
사우스웰, 로버트(Robert Southwell) 368, 372, 433
살 → 프랑수아 드 살
살루스티우스(Sallustius) 54, 56, 109
새먼(Salmon) 111

새커리, 윌리엄 메이크피스(William Makepeace Thackeray) 99, 258, 436
생시몽(Saint-Simon) 공작 182, 299
생존 페르스(Saint-John Perse) 210, 211
생-콩스탕 → 페리 드 생-콩스탕
생테브르몽(Saint-Évremond) 97
생트뵈브, 샤를 오귀스탱(Charles-Augustin Sainte-Beuve) 157, 304
샤두른, 루이(Louis Chadourne) 256
샤토브리앙(Chateaubriand) 97, 107, 157, 435
샬, 필라레트(Philarète Chasles) 412
성 바울 → 바울
세네카(Lucius Annaeus Seneca) 17, 34, 44, 75
세르반테스, 미겔 데(Miguel de Cervantes) 36, 65, 160, 428
세브, 모리스(Maurice Scève) 179, 229, 299
세비녜(Sévigné) 마담 284
세인츠버리, 조지 에드워드 베이트먼(George Edward Bateman Saintsbury) 365, 420
셰익스피어, 윌리엄(William Shakespeare) 36, 98, 99, 109, 144, 160, 161, 166, 217, 218, 269, 291, 421, 428
소(小)플리니우스(Gaius Plinius Caecilius Secundus) 125
소렐, 샤를(Charles Sorel) 299, 391
소로, 헨리 데이비드(Henry David Thoreau) 202, 432, 443, 447, 448
소르비에르, 사뮈엘(Samuel Sorbière) 97
소크라테스(Socrates) 17
쇼트, 찰스(Charles Short) 109

술라, 루키우스 코르넬리우스(Lucius Cornelius Sulla) 252, 254
술피키우스 세베루스(Sulpicius Severus) 47
쉐니에, 마리-조제프(Marie-Joseph Chénier) 97
슈니츨러, 아르투어(Arthur Schnitzler) 259
슈브로, 위르뱅(Urbain Chevereau) 354
슈브리용, 앙드레(André Chevrillon) 378
스몰릿(Smollett) 125
스베보, 이탈로(Italo Svevo) 258
스위프트(Swift) 97, 118
스콧, 월터(Walter Scott) 99, 429, 435
스탈 부인(Anne-Louise Germaine Necker, baronne de Staël-hostein) 238, 407, 427
스탕달(Stendhal) 19, 101, 167, 235, 237, 238, 239, 259, 260, 280, 313, 337
시비예, 토마(Thomas Sibillet) 121
시트웰, 오스버트(Osbert Sitwell) 375
식스투스 5세(Sixtus V) 26, 28
실루에트, 에티엔 드(Étienne de Silhouette) 97, 124
심마쿠스, 퀸투스 아우렐리우스(Quintus Aurelius Symmachus) 35, 38

ㅇ

아가멤논(Agamemnon) 21
아그(Haag) 100
아나크레온(Anacreon) 351
아널드, 매슈(Matthew Arnold) 178

아르노비우스(Arnobius) 14
아리스토텔레스(Aristoteles) 53, 179, 210, 211, 212, 213, 214
아미요, 자크(Jacques Amyot) 126
아빌라의 성 테레사(Saint Teresa of Avila, 본명은 Teresa de Cepeda y Ahumada) 179, 180
아셀라(Asella) 22
아우구스티누스, 아우렐리우스(Aurelius Augustinus) 14, 22, 36, 38, 39, 41
아울루스 겔리우스(Aulus Gellius) 102
아킬리니, 클라우디오(Claudio Achillini) 347, 348, 349, 350, 356, 358
알레그리, 안토니오(Antonio Allegri) → 코레조
알바니(Albany) 백작부인 333, 339
알피에리, 비토리오(Vittorio Alfieri) 333, 334, 335, 336, 337, 338, 339, 340, 341
암모니오스[암모니우스] 사카스(Ammonios [Ammonius] Sakkas) 17
암브로시우스(Arnobius) 34, 36, 43, 54
앨퀸(Alcuin) 242, 243, 244
에기용 공작부인 → 데기용 공작부인
에나르, 조제프(Joseph Aynard) 229
에라스뮈스, 데시데리위스(Desiderius Erasmus) 51, 135, 177
에레라, 페르난도 데(Fernando de Herrera) 181
에로에, 앙투안(Antoine Héroët) 179, 229, 263
에리오, 에두아르(Edouard Herriot) 229
에브레우, 레온(León Hebreo) 229

에어즈, 필립(Philip Ayres) 348, 350, 356, 361, 362, 364, 365, 366
에우스토키움(Eustochium) 15, 46
에픽테토스(Epiktētos) 17
엔느베르, F.(F. Hennebert) 121
엔니우스, 퀸투스(Quintus Ennius) 205
엘리엇, 프랜시스 민토(Frances Minto Elliot) 370
엘월(Elwall) 109, 111
영(Young) 98
오노프리오(오누푸리오, Onoufrios, Onuphrius) 12, 25
오리게네스(Origenes) 16, 33, 34, 35, 56, 59, 60, 62
오비녜 → 도비녜
오비디우스(Publius Ovidius Naso) 105, 351, 364
오시안(Ossian) 98, 156, 157, 435
올리베(Olivet) 121
올바크 → 돌바크
위게, 에드몽(Edmond Huguet) 227
위고, 빅토르(Victor Hugo) 33, 144, 207, 401, 426
위고, 프랑수아-빅토르(François-Victor Hugo) 99
위에, 피에르-다니엘(Pierre-Daniel Huet) 121, 124, 178
위클리프, 존(John Wycliffe) 68
유세비우스(Eusebius of Caesarea) 54, 58, 59, 60
율리아누스, 플라비우스 클라우디우스(Flavius Claudius Julianus) 16

## ㅈ

잠, 프랑시스(Francis Jammes) 180, 420
제논(Zēnōn) 17
존슨, 새뮤얼(존슨 박사, Samuel Johnson) 114, 412
졸라, 에밀(Émile Zola) 160, 161
주베르(Joubert) 191
주프루아, Th.(Th. Jouffroy) 97
즈두와예(Gedoyer) 사제 124
지토, 빈첸조(Vincenzo Zito) 358

## ㅋ

카로, 아닌발레(Annibale Caro) 78, 81, 85, 88
카르다노, 제롤라모(Gerolamo Cardano) 177, 178
카르코피노, 제롬(Jérôme Carcopino) 260
카르토, 오귀스탱(Augustin Cartault) 315, 318
카르파, 루이즈(Louise Karpa) 354
카르포(Carpeaux) 196
카발레라, 페르디낭(Ferdinand Cavallera) 51, 58
카툴루스, 가이우스 발레리우스(Gaius Valerius Catullus) 294, 351, 419
케라르(Quérard) 100
코레조(Correggio, 본명은 Antonio Allegri) 45, 46, 70
코로, 장 바티스트 카미유(Jean Baptiste Camille Corot) 162
코르네유, 피에르(Pierre Corneille) 238, 239, 249, 250, 255
코르두에토, 비첸테(Vicente Cordueto) 367
코르비에르, 트리스탕(Tristan Corbière) 33
코스트, 피에르(Pierre Coste) 90, 91, 98
코엔, J.(J. Cohen) 99
코탄, 프라이 후안 산체스(Fray Juan Sánchez Cotán) 368
코페, 프랑수아(François Coppée) 180
코하노프스키, 얀(Jan Kochanowski) 181
콜라르도, 샤를-피에르 드(Charles-Pierre de Colardeau) 97
콜럼버스, 크리스토퍼(Christopher Columbus) 143, 198
콧그레이브, 랜들(Randle Cotgrave) 111
콰드라투스(Quadratus) 18
쾨르두, 가스통-로랑(Gaston-Laurent Cœurdoux) 143
쾨슬레르(Koessler) 111
쿠르티우스, 에른스트 로베르트(Ernst Robert Curtius) 354
쿠퍼, 페니모어(Fenimore Cooper) 99
퀸틸리아누스, 마르쿠스 파비우스(Marcus Fabius Quintilianus) 66, 171,
크라수, P.(P. Crassous) 98
크로체, 베네데토(Benedetto Croce) 158, 159, 160, 420
크리소스 토무스, 요하네스(Johannes Chrysostomus) 53
크리스티나, 레오노라(Leonora Christina) 181
클로델, 폴(Paul Claudel) 65, 159, 160, 180, 276, 403, 423, 435, 439, 440, 441
키네, 에드가르(Edgar Quinet) 207

찾아보기 **467**

키아브레라, 가브리엘로(Gabriello Chiabrera) 181
키케로, 마르쿠스 툴리우스(Marcus Tullius Cicero) 30, 34, 54, 56, 62, 66, 75, 102, 109, 121, 122, 177
키프리아누스, 타스키우스 카이킬리우스(Thascius Caecilius Cyprianus) 14, 34

트리스탕 레르미트(Tristan l'Hermite) 226, 227, 346, 348, 349, 350, 352, 356, 360, 361, 366
티루 다르콩빌 마담(Mme Thiroux d'Arconville) 98
티불루스, 알비우스(Albius Tibullus) 55, 315, 318
티에보, 마르셀(Marcel Thiébaut) 141, 378

## ㅌ

타소, 토르콰토(Torquato Tasso) 25, 343
타운리, J.(J. Townley) 98, 126, 127, 128
타위로, 자크(Jacques Tahureau) 391
타이아드, 로랑(Laurent Tailhade) 245
타이틀러 → 프레이저 타이틀러
타키투스(Tacitus) 96, 126
탕드, 가스파르 드(Gaspard de Tende) 121
테레사 → 아빌라의 성 테레사
테렌티우스(Publius Terentius Afer) 62
테르툴리아누스, 쿠인투스 셉티미우스 플로렌스(Quintus Septimius Florens Tertullianus) 14, 16, 34, 53
테리브, 앙드레(André Thérive) 290
테일러, 제러미(Jeremy Taylor) 180, 216
텍스트, 조제프(Joseph Texte) 176
텐, 히폴리트(Hippolyte Taine) 159, 161, 308, 378, 437, 404, 411, 435
톨스토이, 레프 니콜라예비치(Lev Nikolaevich Tolstoi) 23, 36
투, 자크-오귀스트 드(Jacques-Auguste de Thou) 177, 178
투키디데스(Thucydides) 66

## ㅍ

파게, 에밀(Émile Faguet) 310, 311, 354, 404
파르그, 레옹-폴(Léon-Paul Fargue) 297, 298, 300
파르튀리에, 외젠(Eugène Parturier) 229
파마키우스(Pammachius) 41, 122
파비올라(Fabiola) 27
파울라 성녀(Saint Paula) 15, 21, 38, 46, 74
파울루스 오로시우스(Paulus Orosius) 21, 22
파울루스, 루키우스 아이밀리우스(Lucius Aemilius Paullus) 21
파카툴라(Pacatula) 40
파코미우스(Saint Pachomius) 60
파트릭스, 피에르(Pierre Patrix) 263, 264
팜마치오(팜마치우스, 팜마키우스) → 파마키우스
페로 다블랑쿠르(Perrot d'Ablancourt) 121, 125
페리 드 생-콩스탕(Ferry de Saint-Constant) 124

페스팅 존스, 헨리(Henry Festing Jones) 321

페트라르카, 프란체스코(Francesco Petrarca) 160, 178, 179, 182, 344

펠리송(Pellisson) 121

포, 에드거 앨런(Edgar Allan Poe) 65, 436

포르, 폴(Paul Fort) 180

포르피리오스(Porphyrios) 17, 28

폰타노, 조반니(Giovanni Pontano) → 폰타누스

폰타누스(Pontanus) 363, 364

퐁튀스 드 티아르(Pontus de Tyard) 391

퓌지외, 드(Mme de Puisieux) 98

프라고나르, 장 오노레(Jean Honoré Fragonard) 162

프라이어, 매슈(Matthew Prior) 267

프랑수아 드 살(François de Sales) 180

프랭클린, 토머스(Thomas Francklin) 116, 125

프레보(Prévost) 사제 97, 435

프레이저 타이틀러, 알렉산더(Alexander Fraser Tytler) 124, 125, 126, 128

프로이트, 지그문트(Sigmund Freud) 281

프로페르티우스, 섹스투스(Sextus Propertius) 54, 55, 117, 228

프루덴티우스, 아우렐리우스 클레멘스(Aurelius Clemens Prudentius) 54, 55

프루스트, 마르셀(Marcel Proust) 299

프티 드 쥘빌(Petit de Julleville) 100

프티, Ch.(Ch. Petit) 111

플라우투스(Plautus) 62, 142

플라톤(Platon) 10, 17, 29, 34, 35, 53, 54

플로리오(Florio) 126

플로베르, 귀스타브(Gustave Flaubert) 32, 207

플로티노스(Plotinos) 17, 28, 29

플루티에, 자크(Jacques Peletier) 121

피그말리온(Pygmalion) 105

피셔(Fischer) 추기경 368

피쇼, 아메데(Amédée Pichot) 99, 100, 101, 430

피치노, 마르실리오(Marsilio Ficino) 177, 178

피타고라스(Pythagoras) 17

팽트렐(Pintrel) 7

필딩, 헨리(Henry Fielding) 98, 435

필론(Philon) 17

필리프, 샤를-루이(Charles-Louis Philippe) 203, 328

## ㅎ

하드리아누스, 푸비우스 아일루스(Pubius Aelus Hadrianus) 18

허턴, 제임스(James Hutton) 99

헤로도토스(Herodotos) 29, 54

헬리오도로스(Heliodoros) 34, 35, 52, 73

호메로스(Homeros, 호머) 21, 199, 208, 343, 446

호손, 너새니얼(Nathaniel Hawthorne) 168, 179

홉스, 토머스(Thomas Hobbes) 97

휘에트, 콘라트 뷔스켄(Conrad Busken Huet) 178

휘트먼, 월트(Walt Whitman) 34, 444

힐라리우스(Hilarius) 40, 60

지은이
## 발레리 라르보 Valery Larbaud

발레리 라르보(1881~1957)는 20세기 전반기의 프랑스에서 작가, 번역가, 평론가로 왕성한 활동을 펼친 인물이다. 유복한 환경에서 태어나 어려서부터 유럽 각국의 문물과 언어에 접할 기회가 잦았고, 이러한 유년기는 그에게 영어, 이탈리아어, 스페인어, 독일어 등 다양한 언어를 구사할 수 있는 능력과 타자의 문화의 낯섦을 포용할 수 있는 능력 또한 키워주었다. 요컨대 라르보는 번역가에게 필수적인 두 가지 자질을 모두 갖춘 이상적인 경우였다.

라르보는 평생을 책읽기와 글쓰기로 자신의 삶을 채워나갔으며, 책읽기를 통해 발굴한 작가를 번역이라는 글쓰기를 통해 자국의 독자들에게 적극적으로 소개하였다. 특히, 본국에서 출판에 어려움을 겪고 있던 제임스 조이스의 『율리시스』를 프랑스에서 출판할 수 있도록 고군분투하던 셰익스피어 & 컴퍼니 서점 주인 실비아 비치를 적극 도우면서, 자진하여 번역 감수를 맡고, 조이스 작품의 문학성에 대한 프랑스 문단의 인정을 이끌어낸 일은 유명하다. 라르보의 번역을 거쳐 프랑스 독자들에게 소개되는 행운을 누린 작가들로는 새뮤얼 버틀러, 새뮤얼 테일러 콜리지, 라몬 고메스 데 라 세르나 등을 꼽을 수 있다.

라르보는, 창작에 비해 번역이라는 글쓰기의 열등성에 대한 이데올로기가 이미 확고하게 뿌리내린 20세기에 작가로서의 뛰어난 재능을 서슴없이 번역에 바친 거의 유일한 인물이다. 그는 라틴어역 성서 『불가타』를 남긴 성 히에로니무스를 번역가들의 수호성인으로 추앙했지만, 번역 실천과 번역 이론 양 분야에서 남긴 커다란 족적을 고려해볼 때 라르보 자신이야말로 20세기의 성 히에로니무스라 칭할 만하다.

옮긴이
## 정혜용

서울대학교 불어불문학과와 같은 대학원을 졸업하고 파리 3대학 통번역대학원(E.S.I.T.)에서 번역학 박사학위를 받았다. 2012년 현재 번역·출판 기획 네트워크 '사이에' 위원으로 활동하고 있다. 지은 책으로 『번역 논쟁』, 옮긴 책으로 『한 여자』, 『페르미나 마르케스』, 『지하철 소녀 쟈지』, 『산 자와 죽은 자』, 『집착』, 『작은 보석』 등이 있다

한국연구재단총서 학술명저번역 서양편 527

# 성 히에로니무스의 가호 아래

1판 1쇄 찍음 | 2012년 12월 24일
1판 1쇄 펴냄 | 2012년 12월 31일

지은이 | 발레리 라르보
옮긴이 | 정혜용
펴낸이 | 김정호
펴낸곳 | 아카넷

출판등록 2000년 1월 24일(제2-3009호)
100-802 서울시 중구 남대문로 5가 526 대우재단빌딩 16층
전화 | 6366-0511(편집) · 6366-0514(주문)
팩시밀리 | 6366-0515
책임편집 | 좌세훈
www.acanet.co.kr

ⓒ 한국연구재단, 2012

Printed in Seoul, Korea.

ISBN 978-89-5733-268-9 94860
ISBN 978-89-5733-214-6 (세트)